Des Knaben Wunderhorn

Des Knaben Wunderhorn

Alte deutsche Lieder

gesammelt von
Achim von Arnim und Clemens Brentano

KRITISCHE AUSGABE

BAND 3

HERAUSGEGEBEN UND KOMMENTIERT
VON HEINZ RÖLLEKE

PHILIPP RECLAM JUN. STUTTGART

Universal-Bibliothek Nr. 1252 [7]
Alle Rechte vorbehalten
© für diese Ausgabe 1987 Philipp Reclam jun., Stuttgart
Mit Genehmigung des Verlages W. Kohlhammer, Stuttgart
Gesamtherstellung: Reclam, Ditzingen. Printed in Germany 1987
ISBN 3-15-001252-X
Band 1–3 gebunden in Kassette: ISBN 3-15-021250-2

Wunderhorn

Alte deutsche Lieder

L. von Arnim C. Brentano

III.

Heidelberg bey Mohr und Zimmer 1808.

Des Knaben

Wunderhorn.

Alte deutsche Lieder

gesammelt von

L. A. v. Arnim und Clemens Brentano.

Dritter Band.

Heidelberg,

bey Mohr und Zimmer.

1808.

Des Knaben Wunderhorn.

Liebesklagen des Mädchens.

1.

Nach meiner Lieb viel hundert Knaben trachten,
Allein der, den ich lieb, will mein nicht achten,
Ach weh mir armen Maid, vor Leid muß ich
     verschmachten.

Jeder begehrt zu mir sich zu verpflichten,
Allein der, den ich lieb, thut mich vernichten,
Ach weh mir armen Maid, was soll ich dann
     anrichten.

All andre thun mir Gutes viel verjehen,
Allein der, den ich lieb, mag mich nicht sehen,
Ach weh mir armen Maid, wie muß mir dann
     geschehen.

Von allen keiner mag mir widerstreben,
Allein der, den ich lieb, will sich nicht geben,
Ach weh mir armen Maid, was soll mir dann das
     Leben.

2.

Ich wollt, daß der verhindert mich
An meinem Glück, sollt halten sich
Ein Jahr nach meinem Willen,
Ich wollt ihm gar in kurzer Zeit, all seinen
     Hochmuth stillen.

Ich wollt, daß der mein jezund spott,
Ein Jahr sollt halten mein Gebot,
Er würd dermassen büssen,
Daß ihn gewiß in Tagen kurz, seins Lebens
     sollt verdriessen.

3.

Ich bin gen Baden zogen,
Zu löschen meine Brunst,
So find ich mich betrogen,
Denn es ist gar umsunst,
Wer kann das Feuer kennen,   25
Das mir mein Herz thut brennen!

Ich thu mich vielmals wäschen
Mit Wasser kalt und heiß,
Und kann doch nicht erlöschen,
Ja mein kein Rath mehr weiß,   30
Kann nicht das Feuer kennen,
Das mir im Herz thut brennen.

4.

Wenn ich den ganzen Tag
Geführt hab meine Klag,
So giebts mir noch zu schaffen   35
Bey Nacht, wann ich soll schlafen.
Ein Traum mit großem Schrecken
Thut mich gar oft aufwecken.

Im Schlaf seh ich den Schein
Des Allerliebsten mein,   40
Mit einem starken Bogen,
Darauf viel Pfeil gezogen,
Damit will er mich heben
Aus diesem schweren Leben.

Zu solchem Schreckgesicht   45
Kann ich stillschweigen nicht,
Ich schrei mit lauter Stimmen:

»O Knabe laß dein Grimmen,
Nicht wollst, weil ich thu schlafen,
50 Jezt brauchen deine Waffen.«

5.

Ach hartes Herz, laß dich doch eins erweichen,
Laß mich zu deiner Huld doch noch gereichen;
Wen sollt doch nicht erbarmen,
Daß ich muß als erarmen.

55 Ach starker Fels, laß dich doch eins bewegen,
Thu dein gewohnte Härt eins von dir legen;
Wen sollt doch nicht erbarmen,
Daß ich muß als erarmen.

Ach veste Burg, laß dich doch eins gewinnen,
60 Ach reicher Brunn, laß mich nicht gar verbrinnen;
Wen sollt doch nicht erbarmen,
Daß ich muß als erarmen.

6.

Wer sehen will zween lebendige Brunnen,
Der soll mein zwey betrübte Augen sehen,
65 Die mir vor Weinen schier sind ausgerunnen.

Wer sehen will viel groß und tiefe Wunde,
Der soll mein sehr verwundtes Herz besehen,
So hat mich Lieb verwundt im tiefsten Grunde.

7.

Mit Weinen thu ich meine Zeit vertreiben,
70 Kein Mensch auf Erd den Jammer kann beschreiben,

Den ich erduld bey Nacht und auch bey Tage,
Und red ich nicht, so tödtet mich die Plage.

Die Augen mein, vertrocknet tiefe Brunnen,
Durch Weinen sind so gänzlich ausgerunnen,
Daß ich deswegen muß gar bald verschmachten   75
Beym vollen Brunnen, wo ich nächtlich wachte.

8.

Der süsse Schlaf, der sonst stillt alles wohl,
Kann stillen nicht mein Herz mit Trauren voll,
Das schafft allein, der mich erfreuen soll.

Kein Speis, kein Trank mir Lust noch Nahrung giebt,
Kein Kurzweil mehr mein traurig Herze liebt,   81
Das schafft allein, der so mein Herz betrübt.

Gesellschaft ich nicht mehr besuchen mag,
Ganz einig sitz in Unmuth Nacht und Tag,
Das schafft allein, den ich im Herzen trag.   85

9.

Recht wie ein Leichnam wandle ich umher
Zu seiner Thüre Nachts und seufze schwer,
Aus meiner Brust an Trost und Wohlseyn leer.

Mein Athem stöhnet wie ein Fichtenwald,
Ein Unglückszeichen mein Gesang erschallt,   90
Daß alle Nachbarn sich ergrimmen bald.

Sie lärmen, nicht zu hören all mein Weh,
Sie nehmen Umweg, daß mich keiner seh,
Jezt fürcht ich nichts, war scheu sonst wie ein Reh.

95   Wie von dem Ast im Traum ein Vogel fällt,
So flattre ich des Nachts, so ungesellt;
Ein Unglücksvogel nimmermehr gefällt!

Was soll draus werden? fraget alle Welt.
Was ist die Welt? Wer schuf sie unbestellt?
100   Die schuf allein, die mich so sehr entstellt.

Ich freu mich, wie mein Fleisch so schwinden thut,
Mein festes Land zerreißt der Strom vom Blut,
Der aus dem Herzen kommt und niemals ruht.

O meine Thränen, keiner schätzet euch,
105   Ihr seyd den Himmelsgaben darin gleich;
An allem bin ich arm, in euch so reich.

III 7   Abendstern.

(Mündlich.)

Schlaf nur ein geliebtes Leben,
Schlaf, ich will ja gern zufrieden seyn,
Deine lieben Augen geben
Dennoch deinem Diener hellen Schein.
5   Hast du dich verschlossen,
      Will ich unverdrossen
Liebend doch vor deiner Thüre stehn;
      Daß sie Liebe quäle,
      Jauchzet meine Seele,
10   Darf ich liebend doch an deiner Thüre stehn.

Schlaf nur ein, dein Sternenschimmer
Läßt mich nie zu meinem Bette gehn,
Meine müden Augen sehn dich immer,

Bis sie vor den deinen untergehn,
　Wie die Blätter fallen,　　　　　　　　　　　　15
　Also werd ich fallen,
Unter deinem Fuße rauschen hin,
　Mild bist du den Armen,
　Trage mir Erbarmen,
Unter deinem Fuße rausch ich hin.　　　　　　　20

Schlaf nur ein, und heiß mich wachend gehen,
Herz und Seele bleibet doch bei dir,
Will mir mit dem Tag die Sonne untergehen,
Ist ein Liebeshimmel doch in mir,
　Denn da seh ich immer　　　　　　　　　　25
　Deiner Sterne Schimmer,
Wie sie flüchtig auf mein Herze gehn,
　Säh ich dich doch morgen,
　Ließ ich alle Sorgen
Also flüchtig durch mein Herze gehn.　　　　　30

Der Fürstentochter Tod.　　　　　　　　III 9

(Procopii Aestivale p. 246.)

Es fuhr gen Acker ein grober Baur,
Arbeitet wacker im Schweis so sau'r,
Im Frühling, Märzen, May, April,
Im Feld standen der Blümlein viel,
Die ihn anlachten in der Still.　　　　　　　5

Er ließ sich solches bewegen nicht,
Mit seinem Pflug er sich drüber richt,
Er schnitt darein der wilde Mann,
Und griff an ihren Wurzeln an
Die schönen Blumen lobesan.　　　　　　　10

Die Blümlein neigten die Köpfe zart,
Sanken darnieder zu Boden hart,
Ich sie anschaute sinniglich,
Von Herzen sie erbarmten mich,
15   Hätt sie wohl gern errettet ich.

Auf unsres Fürsten sein Wiesen grün
Da that ein holdselig Blümlein blühn,
Das war sein liebstes Töchterlein,
Zwölfjährig, edel, hübsch und fein,
20   Ein Herzentrost den Aeltern sein.

Da kam der grimmige Tod daher,
Trabanten, Garden, nichts achtet er,
Frey trat er in die Burg hinein,
Schlug grausam ins Frauenzimmer drein,
25   Und traf das Fürstliche Fräulein allein.

Nun kommt zum Saale ihr Christenleut,
Nun gehet ins Feld mit bitterem Leid,
Zwey Blumen stehn auf einem Feld,
Die eine frisch, die andre welk,
30   Rath, welche länger sich erhält.

Da kommt gegangen ein Wandersmann,
Der trägt Verlangen zu greifen an,
Der Blumen eine mit Gewalt,
Die Hand darnach er ausstreckt bald,
35   Nimmt die am besten ihm gefallt.

Die halbverwelkte will er nicht,
Die frische ihm in die Augen sticht,
Er läßt die alt und nimmt die neu,
Thut dran gar recht bey meiner Treu,
40   Ich machets auch so ohne Scheu.

Ach was hilft ein Blümelein.

(Mündlich.)

Sterben ist eine harte Buß,
Weiß wohl daß ich sterben muß,
Und ein Röslein rosenroth
Pflanzt mein Schatz nach meinem Tod.

Wenn ich mal gestorben bin,   5
Wo begrabt man mich denn hin?
Schau nur in den Kirchhof nein,
Da wird noch ein Pläzlein seyn!

Wachsen schöne Blümlein drauf,
Geben dir ein schönen Straus.   10
Ach was hilft ein Röslein roth,
Wenn es blüht nach Liebes Tod!

Dort hinein, und nicht hinaus,
Trägt man mich ins Grabeshaus,
Habs gesehen in der Nacht,   15
Hats ein Traum mir kund gemacht.

Auf den Kirchhof wollt ich gehn,
Thät das Grab schon offen stehn,
Ach das Grab war schon gebaut,
Hab es traurig angeschaut.   20

War wohl sieben Klafter tief,
Drinnen lag ich schon und schlief,
Als die Glock hat ausgebraußt,
Gingen unsre Freund nach Haus.

Sterben ist ein harte Pein,   25
Wenns zwey Herzallerliebste seyn,
Die des Todes Sichel scheidt,
Ach das ist das größte Leid.

30
Denn was hilft ein Blümelein,
Wenn es heißt ins Grab hinein;
Ach was hilft ein Röslein roth,
Wenn es blüht nach Liebes Tod.

III 12   Nachtlieder an die Braut.

(Mündlich.)

1.

Ach Schatz willst du schlafen gehn,
Schlafe wohl, schlafe wohl,
Schlafe wohl in guter Ruh,
Und thu deine schwarzbraune Aeuglein zu,
5   Und ruh, und ruh, und ruh in sanfter Ruh.

Ach Schatz, wenn ich nur bey dir wär,
Allein, allein, allein,
Allein im Federbett,
Wir beyde wollten vergnüget seyn,
10   Und wollten gern allein beynander seyn,
Ach wenn ich dich doch allein in meinen Armen
      hätt.

Die Geig, die führt einen sanften Ton,
Zeiget an, Zeiget an,
Zeiget an du edle Kron,
15   Sie zeiget an du edle Kron,
Wie vielmal ich geklopfet schon,
Ich muß, ich muß, ich muß vergeblich stohn.

Ach Schatz nimm dieses Liedlein an,
Es ist, es ist, es ist,
20   Es ist auf dich gericht,

Nimm nur dies schlechte Liedlein an,
Wie vielmal ich geklopfet an,
Gute Nacht, gute Nacht, gute Nacht mein Schatz.

2.

Ach edler Schatz verzeih es mir,
Daß ich so spät bin kommen,   25
Die grosse Lieb aus Herzens Begier
Hat mich dazu gezwungen.

Jezt liegt mein Schatz, mein edler Schatz
Gar sanft in seinem Bettchen,
Ey möcht ich ihn ganz inniglich   30
Mit meiner Musik wecken.

Erweck ich sie, erschreck ich sie,
Es müßt mich herzlich reuen,
Ach könnte ich doch bey ihr seyn,
Und ruhn in ihren Armen.   35

Sie hat zwey Cristallinisch Stein,
Auf Elfenbein auch Purpur,
Solt ihr geschehn daran ein Leid,
So spräng mein Herz in Stücken.

Vision.   III 13

(Mündlich.)

Ueber den Kirchhof gieng ich allein,
Zu meines Liebchens Kämmerlein,
Und als ich wollt von dannen gehn,
Da hielt es mich, ich mußt da stehn.

5   Ein Seel stand traurig an eim Grab,
    Und schrie mit heller Stimm hinab:
    »Steh auf mein Leib, verantwort dich,
    Dann ich bin hier, beschuldge dich.«

    Da hebet sich des Grabes Stein,
10 Und geht hervor ein weiß Gebein,
    Der Leib steht auf gar bald und schnell,
    Und geht dahin, spricht zu der Seel:

    »Wer ist daraus, der mein begehrt,
    Der mich da rufet aus der Erd,
15 Bist du es Seele, die vor Jahren
    Aus meinem Leibe ist gefahren?«

    Die Seel sprach: »Hab ich beten wöllen,
    Da pflegtest du dich krank zu stellen,
    Wenn ich anfieng das Abendgebet,
20 Da hast du dich gleich schlafen gelegt.«

    Der Leib sprach: »Ach ich schien nur faul,
    Und gähnte, macht ein schiefes Maul,
    Und war zum niederknien verdrossen,
    Denn ich hatt einen Bettgenossen.«

25 »Ach weh! Ach weh, antwort die Seel,
    Daß ich gewesen dein Gesell,
    Wovon die Ursach du allein
    Darum leid ich die Höllenpein.

    Im Thal Josaphat am Jüngsten Tag,
30 Da will ich führen grosse Klag,
    Alsdann wird angehn auch dein Leid,
    Du wirst brennen in Ewigkeit.«

    Da sprach der Leib: »Du seyst verklagt,
    Du warst die Frau, und ich die Magd,

Du trägst mit mir die Sündenlast,   35
Weil du mich bös geführet hast.«

Die Seel wollt da noch widersprechen,
Da thät der Morgenstern anbrechen,
Sankt Petrus Vogel thät auch krähen,
Da waren beid nicht mehr zu sehn.   40

Ich aber schrieb dies Liedelein,
Und steckts an Liebchens Fensterlein,
»Ich war mit Leib und Seel zu Gast,
'S ist mir leid, wenn du auf mich gewartet hast.«

Nicht Wiedersehn.   III 15

Nun ade mein allerherzliebster Schaz,
Jezt muß ich wohl scheiden von dir,
Bis auf den andern Sommer,
Dann komm ich wieder zu dir.

Und als der junge Knab heimkam,   5
Von seiner Liebsten fing er an,
Wo ist meine Herzallerliebste,
Die ich verlassen hab?

Auf dem Kirchhof liegt sie begraben,
Heut ists der dritte Tag,   10
Das Trauren und das Weinen
Hat sie zum Tod gebracht.

Jetzt will ich auf den Kirchhof gehen,
Will suchen meiner Liebsten Grab,
Will ihr alleweil rufen,   15
Bis daß sie mir Antwort giebt.

Ey du mein allerherzliebster Schaz,
Mach auf dein tiefes Grab,
Du hörst kein Glöcklein läuten,
20   Du hörst kein Vöglein pfeifen,
Du siehst weder Sonn noch Mond!

III 16   Hessisch.

Als ich kam zur Stube rein,
Da ist gut wohnen!
Ich hab so lang draußen gestanden,
Daß Gott erbarm!

5   Ich seh dies an deinem Hut,
Wie dein Hut tröpflen thut,
Von Regen ist er naß,
Von wegen meinem Schatz.

Ich gieng wohl über Berg und Thal,
10   Wär mir kein Weg zu schmal,
Zu meinem Schätzchen wollt ich gehn,
Alle Wochen siebenmal.

Dort steht ein schöner Lorbeerbaum,
Der steht schön da,
15   Und ein schöner Reutersbub,
Der steht mir an.

Herz mich ein wenig, küß mich ein wenig,
Hab mich ein wenig lieb,
Wenns auch regnet oder schneit,
20   Wenns unser Herz nur erfreut.

Heimlicher Liebe Pein.

Mein Schatz der ist auf die Wanderschaft hin,
Ich weiß aber nicht, was ich so traurig bin,
Vielleicht ist er todt, und liegt in guter Ruh,
Drum bring ich meine Zeit so traurig zu.

Als ich mit meim Schatz in die Kirch wollte gehn,   5
Viel falsche falsche Zungen unter der Thüre stehn,
Die eine redt dies, die andre redt das,
Das macht mir gar oft die Aeugelein naß.

Die Distel und die Dornen, die stechen also sehr,
Die falschen falschen Zungen aber noch viel mehr,   10
Kein Feuer auf Erden auch brennet also heiß,
Als heimliche Liebe, die Niemand nicht weiß.

Ach herzlieber Schatz, ich bitte dich noch eins,
Du wollest auch bei meiner Begräbniß seyn,
Bei meiner Begräbniß, bis ins kühle Grab,   15
Dieweil ich dich so treulich geliebet hab.

Ach Gott! was hat mein Vater und Mutter gethan,
Sie haben mich gezwungen zu einem ehlichen Mann,
Zu einem ehlichen Mann, den ich nicht geliebt,
Das macht mir ja mein Herz so betrübt.   20

Salomo sprich Recht.

Es waren einmal zwei Gespielen,
Sie giengen ins Feld spazieren.
Die eine die war so munter und wohl auf,
Die andre trauret sehre, ja sehre.

5   Wir beide haben einen Knaben so lieb,
       Den können wir nicht theilen, ja theilen.
       Ach Gespielin liebe meine,
       Laß mir den Knaben alleine.
       Ich will dir meinen Bruder geben,
10   Meines Vaters Gut zum Theile, ja Theile.
       Ei deinen Bruder mag ich nicht,
       Deines Vaters Gut veracht ich nicht.
       Ich wollt nicht nehmen Silber und Gold,
       Daß ich den Knaben lassen sollt, ja lassen sollt.

III 18b   Liebesaugen.

       Sobald du hebst die klaren Aeugelein,
       Freut sich Gestirn und auch der Sonnenschein,
       Also gar sehr, du Liebeszier,
       Sind sie geneiget dir.
5   Sobald du auch die Erde blickest an,
       Ist sie erhizt, schickt Blümelein heran,
       Wie sollt dann ich nicht herziglich,
       Jungfrau auch lieben dich.
       Und schließest du, o Herz, die Aeugelein,
10   Da giebt der Stern der Venus großen Schein
       Wie ihrem Kind, wenn sie offen sind,
       Die Fackel heftig brinnt,
       Und hüllst du ein die hellen Aeugelein,
       Der Himmel traurig zieht die Sterne ein,
15   Die Erd ist kalt, Frau Venus alt,
       Ohn Feuer Amor bald.

Ade zur guten Nacht.

(Fliegendes Blat aus 1500.)

Der Mond, der steht am höchsten,
Die Sonn will untergehn,
Mein Feinslieb liegt in Nöthen,
Ach Gott, wie solls ihr gehn,
In Regen und in Wind,   5
Wo soll ich mich hinkehren,
Da ich mein Feinslieb find!

Mein Feinslieb wollt mich lehren,
Wie ich ihr dienen soll,
In Züchten und in Ehren,   10
Das weiß ich selbst gar wohl,
Und kann auch noch viel mehr,
Wer sich seins Buhlen rühmet,
Dem bringt es wenig Ehr.

Mancher geht zu seinem Buhlen   15
Bei lichtem Mondenschein,
Was giebt sie ihm zum Lohne?
Ein Rosenkränzelein,
Ist grüner als der Klee,
Ich muß mich von dir scheiden,   20
Thut meinem Herzen weh.

Ach Scheiden über Scheiden,
Wer hat dich doch erdacht,
Hast mir mein junges Herze
Aus Freud in Trauren bracht,   25
Dazu in Ungemach.
Dir ists schöns Lieb gesungen,
Ade zu guter Nacht.

Liebes-Noten.

Wahres Lieben, süßes Leben,
Wo zwei Herzen eins nur sind,
Wie zwei Turteltäublein schweben,
Die ein treues Band verbind,
5   Wo die Lieb den Chor anstimmet,
Und die Treue giebt den Takt,
In dem Blut die Freude schwimmet,
Und der Puls auf Lauten schlagt.

Wo die Spröde muß pausiren,
10   Wenn die Lust ein Solo singt,
Wenn die Aeuglein pizikiren,
Bis der Lieb ein Saite springt,
Wenn die Herzen konkordiren,
Und schön singen in dem Ton,
15   Wird der Mund auch sekundiren,
Und ein Kuß giebt ihm den Lohn.

Will ein Ton ins Kreuzlein steigen,
Will ein B wie Weh erschalln,
Mag aufs Herz der Finger zeigen,
20   Und Musik ganz leise halln,
Weil die Noten in zwei Herzen
Einfach stehen in der Terz,
Laß uns ganz piano scherzen,
Und allegro leiden Schmerz.

Schlummer unter Dornrosen.

Ich legte mich nieder ins grüne Gras,
Und lauert auf meinen Herzliebsten Schatz,
Ich lauert so lange bis mich es verdroß,

Da fielen zwei Röselein mir in den Schoos.
Die Röselein, die waren wie Blut so roth,   5
Jezt schläft ja mein Schatz oder er ist todt,
Er schläft ja nicht, er schlummert ja nur,
Es blinken seine Aeuglein, es lächelt sein Mund,
Da ließ ich meine Augen herummer gehn,   9
Da sah ich mein Schätzlein bei einem andern stehn,
Bei einem andern stehn,
Das hab ich gesehn.

Dem Tode zum Trutz.   III 21b

(Mündlich.)

Komm zu mir in Garten,
Komm zu mir ins Gras,
Sprich aus deinen Jammer,
Es bringt mir nicht Schmerz.

Geh hol mir den Mantel,   5
Geh hol mir den Stock,
Jezt muß ich von dannen,
Muß nehmen B'hüt Gott!

Und wenn schon bisweilen
Die Falschheit schlägt ein,   10
So muß ich halt denken
Es muß also seyn.

Und wenn schon bisweilen
Der Tod auch regiert –
Ach er hat mein Lieb mir   15
Von dannen geführt!

Mein allerfeinst Liebchen
War die schönst in der Sonn,

Verblendet die Sonne,
20   Verdunkelt den Mond.

Mein allerfeinst Liebchen,
Nimm mich in deinen Schooß,
Jezt will ich dich erst lieben,
Den Leuten zum Trotz.

25   Den Leuten zum Possen,
Dem Tode zum Trutz,
Will ich mein Schaz lieben,
Wenns mich gleich nichts nuzt.

III 23a   Bivouack.

Habt ihr die Husaren gesehn,
Auf dem grünen Wieschen,
Hinterm gelben Veilchenstock,
Bei der Jungfer Lieschen?

5   Jungfer Lieschen, was ist das?
Auf der Wiese wächst das Gras,
Auf dem Acker wächst der Klee,
Mädchen trau kein'm Buben meh.

Hab einmal dem Buben getraut,
10   Hat mich sieben Jahr gereut,
Sieben Jahr ist noch nicht lang,
Reut mich wohl mein Lebenlang.

Ey! Ey!

Ey Ey, wie scheint der Mond so hell,
Wie scheint er in der Nacht.
Hab ich am frühen Morgen
Meim Schatz ein Lied gemacht.

Ey Ey, wie scheint der Mond so hell,   5
Ey Ey, wo scheint er hin.
Mein Schatz hat alle Morgen
Ein andern Schatz im Sinn.

Ey Ey, wie scheint der Mond so hell,
Ey Ey, wie scheint er hier.   10
Er scheint ja alle Morgen
Der Liebsten vor die Thür.

Ey Ey, wie scheint der Mond so hell,
Ey Jungfer, wann ists Tag?
Es geht ihr alle Morgen   15
Ein andrer Freier nach.

Einsiedler.

Dort droben auf dem Hügel,
Wo die Nachtigall singt,
Da tanzt der Einsiedel,
Daß die Kutt in die Höh springt.

Ey laßt ihn nur tanzen,   5
Ey laßt ihn nur seyn,
Zu Nacht muß er beten
Und schlafen allein.

10
Dort drüben auf dem Hügel
Wos Füchsle rum lauft,
Da sizt der Einsiedel,
Hat die Kutte verkauft.

Dort drunten im Thale
Geht er ins Wirthshaus,
15
Geh leih ihm dein Dirnel,
Das mein hat ein Rausch.

Ich geh nit aufs Bergle,
Ich geh nit ins Thal,
Ich leih ihm nits Dirnel,
20
Der Weg ist zu schmal.

III 25   Der Berggesell.

(1500–50.)

Wär ich ein wilder Falke,
So wollt ich mich schwingen auf,
Ich wollt mich nieder lassen,
Für eins reichen Bürgers Haus.

5
Darinn ist ein Mägdelein,
Madlena ist sie genannt,
So hab ich alle meine Tag
Kein schöners brauns Mägdlein erkannt.

An einem Montag es geschah,
10
An einem Montag früh,
Da sah man die schöne Madlena,
Zu dem Obern Thor ausgehn.

Da fragten sie die Zarten:
Madlena, wo willt du hin?

In meines Vaters Garten,   15
Da ich nächten gewesen bin.

Und da sie in den Garten kam,
Wohl in den Garten einlief,
Da lag ein schöner junger G'sell,
Unter einer Linden und schlief.   20

Steh auf junger Geselle,
Steh auf, denn es ist Zeit,
Ich hör die Schlüssel klingen,
Mein Mütterlein ist nicht weit.

Hörst du die Schlüssel klingen,   25
Und ist dein Mütterlein nicht weit,
So zeuch mit mir von hinnen,
Wohl über die breite Heid.

Und da sie über die Heide kamen,
Wohl unter ein Linde was breit,   30
Da ward denselben zweien,
Von Seiden ein Bett bereit.

Sie lagen beieinander,
Bis auf drithalbe Stund,
Kehr dich brauns Mägdlein herum,   35
Beut mir dein'n roten Mund.

Du sagst mir viel von kehren,
Sagst mir von keiner Eh,
Ich fürcht ich hab verschlafen,
Mein Treu und auch mein Ehr.   40

Fürchst du, du habst verschlafen
Dein Treu und auch dein Ehr,
Laß dichs Feinslieb nicht kümmern,
Ich nehm dich zu der Eh.

45 Wer ist der uns dies Liedlein sang,
     Von neuen gesungen hat,
     Das hat gethan ein Berggesell,
     Auf Sanct Annenberg in der Stadt.

     Er hats gar frei gesungen,
50 Bei Meth, bei kühlem Wein,
     Darbei da seyn gesessen,
     Drei zarte Jungfräulein.

III 27   Hat gesagt – bleibts nicht dabei.

                    (Mündlich.)

     Mein Vater hat gesagt,
     Ich soll das Kindlein wiegen,
     Er will mir auf den Abend
     Drey Gaggeleyer sieden;
5   Siedt er mir drei,
     Ißt er mir zwei,
     Und ich mag nicht wiegen,
     Um ein einziges Ey.

     Mein Mutter hat gesagt,
10   Ich soll die Mägdlein verrathen,
     Sie wollt mir auf den Abend
     Drei Vögelein braten;
     Brät sie mir drei,
     Ißt sie mir zwei,
15   Um ein einziges Vöglein
     Treib ich kein Verrätherei.

     Mein Schätzlein hat gesagt,
     Ich soll sein gedenken,

Er wöllt mir auf den Abend
Drei Küßlein auch schenken; 20
Schenkt er mir drei,
Bleibts nicht dabei,
Was kümmert michs Vöglein,
Was schiert mich das Ey.

Das schwere Körblein. III 28

(Musikalisch Rosengärtlein.)

Sag mir o Mägdelein, was trägst im Körbelein
So schwer und dich bemühest?
Es ist ein Knäbelein, der hat das Herze mein
So oftmals sehr betrübet,
Drum muß er jezt thun henken, 5
Im Korbe und sich kränken,
Bis daß er fällt hindurch.

Ich sprach: O Mägdelein, thu doch genädig seyn,
Und nicht so grausam tobe,
Laß heraus das Knäbelein, und rett das Leben sein, 10
Es bringt dir sonst kein Lobe,
Wenn du ihn läßt verderben,
Und gar in Unmuth sterben,
Folg mir, ich rath es dir.

Billig wär es daß du, anziehest seine Schuh, 15
Und tretest an seine statt,
So wollt ich tragen dich, im Korbe säuberlich,
Daß dir widerführ kein Schad!
Hiemit nahm sie das Körblein,
Und rettete das Knäbelein, 20
Sezt drein die Jungfrau fein.

Laß mir doch jezt der Weil, und mit mir nicht so eil,
Sprach sie mit Ungemache,
Nein nein, sprach ich zu ihr, ich will nicht folgen dir,
25 Weil gut ist jezt die Sache,
Und mußt also thun henken,
Im Korbe und dich kränken,
Bis du erlöset wirst.

III 29   Uebersichtigkeit.

                        (1560–1600.)

Schön wär ich gern, das bin ich nicht,
Fromm bin ich wohl, das hilft mir nicht;
Geld hilft mir wohl, das hab ich nicht,
Darum bin ich kein Buhler nicht.

5 Schönheit hilft mir wohl zur Buhlerey,
Schöne Gestalt macht stolz darbey;
Dich nicht verlaß auf schöne Gestalt,
Daß du nicht in Verfall kömmst bald.

Wenn ich schön wär, und hätt viel Geld,
10 Wär ich der beste in der Welt;
Dieweil ich aber solches nicht haben kann,
So muß ich im Elende bleiben stahn.

Frömmigkeit hat einen schlechten Platz,
Geld ist doch der Welt bester Schatz,
15 Frömmigkeit hilft nichts zur Buhlerey,
Darum mir dasselbig verboten sey.

Hätte ich solches alles drei,
So wär mir geholfen frey;

Geldswerth hilft noch wohl,
Liebe ein jeder, was er lieben soll.   20

Frömmigkeit hat einen rechten Schein,
Geldswerth ist auch wohl fein,
Schön Gestalt halt dich nur werth,
Dieweil du lebest auf dieser Erd.

Kennst die bewegliche Drei du noch   III 30
       nicht und der Viere Gebilde,
Wahrlich, so wollt es der Gott, findest
       du nimmer die Eins.

(Zur Beruhigung einer gewissen Kritik, die immer wissen muß,
ob etwas wirklich alt sey, um zu fühlen, daß es schön sey, wird
    hier bemerkt, daß dieses Lied unverändert abgedruckt.)

Die 4 heilige 3 König mit ihrem Steara,
Der Casper, der Melchar, der Baltes, der Beara,
Sie seaga de' nagelnuia Steara,
Potz Blitz! 's wird g'wiß was Nuis draus weara.
Sie stiefla, sie waidla, sie fülla de Bauch,   5
Und springa, wie d' Schelma, zum Städtle hinaus.
Und do sie sain kuma fürs Herodes sei Thür,
Herodes der König trat selbsta herfür.
Ey, wo kömmt ihr her in so schneller Uyl?
Sizt any aufs Bänkli, und g'ruhet a Wuyl.   10
Mie könna nit gruahga, mie han nit de Wuyl.
Mie müassa hünt noch fünfhalba Müyl.
Ey woruma könnt' ir nit g'ruahga, es thut jo nit Nauth,
I will üch vor gea a Käß und a Brout.
Mer möaga kui Käs, mer möaga kui Brout,   15
Mer müassa gau gea, 's thut werli gau Nauth.

Ey möagat er kui Käs, so frässet e Dreck,
Un schärt i ins Teufels paar Daza a weg.
Und do mer sin kömma übers Städle hinaus,
20   Denka mer, blos es der Herodes da Hobel fein aus.
Und do mer sin komma ge Betlahai,
So finda mirs Kindli ä Mueters allai.
Und do mer im han brunge Butter, Nuß, und a Milach,
Hats Kindli klo bizli druf aini gschilacht.
25   Sankt Joseph nahm waidli die Wiege-Schnuar,
Und macht go dem Kindli a Gugelfuar.
Do stund es a Engela hinter der Thür,
Und both es a Mümfeli Brout herfür. –
Jez sin mer halt gestorba; und leaba nimmai,
30   Und liega zu Kölla am Bodasai.

III 31   Lebewohl.

(Mündlich.)

Morgen muß ich weg von hier,
Und muß Abschied nehmen;
O du allerhöchste Zier,
Scheiden das bringt Grämen.
5   Da ich dich so treu geliebt,
Ueber alle Maaßen,
Soll ich dich verlassen.

Wenn zwei gute Freunde sind,
Die einander kennen,
10   Sonn und Mond bewegen sich,
Ehe sie sich trennen.
Noch viel größer ist der Schmerz,
Wenn ein treu verliebtes Herz
In die Fremde ziehet.

Dort auf jener grünen Au   15
Steht mein jung frisch Leben,
Soll ich dann mein Lebelang
In der Fremde schweben?
Hab ich dir was Leids gethan,
Bitt dich, wolls vergessen,   20
Denn es geht zu Ende.

Küsset dir ein Lüftelein
Wangen oder Hände,
Denke daß es Seufzer seyn,
Die ich zu dir sende,   25
Tausend schick ich täglich aus,
Die da wehen um dein Haus,
Weil ich dein gedenke.

Das wunderthätige Mannsbild.   III 32

(XXX Galliarden von Rost. 2 Th. 1593.)

Die Tochter bat die Mutter schön,
Sie möchte in die Kirche gehn,
Die Bilder anzubeten,
Denn sie jezt große Heiligkeit
Inbrünstig hätt betreten.   5

O Tochter das war gar verrucht,
Die Schrift ein solches Thun verflucht,
Gottes Wort allein sollst hören;
Das kann dir geben Trost und Freud,
Die Bilder thun bethören.   10

Das Bild o liebste Mutter mein,
Das mich zieht in die Kirch hinein,
Ist nicht von Holz formieret;

Es ist ein schöner stolzer Knab,
15   Sein Leib gar wohl gezieret.

Solch lebend Bild die Kraft jezt han,
Ziehn in die Kirch manch Frau und Mann,
Wenn sich die Augen drehen,
Das man also verstehen kann,
20   Manch Wunder ist geschehen.

III 33   O Himmel, was hab ich gethan.

Das Klosterleben ist eine harte Pein,
Weil ich ohn mein Liebchen muß seyn;
Ich habe mich drein ergeben zur Zeit,
Den Orden ertrag ich mit Schmerz und mit Leid.
5   O Himmel, was hab ich gethan?
Die Liebe war schuldig daran.

Und komm ich am Morgen zur Kirche hinein,
So sing ich die Metten allein;
Und wenn ich das Gloria patri da sing,
10   So liegt mir mein Herzallerliebster im Sinn.
Ach Himmel, was hab ich gethan?
Die Liebe ist schuldig daran.

Des Mittags wenn ich zum Essen hin geh,
So find ich mein Tischlein allein;
15   Da eß ich mein Brod und trinke mein Wein,
Ach könnt ich bei meinem lieb Schätzelein seyn.
O Himmel, was hab ich gethan?
Die Liebe ist schuldig daran.

Des Abends, wenn ich nun schlafen da geh,
20   So find ich mein Bettlein ja leer;

Da greif ich bald hin, da greif ich bald her,
Ach wenn ich bei meinem Herzliebsten doch wär!
Ach Himmel, was hab ich gethan?
Die Liebe ist schuldig daran.

Da kömmt ja mein Vater und Mutter auch her, 25
Sie beten wohl für sich allein;
Sie haben buntfärbige Röcklein auch an,
Und ich, ich muß in dem Kuttenrock stahn.
Ach Himmel, was hab ich gethan?
Die Liebe ist schuldig daran. 30

Die gute Sieben. III 34

(Mündlich.)

Es war einmal ein junger Knab,
Der liebt sein Schätzlein sieben Jahr,
Wohl sieben Jahr und noch vielmehr,
Die Lieb, die nahm kein Ende mehr.

Er liebte des Bauers Töchterlein, 5
Auf Erden konnte nichts Schönres seyn;
Die Knaben gingen ihm um sein Haus:
»Ach Bauer geb uns dein Tochter heraus.«

»Ich geb die Tochter nicht heraus,
Ich geb ihr kein Geld, ich geb ihr kein Haus; 10
Ich kaufe ihr ein schwarzes Kleid,
Das soll sie tragen zur Kirch und zum Leid.«

Da reist der Knabe ins Niederland,
Da ward ihm sein Herzallerliebste krank;
Die Botschaft ihm kam: krank auf den Tod, 15
Drey Tag und drey Nacht redt sie kein Wort.

Und als der Knab die Botschaft hört,
Daß sein Herzliebste so krank da wär;
Da ließ er gleich sein Hab und Gut,
20   Und schaut, was sein Herzallerliebste thut.

Und als er in die Stub hinein kam,
Sein Herzallerliebste auf den Tod war krank:
»Seyst du mir willkommen getreuer Schatz,
Der Tod will jezt wohnen an deinem Platz.«

25   »Grüß Gott, grüß Gott liebs Schätzelein,
Was machst du hier im Bettelein?«
»Dank Gott, dank Gott, mein lieber Knab,
Mit mir wirds heissen fort ins Grab.«

»Nicht so, nicht so mein Schätzelein,
30   Die Lieb und Treu muß länger seyn;
Geht gschwind, geht gschwind und holt ein Licht,
Mein Schatz der stirbt, daß niemand sieht.«

Was zog er aus seiner Tasche mit Fleiß,
Ein Aepfelein das war roth und weiß,
35   Er legts auf ihren weis rothen Mund,
Schön Schätzl, bist krank, werd wieder gesund.

Er wollt sie legen in seinen Arm,
Sie war nicht kalt, sie war nicht warm;
Sie thut ihm in seinem Arm verscheiden,
40   Sie thut eine reine Jungfrau bleiben.

Was zog er aus der Tasche sein,
Von Seide war es ein Tüchlein fein;
Er trocknet damit sein Auge und Händ,
Ach Gott wann nimmt mein Trauren ein End.

45   Er ließ sich machen ein schwarzes Kleid,
Er trugs wegen seiner Traurigkeit,

Wohl sieben Jahr und noch viel mehr,
Sein Trauren das nahm kein Ende mehr.

Spinnerlied. III 36

(Mündlich.)

Spinn, Mägdlein, spinn!
So wachsen dir die Sinn,
Wachsen dir die gelbe Haar,
Kommen dir die kluge Jahr!

Ehr, Mägdlein, ehr   5
Die alte Spinnkunst sehr;
Adam hackt und Eva spann,
Zeigen uns die Tugend-Bahn.

Lieb, Mägdlein, lieb
Der Hanna ihren Trieb;   10
Wie sie mit der Spindel kann
Nähren ihren blinden Mann.

Preiß, Mägdlein, preiß
Der Mutter Gottes Fleiß;
Diese heilge Himmelskron   15
Spann ein Röcklein ihrem Sohn.

Sing, Mägdlein, sing,
Und sey fein guter Ding;
Fang dein Spinnen lustig an,
Mach ein frommes End daran.   20

Lern, Mägdlein, lern,
So hast du Glück und Stern;
Lerne bei dem Spinnen fort
Gottes Furcht und Gotteswort.

25   Glaub, Mägdlein, glaub,
Dein Leben sey nur Staub;
Daß du kömmst so schnell ins Grab,
Als dir bricht der Faden ab.

Lob, Mägdlein, lob,
30   Dem Schöpfer halte Prob;
Daß dir Glaub und Hoffnung wachs,
Wie dein Garn und wie dein Flachs.

Dank, Mägdlein, dank
Dem Herrn, daß du nicht krank,
35   Daß du kannst fein oft und viel
Treiben dieses Rockenspiel.
Dank, Mägdlein, dank.

III 38   Lied des Verfolgten im Thurm.

            (Nach Schweizerliedern.)

               Der Gefangne.

Die Gedanken sind frey,
Wer kann sie errathen;
Sie rauschen vorbei
Wie nächtliche Schatten.
5   Kein Mensch kann sie wissen,
Kein Jäger sie schiessen;
Es bleibet dabey,
Die Gedanken sind frey.

               Das Mädchen.

Im Sommer ist gut lustig seyn,
10   Auf hohen wilden Heiden,
Dort findet man grün Plätzelein,

Mein Herzverliebtes Schätzelein,
Von dir mag ich nicht scheiden.

Der Gefangne.

Und sperrt man mich ein
Im finstern Kerker,
Dies alles sind nur
Vergebliche Werke;
Denn meine Gedanken
Zerreissen die Schranken,
Und Mauern inzwey,
Die Gedanken sind frey.

Das Mädchen.

Im Sommer ist gut lustig seyn,
Auf hohen wilden Bergen;
Man ist da ewig ganz allein,
Man hört da gar kein Kindergeschrey,
Die Luft mag einem da werden.

Der Gefangne.

So sey es wie es will,
Und wenn es sich schicket,
Nur alles in der Still;
Und was mich erquicket,
Mein Wunsch und Begehren
Niemand kanns mir wehren;
Es bleibet dabey,
Die Gedanken sind frey.

Das Mädchen.

Mein Schatz du singst so fröhlich hier,
Wies Vögelein in dem Grase;
Ich steh so traurig bey Kerkerthür,
Wär ich doch todt, wär ich bey dir,
Ach muß ich denn immer klagen.

Der Gefangne.

40　Und weil du so klagst,
　　Der Lieb ich entsage,
　　Und ist es gewagt,
　　So kann mich nicht plagen,
　　So kann ich im Herzen
45　Stets lachen, bald scherzen;
　　Es bleibet dabey,
　　Die Gedanken sind frey.

III 40　　　Spinnerlied.

(Mündlich.)

　　Spinn, spinn, meine liebe Tochter,
　　Ich kauf dir ein paar Schuh.
　　Ja, ja meine liebe Mutter,
　　Auch Schnallen dazu;
5　Kann wahrlich nicht spinnen,
　　Von wegen meinem Finger,
　　Meine Finger thun weh.

　　Spinn, spinn, meine liebe Tochter,
　　Ich kauf dir ein paar Strümpf.
10　Ja, ja meine liebe Mutter,
　　Schön Zwicklen darin;
　　Kann wahrlich nicht spinnen,
　　Von wegen meinem Finger,
　　Mein Finger thut weh.

15　Spinn, spinn, meine liebe Tochter,
　　Ich kauf dir einen Mann.
　　Ja, ja meine liebe Mutter,
　　Der steht mir wohl an;

Kann wahrlich gut spinnen,
Von all meinen Fingern,   20
Thut keiner mir weh.

Spruch vom Glück.   III 41

(Docens Miscellaneen I. S. 282.)

Ich sag, wems Glück wohl pfeifet,
Der mag wohl lustig tanzen,
Wems Glück zum Würfel greifet,
Gewinnt oft manche Schanzen,
Mit Freuden mag rumschwanzen.   5

Wems Glück das Hörnel bläßt,
Der fängt, wenn andre jagen,
Glück, wem das Feld du säest,
Der mag Getreid heim tragen,
Und niemand darf drum fragen.   10

Wems Glück ist Keller, Koch,
Der trinkt, wenn ihn thut dürsten,
Ißt, wenn ihn hungert noch,
Nach Glück oft gleich thut dürsten,
Den Bettler, wie den Fürsten.   15

Wenns Glück das Fähnlein schwingt,
Da giebts gut Beut und Kriegen,
Wenns Glück dem Buhler singt,
Da ist gut Kinder wiegen,
Galanisieren und Lieben.   20

Doch jeder ist der Schmidt
Des eignen Glücks allzeiten,
Wer wohl gebettet sich,

25

Der lieget auch in Freuden,
Ob man ihn gleich thut neiden.

Dein Glück flieht nicht vor dir,
Was dir auf Erd beschaffen,
Schau nur, wenns vor der Thür,
Daß dus nicht thust verschlafen,
Brauch Mittel, Zeit und Waffen.

30

III 42   Gimpelglück.

(Postiglion der Lieb. XXIII.)

Ich that einmal spazieren gehn,
Da hört ich also singen schön
Der Vöglein viel und mancherlei,
Ganz lieblich war ihr Melodei;
Da kam ich auch zu einem Nest,
Das war geziert aufs allerbest,
Konnt mich aber nicht richten drein,
Was doch dies für ein Nest möcht seyn.

5

Nahm mir drum also wohl der Weil,
Ei da sah ich im Nest ein Eul,
Dieselb erzeigt sich schön geziert,
Groß und klein Vögelein sie vexirt,
Des must ich mirs lachen in Still,
Dieweil deren warn vorhanden viel,
Und jeder wolt der Nächste seyn,
Und durft doch keiner ins Nest hinein.

10
15

Endlich gar bald ich einen ersah,
Der zu dem Nest gieng dreist und nah,
Und dieser flog geschwind hinein,
Ich dacht bei mir: Wer mag dies seyn?

20

Daß es ohn Scheu der andern alle,
Der Eulen also wohl that gefallen,
An Federn ich ihn gleich erkannt,
Daß er der Gimpel ward genannt.

Wie ihr nun weiter hören werdt,   25
Vom Gimpel, der ist lobenswerth,
Drum will ich jezt verhalten nicht
Sein Lob in diesem kleinen Gedicht:
Der Gimpel ist ein Vogel schon,
Der nächste bei den Eulen dran;   30
Kein andrer darf sich nahen frey,
Hin zu dem Nest, wer es auch sey.

Du Gimpel aber magst nach Lust
Bei der Eule seyn ganz wohl bewußt;
Drum ich forthin werd haben keine Ruh,   35
Bis daß ich ein Gimpel werd wie du;
Kein schönern Gimpel sah ich nie,
Denn dich jezt gegenwärtig hie,
Von Art bist du ganz wohl geziert,
Gleichwie eim Gimpel sich gebührt.   40

Magst darum wohl ein Gimpel bleiben,
Denn dich wohl keiner wird vertreiben,
Dessen darfst dich doch fürchten nicht,
Denn dies wohl nimmermehr geschicht,
Ihr rechter Gimpel du bist allein,   45
Den sie vor andern liebt gemein,
Auch wegen deines süßen Gesangs,
Bleibst du ein Gimpel dein lebenlang.

Drum billig bist du lobenswerth,
Du bleibst ein Gimpel wohl heur als sehr,   50
Wie gern wolt ich ein Gimpel seyn,
Damit ich dürft ins Nest hinein,

Ob dich schon vexirt jedermann,
So laß nur Red vor Ohren gehn,
55   Gedenk in deinem Sinn allzeit,
Wer dir nichts geit laß dich ung'heit.
(ungeschoren.)

So bleibst du recht ein Gimpel allein,
Und fleugst mit ihr wohl aus und ein,
60   Bei deiner liebsten Eulen zart,
Ein rechter Gimpel bist von Art;
Wünsch dir hiermit viel guter Nacht,
Zu Ehre sey dir dies Lied gemacht;
Drum lieber Gimpel sey nur verliebt,
Ich bin nicht bös und nicht betrübt.

III 44   Ich stand an einem Morgen.

(Hundert und funfzehn neue Lieder. Nürnberg 1544.
Johann Ott Buchdrucker Seite 73.)

Ich stand an einem Morgen
Heimlich an einem Ort,
Da hätt ich mich verborgen,
Ich hört klägliche Wort,
5   Von einem Fräulein hübsch und fein,
Sie sprach zu ihrem Buhler,
Es muß geschieden seyn.

Herzlieb, ich hab vernommen,
Du wilt von hinnen schier,
10   Wann wilt du wieder kommen,
Das sollst du sagen mir,
Merk mein Feinslieb, was ich dir sag,
Mein Zukunft thust du fragen,
Ich weiß weder Stund noch Tag.

Das Fräulein weinet sehre,   15
Ihr Herz war Trauren voll:
»So gieb mir Weis und Lehre
Wie ich mich halten soll,
Für dich sez ich mein Hab und Gut,
Und willst du hier nun bleiben,   20
Ich verehr dich in Jahr und Tag.«

Der Knab der sprach aus Muthe,
Dein Willen ich wohl spür,
Verzehr ich dir dein Gute,
Ein Jahr ist bald dahin,   25
Dennoch muß es geschieden seyn,
Ich will dich zärtlich bitten,
Setz du dein Willen drein.

Das Fräulein das schreit Morde!
Mord über alles Leid: 30
»Mich kränken deine Worte,
Herzlieb nicht von mir scheid;
Für dich setz ich mein Gut und Ehr,
Und sollt ich mit dir ziehen,
Kein Weg ist mir zu fern.«   35

Ich stand an einem Morgen.   III 46

(Gassenhauer geistlich, von Knaust. S. 28.)

2.

Ich stand an einem Morgen
Heimlich an einem Ort,
Da hielt ich mich verborgen,
Ich hört klägliche Wort,

5   Von einem frommen Christen fein,
       Er sprach zu Gott seinem Herrn:
       Muß denn gelitten seyn?

       Herr Gott ich hab vernommen,
       Du willt mich lassen schier,
10   In viel Anfechtung kommen,
       Thut nicht gefallen mir.
       Merk männlich auf, was ich dir sag,
       Thu dich nicht hart beklagen,
       Ein Christ muß haben Plag.

15   Der fromm Christ weinet sehre,
       Sein Herz war unmuthsvoll.
       So gieb mir Weis und Lehre,
       Wie ich mich halten soll,
       Der Glaub ist schwach und kalt in mir,
20   Mein Fleisch will mich verführen,
       Daß ich soll weichen von dir.

       Gott sprach, lachend zu muthe,
       Dein Willen ich wohl spür,
       Du wollst wohl han das gute,
25   Wenns dir nicht würde saur,
       Wer aber will mit mir han Theil,
       Muß alles fahren lassen,
       Viel Glück ist ihm nicht feil.

       Der fromme Christ schrie Morde,
30   Mord über alles Leid,
       Mich schrecken deine Worte,
       Herr Gott mach mich bereit,
       Ich wollt doch alles tragen gern,
       Die Weltlust gerne hassen,
35   Sie lassen von mir fern.

Gott sprach: ich thu dich züchten,
Hab nur ein guten Muth,
Und thu mich allzeit fürchten,
Erkauft bist mit mein'm Blut;
Daran gedenk mit ganzem Fleiß,   40
All die ich fast thu lieben,
Straf ich, das ist mein Weis.

Da kehrt Gott ihm den Rücken,
Er redt zu ihm nicht mehr,
Der arm Christ thät sich schmücken   45
In einem Winkel leer;
Er weint aus der massen viel:
»Dem Herrn im Creutz aushalten,
Das ist kein Kinderspiel.«

Ich stand an einem Morgen.   III 48a

3.

Ich stand an einem Morgen: mein wo?
Hat dich niemand gesehen? Warum?
Vor wem? von wem? wer war sie dann?
Ists vielleicht die breite Gretha gewesen?
Was hat sie dann gesagt? Glück zu,   5
Glück zu, Glück zu wohl auf die Reiß.

Glück der Schlemmer.

(Blum und Ausbund allerhand auserlesener züchtiger Lieder.
Deventer 1602. 12. Der Sammler ist Paul von der Aelst. Mitgetheilt von H. H. Eschenburg.)

Es steht ein Baum in Oesterreich,
Der trägt Muskaten Blumen;
Die erste Blume, die er trug,
Die brach ein's Königs Tochter.

5 Darzu so kam ein Reuter gegangen,
Der freit des Königs Tochter;
Er freit sie länger denn sieben Jahr,
Er konnt sie nicht erfreien.

Laß ab, laß ab du junger Knab,
10 Du kannst mich nicht erfreien;
Ich bin viel besser geborn denn du,
Von Vater und auch von Mutter.

Bist du viel besser geborn, denn ich,
Von Vater und auch von Mutter,
15 So bin ich deines Vaters gedingter Knecht,
Und schwing dem Rößlein sein Futter.

Bist du mein's Vaters gedingter Knecht,
Und schwingst dem Rößlein sein Futter;
So giebt dir mein Vater auch großen Lohn,
20 Damit laß dir genügen.

Den großen Lohn, den er mir giebt,
Der wird mir viel zu sauer;
Wenn andre zum Schlafkämmerlein gehn,
So muß ich zu der Scheuer.

25 Des Nachts wohl um die halbe Nacht,
Das Mägdlein begunnt zu trauren;

Sie nahm ihre Kleider untern Arm,
Und gieng wohl zu der Scheuer.

Des Morgens da der Tag anbrach,
Die Mutter begunnt zu rufen;   30
Steh auf, steh auf, du gedingter Knecht,
Und gieb dem Roß das Futter.

Das Futter, das ich ihm geben will,
Das liegt in meinen Armen,   34
Nächten Abends war ich euer gedingter Knecht,
Euer Eidam bin ich worden.

Daß du mein Eidam worden bist,
Deß muß sich Gott erbarmen!
Ich hab' sie Rittern und Grafen versagt,
Dem Schlemmer ist sie worden!   40

Dem Schlemmer, dem sie worden ist,
Der kann sie wohl ernähren;
Er trinkt viel lieber den kühlen Wein
Denn Wasser aus dem Brunnen.

Der uns dies neue Liedlein sang,   45
Er hat's gar wohl gesungen;
Er ist dreimal in Paris gewesen,
Und immer wieder kommen.

Ländlich, sittlich.   III 50

(Abele künstliche Unordnung, IV. S. 412. Alte Buchhändler-
anzeige von einem Classiker? –)

Ein schönes Jungfräulein, die von geschickten Sitten
Wird in die Stadt geführt, zu Markt auf einem Schlitten,

Der lieblich glänzt und prahlt mit Blumen, Laub und
  Kraut,
Der schönste Rosmarin beschmückt die junge Braut;
5 Die Pferde sind gepuzt, und freudig ausgezieret
Mit Rosen überall, und der die Jungfrau führet,
Kommt grün bekrönt daher, er treibet nach Gebühr
Die stolzen Hengste fort, sie tanzen für und für.
Beim Schlitten gehn zu Fuß drei und noch vier
  Jungfrauen,
10 Die nimmer ihren Leib den groben Gästen trauen;
Die streuen Palmen aus, und sonsten ander Kraut,
Zur Ehr und süssen Lust der wunder schönen Braut.
So fährt der Schlitten her, auf Palmen und Zeitlosen,
Und kehrt sich niemals um, als auf gestreuten Rosen,
15 So sizt die junge Braut mit Blumen wohl bestreut,
Dies ist die höchste Ehr in ihrer jungen Zeit.
Fünf Meister, wohl geübt, die Stimmen einzuzwingen,
In Flöten, Lautenklang, wenn sie aufs beste klingen,
Die spielen auf der Laut, und sonst ein Instrument,
20 Auf welchen süssen Thon ein jeder kommt gerennt,
Ja alles Volk kommt frisch her zu den Schlitten springen,
Sie schöpfen Freud und Lust aus allen schönen Dingen.
Doch was dem lieben Volk am treflichsten behagt,
Das ist das schöne Bild, das ist die junge Magd.
25 Wann dieser Zierrath nun ist auf den Markt gekommen,
Und eine Menge Volks, den Schauplatz eingenommen,
So tritt der Ruffer auf hart bei der jungen Braut,
Und fällt die Jungfrau an, und ruft so überlaut:
Kommt her ihr jungen Leut, ihr frische junge Knaben,
30 Wer eine Labung sucht, das Bild das kann ihn laben.
Wer Schönheit sucht, der komm, und biethe Geld dafür,
Dies ist ein schönes Bild, von recht erwünschter Zier,
Kommt hie und kauft das Bild, kommt, kommt ihr
  jungen Leute,
Hie ist ein Lilienherz, wohl! dem es wird zur Beute,
35 Hie ist ein Röselein, von keinem nicht gepflückt,

Von niemand angerührt, von keinem unterdrückt,
Hie ist ein rother Mund, hie ist ein ehrbar Wesen,
Hie ist ein schöner Schatz, von tausend auserlesen,
Hie ist ein treues Herz, hie ist ein junger Leib,
Hie ist für euer Lieb ein ehrlich Zeitvertreib,   40
Hie ist ein wackres Aug, und Rosen gleiche Wangen,
Hie ist das schönste Haar, der Menschen Herz zu
    fangen,
Hie ist ein edel Pfand, das einem frischen Mann
Die ganze Lebenszeit, zur Freude dienen kann.
Was ist ein schönes Weib, mit lieblichen Geberden?   45
Es ist ein Paradies, ein Himmel auf der Erden,
Es ist ein Augentrost, und eine stete Freud,
Es ist ein sanfter Ort, und Port für junge Leut,
Was ist ein häßlich Weib? Ein Ungeheur im Hause,
Medusen Schlangenhaupt, das immer lebt im Sause,   50
Wer solcher einmal sich hat ehelich verpflicht,
Wie klar die Sonn auch scheint, doch ist er ohne Licht.
So ruft der Ruffer aus, die Jugend tritt entgegen,
Biet Geld, Geld über Geld, weil ihr daran gelegen,   54
Und wenn man dann zulezt nicht höhern Vortheil spürt,
Wird dem, ders Meiste bieth, die Jungfrau zugeführt.
Und dann ruft alles Volk, ein glücklich langes Leben,
Muß Gott der neuen Braut, und ihrem Liebsten geben,
Und solches siebenmahl, ja endlich setzt sich auch
Der Käufer bei ihr auf, nach ihres Lands Gebrauch,   60
Dann fahren sie zur Kirch, und fangen an zu beten,
Wann dieses dann geschehn, so kommt er her getreten,
Umarmet sie, und wenn er sie nach Haus gebracht,
Genießt er drauf mit Lust, wornach er hat getracht.

Schlittenfahrt.

(Eingesandt.)

Daß uns der Winter nicht steht will seyn,
Des trauren die Mädlein gar sehre;
Weil uns der Schnee nit bleiben will,
Und ander gut Gesellen mehre.
5   Heut ist trocken, morgen ist naß,
Da hat uns der Teufel den Winter herbracht;
Der Winter thut sich biegen,
Die Lerchen thun sich schmiegen,
Die Schlitten thun sie üben.

10   Ach feins mein Lieb, so sey mir hold,
Um Eins will ich dich bitten,
Kauf du mir ein gespiegeltes Roß,
Dazu ein gemahlten Schlitten.
So fahren wir mit Schallen,
15   So fahren wir mit Schallen,
So fahren wir mit Schallen,
Die Gäßlein allenthalben,
Feins Lieb, laß dirs gefallen.

Ach feins mein Lieb, so spar mich nit,
20   Ich bin darzu gewachsen.
Nimm nur dein Müfflein in die Hand,
Ich schau dir über die Achsel,
Weiß zugeschneites Osterlamm,
Mein Rößlein rasselt mit dem Kamm,
25   So fahren wir mit Schallen,
Die Gäßlein allenthalben,
Feins Lieb laß dirs gefallen.

Ach feins mein Lieb, nun spitz die Füß,
Wohl auf mit mir zum Tanze,
30   Zieh mir die Rädlein um und um,

Mit deinem Schleppenschwanze;
Und schwenkst du mirs nit in die Sporn,
Setz ich ein Kranz dir auf die Ohr'n,
So fahren wir mit Schallen
Die Gäßlein allenthalben,   35
Feins Lieb laß dirs gefallen.

Ob einer käm, der murren wollt,
Wir wollen nichts drum geben,
Es muß vorbei gestochen seyn,
Und kost es Leib und Leben,   40
So fahren wir über die Heide,
So fahren wir über die Heide,
So fahren wir über die Heide,
Wohl manchem Mann zu Leide,
Feins Lieb, ich muß mich scheiden.   45

Schön Dännerl.   III 54

(Fliegendes Blat.)

Bin ich das schön Dännerl im Thal,
Schleuß Federn;
Da kommen die Jägerbursch all
Wollens lernen.
Geht nur all ihr Gesellen,   5
Ihr könnt euch nicht anstellen:
Ich bin das schön Dännerl im Thal,
Und bleib das schön Dännerl allemal.

Bin ich das schön Dännerl im Thal,
Strick Bändlein;   10
Da kommen die Schreibersbuben,
All wollen tändeln.

Ich laß euch nicht tändeln,
Mit meinem Vortuchbändlein: Ich bin usw.

15 Bin ich das schön Dännerl im Thal,
Eß Zucker;
Da kommen die Schubladenbuben all,
Wollen kucken:
Geht, laßts euch vergehen,
20 Ich laß euch nichts sehen: Ich bin usw.

Bin ich das schön Dännerl im Thal,
Strick Socken;
Da kommen die Gassenbuben all,
Wollen locken.
25 Geht, reist, ich mag nicht spielen,
Ihr seyd mir zu viele: Ich bin usw.

Bin ich das schön Dännerl im Thal,
Thu giessen;
Da kommen die Schützenbursch all,
30 Wollen schiessen.
Geht, lasset das nur bleiben,
Mein Blumen sind kein Scheiben: Ich bin usw.

Bin ich das schön Dännerl im Thal,
Thu lieben;
35 Da kommen Studentenbursch all
Mit den Hiebern.
Ja ja ihr meine Herren,
Ich will euch nicht aussperren:
Ich bin das schön Dännerl im Thal,
40 Und bleib das schön Dännerl allemal.

Bei Nacht sind alle Kühe schwarz.

Bei der Nacht ist so finster im Weg,
Man sieht weder Brücke noch Steg,
Weder Stock noch Stein,
Man stößt sich ans Bein,
Drum geh ich nicht gern allein.   5

Bei der Nacht ist meine Frau auch so schön,
Bei Tag mag ich nicht mit ihr gehn.
Bei der Nacht so schön!
Kanns gar nicht verstehn,
Mag halters nicht mit ihr gegehn.   10

Und wann ich wieder heurathen thu,
So nehm ichs Laternel dazu;
Da sieht man beim Licht,
Doch was einer kriegt,
Eine Wüste, die mag ich mehr nicht.   15

Und wenn ich ein Kindelein krieg,
So muß es so schön seyn als ich,
Sonst g'hört es nicht mein,
Ich gehs halt nicht ein,
Es muß wie ich so schön seyn.   20

Bei der Nacht hat mich oft was gefreut,
Ich denk halt, 's giebt noch mehr so Leut,
Da schläft man in Ruh,
Und deckt sich brav zu,
Es geht, ich weiß selber nicht wuh!   25

Den Dritten thu ich nicht nennen.

(Mündlich.)

Mein Bübli isch e Stricker,
Er strickt e manche Nacht,
Er strickt an einer Haube,
Haube, Haube,
5   Sisch noch nit ausgemacht.

Von Seiden isch die Haube,
Von Sammet isch die Schnur,
Bisch du ein wackres Mädle,
Mädle, Mädle,
10   Bind du dein Härle zu.

Ach nein, will sie nit binden,
Wills noch mehr fliegen lahn,
Bis ander Jahr im Sommer,
Sommer, Sommer,
15   Will zu dem Tanze gahn.

Mit Freuden zu dem Tanze,
Mit Trauren wieder heim,
So geht es jedem Mädle,
Mädle, Mädle,
20   Und nit nur mir allein.

Dort droben auf jenem Berge,
Da steht ein schönes Haus,
Da schauen alle Morgen,
Morgen, Morgen,
25   Drey schöne Herren raus.

Der Erst der ist mein Bruder,
Der Zweite geht mich an,
Den Dritten thu ich nicht nennen,

Nennen, nennen,
Der ist euch wohl bekannt.   30

Und unten an dem Berge,
Da geht ein rothe Kuh.
Wenn sie die Magd thut melken,
Melken, melken,
Schaun ihr die Herren zu.   35

Sie thät die Milch verschütten,
Mit Wasser füllt sie zu:
Ach Mutter, liebe Mutter,
Mutter, Mutter,
Die Milch giebt unser Kuh.   40

Wir wollen die Kuh verkaufen,
So kommt der Gstank vom Haus;
So können hübsch die Herren,
Herren, Herren,
Spazieren um unser Haus.   45

Und drüben an dem Berge,
Da stehn zwey Bäumelein,
Das eine trägt Muskate,
Muskate, Muskate,
Das zweyt braun Nägelein.   50

Muskatennuß sind süße,
Braun Näglein die sind räß (scharf),
Die geb ich meinem Liebchen,
Liebchen, Liebchen,
Daß es mich nicht vergeß.   55

Hab deiner nie vergessen,
Hab alle Zeit an dich gedenkt;
Du liegst mir stets am Herzen,

Herzen, Herzen,
60   Wie d' Ros' am Stiele hängt.

Dort unten auf der Wiese,
Da geht ein Mühlenrad,
Das mahlet nichts als Liebe,
Liebe, Liebe,
65   Vom Abend bis zum Tag.

Das Mühlenrad isch brochen,
Die Lieb hat noch kein End;
Und wann zwey Liebchen scheiden,
Scheiden, scheiden,
70   So geben sie sich die Händ.

Ach Scheiden über Scheiden,
Isch gar ein bittres Kraut;
Wann ich wüßte, wo es wüchse,
Wüchse, wüchse,
75   Wollt graben Wurzel raus.

Grab raus, grab raus mit Freuden,
Und nimm sie mit dir heim;
Leg sie in dein Schlafkämmerlein,
Schlafkämmerlein,
80   So hast du Würzelein.

III 60   Bienenlied.

(Fliegendes Blat.)

Ein Liedlein will ich singen,
Vom Honigvögelein,
Die hin und her sich schwingen,
Wo bunte Blumen seyn.

Das Völklein in dem Grünen,   5
Es schmauset auf der Weid,
Ich singe von den Bienen,
Auf dieser freien Haid.

Der Winter hält gefangen
Das zarte Jungfernvolk,   10
Bis daß der Schnee vergangen,
Frost, Schauer, Nebelwolk.
Und wann die Weste stimmen,
Nach linder Lenzen Art,
So machen sich die Immen   15
Auf ihre Blumenfahrt.

Sie ziehen mit der Trummel,
Der Stachel weist das Schwerdt;
Ihr Brummel und Gehummel
Hat niemand noch gefährdt.   20
Sie nehmen sonder Morden
Den zarten Blumenraub,
Und ihre Beut ist worden
Der Baum und Blüthen Laub.

Wie sie die Wachsburg bauen,   25
Aus güldnem Pergament,
Kann niemand nicht beschauen,
Ja keines Künstlers Händ
Hat man so sehr bewundert,
Die Zimmerchen so gleich,   30
Sechseckigt ist gesondert
Das Honigkönigreich.

Man sieht sie friedlich leben
Ohn Eigennutz und Streit,
In steter Mühe weben,   35
Zu Lenz und Winterszeit;

Sie pflegen einzutragen
Der Blumen Saft und Thau,
Und führen mit Behagen
40   Gesammt den Zuckerbau.

III 61   Die Schwalben.

Es fliegen zwei Schwalben ins Nachbar sein Haus,
Sie fliegen bald hoch und bald nieder;
Aufs Jahr, da kommen sie wieder,
Und suchen ihr voriges Haus.

5   Sie gehen jezt fort ins neue Land,
Und ziehen jezt eilig hinüber;
Doch kommen sie wieder herüber,
Das ist einem jeden bekannt.

Und kommen sie wieder zu uns zurück,
10   Der Baur geht ihnen entgegen;
Sie bringen ihm vielmahl den Segen,
Sie bringen ihm Wohlstand und Glück.

III 62   Ein Heller und ein Pfenning,
               Das ist ein kleiner Werth.

(Vier Bauernmädchen sammelten sonst mit diesem Liede von
Haus zu Haus einiges Geld, um das Muttergottesbild, welches sie
bei Processionen trugen, vorher auszuschmücken, in den rheini-
schen Dörfern Sponheim, Spabrück oder Geillesheim.)

Gott grüß euch all ihr Herren,
Und die darinnen sind;
Gott tröst' die betrübten Seelen,
Die in dem Fegfeuer sind.

Wir sind daher gegangen,   5
Wir sind daher gesandt;
Wir bettlen für die Krone,
Die noch steht in Himmelshand.

Für einen Schleier heischen wir,
Und eine schöne Kron;   10
Zu Sponheim in der Kirche
Die Maria soll sie han.

Maria Königinn,
Sie ist eine reine Magd;
Sie kann gar treulich bitten,   15
Für unsre Missethat.

Ein Heller und ein Pfenning,
Das ist ein kleiner Werth;
Maria Königinne,
Ist aller Ehren werth!   20

Wir danken für die Gaben,
Die ihr uns habt gethan;
Gott wirds an euren Seelen
Euch zum Guten lassen stahn.

Von alten Liebesliedern.   III 63

(Venusblümlein von Ambrosius Metzger. Nürnberg 1612.)

Spazieren wollt ich reiten,
Der Liebsten vor die Thür,
Sie blickt nach mir von weitem,
Und sprach mit großen Freuden:
»Seht dort meines Herzens Zier,   5
Wie trabt er her zu mir.

Trab Rößlein trab,
Trab für und für.«

Den Zaum, den ließ ich schiessen,
10   Und sprengte hin zu ihr,
Ich thät sie freundlich grüssen,
Und sprach mit Worten süß:
»Mein Schatz, mein höchste Zier,
Was macht ihr vor der Thür?
15   Trab Rößlein trab,
Trab her zu ihr.«

Vom Rößlein mein ich sprange,
Und band es an die Thür,
Thät freundlich sie umfangen,
20   Die Zeit ward uns nicht lange,
In Garten giengen wir
Mit liebender Begier;
Trab Rößlein trab,
Trab leis herfür.

25   Wir sezten uns da nieder
Wohl in das grüne Gras,
Und sangen hin und wieder
Die alten Liebeslieder,
Bis uns die Aeuglein naß,
30   Wegen der Kläffer Haß.
Trab Rößlein trab,
Trab, trab fürbas.

Don Juan.

(Vergl. Büschings und von der Hagens Sammlung.)

Ich hatt nun mei Trutschel
Ins Herz nei geschlosse,
Sie hat mir geschworen,
Sie wöll mich net losse,
Da reit mir der Teufel   5
Den Schulzen sei Hans,
Der führt sie zum Tanz.

So gehts wenn die Mädcher
Zum Tanzboden gehn,
Da muß man bald immer   10
In Sorgen bey stehn,
Daß sie sich verliebe
In andere Knecht,
So Mädcher sind schlecht.

Es schmeckt mir kein Essen,   15
Es schmeckt mir kein Trinke,
Und wenn ich soll arbeit,
So möcht ich versinke;
Kurz wenn ich mei Trutschel
Net bald wieder seh,   20
So muß ich vergeh.

Und wenn ich gestorbe,
Ich lat mich begrabe,
Und lat mer vom Schriner
Zwey Bretcher abschabe,   25
Und lat mer zwey firige Herzer druf mahle.
Ich kann sie bezahle.

Und lat mer anstimme
Die Sterbegesänge:

30   »Da leit nu der Esel
     Die quer und die länge,
     Der allzeit gesteckt hat in Liebesaffäre,
     Zu Erde muß wern.«

III 66   Hölzerne Noth.

     'S hätt sich mol ener zu mer welle küpple,
     Häts Lädel n'in welle krüpple,
     Un als er maint er stoht,
     Heb ich de Hönd blümbe loth,
5   Dazu uf et Mist,
     Dü Hönd der de bist,
     Jetz westa was Gosategeh ist.

     Er hätt mi au mol zum Tanz welle führe,
     Hätt welle mit mer agire,
10   Er tanzt wie e Bär so toll,
     Mer mänt er hätt sich g'soffe voll,
     Der wüst Sapperlot,
     Er tanzt wie er goht,
     'S is glatt e hölzerne Noth.

15   Was wäre min Kamerade sahe
     Wenn i so e Stumpe nehm?
     Gieng i mit am über d'Gaß,
     D' Lit hätte de größte Gespaß,
     Mit er solche Crot,
20   'S wär e Schand un e Gespott.

Des Centauren Tanzlied.

(Christoph Demantius Tänze. Nürnberg. 1601.)

Schau gut Gesell, was führ ich allhier,
Schau, was führ ich allhier,
Ein fein braun Mägdlein,
Guter Ding nach meinem Begier,
Wir wollen fein miteinander seyn.   5

Drum sing mir bald ein kleines Tänzlein,
Ja ein kleines Tänzlein,
Ich will dirs lohnen,
Und dir bringen das Jungfräulein,
Du mußt ihr aber wohl verschonen.   10

Gleich wie ein hurtig Rösselein trabt,
Ja ein Rösselein trabt,
Leis unbeschlagen,
Also dies Mägdlein zu Tanz gaht,
Und springet, hüpfet ohn Verzagen.   15

Nachtanz.

Schau wie er trabt, der wackre Gaul,
Auf scharfe Sporn thut er nit harren;
Stroh, Heu, dient gar nit für sein Maul,
Bei ihm kann man das alles sparen.

Ein reichen Herrn muß es traun han,   20
Der es allzeit so wohl mag warten,
Der dies Rößlein fein zäumen kann,
Zu reiten es in seim Lustgarten.

Gemachte Blumen.

(Mündlich.)

Es wollt ein Mägdlein Wasser holen,
Bei einem kühlen Brunnen;
Ein schneeweiß Hemdlein hat sie an,
Dadurch scheint ihr die Sonne.

5   Sie sah sich um, sie sah sich her,
Sie meint, sie wär alleine;
Da kam ein Reuter daher geritten,
Er grüßt die Jungfrau reine.

Gott grüß euch zartes Jungfräulein,
10 Wie stehet ihr hier allein;
Wollt ihr dies Jahr mein Schlafbuhl seyn?
So ziehet mit mir heime.

Und euer Schlafbuhl bin ich nicht,
Ihr bringt mir dann drei Rosen,
15 Die in der Zeit gewachsen seyn,
Wohl zwischen Weihnacht und Ostern.

Er reit über Berg und tiefe Thal,
Er konnt ihrer keine finden;
Er reit wohl vor der Mahlerin Thür:
20 Frau Mahlerin seyd ihr darinnen?

Seyd ihr darin, so kommt herfür,
Und mahlet mir drei Rosen,
Die dieses Jahr gewachsen seyn,
Wohl zwischen Weihnachten und Ostern.

25 Und da die Rosen gemahlet waren,
Da hub er an zu singen:
»Erfreu dich Mägdlein, wo du bist,
Drei Rosen thu ich dir bringen.«

Das Mägdlein an dem Laden stund,
Gar bitterlich thät sie weinen;   30
Sie sprach: Ich habs im Scherz geredt,
Ich meint ihr findet keine!

Hast du es nur im Scherz geredt,
Gar scherzlich woll'n wirs wagen;
Bin ich dein Scherz, bist du mein Scherz,   35
So scherzen wir beid zusammen.

Der Brunnen.   III 70

(Mitgetheilt von Frau von Pattberg.)

Hab ein Brünnlein mal gesehen,
Draus thät fliessen lauter Gold,
Thäten dort drei Jungfern stehen,
Gar so schön und gar so hold.

Thäten all so zu mir sprechen: 5
Trinkst du aus dem Brünnelein,
Kriegt dich einer bei dem Kragen,
Wirft dich in den Brunnen n'ein.

Ihr schön Jungfern kühnlich glaubet,
Will den Durst nicht löschen hier,   10
Wenn die schönste mir erlaubet
Einen zarten Kuß allhier.

Diese mit den schwarzen Augen
Küß ich gern, trau aber nicht;
Sie kann nur zum Zanken taugen,   15
Aber zu der Liebe nicht.

Diese mit den grauen Augen,
Diese falsche mag ich nicht;

Kann allein zum Roppen taugen,
20   Krazt den Buhlen ins Gesicht.

Diese mit den blauen Augen,
Diese küß ich gar zu gern;
Diese kann zur Liebe taugen,
Diese gleicht dem Morgenstern.

III 71a   Ein warmes Stüblein.

                    (Altes Musikbuch.)

Wann ich des Morgens früh aufstehe,
So ist mein Stüblein geheitzet,
So kommt mein Lieb, und beut mir einen
      guten Morgen.
Ein guter Morgen ist bald dahin,
5   Gott geb meiner Lieb ein steten Sinn,
Dazu ein fröhlich Gemüthe.

III 71b   Verlobung.

(Greflingers Rosen und Dörner, Hülsen und Körner.
                Hamburg 1655.)

Haben die Götter es also versehen,
Liebet euch lieblich, ich willige zu,
Wollet euch ehrlich und ehlich begehen,
Mehren und ehren in lieblicher Ruh.

Wiederhall.

(Musikalischer Zeitvertreiber. Nürnberg 1609. XLII.)

In diesem grünen Wald,
Wir wollen fröhlich singen,
Hört wie es wiederhallt,
Und fröhlich thut erklingen.

Ach wie ein Lieblichkeit   5
Und holdseliges Leben
Die schöne Sommerzeit
Und helle Sonn thut geben.

Dieweil die Vögel all
In Luft und Freuden schweben;   10
Voraus die Nachtigall
Ihr Stimmlein thut erheben.

Warum soll uns denn nicht,
Der Sang aus uns erfreuen;
Hört Echo widerspricht,   15
Und will uns überschreien.

Der Herr vom Himmelsthron
Woll seine Gnade geben,
Daß wir den Sommer schon
Oefter mit Freud erleben.   20

Der wohlgezogene Knecht.

Es gieng ein wohlgezogner Knecht
Wohl über die breite Aue,
Da sah er einen schönen Tanz
Von adlichen Jungfrauen;
Den Tanz, den wollt er schauen.   5

Da sprach der wohlerzogne Knecht:
»Gott grüß euch Jungfraun alle!«
Da sprach das Fräulein Rosenthal:
»Daß dir ein Ohr abfalle,
Eh ich dir wohlgefalle.«

Da sprach der wohlerzogne Knecht:
»Ihr seyd ein grobe Maide.«
Da sprach das Fräulein Rosenthal:
»Du bist hier auf der Weide
In deinem groben Kleide.«

Da sprach der wohlerzogne Knecht:
»Die Rosen immer stechen!«
Da sprach das Fräulein Rosenthal:
»Laß die zum Kranz mir stehen,
Dir Nesseln wohl anstehen.«

Da sangen die Jungfräulein all:
Ja Nesseln mußt du schneiden,
Die Rosen in dem Rosenthal,
Die thust du nur abweiden,
Wir tanzen drin mit Freuden.

III 73   Auch ein Schicksal.

(Mündlich.)

Ich habe mein Feinsliebchen
So lange nicht gesehn,
Ich sah sie gestern Abend,
Wohl vor der Thüre stehn.

Sie sagt, ich sollt sie küssen,
Als ich vorbey wollt gehn;

Die Mutter sollts nicht wissen,
Die Mutter hats gesehn.

Ach Tochter, du willst freyen,
Wie wird es dir ergehn;   10
Es wird dich bald gereuen,
Wenn du wirst andre sehn.

Wenn alle junge Mädchen
Wohlauf zum Tanzboden gehn,
Mit ihren grünen Kränzerchen   15
Im Reihentanze stehn,

Dann mußt du junges Weibchen
Wohl bey der Wiege stehn,
Mit deinem schneeweissen Leibchen,
Der Kopf thut dir so weh.   20

»Das Feuer kann man löschen,
Das Feuer brennt so sehr;
Die Liebe nicht vergessen,
Je nun und nimmermehr.«

Abschiedsklage.   III 74

(Bragur I. 270.)

Ach in Trauern muß ich leben,
Ach! wie hab ichs denn verschuldt?
Weil mirs hat mein Schatz aufgeben,
Muß ichs leiden mit Geduld.

Vater und Mutter, die wollens nicht leiden,   5
Gelt mein Schatz, das weißt du wohl?
Du hast recht in allen Sachen,

Kannst dein Glück noch besser machen,
Weil ich dich nicht kriegen soll.

10 Rosmarin und Lorbeerblätter
Verehr ich dir zu guter lezt,
Das soll seyn das lezt Gedenken,
Weil du mich nochmals ergötzt.

Es sind zwey Stern an dem Himmel,
15 Leuchten wie das klare Gold,
Der eine leucht zu meim Schätzchen,
Der andre durch das finstre Holz.

Sind wir oft beisammen gesessen,
Manche schöne halbe Nacht.
20 Haben wir oft den Schlaf vergessen,
Und mit Lieben zugebracht.

Morgens wenn ich früh aufstehe,
Ist mein Schatz schon aufgeputzt;
Schon mit Stiefeln, schon mit Sporen,
25 Giebt er mir den Abschiedskuß!

III 75   Warnung.

(Mündlich.)

Die Trutschel und die Frau Nachtigall,
Die saßen auf einer Linden;
»Ach du mein Herzallerliebster Schatz,
Wo werd ich dich Abends finden?«

5 Wo du mich Abends finden wirst,
Des Morgens wirds dich reuen;
»Ach du mein Herzallerliebster Schatz,
Was brichst du mir die Treue?«

Und all dein Treu die mag ich nicht,
Will doch viel lieber sterben;   10
Was soll ich dann mein jung frisch Blut
An einem Knaben verderben.

Ach Mädchen behalt deine Ehre fest,
Und laß dich nicht betriegen;
Denn Geld und Gut ist bald verzehrt,   15
Deine Ehr ist nimmer zu kriegen.

Ach Mädchen behalt deine Ehre fest,
Als wie der Baum sein Aeste;
Und wenn das Laub herunter fällt,
So trauren alle Aestger.   20

Wenn einer dich betrogen hat,
So zieht er aus dem Lande,
Er steckt die Feder auf sein Hut,
Läßts Mädchen brav in Schande.

Schön bin ich nicht.   III 77

(Schöne Lieder Henrici Finkens. 1536.)

Schön bin ich nicht, mein höchster Hort,
Laß mich das nicht entgelten,
Lieb gilt für schön an manchem Ort,
Lieb soll vor aller Schönheit gelten.
Schön bin ich nicht, acht das gar klein,   5
Lieb thut all Ding bezwingen,
Lieb zwingt die Schönheit ganz allein,
Kann sie allein besingen:
»Ihr findet in Geschichten
Vom Fisch Delphin genannt,   10
Kein Netz hält ihn mit nichten,

Und zieht ihn an das Land,
Allein durch lieblich Singen
Thut man ihn also zwingen,
15   Daß er kommt selbst ans Land.
Zum wunderbaren Zeichen
Auch die Waldvögelein,
Ihr Herzelein erweichen
Einander insgemein,
20   Mit lieblichem Gesange,
Das währet alsolange,
Bis sie vereinigt seyn.«

III 78   Himmelsboten zu Liebchens Himmelbett.

Der Mondschein, der ist schon verblichen,
Die finstre Nacht ist hingeschlichen;
Steh auf du edle Morgenröth',
Zu dir all mein Vertrauen steht.

5   Phöbus ihr Vorbott wohlgeziert,
Hat schon den Wagen angeschirrt;
Die Sonnenroß sind vorgespannt,
Zügel ruht in seiner Hand.

Ihr Vorbott der Don Lucifer,
10   Schwebt allbereits am Himmel her,
Er hat die Wolken aufgeschlossen,
Die Erd mit seinem Thau begossen.

O fahrt vor ihr Schlafkämmerlein,
Weckt leis die süße Liebste mein;
15   Verkündet ihr, was ich euch sag,
Mein Dienst, mein Gruß, ein guten Tag.

Doch müßt ihr sie fein züchtig wecken,
Dabei mein heimliche Lieb entdecken;
Sollt sagen, wie ihr Diener wacht,
So kummervoll die ganze Nacht.   20

Schaut an für mich die gelbe Haar,
Ihr Hälslein blank, ihr Aeuglein klar;
Küßt ihr für mich den rothen Mund,
Und wenn sie's leid't die Brüstlein rund.

Armer Kinder Bettlerlied.   III 79

(Fliegendes Blatt.)

Es sungen drei Engel einen süßen Gesang,
Mit Freuden es im Himmel klang;
Sie jauchzten fröhlich auch dabei,
Daß Petrus sey von Sünden frey,
Von Sünden frey.   5

Denn als der Herr Jesus zu Tische saß,
Mit seinen zwölf Jüngern das Abendmahl aß,
So sprach der Herr Jesus: Was stehest du hier,
Wenn ich dich ansehe, so weinest du mir,
So weinest du mir.   10

Ach! sollt ich nicht weinen du gütiger Gott!
Ich hab übertreten die zehen Gebot;
Ich gehe und weine ja bitterlich,
Ach komm, erbarme dich über mich,
Ach über mich!   15

Hast du dann übertreten die zehen Gebot,
So fall auf die Knie und bete zu Gott,
Und bete zu Gott nur allezeit,

　　　So wirst du erlangen die himmlische Freud,
20　　Die himmlische Freud.

　　　Die himmlische Freud ist eine selige Stadt,
　　　Die himmlische Freud die kein End mehr hat;
　　　Die himmlische Freude war Petro bereit,
　　　Durch Jesum und allen zur Seeligkeit,
25　　Zur Seeligkeit.

III 80　　　　　　　　Abendsegen.

　　　　　　　　　　(Mündlich.)

　　　Der Tag hat seinen Schmuck auf heute weggethan,
　　　Es ziehet nun die Nacht die braunen Kleider an;
　　　Und deckt die Welt in angenehmer Ruh
　　　Mit ihren Schatten zu.

5　　Wohlan ich suche nun auch meine Lagerstadt,
　　　Worauf der müde Leib sich zu erquicken hat;
　　　Und wo der Geist geruhig und vergnügt
　　　In süßer Stille liegt.

　　　Ein gut Gewissen wird mein Abendsegen seyn,
10　　Die Unschuld machet mich von aller Falschheit rein,
　　　Mein Herz ist treu, wer anders von mir spricht,
　　　Der kennet mich noch nicht.

　　　So kleide dich nun aus, mein ungebundner Sinn,
　　　Durch dich leg ich vergnügt die Sorgenkleider hin;
15　　Die Brust ist frey, die Kummer und Verdruß
　　　Bei andern quälen muß.

　　　Ein froh Gemüthe soll mein saubres Nachtzeug seyn,
　　　In solchen schlaf ich sanft und ohne Schwermuth ein;

Und machte mir auch was Melancholey,
So schwebt sie doch vorbey.   20

Der Himmel wacht bei mir, sein Auge das mich kennt,
Muß mir die Lampe seyn, die mir zum Troste brennt;
Und weil das Oel der Gnade nie gebricht,
Ach so verlöscht sie nicht.

Die süßre Hoffnung ist auf meinen Dienst bereit,   25
Die lauter Rosen mir zum Ruhebette streut;
Und die Geduld deckt mich mit Myrthen zu,
So schön ist meine Ruh.

Zum Schlafgesellen nehm ich die Vergnügung an,
Die drück ich an mein Herz, so fest ich immer kann,   30
Man schläft, wenn so ein Schaz in Armen liegt,
Unmöglich mißvergnügt.

Und treibt ihr Träume ja ein Sinnenspiel mit mir,
So stellt in süßer Ruh mir meine Freundinn für;
Vielleicht wird das, was jetzt ein Schatten ist,   35
Noch in der That geküßt.

Nun dir befehl ich mich, du angenehme Nacht,
Und wenn das Morgengold am frühen Himmel lacht,
So werde doch dem Herzen das geschenkt,
Worauf es schlafend denkt.   40

Bildchen.   III 81

Auf dieser Welt hab ich keine Freud,
Ich hab einen Schatz und der ist weit,
Er ist so weit, er ist nicht hier,
Ach wenn ich bei mein Schätzgen wär!

5 Ich kann nicht sitzen und kann nicht stehn,
   Ich muß zu meinem Schätzgen gehn;
   Zu meinem Schatz, da muß ich gehn,
   Und sollt ich vor dem Fenster stehn.

   Wer ist denn draussen, wer klopfet an?
10 Der mich so leis aufwecken kann;
   Es ist der Herzallerliebster dein,
   Steh auf, steh auf und laß mich rein!

   Ich steh nicht auf, laß dich nicht rein,
   Bis meine Eltern zu Bette seyn;
15 Wenn meine Eltern zu Bette seyn,
   So steh ich auf und laß dich rein.

   Was soll ich hier nun länger stehn,
   Ich seh die Morgenröth aufgehn;
   Die Morgenröth, zwey helle Stern,
20 Bey meinem Schatz, da wär ich gern.

   Da stand sie auf und ließ ihn ein,
   Sie heißt ihn auch willkommen seyn;
   Sie reicht ihm die schneeweiße Hand,
   Da fängt sie auch zu weinen an.

25 Wein nicht, wein nicht mein Engelein!
   Aufs Jahr sollst du mein eigen seyn;
   Mein eigen sollst du werden gewiß,
   Sonst keine es auf Erden ist.

   Ich zieh in Krieg auf grüne Haid,
30 Grüne Haid die liegt von hier so weit,
   Allwo die schönen Trompeten blasen;
   Da ist mein Haus von grünem Rasen.

   Ein Bildchen laß ich mahlen mir,
   Auf meinem Herzen trag ichs hier;

Darauf sollst du gemahlet seyn,   35
Daß ich niemal vergesse dein.

Waldvögelein.   III 83

(Mündlich.)

Ich ging mit Lust durch einen grünen Wald,
Ich hört die Vöglein singen,
Sie sangen so jung, sie sangen so alt,
Die kleinen Waldvögelein in dem Wald,
Wie gern hört ich sie singen.   5

Nun sing, nun sing Frau Nachtigall,
Sing du's bei meinem Feinsliebchen:
»Komm schier, komm schier wenns finster ist,
Wenn niemand auf der Gassen ist,
Herein will ich dich lassen.«   10

Der Tag vergieng, die Nacht brach an,
Er kam zu Feinslieb gegangen;
Er klopft so leis' wohl an den Ring,
Ei schläfst du, oder wachst du Kind,
Ich hab so lang gestanden.   15

Daß du so lang gestanden hast,
Ich hab noch nicht geschlafen;
Ich dacht als frey in meinem Sinn,
Wo ist mein Herzallerliebster hin,
Wo mag er so lang bleiben?   20

Wo ich so lang geblieben bin,
Das darf ich dir wohl sagen;
Beim Bier und auch beim rothen Wein,
Bei einem schwarzbraunen Mädelein,
Hätt deiner bald vergessen.   25

Liebeswünsche.

Auf der Welt hab ich kein Freud,
Ich hab ein Schatz und der ist weit;
Wenn ich nur mit ihm reden könnt,
So wär mein ganzes Herz gesund.

5   Frau Nachtigall, Frau Nachtigall!
Grüß meinen Schatz viel tausendmal;
Grüß ihn so hübsch, grüß ihn so fein,
Sag ihm er soll mein eigen seyn.

Und komm ich vor ein Goldschmidtshaus,
10   Der Goldschmidt schaut zum Fenster raus;
Ach Goldschmidt, liebster Goldschmidt mein!
Schmied mir ein feines Ringelein.

Schmied's nicht zu groß, schmied's nicht zu klein,
Schmied's für ein schönes Fingerlein;
15   Auch schmied mir meinen Namen dran,
Es solls mein Herzallerliebster han.

Hätt ich ein Schlüssel von rothem Gold,
Mein Herz ich dir aufschliessen wollt,
Ein schönes Bild das ist darein,
20   Mein Schatz es muß dein eignes seyn.

Wenn ich nur ein klein Waldvöglein wär,
So säß ich auf dem grünen Zweig;
Und wenn ich genug gepfiffen hätt,
Flög ich zu dir, mein Schatz ins Reich.

25   Wenn ich zwey Taubenflügel hätt,
Wollt fliegen über die ganze Welt;
Ich wollt fliegen über Berg und Thal,
Hin wo mein Herzallerliebster wär.

Und wann ich endlich bey dir wär,
Und du redst dann kein Wort mit mir;   30
Müßt ich in Trauren wieder fort,
Adje mein Schatz, adje von dir.

Sommerlied.   III 85

Geh aus, mein Herz, und suche Freud
In dieser lieben Sommerzeit,
An deines Gottes Gaben;
Schau an der schönen Gärten Zier,
Und siehe, wie sie mir und dir   5
Sich ausgeschmücket haben.

Die Bäume stehen voller Laub,
Das Erdreich decket seinen Staub
Mit einem grünen Kleide.
Narcissen und die Tulipan,   10
Die ziehen sich viel schöner an,
Als Salamonis Seide.

Die Lerche schwingt sich in die Luft,
Das Täubchen fleucht aus seiner Kluft,
Und macht sich in die Wälder.   15
Die hochgelobte Nachtigall
Ergötzt und füllt mit ihrem Schall
Berg, Hügel, Thal und Felder.

Die Glucke führt ihr Küchlein aus,
Der Storch baut und bewohnt sein Haus,   20
Das Schwälblein speißt die Jungen;
Der schnelle Hirsch, das leichte Reh
Ist froh, und kommt aus seiner Höh,
Ins tiefe Gras gesprungen.

25 Die Bächlein rauschen in dem Sand,
    Und mahlen sich in ihrem Rand
    Mit schattenreichen Myrthen;
    Die Wiesen liegen hart dabei,
    Und klingen ganz von Lustgeschrey
30 Der Schaaf und ihrer Hirten.

    Die unverdroßne Bienenschaar
    Fleucht hin und her, sucht hier und dar
    Ihr edle Honigspeise;
    Des süßen Weinstocks starker Saft
35 Bringt täglich neue Stärk und Kraft
    In seinem schwachen Reise.

    Ich selber kann und mag nicht ruhn,
    Des grossen Gottes grosses Thun
    Erweckt mir alle Sinnen;
40 Ich singe mit, wenn alles singt,
    Und lasse, was dem Höchsten klingt,
    Aus meinem Herzen rinnen.

    Ach, denk ich, bist du hier so schön,
    Und lässest uns so lieblich gehn,
45 Auf dieser armen Erden;
    Was will doch wohl nach dieser Welt
    Dort in dem festen Himmelszelt
    Und güldnem Schlosse werden.

    O wär ich da! o stünd ich schon,
50 Ach süßer Gott vor deinem Thron,
    Und trüge meine Palmen;
    So wollt ich nach der Engel Weis
    Erhöhen deines Namens Preis
    Mit tausend schönen Psalmen.

Unseliger Kreislauf.

Wohl täglich will erscheinen
Die schöne Morgenröth,
Den Thau muß nieder weinen,
Die weis bekleidet geht,
Luna ist sie genannt;   5
Schneeweis thut sie uns leuchten,
Macht uns den Tag bekannt.

Und über ihr in Wonne
Phöbus mit Gold bekleidt,
Das ist die Liebessonne,   10
Die alle Welt erfreut;
Jedoch ihr klarer Schein
Soll mich nicht gar abwenden,
Wohl von dem Trauren mein.

Hört auf ihr Sturmwind alle,   15
Die wehn vom Himmelsschild,
Mir ist in Sinn gefallen
Ein adeliches Bild;
Höflich und tugendreich,
Selbst Absalon muß weichen,   20
An Schönheit ihm nichts gleich.

Orpheus, der konnte zwingen
die wilde Thier im Wald,
Sein Harfen und sein Singen
Lockt sie zusammen bald;   25
Das Wild in Fels und Stein
Hört wohl das tiefe Klagen
Und große Trauren mein.

Süß Orpheus' Saiten hallen,
Und bitter meine Stimm   30

In armer Lieb muß schallen;
O Venus, laß den Grimm,
Durch Lieb des Buhlen dein,
Send meinem kranken Herzen
35   Doch bald der Hülfe Schein.

In mir hört man stets schlagen
Ein unruhige Uhr,
Und jeder Schlag will klagen
Um spröde Schönheit nur;
40   Hoffnung die Uhr zieht auf,
So geht sie ewig, ewig
Den schmerzlich bittern Lauf.

Es rennen alle Bronnen
Zusammen in das Meer,
45   Und sind sie hingeronnen,
So kehren sie daher;
So auch die Seufzer mein
Ziehn aus betrübtem Herzen,
Und kehren wieder drein.

50   Und sterbend schon in Leiden,
Bitt ich dich auch allein,
Du wollst mein Herz ausschneiden,
Und legen in einen Stein;
Damit anzeig ich blos,
55   Daß dich ein Stein gebohren,
Und nicht des Weibes Schoos.

Für's andre lasse bauen
Ein Gitter ob dem Stein,
Daß jeder könne schauen
60   Das elend Herze mein;
Dem Amor vor der Zeit
Durch Lieb und heimlich Leiden
Genommen all sein Freud.

Zum dritten ich begehre
Begleite mich ins Grab,   65
Ein Kränzlein mir verehre,
Von bitterm Kraut Schabab;
Leb wohl dies Kraut bedeut,
Drum wird es auch wohl billig
An meinen Leib gestreut.   70

Zulezt ich noch begehre,
Daß du mir trauren sollt,
In Veilbraun mir zur Ehre,
Der Farbe war ich hold;
Trug sie im Leben mein,   75
Veilbraun will nichts bedeuten,
Als Lieb und heimlich Pein.

In der wüsten Heide.   III 90

Allhier in dieser wüsten Haid
Wohnt keine Seele weit und breit,
Die wilden Thier allein,
Die seh ich selbst Mitleiden tragen,
Die Vögel traurig seyn,   5
Und mich mit schwacher Stimm beklagen;
Die kalten Brunnen stärker fließen,
Viel Thränen gleichfalls zu vergießen.

Nein, Wälder, Wiesen, Feld und Thal,
Hör ich beklagen meinen Fall,   10
Sie fühlen meine Pein;
Die Schafe wollen nicht mehr weiden,
Du Delia allein,
Wirst nicht bewegt durch meine Leiden,

15   Du Wonn und Zier der Schäferinnen,
        Du strenge Fürstin meiner Sinnen.

        Und laß ich diese grüne Welt,
        Ist meine Treu doch fest gestellt,
        Die Liebe mein zu dir,
20   Hab ich an manchen Baum geschnitten,
        Da liest man für und für,
        Was ich für Angst und Pein erlitten;
        So lang Arkadia wird stehen,
        Soll auch mein Name nicht vergehen.

25   Es tritt Diana selber hin,
        Mein Grab zu machen in dem Grün,
        Die Göttin Flora geht,
        Sich nach Violen umzuschauen,
        Mein Leichstein ist erhöht,
30   Darein die Nimphen werden hauen:
        »Hier hat den Geist dahin gegeben,
        Den seine Liebste bracht ums Leben.«

III 91   Des guten Kerls Freierey.

        Einstens, da ich Lust bekam,
        Mir zu freien eine Dam,
        Und sie freundlich fragte,
        Ob ich ihr auch wohl gefiel;
5   Wahrlich nicht besonder viel!
        Sie gar spöttisch sagte.

        Ich sprach wieder: Bin ich nicht
        Ein gut Kerle, gebt Bericht.
        Drauf fragt sie mich wieder:
10   Was dann ein gut Kerle wär?

Ich sprach: Sezt euch unbeschwert
Etwas zu mir nieder.

Für das Erst so bin ich recht,
Und von ehrlichem Geschlecht,
Hab auch aller Orten   15
Mich geübt von Jugend auf,
Nach der Welt Gebrauch und Lauf,
Daß ich groß bin worden.

Habe auch nicht viel studiert,
Bin nicht schön von Leib geziert,   20
Auch nicht reich von Gelde;
Dennoch bin ich auch nicht dumm,
Blind, lahm, sprachlos oder krumm,
Sondern frisch zu Felde.

Zu der Kaufmannschaft und auch   25
Zu dem Handwerk ich nicht taug,
Sondern mich ernähre
Mit dem Degen und Pistol,
Und von meinen Feinden hol
Ich, was ich begehre.   30

Ich hör gern der Armen Bitt,
Hab ich was, so theil ich mit;
Ich spendir die Heller
Auf ein gut Pferd und Gewehr,
Schenkt mir Gott noch Etwas mehr,   35
Schick ichs nach dem Keller.

Auch lieb ich der Musik Klang,
Stimm gern ein in den Gesang
Wackerer Gesellen;
Ich verderb kein gut Gelag,   40
Bei der Burst mich lustig mach,
Pfleg mich frisch zu stellen.

Esse gern was Gutes auch,
Immer hab ich den Gebrauch,
45   Ein gut Kleid zu tragen.
Ich bin fromm, so lang ich kann,
Wo nicht, pfleg ich mich alsdann
Frisch herum zu schlagen.

Jedem laß ich seine Ehr,
50   Liebe junge Mädchen sehr,
Thu mich auch befleißen,
Weil ich nicht bin schön und fein,
Daß ich doch möcht freundlich seyn,
Dienste zu erweisen.

55   Werbe auch um ihre Gunst,
Seh ich, daß es ist umsonst,
Ich darum nicht zürne;
Ist die Jungfer stolz von Sinn,
Laß ich sie, und mach mich hin,
60   Zu der Baurendirne.

Weil ich, wie dafür ich halt,
Nicht zu jung bin, noch zu alt,
Will ich mich umschauen,
Daß ich nicht allein mehr schlaf,
65   Sondern mir zum Weib verschaff
Eine schön Jungfraue.

So ein gut Kerl bin ich nun,
Bitt, wollt mir zu wissen thun,
Wie ich euch gefalle;
70   Sonst sollt ihr versichert seyn,
Ich will lieben euch allein
Für das andre alle.

Wollt ihr nun, so ist es klar,
Und wir werden bald ein Paar.

Drauf spricht sie gar sachte: 75
Ihr mögt mir nach allem Schein
Gar ein guter Kerle seyn;
Schmunzelt drauf und lachte.

Als die Antwort ich bekam,
Ich sie in die Arme nahm,   80
Küßt sie eins und fragte:
Was der Abschied endlich wär.
Komme morgen wieder her,
Sie gar freundlich sagte.

Ich schwör so wahr, als ich bin,   85
Ein gut Kerl und geb euch hin
Meine beiden Hände;
Daß wie ein gut Kerle ich
Euch will ganz beständiglich
Lieben bis ans Ende.   90

Wir verstehen sie nicht.   III 95

Ein Schneider hätt ein böses Weib,
Vorwitzig, stolz, doch fein von Leib,
Sehr eigenwillig, frech und steil,
Trug ihre Ehr auch ziemlich feil,
Stets ihrem Mann zuwieder lebte,   5
In allem Guten wiederstrebte;
Kein Ding er ihr befehlen kunnt,
Allzeit sie das unrecht verstund.

Sie sollt ihm einstens bringen Wachs,
Da kam sie heim und brachte Flachs;   10
Noch einmal schickt er sie nach Zwirn,
Da brachte sie statt dessen Birn.

Sie sollte weisse Seide holen,
Sie brachte Saiten unbefohlen;
15 Sie sollt ihm holen eine Scheer,
Sie bracht daher viel Schweineschmeer.

Er sprach einmal zu ihr mit Fleiß,
Mach eilends mir ein Eisen heiß;
Sie ließ ein Eisen machen bald,
20 Der Schmied brachts hin, da war es kalt.
Er sprach: Ich hab zuvor genug Eisen,
Ich hab kein neues machen heißen;
Mein Weib mich nimmer recht versteht,
Mit allem sie den Krebsgang geht.

25 Einst sprach er: Gieb mir her die Ell.
Da bracht sie ihm Lissabonisch Oehl;
Mehr sagt er: Dieses Kleid zertrenn,
Und sie verstand, das Kleid verbrenn.
Alsbald warf sie dasselb ins Feuer,
30 Das kam den Schneider gar sehr theuer;
Er hieß sie bringen ander Tuch
Zum Kleid, sie aber bracht ein Buch.

Er hieß sie früher aufzustehn,
Zur Predigt in die Kirch zu gehn;
35 Die Kinder überbringen hin,
Zur Schule was zu lernen drinn.
Die Kinder in die Kirch sie führte,
Sie aber in der Schul studierte;
Einst folgt er ihr nach auf dem Fuß,
40 Und sah was, das ihm bracht Verdruß.

Als sie zu Hause wieder kam,
Geschwind er die Flachshechel nahm;
Schlug ihr damit den Kopf und Leib,
O weh! was thust du, sprach das Weib.

Er sprach: Ich muß mich nur bemühen, 45
Den Flachs fein durch die Hechel ziehen;
Sie rief: o weh, weh meine Stirn!
Er sprach: ich speise dich mit Birn.

Sie rief: o weh, mein Rück und Seit,
Er sprach: wie klingt die Zittersait, 50
Sie schrie: schlag mich doch nicht so sehr;
Er sprach: das Leder darf viel Schmeer.
Sie bat: er sollt ihr Gnad erweisen,
Er sprach: ich schmied ein neues Eisen;
Sie schrie: o daß es Gott erbarm! 55
Er sprach: es ist noch nicht recht warm.

Sie rief: ich geb auf meine Seel,
Er sprach: ich heil dich mit dem Oehl;
Sie bat: vergieb mirs nur diesmal,
Er sagte: mir dies Kleid bezahl. 60
Sie sprach: die Schuld will ich bekennen,
Er sprach: das heißt mirs Kleid verbrennen;
Sie sprach: hört auf, ich schaff euch Tuch,
Er sprach: ich les' in deinem Buch.

Sie sprach: erwürge mich nicht gar, 65
Er sprach: o nimm die Kirch fürwahr;
Und lerne da nicht in der Schul,
Sie sprach: ich hab da keinen Stuhl.
Er sprach: du sollst die Predigt hören,
So läßt du dich Studenten lehren; 70
Sie sprach: es soll nicht mehr geschehn,
Er sprach: ich kann dich nicht verstehn.

Also ein böses Weib wohl kann
Bös machen einen frommen Mann;
Hat diese Frau durch Schläge sich 75
Bekehrt, das soll fast wundern mich.

Denn man schlägt wohl raus einen Teufel,
Sechs aber drein ohn allen Zweifel;
Doch die dem Mann nicht folget bald,
80   Die soll er schlagen warm und kalt.

III 98   Maushund.

(Musikalischer Zeitvertreiber. Nürnberg bei Kaufmann 1609.)

Ein Maußhund kam gegangen,
Von einem hohen Dach;
Der Kürschner wollt ihn fangen,
Zog ihn bald hinten nach.
5   That ihn beim Schwanz ergreifen,
Die Katz fing an zu pfeifen,
Pfuch, pfuch, pfuch, miau, mau mau.

Da sagt er zu der Katzen: Miau,
Mach kein Geschreien,
10   Magst mich erfreuen;
Allein dein Balg
Mir wohl gefallt,
Den wird es dich jetzt kosten,
Denn er ist ziemlich alt.

15   In ihren großen Nöthen
Sprach die Katz: Mau,
Der Kürschner will mich tödten,
Mau mau, er nahm mir einmal ein Kind,
Darzu ein langes Messer, damit er schindt;
20   Und wenn der Kürschner will tanzen,
So nimmt er die Katz beim Schwanze.

Ein hübsch Lied, genannt der Striegel,
gar lustig zu singen und zu lesen
in des Lindenschmids Ton.

(Fliegendes Blat, gedruckt zu Zürich, bei Augustin Fries.)

Zu Constanz saß ein Kaufmann reich,
Der hat ein Fräulein war wonnigleich,
Denn sie war hübsch und kluge,
Sie hatt' ein Doktor gar zu lieb,
Groß Lieb sie zammen trugen.   5

Die Liebe, die war offenbar,
Und währt gar noch wohl sieben Jahr,
Der Kaufmann ward ihr innen;
Erfahr ich dann die rechte Mähr,
Du magst mir nit entrinnen.   10

O Fräulein, mir ist Botschaft kommen,
Ich darf mich auch nit länger säumen,
Muß reiten in fremde Lande;
Nun halt dich wohl, und halt dich recht,
Daß wir nicht kommen zu Schande.   15

Nun halt dich wohl und halt dich recht,
Gedenk an unser beider Geschlecht,
Wir haben fromm Vater und Mutter,
Dazu ein kleines Schwesterlein,
Halt mirs in guter Hute.   20

Er reit zum obern Thor hinaus,
Zum untern reit er wieder hinein zu Haus,
Des Abends also spate;
Er reit vor seiner Freunde Haus:
Gebt mir ein guten Rathe.   25

Ein guten Rath, den geben wir,
Bleib hier, bis an den Morgen früh,

Du hast ein eigen Hause;
Drinn hast du ein Badstüblein warm,
Da lebt der Doktor im Schmause.

Der Kaufmann trat fürs Schlossers Haus,
Und bist du drinn, so tritt heraus,
Ein Striegel gut ich möchte;
Er bracht daher wohl zehen Paar,
Es war ihm keiner rechte.

Mach mir ein Striegel in einer Stund,
Ich geb dir drum ein baares Pfund,
Mach mir ihn scharf und härte;
Mach Zähn dran eines Fingers lang,
Ich hab zwei freche Pferde.

Der Schlosser dacht in seinem Muth,
Was meint er mit dem Striegel gut,
Er hub ihn an zu machen;
Manch Bürger vor sein Laden trat,
Und thät des Striegels lachen.

Der Kaufmann war ein weiser Mann,
Sein Sachen griff er weislich an,
Ging ins Badstüblein warme,
Sein ehlich Fräulein fand er da,
Dem Doktor in seim Arme.

Da er schritt in das Badstüblein,
War da bereit gut Brod und Wein,
Mit andern guten Dingen;
Die zwei, die sassen im Wasserbad,
Das Fräulein thät entrinnen.

Er striegelt den Doktor also hart,
Von unten an bis auf den Bart,

30

35

40

45

50

55

Das Blut thät ihm abfließen;
Hör auf mein lieber Kaufmann gut,
Laß mich mein Sünd hie büßen.   60

Es währt wohl auf ein halben Tag,
Man legt den Doktor in das Grab,
Das Rauchfaß thät man ihm bieten;
Ein Fräulein zu dem andern sprach,
Vor dem Striegel wolln wir uns hüten.   65

Dieß Lied ist gemacht mit hohem Fleiß,
Vorm Striegel hüt dich, bist du weiß!
Daß dir nicht misselinge;
Es sangs ein freier Schreiber gut,
Vor Freud thät er aufspringen.   70

Ein Striegel für den Kritikus,
Der diesem Buch giebt falschen Kuß,
Der liegt bei meinem Zimmer;
Er ist gemacht mit hohem Fleiß,
Vorm Striegel hüt dich, bist du weis.   75

Reit du und der Teufel.   III 102

(Eingesandt.)

Der Schiffmann fährt zum Lande,
Wem läutet man so sehr?
Wem singt man also sanfte,
Zu seiner letzten Ehr?

Die Jungfern sieht er heben,   5
Wohl einen schönen Kranz,
Zum Sterben oder Leben,
Es war ein schwerer Gang.

Der Gang der war so schwere,
10 Zu seiner Liebsten Haus;
Ob sie gestorben wäre,
Oder eins andern Braut.

Er fand sie auf dem Kämmerlein,
Da sie die Haar aufbund;
15 Gott grüß dich, o mein Engelein,
Daß ich dich seh gesund.

Ich hab mir lassen sagen,
Du nähmst den Bändersknab;
So gieb du mir die Treuheit,
20 Die ich dir geben hab.

Ich weiß von keiner Treuheit,
Ich weiß von keinem Geld;
Der Reiter soll mich holen,
Wenn ich von Treuheit weiß.

25 Da stehts an bis den dritten Tag,
Als da die Hochzeit war,
Da kam ein stolzer Reiter,
Der setzt sich oben an.

»Nun eßt und trinkt ihr Jungfern,
30 Ich kann nicht fröhlich seyn.«
Trompeten und Schalmeyen
Die gehen insgemein.

Das erste, das er thäte,
Den Tanz wohl mit der Braut;
35 Er schwenkt sie dreimal r'umme,
Damit zur Thür' hinaus.

Sie kamen über ein' Haide,
Ein Land, es war wohl breit.

Der Hals war ihr zerbrochen,
Die Seel war eigen sein.　　　　　　　　40

Ob sie von sonder – von sonderlichem　　III 104
Brod esse?

(Christoph Demantius Tänze. Nürnberg 1601.)

Nun freue dich mein Herzelein, der Sommer,
Der Sommer, der bricht an,
Weiche alle Traurigkeit,
Und kehr wieder Fröhlichkeit,
Mir und dir ohn Unterlahn.　　　　　　5

Die Heide grünt und trägt nun, so schöne
So schöne Blümelein,
Und von diesen Blümlein allen,
Thust du mir gar wohl gefallen,
Ach zart liebes Jungfräulein!　　　　　10

Schau ich dich an, du däuchst mir viel schöner,
Viel schöner noch jetzund,
Als zuvor, wo kömmt dies her?
Sag mirs, das ist mein Begehr,
Lieblein zart zu jeder Stund.　　　　　15

Ißt du etwa mein Liebchen von sonder
Von sonderlichem Brod?
Oder macht es dein Gebet?
Daß dir alles wohl ansteht,
Auch bist so schön weiß und roth.　　　20

Schlesisches Gebirgshirtenlied.

(Hagen und Büschings Volkslieder, hat Aehnlichkeit
mit Wohl Heute noch und Morgen. II. B.)

Ich ging ins Väters Gärtela,
Ich läht mich nider, ä schlief;
Da träumte mir ä Träumela,
As schneit es über mich.

5 Un do ich nu erwachte,
Do wär es aber nich,
So wärens rutha Ruselä,
Die blühta über mich.

Ich brähch mir anes äbe,
10 Zu anen Ehrenkranz;
Ich nähms der Liebsta mitte,
Zu anen Ehrentanz.

An do der Tanz im Besta war,
Do war däs Giga aus,
15 Do soll ich m'r nu mein Schatz heimführe,
An hähs kein ehga Haus.

A Häusla will ich mir baua,
Von Ruhs an Rosmarin;
An will mirs wohl bestecka,
20 Mit ruthan Ruislan schien.

Un wenn ich's nu war fert'g han,
Beschar mir Gott was 'nein,
Das ich zu Jauhr känn spreche:
Das Häusla das ist mein!

Die hohe Unterhändlerin.

(Büschings und von der Hagens Volkslieder. S. 89.)

»Schwing' dich auf, Frau Nachtigall, geschwinde,
Vor meines Liebsten Fensterlein dich finde;
Sing' ihm das Lied, welches, ohn Beschweren,
Mir erdacht, mein'm Schatz zu Ruhm und Ehren.«

»Ich komm' her von eurer Schönen, Zarten,   5
Welche mich aus ihrem Rosengarten,
Sendet zu euch sammt einem Kranz geringe,
Den ich euch von ihrentwegen bringe.«

»Glück und Heil sie wünscht von Herzensgrunde
Ihrem Schatz zu jeder Zeit und Stunde,   10
Ihr zartes Herze ist gar sehr besessen
Sie kann ihres Liebsten nicht vergessen.«

»Je länger, je lieber heißt ein Blümelein,
Daraus hat sie gemacht das Ehrenkränzelein,
Augentrost ist darunter gemenget,   15
Vergiß mein nicht mit eingesprenget.«

»Auch ist so viel Ehrenpreiß darinnen,
So werdet ihr des Wohlgemuthes innen;
Der Kranzbügel ist mit Ehren gewunden,
Ein treues Herzelein hat ihn gebunden.«   20

»Merkt noch mehr, was sie mir hat befohlen,
Das sag' ich euch ganz frey und unverholen:
Ohn' Antwort soll ich nicht wieder kommen,
Darum merkt wohl, was ihr von mir vernommen.« –

»Fleißig hab' ich dein' Botschaft verstanden,   25
Antwort soll auch seyn bei mir vorhanden;
Schwing' dich auf mit deinem zarten Gefieder
Und grüße mir mein tausend Herzelein wieder.«

»Nichts liebers hätte sie mir können schicken,
30 Dadurch sie thät mein junges Herz erquicken;
Als das Kränzelein mit den schönen Blumen,
Die man sonsten selten thut bekommen.«

»Ein Demant, ein Stein gar hart und theuer,
Welchen doch verzehren kann das Feuer;
35 Ist kaum meinem Herzen zu vergleichen,
Drum thät es das Kränzelein erweichen.«

»Von mir sag dem allerschönsten Herzen,
Eitel Freud' und Wonn' ohn' alle Schmerzen;
Thu ihr für das Geschenk großen Dank sagen:
40 Fröhlich bin ich, weil sie mir ist gewogen.«

»Sprich, ich will ihr'r wieder nicht vergessen,
Ob ich mich gleich nicht kann hoch ermessen!
Schwing dich auf, sag' ihrem rothen Mund:
Gute Nacht, Glück, Heil zu aller Stund.«

III 107   Der Abschied im Korbe.

(Mündlich.)

Er. Wo gehst du hin du Stolze,
     Was hab ich dir gethan;
     Daß du vorbei thust gehen,
     Und schaust mich gar nicht an.
5   Du schlägst die Aeuglein nieder,
     Und schaust nicht zu mir her;
     Wie wenn ich deines Gleichen
     Niemals gewesen wär.

Sie. Der Abschied ist geschrieben,
10   Das Körblein ist gemacht;

Wärst du bei mir geblieben,
Hätt ich dich nicht veracht.

Er. Nimm du das Körblein mit nach Haus,
Und leg den Abschied nein;
Hinfüro aber lasse brav   15
Das falsche Lieben seyn.

Steile Liebe.   III 108

'S ist mir auch kein Nacht so finster,
'S ist mir auch kein Weg so weit;
Wenn ich zu mein Schäzlein gehe,
Sehen mich die bösen Leut.

Regnets, schneits, und geht der Wind,   5
Wenn mein Schatz nur vors Fenster käm;
Steh nur auf, mach auf fein bald,
Bei der Nacht ists draus gar kalt.

Wenn die Sonn so schön ans Gebirg aneglanzt,
Und das Gemsel auf der Höh umme tanzt;   10
O du schöne Morgenröth!
Wenn ich dich allzeit bei mir hätt!

Schatz, du bist mein und ich bin dein,
Wir sind ja zwey Verliebterlein;
Von dir kann ich nit mehr lassen,   15
Ach bis ich komme ins kühle Grab!

Das Dinterle fängt zu weinen an,
Ach Buberle, was haben wir gethan?
Wir wollen wieder gehn nacher Haus,
Wollen gern stehen alles aus.   20

Druck und Gegendruck.

(Musikalisches Rosengärtlein. Nürnberg 1612.)

       Schön klar einstmal die Sonne
       Leuchtet mit ihrem Schein,
       Als ich nach Herzens Wonne
       Spazieren gieng allein,
5   In grünen Wald am Morgen,
       Darin fand ich verborgen
       Ein schöns Jungfräulein voll Sorgen;
       Drum fragt ich es bald in Geheim,
       Auf wen sie wartet hier allein.

10   Sie sprach: ich liebt im Herzen
       Ein Jüngling tugendvoll;
       Er aber thät nur scherzen,
       Und lohnte mir nit wohl,
       Drum will ich hier verderben.
15   Ich sprach: Ihr sollt nit sterben,
       Laßt mich euer Gunst erwerben,
       Und drückt mich an ihr Herz hinan,
       Daß mir vor Lieb das mein zersprang.

Petersilie.

   Was hab ich meinem Schätzlein zu Leide gethan?
   Es geht wohl bey mir her, und sieht mich nicht an;
   Es schlägt seine Augen wohl unter sich,
   Und sieht einen andern Schatz wohl lieber als mich.

5 Petersilie, das edle grüne Kraut!
   Was hab ich meinem Schätzlein so vieles vertraut;
   Vieles Vertrauen thut selten gut,
   So wünsch ich meinem Schätzelein alles Guts.

Alles Guts und noch vielmehr,　　　　　　　　　　　　　　9
Ach wenn ich nur ein Stündelein bei meinem Schätzgen wär;
Ein Viertelstündchen zwey und drey,
Damit ich mit meinem Schatz zufrieden sey.

Das St. Hubertuslied.　　　III 110b

Im grünen Wald bin ich gewesen,
Sah ich es ein Hirschelein stehn;
Das Hirschlein, das wollt ich erschiessen,
O Wunder, was hab ich gesehn.

Es thut mir die Flinte versagen,　　　　　　　5
Ein Kreutz thut das Hirschelein tragen;
Stolzierend auf seinem Gewicht,
Die Gnade zum Sünder wohl spricht.

Da thät ich zur Erden hinsinken,
Wohl auf meine bogene Knie;　　　　　　　　10
Thät mir es entgegen blinken,
Ein silbernes Kreuzlein schneeweiß.

Jezt thu ich kein Hirschlein mehr schiessen,
Will lieber in's Kloster mich schließen;
Dem grünen Wald sag ich gut Nacht,　　　　15
Die Gnade hat alles gemacht!

Ablösung.

(Musikbuch.)

Kukuk hat sich zu todt gefallen
An einer holen Weiden,
Wer soll uns diesen Sommer lang
Die Zeit und Weil vertreiben.
5   Ey das soll thun Frau Nachtigall,
Die sitzt auf grünem Zweige;
Sie singt und springt, ist allzeit froh,
Wenn andre Vögel schweigen.

Unbeschreibliche Freude.

(Mündlich.)

Wer ist denn draussen und klopfet an?
Der mich so leise wecken kann?
Das ist der Herzallerliebste dein,
Steh auf und laß mich zu dir ein.

5   Das Mädchen stand auf, und ließ ihn ein,
Mit seinem schneeweissen Hemdelein;
Mit seinen schneeweissen Beinen,
Das Mädchen fing an zu weinen.

Ach weine nicht, du Liebste mein,
10   Aufs Jahr sollt du mein eigen seyn;
Mein eigen sollt du werden,
O Liebe auf grüner Erden.

Ich wollt daß alle Felder wären Papier,
Und alle Studenten schrieben hier;
15   Sie schrieben ja hier die liebe lange Nacht,
Sie schrieben uns beiden die Liebe doch nicht ab.

(Lauberl Diminutiv von Laubi, Stier, Gitzeli Geißlein.)

Mi's Bübli is wohl änetem Rhin,
I wollt' ä klini Wile bi ihm si;
Lauberl, lauberl, liri lauberl,
Lauberl, lauberl, litum da.

Mi's Bübli kauf mir ä Buchsigs Löffeli,   5
Giri, Giri, Gitzeli,
Lauberl, lauberl, liri lauberl,
Lauberl, lauberl, litum da.

Buchsigs Löffeli ohne Stiel:
Der schmutzigen Sennen giebt es viel;   10
Lauberl, lauberl, liri lauberl,
Lauberl, lauberl, litum da.

Mi Mueter ist a Schwitzeri,
Giri, giri Gitzeli;
Lauberl, lauberl, liri lauberl,   15
Lauberl, lauberl, litum da.

Mi Vater ist a Appenzeller,
Hat weder Win noch Most im Keller;
Lauberl, lauberl, liri lauberl,
Lauberl, lauberl, litum da.   20

Mi Vater hat a rothen Stier,
Ist mir lieber weder diese all vier;
Lauberl, lauberl, liri lauberl,
Lauberl, lauberl, litum da.

Wollte Gott.

(Ein Bremberger. Gedruckt zu Zürich aus 1500.)

Meiner Frauen rother Mund,
Der brennt recht scharlachfarb;
Er brennt recht wie ein rothe Ros',
In ihrer ersten Blüth.
5 Er brennt recht wie der roth Rubin,
In Goldes Farb;
Er brennt recht, wie ein heiße Kohl,
Liegt in des Feuers Glut.

Ihr Hälslein weiß, ihr schwarze Aeuglein klar,
10 Darzu trägt sie ein goldfarb krauses Haar;
Ihr werther Leib ist weißer als kein Hermelein,
Kein Meister lebt auf dieser Erd,
Der mirs mahlen könnt so fein.

Wollt Gott, wär ich ein lauter Spiegelglas!
15 Daß sich die allerschönste Frau
All Morgen vor mir pflanzieret;
Wollt Gott, wär ich ein seiden Hemdlein weiß,
Daß mich die allerschönste Frau
An ihrem Leibe trüge.

20 Wollt Gott, wär ich ein roth Goldringelein!
Daß mich die allerschönste Frau
An ihre Händlein zwinge;
Wollt Gott, wär ich ein Eichhorn traun,
Und spräng auf ihren Schooß,
25 Von rechter Liebe sie mich in ihr Aermlein schloß.
Sie küßt mich an mein rosenfarbes Mündlein,
Das nehm ich für des Kaisers Gut,
Sollt ich drum desto ärmer seyn.

Die Welt geht im Springen.

(Albert's Arien 1638. I, S. 16.)

Die Sonne rennt mit Prangen
Durch ihre Frühlingsbahn;
Und lacht mit ihren Wangen
Den runden Weltkreiß an.

Der Himmel kömmt zur Erden,   5
Erwärmt und macht sie naß;
Drum muß sie schwanger werden,
Gebieret Laub und Gras.

Der Westwind läßt sich hören,
Die Flora seine Braut,   10
Aus Liebe zu verehren,
Mit Blumen, Gras und Kraut.

Die Vögel kommen nisten,
Aus fremden Ländern her;
Und hängen nach den Lüsten,   15
Die Schiffe gehn ins Meer.

Der Schäfer hebt zu singen
Von seiner Phillis an;
Die Welt geht wie im Springen,
Es freut sich, was nur kann.   20

Leztes Toilettengeschenk.

Zart Aeuglein zu winken,
Die Mägdlein jetzund han;
Ihr Angesicht zu schminken,
Groß Fleiß sie legen an.

5   Ihr Haupt thun sie beladen,
    Mit Gold und Perlen schon;
    Und sollten sie's bezahlen,
    Sie brächten nichts davon.

    Sie müssen seyn geschmücket,
10 Daß es nur hab groß Schein;
    Ob sie schon Armuth drücket,
    Geborget muß es seyn.

    Daß man sie doch lieb habe,
    (Wenn ja solchs hülfe nicht,)
15 So gebens selbst aus Gaben,
    Wie man erfährt und sicht.

    Wenn sie den Knaben haben,
    Und jeder bezahlt will seyn;
    Muß viel zum Juden traben,
20 Was vor gab großen Schein.

III 116b   Aus dem Odenwald.

    Es steht ein Baum im Odenwald,
    Der hat viel grüne Aest;
    Da bin ich schon viel tausendmal
    Bey meinem Schatz gewest.

5   Da sitzt ein schöner Vogel drauf,
    Der pfeift gar wunderschön;
    Ich und mein Schätzlein lauern auf,
    Wenn wir mitnander gehn.

    Der Vogel sitzt in seiner Ruh,
10 Wohl auf dem höchsten Zweig;

Und schauen wir dem Vogel zu,
So pfeift er allsogleich.

Der Vogel sitzt in seinem Nest,
Wohl auf dem grünen Baum;
Ach Schätzel bin ich bey dir g'west,   15
Oder ist es nur ein Traum?

Und als ich wiederum kam zu dir,
Gehauen war der Baum;
Ein andrer Liebster steht bei ihr,
O du verfluchter Traum.   20

Der Baum, der steht im Odenwald,
Und ich bin in der Schweiz;
Da liegt der Schnee, und ist so kalt,
Mein Herz es mir zerreißt.

Erinnerung beym Wein.   III 118a

Es dunkelt auf jenem Berge,
Nach Hause wollen wir gehen;
Den Wein, den wollen wir trinken,
Den wir gewohnet seyn.

Ich hör ein Hirschlein rauschen,   5
Wohl rauschen durch den Wald;
Ich hör ein feines Lieb klagen,
Klagen, es hätt' die Ehr verloren.

Hast du deine Ehr verloren,
Hab ich die meine noch;   10
So gehen wir miteinander,
Und tragen die Kränzelein.

Ein Kränzelein von Rosen,
Ein Kränzelein von Klee;
15   Zu Straßburg auf der Brucke,
Da liegt ein tiefer Schnee.

Wenn der Schnee thut schmelzen,
So lauft das Wasser in See;
Darauf bin ich gesessen,
20   Und gefahren bis hieher.

III 118b   Und dieß und das und das ist mein.

Heute wollen wir Haber mähn,
Morgen wollen wir binden:
Wo ist denn die Liebste mein?
Wo soll ich sie finden?
5   Gestern Abend sah ich sie
Unter einer Linden;
Ich gedacht in meinem Sinn,
Ich will sie schon finden.
Was führ ich dann an meiner Hand,
10   Das ganze Hausgesinde –
Und dieß und das, und das ist mein,
Das soll meine Liebste seyn.

III 119   Tanzreime.

Aufe ist nit abe, 's ist aber we'ger wahr,
Wann ich meinen Schatz am Tag nit seh,
Und in der Nacht nit bei ihm steh,
Meyn ich, es sey ein Jahr.

Zu dir bin ich gangen,   5
Durch Regen und Wind;
Zu dir geh ich nit mehr,
Du gehst mit 'nem Kind.

Geh mir nit über mein Aeckerle,
Geh mir nit über mein' Wies';   10
Oder ich prügel dich wegerle (wahrlich),
Oder ich prügel dich g'wiß.

Und die Blätter sind grün,
Und die Rosen sind roth;
Und die lutherschen Buben   15
Sind gut in der Noth.

Und wenn der Mond hell scheint,
Und 's platzregnen thut,
Und die Fremden nit kommen,
Sind die Heimischen gut.   20

Mein Daumen, mein Finger,
Mein Ellebogo;
Mein Sinn und Gedanke
Sind zu Sigmaringo.

Herüber, hinüber,   25
Ich hoff mir ein Glück;
Hab kürzlich ein Boten
Bei Sickingen geschickt.

Der Bote ist kommen,
Was hat er gebracht?   30
Ein Ringle am Finger,
Ein Schnupftuch im Sack.

* * *

III 120 (Ast's Zeitschrift für Wissenschaft und Kunst. I. S. 93.)

> Die Kirschen sind zeitig,
> Die Weichseln sind braun;
> Hat jede einen Buben,
> Muß auch um einen schaun.

5
> Du schöner Kuckuk,
> Wo singest denn du;
> Du singest im Walde,
> Verführest mich balde.

> Bin ich oft mit meinem Schätzchen
10
> In den Wald hineingegangen;
> Und die Vöglein haben gesungen
> Nach meinem Verlangen.

> Wann ich jezt oft allein
> In den Wald hinaus geh,
15
> So thuts mir im Herzen
> Tief drinnen so weh.

> Dort laß ich mein Kühlein
> Am liebsten fressen;
> Wo ich oft bin des Abends
20
> Bei meinem Bübchen gesessen.

> Ein schöns, ein schön Häuschen,
> Ein schön, ein schön Bett;
> Ein schöns, ein schöns Bübchen,
> Sonst heirath ich nicht.

* * *

III 121
> Klein bin ich, klein bleib ich,
> Drum werd ich veracht;
> Jezt will ich studieren,
> Will werden ein Pfaff.

Was willst du studieren,   5
Und willst ein Pfaff seyn;
Man giebt dir ins Kloster
Kein Weibchen hinein.

*   *
*

Silberner Degen,   III 122a
Ein goldener Knopf;
Die Mädle sind traurig,
Franzosen sind fort!

*   *
*

Ueber dem Wald, über dem Wald,   III 122b
Hats 'nen schönen Reifen;
Dem Mädle sind die Ohren kalt,
Die Buben wollens greifen.

*   *
*

'S mein seyn und 's dein seyn,   III 122c
Und 's zu dir liego,
Das bringt mich sechs Jahr lang
Ins Soldatelebo.
Sechs Jahr und drei Monat,   5
Dann ist mein Zeit aus;
Nach kömmt es mein Schätzle,
Und führt mich nach Haus.

*   *
*

Ich weiß nicht wo's Vöglein ist,   III 123a
Ich weiß nicht wo's pfeift;
Hinterm kleinen Lädelein,
Schätzlein wo leist?

5   Es sitzt ja das Vöglein
           Nicht alleweil im Nest;
           Schwingt seine Flügelein,
           Hüpft auf die Aest.

           Wo ich gelegen bin,
10   Darf ich wohl sagen;
           Hinterm grün Nägeleinstock
           Zwischen zwei Knaben.

                    * * *

III 123b   Er.   Du Dienerl, du nett's,
                 Du liegst mir im Herz;
                 Du kömmst mir nicht raus,
                 Bis die Liebe ist aus.

5   Sie. Aus ist sie mit dir,
                 Im ganzen Revier;
                 Wenn die Donau eintrocknet,
                 Dann heurathen wir.

           Er.   Sie trocknet nit ein,
10   Bleibt alleweil naß;
                 Jezt muß ich halt schauen,
                 Um ein anderen Schatz.

                    * * *

III 124   Wann mein Schatz Hochzeit macht,
           Hab ich einen traurigen Tag:
           Geh ich in mein Kämmerlein,
           Wein um meinen Schatz.

5   Blümlein blau, verdorre nicht,
           Du stehst auf grüner Heide;

Des Abends, wenn ich schlafen geh,
So denk ich an das Lieben.

O du mein liebes Hergottle,
Was han i der denn thaun;   10
Daß du mir an mein lebelang,
Net willst heurathen laun.
Jezt will i nimmer betta,
Will net in Kirche gaun;
Geb acht, i kann de nötha,   15
Du wirst me heura laun.

Adam und Eva habens Lieben erdacht,
Ich und mein Schätzle habens auch so gemacht.

Mein Gott und mein Herr,
Wie fällt mirs so schwer;   20
Kein Vater, kein Mutter nit mehr,
Kein lieb Schätzele mehr!

Wegen eim Schätzele trauern,
Das wär mir ein Schand;
Kehr mich nur herummer,   25
Geb der andern die Hand.

In der Kirch, da ist ein Tritt,
Wo man zwei Lieben zusammen giebt.

Hab ein Ringlein am Finger,
Dadurch seh ich nur;   30
Da seh ich mein Schätzle
Seine falsche Natur.

Aus ist es mit dir,
Mein Haus hat kein Thür;

35   Mein Thür hat kein Schloß,
        Von dir bin ich los.

        Dort drüben am Rhein,
        Da liegen drei Stein;
        Dort führt mir ein Andrer
40   Mein Schätzele heim!
        Führt er mir sie heim,
        So ist mir es recht;
        So ist er der Meister,
        Und ich bin der Knecht.

                * * *

III 125   Mein Schätzle ist Nunn,
        Mach mich nit lachun;
        Die Lieb ist brochun,
        Kanns nimmer machun.

5   Schatzlein freu dich, juchze,
        Das Abscheiden thut weh;
        Die Liebe thut wanken,
        Wie ein Schiff auf der See.

        Daß im Wald finster ist,
10   Das machen die Birken;
        Daß mich mein Schatz nicht mag,
        Das kann ich merken.

        Daß im Wald finster ist,
        Das machen die Aest;
15   Daß mich mein Schatz nit mag,
        Das glaub ich fest.

        Ich hab geheurat, ich hab gehaußt,
        Hab einen Mann wie eine Faust;

Hat ein Herz wie eine Nuß,
Ist keine Freud und keine Lust. 20

* * *

Hab Holzäpfel gehaspelt, III 126
Kein Zaunstecken, kein Spitz;
Bin oft zu meim Schatz gangen,
Hats kein Mensch gewüßt.

Klein bin ich, das weiß ich, 5
Groß mag ich nit wern;
Ein Schätzel muß ich haben,
Wie ein Haßelnußkern.

Ich hab ein schöns Schätzlein,
Wenns nur auch so bleibt; 10
Stells naus in Krautgarten,
Daß es die Vögel vertreibt!

* * *

Mein Schätzle ist hübsch, III 127a
Aber reich ist es nit;
Was nützt mir der Reichthum,
Das Geld küß ich nit.

Schön bin ich nit, reich bin ich wohl, 5
Geld hab ich auch a ganz Beuterl voll;
Gehn mer noch drey Batze ab,
Daß ich grad zwölf Kreutzer hab.

's Kranzerle weg,
Und 's Häuberle her; 10
Jungfrau gewest,
Und nimmermehr.

III 127b   (Aus der Polizey Fama.)

> Aufs Gässel bin ich gangen,
> Aufs Gässel geh ich noch;
> Der Scherg will mich fangen,
> Ey hätt er mich doch.
> 5 Wie soll er mich denn fangen,
> Bey Tag geh ich nit;
> Bey der Nacht is stockfinster,
> Da sieht er mich nit.

* * *

III 127c   So und so so geht der Wind,
> So und so pfeift er;
> Und wenn ich mein Schätzle säh,
> Wär mirs gleich viel leichter.

> 5 So lieb als mir mein Leben ist,
> So lieb ist mir mein Schatz;
> Und wenn er auch gestorben ist,
> So lieb ich noch den Platz.

> Das Liederl ist gesungen,
> 10 Der Kreutzer ist gewunnen;
> Und wer mir ihn nit geit,
> Dem singe ich auf Beut.

* * *

III 128a   Es ist ein Mädel hier,
> Es hat ein Gulden vier;
> Hat ein spitzigs Mäule,
> Ein Näsle als wie ein Säule;
> 5 Zwey Augen als wie ein Stier,
> Trotz allen Mädchen hier.

Jetzt ist mein Liedel aus,
Es beißt mich noch eine Laus;
Ich bin so keck und nehm sie,
Und nehm ein Messer und schind sie;   10
Und stech ihr beide Augen aus,
Jetzt hasts meine liebe Laus.

* * *

Schwimmen zwei Fischle im Wasser   III 128 b
    herum,
Strecken die Schwänzerl in die Höh;
Liegt es mein Schatzerl im Federbett,
Thut ihm sein Köpfle so weh.

Komm ich bei Mitternacht,   5
Wird mir gleich aufgemacht;
Hab em sein Köpfle vollgeschwätzt,
Hab' ihms voll gelacht!

In dem schätzbaren Tyroler Sammler Innsbruck 1807. II. B. finden sich von S. 57–96 allerley Tyroler Tanzreime abgedruckt mit
Erläuterungen, die Sprache liegt der unsern sehr fern, und bedarf
daher dieser Erläuterungen sehr; und doch liegt der größte Reitz
gerade in dieser Sprache. Dies wäre zu weitläuftig geworden für
den Umfang unsres Buchs; Freunde dieser Liedergattung verweisen wir daher auf jenes Buch selbst.

Bei der Schusterrechnung zu singen.   III 129 a

Sechsmal hab ich sie angetroffen,
Siebenmal bin ich fehl geloffen,
Auf der Haide hin und her,
»Nein mein Bue, es geschieht nicht mehr.«

5   Sechs paar Schuh und sieben paar Sohlen
     Hab' ich von wegen meiner Sennerin verloffen,
     Auf der Haide hin und her!
     »Nein mein Bue, es geschieht nicht mehr!«

III 129b   Der Gruß.

     Mir ist ein roth Gold Ringelein
     Auf meinen Fuß gefallen;
     So darf ichs doch nicht heben auf,
     Die Leut, die sehens alle.

5   Mit Lust tret ich an diesen Tanz,
     Ich hoff, mir wird ein schöner Kranz
     Von einem schön Jungfräuelein,
     Darum will ich ihr eigen seyn.

     So tret ich hin auf einen Stein,
10   Gott grüß dich zart Jungfräuelein;
     Und grüß euch Gott allsammt gleich,
     Sie seyn arm oder reich.

     Gott grüß euch alle als gemein,
     Die großen, dazu auch die klein,
15   So ich grüß die ein, die andre nicht,
     So wär ich kein Rechter, die andre spricht.

Lied des abgesetzten Sultan Selim
im alten Serail, nachdem er sich
der Kunst gewidmet.

Der Guguck ist ein braver Mann,
Der sieben Weiber brauchen kann;
Die erste kehrt die Stube aus,
Die zweite wirft den Unflath 'naus;
Die dritte nimmt den Flederwisch,   5
Und kehrt des Guckuck seinen Tisch;
Die vierte bringt ihm Brod und Wein.
Die fünfte schenkt ihm fleißig ein;
Die sechste macht sein Bettlein warm,
Die siebente schläft in seinem Arm.   10

Weihnachtlied.

(Mündlich.)

O du mein Mopper, wo willt du hinaus,
Ich kann dir nicht erzählen
Meine güldene Klaus:
Laß klinken, laß klanken,
Laß all herunter schwanken;   5
Ich weiß nicht, soll ich hüten
Ochs oder Schaf,
Oder soll ich essen
Einen Käs und ein Brod.

Bei Ochsen und bei Schafen   10
Kann man nicht schlafen,
Da thut es sich eröffnen
Das himmlische Thor,
Da kugeln die Engel
Ganz haufenweis hervor.   15

Gute Lehre.

Grad Herz brich nicht,
Lieb mich und sags nicht,
Liebst du mich,
Wie ich dich,
5   Bleibt die Lieb beständiglich.

Schönste Rose fall nicht ab,
Bis ich komm und brech dich ab;
Wenn mich schon die Dornen stechen,
Will ich doch die Ros' abbrechen.

10   Wer die Rosen will abbrechen,
Muß nicht achten der Dornen Stechen;
Rosendornen stechen sehr,
Falsche Liebe noch viel mehr!

Mailied.

Im Maien im Maien ists lieblich und schön,
Da finden sich viel Kurzweil und Wonn';
Frau Nachtigall singet,
Die Lerche sich schwinget
5   Ueber Berg und über Thal.

Die Pforten der Erde, die schließen sich auf,
Und lassen so manches Blümlein herauf,
Als Lilien und Rosen,
Violen, Zeitlosen,
10   Cypressen und auch Nägelein.

In solchen wohlriechenden Blümlein zart,
Spazieret eine Jungfrau von edeler Art;

Sie windet und bindet,
Gar zierlich und fein,
Ihrem Herzallerliebsten ein Kränzelein.   15

Da herzt man, da scherzt man, da freuet man sich,
Da singt man, da springt man, da ist man fröhlich;
Da klaget ein Liebchen
Dem andern sein' Noth,
Da küßt man so manches Mündlein roth.   20

Ach Scheiden, ach Scheiden, du schneidendes Schwerdt,
Du hast mir mein junges frisch Herzlein verkehrt.
Wiederkommen macht,
Daß man Scheiden nicht acht't;
Ade, zu tausend guter Nacht.   25

Im Maien, im Maien, da freuet man sich,
Da singt man, da springt man, da ist man fröhlich,
Da kommet so manches
Liebchen zusammen;
Ade, in tausend Gottes Namen.   30

Schweizerisch Kriegsgebet.   III 134a

Laßt üs abermal betta
Für üsre Stadt und Flecka,
Für üsre Küh und Geissa,
Für üsre Wittwa und Weisa,
Für üsre Roß und Rinder,   5
Für üsre Weib und Kinder,
Für üsre Henna und Hahna,
Für üsre Kessel und Pfanna,
Für üsre Gäns und Endta,
Für üsre Oberst und Regenta,   10

An insonderheit für üsre liebi Schwitz,
Wenn der blutig Krieg wett ko,
Wett alls nä, so wetten wir üs treuli wehra,
Und ihn niena dura loh,
15   Au den Find gar ztod schloh,
Und dann singa;
»Eia Viktoria! der Find ischt ko, hett alles gno,
Hett Fenster i gschlaga, hets Blie drus graba,
Hett Kugla drus goßa, und dBaura erschossa;
20   Eia Viktoria! nu ischts us, geht wiedri na Hus.«

III 134 b   Des Hirten Einsamkeit.

(Alpenlied.)

Isch äbi ä Mensch uf Erde, Simeliberg,
Un Fräneli ab de Kuggisberg
Un Sibethals Jäggeli änne de Berg,
Isch äbi ä Mensch uf Erde,
5   Daß y mag by em sy.

Un mag der my nit werde, Simeliberg
Un Fräneli u.s.w.
Un Sibethals u.s.w.
Us Kummer sterben y.

10   In mines Buhlis Garte, Simeliberg u.s.w.
Da stan zwei Bäumeli.

Das eine treit Muskate, Simeliberg u.s.w.
Das andre Nägeli.

Muskate, die sind süßi, Simeliberg u.s.w.
15   Die Nägeli schmecke räß.

Dort äne in der Tiefi, Simeliberg u.s.w.
Da stand ä Mühlirad.

Das Mühlirad isch broche, Simeliberg u.s.w.
Die Liebi hat än End.

Emmenthaler Kühreihen.　　　　III 135

Knabe.

Mys Lieb' isch gar wyt inne,
Dort inne uf der steinige Fluh;
Wenn i scho zun ihm wetti,
O so reute mi di Schuh!

Meitscheni.

La du di dSchuh nit reuen,　　　　　　　　　5
Leg du dine Bantöffeli a;
We du si de hest broche,
So chast ja de angeri ha.

Knabe.

I ma nit i der Wuche
Uf d Fluh zu mynem Schätzeli ga,　　　　　10
Es gitt ja so ne Fyrtig,
Wo ni zum Schätzeli cha!

Meitscheni.

My Schatz cha gar gut hornen,
Er cha di Reyhli alli gar wohl;
Er hornt mer alli Morgen,　　　　　　　　　15
O wenn ig a melche soll.

Knabe.

Mys Lieb' trybt über d' Gasse,
Gar s'tusigs schönes Trüppeli Veh!
O i ha gar längi Zyti,
20 Wenn is de so nimme cha g'seh!

Meitscheni.

Wenn i de soll ga mälche,
So steyt mer de mys Kühli nit recht;
Da stellen i d's Kübli näbe mi,
U gaugle mit dem Knecht.

Knabe.

25 O d's Kühli wey mer verkaufe,
U d's Kalbeli wey mer de no b'ha;
Wenn früh de d'Meitscheni mälche,
Chan i de no zu der gah.

III 137a   ### Schweizerisch.

S'isch no nit lang daß gregnet hätt,
Die Laeubli tröpfle no,
I hab e mohl e Schazli ghätt,
I wott, i hätt es no.

5 Jez isch er gange go wandere,
I wünsch em Löcher in d'Schuh,
Jez hab i wieder en andere,
Gott gäb mer Glück dazu.

S'isch no nit lang, daß er g'heirat hätt,
10 S'isch gar e kurzi Zyt;
Si Röckli ist em loderich,
Si Strümpfli sin em z'wyt.

Jahreszeiten.

Schwarzbraun ist meine dunkle Farbe,
Darin will ich mich kleiden;
Den besten Schatz und den ich hab,
Der will jezt von mir scheiden.

Ei scheidet sich dann der Winter von mir,   5
So kommt ein frischer Sommer;
Hat er dann Lust und Liebe zu mir,
So wird er wiederum kommen.

Dort droben vor meines Vaters Haus,
Da steht eine grüne Linde;   10
Darauf saß die Frau Nachtigall
Und sang von heller Stimme.

Ei sitzest du da Frau Nachtigall,
Und singest von heller Stimme;
Ei zwinget dich dann der edle Schnee,   15
Das grüne Laub von der Linde.

Und wann die Linde das Laub verliehrt,
So trauren alle Aeste;
Daran gedenkt ihr Mädechen jung,
Und setzt eure Kränzlein feste.   20

Setzt ihr sie fest und nicht zu fest,
Setzt ihr sie nach euren Maasen;
Und wenn es einmal zum Scheiden kommt,
Daß ihr sie könnt ablassen.

Schreibstunde.

(Drey weltliche neue Lieder i. J. 1646.)

Es bat ein Bauer ein Töchterlein,
Daß es doch thäte den Willen sein;
Er bot ihr Silber und rothes Gold,
Daß sie ihn lieb hätt und heirathen sollt,
5　Gar öffentlich.

Als ein Studente das hat erhört,
Er seinem Haus den Rücken kehrt;
Kam vor der Jungfrauen ihre Thür,
Und klopft mit seinem Finger dafür,
10　Gar heimlich.

Die Jungfrau im Arm auf dem Bette lag,
Und zum Studenten ganz leise sprach:
Ist jemand draussen, begehret mein,
Der zieh das Schnürlein und komm herein
15　Gar heimlich.

Als das der Bauer doch hat gehört,
Dem Hause sein er den Rücken kehrt;
Und kam vor der Jungfrauen Thür,
Er klopft mit seinem Stiefel dafür
20　Gar öffentlich.

Die Jungfrau war in Freuden wach,
Und zu dem Bauern da lachend sprach:
Ist jemand da, der begehrt hinein,
Der such sich ein ander Jungfräulein
25　Gar heimlich.

Wer ists, der heut uns dies Liedlein sang?
Ein freyer Studente ist er genannt;
Er lehrt der Jungfrau Lesen und Schreiben,

Braucht dazu weder Feder noch Kreiden,
Gar heimlich.   30

Und wenn das Mädchen erst schreiben kann,
Dann reist er wieder, wird Doktor dann;
Und sitzt bei Büchern und bei dem Wein,
Ihr Brieflein tröstet ihn doch allein,
Gar heimlich.   35

Erdtoffeln mit Rippenstückchen.   III 140

Einsmals ein Mägdlein frisch und jung,
Gieng aufrecht wie ein Hirsch im Sprung;
Und von einem Jüngling, den sie kannt,
Ihre Aeuglein klar durchaus nicht wandt.

Der Jüngling schalt und sprach zu ihr,   5
Wie ihr mit nichten dies gebühr,
Sondern sie sollt ganz züchtiglich
Die Aeuglein schlagen unter sich.

Sie sprach gar bald: Mit nichten das,
Dies Anschaun ich nit unterlaß;   10
Zur Erd zu schauen dir gebührt,
Weil aus der Erd dein Ursprung rührt.

Des Mannes Ripp mein Ursprung ist,
Die such ich auch ohn Falsch und List;
Und daß solch Ripp in Zucht und Ehr   15
Mit mir vereint werd ich begehr.

Der verwandelte Einsiedler.

(Mündlich.)

Da droben aufm Hügel,
Wo die Nachtigall singt,
Da tanzt der Einsiedel,
Daß die Kutt in die Höh springt.

Der Knabe.

5
Ey laß ihn nur tanzen,
Ey laß ihn nur seyn;
Zu Nacht muß er beten,
Und schlafen allein.

Das Mädchen.

Da droben aufm Hügel,
10
Wo's Füchslein drauf lauft;
Da sitzt der Einsiedel,
Hat d' Kutte verkauft.

Der Knabe.

Da droben aufm Hügel,
Wo die Nachtigall singt,
15
Da ist es mein Schätzel,
Mein allerliebst Kind.

Das Mädchen.

Der Einsiedel auf dem Zitterbaum,
Der schaute wo der Tag her kam.

Der Knabe.

Der Tag, der kommt vom Morgenstern,
20
Bei meinem Liebchen bin ich gern.

Espenzweigelein.

(Forsters frische Liedlein.)

Hätt mir ein Espenzweigelein
Gebogen zu der Erden;
Den liebsten Bulen, den ich hab,
Der ist mir leider allzuferne.

Er ist mir doch zu ferne nicht,   5
Bei ihm hab ich geschlafen;
Von rothem Gold ein Fingerlein
Hab ich in seinem Bett gelassen.

Und da ichs da gelassen hab,
Will ichs auch wieder bekommen;   10
Und thun, als ob ichs bei mir hätt,
Und wär mir keinmal genommen.

Ja zwischen Berg und tiefe Thal
Da geht ein enge Straße:
Wer seinen Buhl nicht haben will,   15
Der soll ihn allzeit fahren lassen.

Scheid dich nit Herzensdöckelein,
Von dir will ich nit weichen;
Hab Andre lieber nit als mich,
Im Reich findt man nit dein's Gleichen.   20

Kurzweil.

(Mündlich.)

Ich weiß nicht, was ich meinem Schätzchen verhieß,
Das sie den Riegel wohl hinter sich stieß;
Wohl hinter sich in die Ecke,
Dann schlich ich zu ihr ins Bettchen.

5   Die zwei, die liegen die halbe Nacht,
    Bis daß das Glöcklein zwölfe schlagt:
    Steh auf braunes Mädchen zum Laden,
    Schau ob es noch nicht will tagen.

    Sie gab dem Laden einen Stoß,
10 Da scheint ihr der helle Mond in den Schoos:
    Bleibt liegen gut Ritterlein stille,
    Es taget nach unserm Willen.

    Die zwei, die liegen die ganze Nacht,
    Bis das das Glöcklein Sechse schlagt;
15 Steh auf braunes Mädchen zum Laden,
    Schau ob es noch nicht will tagen.

    Sie gab dem Laden einen Stoß,
    Da scheint ihr die helle Sonn in den Schoos:
    Steh auf gut Ritterlein balde,
20 Die Sonn steht überm Walde.

    Ei scheint die Sonn, und ich bin noch hier,
    O Gott! wie wirds ergehen mir;
    Ich hab mich gestern Abend vermessen,
    Bin's leztemal bei dir gewesen.

25 Das Mädchen war so hurtig und eil,
    Ließ den Knaben herunter am Seil,
    Sie meint, er wäre schon drunnen,
    Da lag er im kühlen Brunnen.

    Es stand wohl an drei viertel Jahr,
30 Da Braußinde ein Kind gebahr;
    Wir wollen tauffen Hänschen den Jungen,
    Sein Vater ertrunken im Brunnen.

Schnelle Entwickelung.

(Nach dem Jenaer Codex.)

Ein junger Mann nahm sich ein Weib,
Holdselig und gar fein von Leib.

Dem Weib er übersah gar viel,
Schwieg ihr in allen Dingen still.

Also gewinnt das Weib den Mann,   5
Daß er nicht mehr zu Wein gehn kann.

Muß der Gesellen auch ablassen,
Darf nur mit ihr allein noch spassen.

Doch einsmal seht, da gieng er aus,
Kam ohngefähr vors Schenkwirthshaus.   10

Gesellen sein darinnen sassen,
Recht fröhlich tranken, sangen, assen.

Sie thäten ihm gar balde winken,
Der ein stand auf, bot ihm zu trinken.

Er schüttelte den Kopf und lachte,   15
Die Leute grosse Augen machten.

Der ein führt ihn hinein geschwind,
Er sizt bei ihnen wie ein Kind.

Es war sein Herz ihm noch so schwer,
Hub an zu seufzen gar zu sehr.   20

Wie er ans Heimweh nur gedacht,
Der Frau Gesundheit ward gebracht.

Er tranks hinein, er trank es aus,
Und dachte gar nicht mehr nach Haus.

25   Sein Glas, das rückt er immer vor,
        Und war der lauteste im Chor.

        Doch die Gesellen giengen eben,
        Zwei mußten ihn nach Hause heben.

        Recht mit Gewalt sie mußten schleppen,
30   Er stürzt hinauf die schmalen Treppen.

        Das Weib mit Angst kam angegangen,
        Ein Unglück meint sie, wär ergangen.

        Sie hat die ganze Nacht gewacht,
        Und im Gebet an ihn gedacht.

35   Da ist er hart sie angegangen,
        Mit Schlägen hat er sie empfangen.

        Was ist für Lehr daraus geflossen,
        Nicht jede Eh ist im Himmel geschlossen.

III 146   Kurzweil.

        (Aus H. v. Stromers Familienbuche v. J. 1581.)

        Ich hab mir ein Maidlein auserwählt,
        Dasselbig mir im Herzen wohlgefällt;
        Von Ehren ist sie hoch zu loben,
        Mein junges Herz
5   In Schimpf und Scherz
        Muß gar bei ihr vertoben.

        Dasselbig Maidlein, das ist mein,
        Soll mir also gesinnet seyn;
        Mein Herz ist traurig volle
10   Wieder hinum,

Das Maidlein frum,
Mich herzlich trösten solle.

Am Abend, wenn ich soll schlafen gehn,
Nachdem so wird sie's wohl verstehn,
Nehm ich sie freundlich an meinen Arm,   15
An meinen Leib
Sie als mein Weib,
Ich als ihr lieber Mann.

Und wenn denn solches als geschicht,
So zweifelt mir mit nichten nicht,   20
Gott wird sein Segen dazu geben;
Drauf daß uns komm
Ein Kindlein fromm,
In solchem ehlichen Leben.

Wird solches Kind ein Maidelein,   25
So soll Elß sein Nahme seyn;
Gleich wie man mein liebes Weib thut nennen,
Daß durch die Tauf
Sein Sünd ersauf,
Drauf daß es Gott erkenne.   30

Beschehrt mir Gott ein werthen Sohn,
Bin ich mehr erfreuet von;
Also in solcher Gestalte,
Sein Nahm christlich,
Heissen wie ich,   35
Mit Nahmen Jorg Grünenwalde.

Sonnenblicke.

(Mündlich.)

Der Sommer und der Sonnenschein,
Ganz lieblich mir das Herze mein
Erquicken und erfreuen;
Daß ich mit Lust im grünen Gras
5   Mag springen an dem Reihen.

Des lacht die Allerliebste mein,
Wollt Gott, ich sollt heut bei ihr seyn,
In Züchten und in Ehren;
Das wär meins Herzens größte Freud,
10   Darauf darf ich wohl schwören.

Demselben wackren Mägdelein,
Schickt neulich ich ein Kränzelein,
Mit rothem Gold umwunden;
Dabei sie mein gedenken sollt,
15   Zu hunderttausend Stunden.

Ich ritt durch einen grünen Wald,
Da sangen die Vöglein wohlgestalt,
Frau Nachtigall mit ihnen;
Nun singt ihr klein Waldvögelein,
20   Um meines Buhlen willen.

Ehestand.

(Procopii decalogale conjugale II. T. p. 569.)

Ich gieng spazieren in ein Feld
Ohne Sünde;
Mich umzusehen in der Welt,
Wie es stünde.

Es war an einem Sonntag gut,　　　　　　　5
Nach dem Essen;
Mein Leid, das mich so quälen thut,
Zu vergessen.
Mit Gedanken thät ich zanken,
Thät ich zanken.　　　　　　　　　　　　10

Sehr tief gedacht ich hin und her,
Wo ich auswollt;
Mir selbst wußt nicht zu rathen mehr,
Was ich thun sollt.
Allein zu bleiben mich verdroß,　　　　　　15
Mit der Weile;
Zum Heurathen die Lust war groß,
In der Eile.
Wollt schier wagen, ja zu sagen,
Ja zu sagen.　　　　　　　　　　　　　20

Und sieh, ein Jüngling trat herfür,
Wohlbekleidet;
Er grüßt mich freundlich in Gebühr,
Mich begleitet.
An Händen trug er güldne Ring,　　　　　　25
Die ihn zierten;
Auch noch mehr andre köstlich Ding
Ihn berührten.
An dem allen hätt Gefallen,
Hätt Gefallen.　　　　　　　　　　　　30

Bei neben ward ich auch gewahr,
Daß der Jüngling
Ein schweres Joch trug immerdar,
Das ihm anhing.
An Füssen hätt er Ketten stark,　　　　　　35
Stahl und Eisen;
Das schmerzt ihn bis auf Bein und Mark,

Konnt aufreissen.
Ottern, Schlangen auch dran hangen,
40   Auch dran hangen.

Da ich nun ward mit ihm bekannt,
Ich ihn fragte:
Jüngling wer bist? Wie wirst genannt?
Er mir sagte:
45   Ich bin der Ehstand dieser Welt,
Also heiß ich;
So mancher, tapfre kühne Held
Um mich reißt sich.
Zum Heurathen thu ich laden,
50   Thu ich laden.

Dann ich ihn erst recht schaute an,
Mit Verwundern;
Gedacht: Sollt denn ich freyer Mann
Gleich jezunder
55   Beladen mich mit solchem Joch,
Und verbinden?
Ich wills wohl lassen bleiben noch,
Kanns nicht finden;
Will mich drinnen bas besinnen,
60   Bas besinnen.

III 151   Todesahndung einer Wöchnerin.

Mein Auge wankt,
Am Mond erkrankt,
Er möchte mir beyspringen,
Mir drohn des Todes Klingen.
5   Muß Sichelschein

Den Zirkel rund
Zur Todesfackel füllen,
Ich bild mirs ein,
Ich sterb zur Stund;
Helft weinen ihr Gespielen!　　　　　10

Vergönnt es mir,
Das Grün hinfür
Allhier noch anzuschauen,
Auf Bergen, Thal und Auen;
Was Laub und Blüth　　　　　15
Ins Auge trägt,
An Buchen, Eichen, Tannen,
Und was nur hie
Der Frühling pflegt,
Für Teppich aufzuspannen.　　　　　20

Die Wasserflüß
Bezeugen dieß,
Die rauschend weiter fließen,
Die Büsche grün begiessen;
Nie stehn sie still,　　　　　25
Sind ohne Ruh,
Die Reis' mir anzudeuten;
Wenn ich erfüllt
Mein Werk dazu,
Nach den erkannten Zeiten.　　　　　30

Ein Monat Licht,
Von hinnen flücht;
Das Trauern in dem Hirne
Treibts Uhrwerk der Gestirne.
Wohlan so lauf　　　　　35
O Thrän den Weg,
Zur Wanderschaft mußt fliessen;

Verlobt zum Kauf
Dich niederleg,
40   Den jüngsten Tag zu grüssen.

Wenn ich schon klag,
So viel ich mag,
Mein schwache Stimm zu heben,
Weil ich möcht länger leben;
45   Mein Herz vernimmt
In gleichem Schall,
Umsonst ist mein Bewerben.
Es bringt die Stimm
Im Wiederhall,
50   Ich müsse leider sterben!

Die Klinge zück,
Ich nicht verrück
Die perlenweisse Kehle,
Gott gnadet meiner Seele!
55   In weiß und roth
Geziert will seyn,
In hocherwünschten Farben;
Denn Jesu Tod
Bricht Röselein,
60   Die nie bisher verdarben.

III 153   Der verschwundene Stern.

(Von M. Claudius.)

Es stand ein Sternlein am Himmel,
Ein Sternlein guter Art;
Das thät so lieblich scheinen,
So lieblich und so zart.

Ich wußte seine Stelle   5
Am Himmel, wo es stand;
Trat Abends vor die Schwelle
Und suchte bis ichs fand.

Und blieb dann lange stehen,
Hat grosse Freud in mir;   10
Das Sternlein anzusehen,
Und dankte Gott dafür.

Das Sternlein ist verschwunden,
Ich suche hin und her;
Wo ich es sonst gefunden,   15
Und find es nun nicht mehr.

Ein hohes Lied.   III 154

(In des Schillers Ton. 1450–1500.)

Mein Herz das schwebt in Freudenspur,
Gedenk ich, wie die Kreatur
In Zweiheit ist gebildet;
Des sey gelobt der Schöpfer weis',
Der uns erschuf im Paradeis,   5
Erschuf jungfräulichs Bilde,
Die er da einem Jüngling gab,
Den er gemacht aus Erden;
Darum dien jezt ich junger Knab
Wohl einer Jungfrau werthe.   10
Ihr hohes Lob, das will ich ihr verkünden,
Ob ich es möcht durchgründen,
Nach meines Herzens Gier,
Ob ich gefiel auch ihr.

15   Gott grüß die schönste Jungfrau fein,
     Die gänzlich hat das Herze mein,
     Mit ihrer Lieb besessen;
     Darum hab ich sie auserwählt,
     Ein Jungfrau, die mir wohl gefällt,
20   Ich kann ihr nicht vergessen.
     Wohl Tag und Nacht, wohl früh und spät
     Liegt sie mir in dem Sinne;
     All meine Hoffnung auf ihr steht,
     Möcht ihre Huld gewinnen.
25   Mir liebt ihr Zucht, ihr jungfräuliche Güte,
     Sie führt ein frei Gemüthe;
     Sie lebt mit Ehren ganz,
     Mit Recht trägt sie den Kranz.

     Das Kränzlein, das sie tragen soll
30   In Wort und Sitte trägt sie's wohl
     So ganz ohn allen Wandel;
     Hutsam behält sie ihr Gesicht,
     Kein Aergerniß giebt's keinem nicht,
     In Ihrem Gang und Wandel.
35   Sie geht so schnelle auf der Straß,
     Wer sie darauf thät grüßen,
     Schließts Mündlein auf in sanfter Maas,
     Und dankt mit Worten süße.
     Ihre Wort sind wahr und nicht erlogen,
40   Sie hat mich nie betrogen;
     Mich nie geführt am Seil,
     Sie biet sich selbst nicht feil.

     Drum hab ich sie auserkorn,
     Sie ist von gutem Stamm geborn,
45   Zu Ehren schön erzogen;
     Darum will ich ihr Diener seyn,
     Sie hat erleucht das Herze mein,
     Ist wahr und nicht erlogen.

Sie trägt ein ehrentlich Gewand,
Gar adelich gesticket,   50
Mit ihr zarten Kunstes Hand,
Und wer sie anerblicket,
Dem möcht sein Herz in lauter Freude lachen;
Auf Reinheit thut sie wachen,
Darum bin ich ihr hold   55
Vor Silber und vor Gold.

Gott grüß die Jungfrau wohl gethan,
Gar schwer ich gnugsam loben kann,
Wohl ihren werthen Leibe;
Ihr Haar ist lang, goldfarb und gelb,   60
Ihr Oehrlein sind gar fein gewölbt,
Kein Spott ich damit treibe.
Sie hat zwei hübsche Aeuglein klar,
Lieblich als ein Demante;
Darin das Weisse ist nicht gespart,   65
Ihr Bräulein stehn ohn Schande.
Ihr Näßlein scharf, wie schwer kann ich sie loben,
Ihr Kinn ist sanft erhoben,
Ihr Mund geschwungen fein,
Brennt recht als ein Rubein.   70

Die Zähnlein sind ihr ganz und weiß,
Die Wänglein roth nach allem Fleiß,
Darin zwei Grüblein kleine;
Ihr Angesicht, das scheint sogar
Gleich als der recht Kristall so klar,   75
Polieret also reine.
Ihr Kehle, die ist grad und schön,
Ihr Hälslein lilienweisse;
Auf ihrem Haupt ein Kron sollt stehn,
Gezieret recht mit Fleiße.   80
Ihr Händ sind lind, gleich wie ein Hermeleine,
Und weis wie Helfenbeine,

Darin die Adern blau,
Gott grüß dich o Jungfrau.

85   All Ebenmaaß in ihrer Brust,
Ihr Herz geziert in aller Lust,
Daran zwei Brüstlein kleine,
Sind nicht zu klein, und nicht zu groß,
In Züchten trägt sie auch nicht blos,
90   Sie hat zwei grade Beine.
Ihr zarter Leib ist wohl gestalt,
Nach aller Freud und Ziere.
Ihr Schönheit hab ich nun gemahlt,
Jungfrau erhör mich schiere,
95   Und sprecht zu mir ein liebreich freundlich Worte,
Und wo ich das erhörte,
Mein Weh wär gar vorbei,
Also erquickt ein Leu.

Erquickt mit seiner Stimm die Wölf (Jungen)
100   Also mir ihre Tugend helf,
Mit einem lieben Grüßen;
Dann thät sie mir groß Freundschaft kund,
Aus ihrem rosenfarben Mund,
Sogar ohn alles Verdrießen.
105   Dein Angesicht mich so erquickt,
Gleich als der Strauß sein Junge;
Du bist mein Freud, mein Trost, mein Glück,
Mich lockt dein süße Zunge.
Wie auch der Jungfrau klares Singen,
110   Das Einhorn kömmt mit Springen;
Legt ihr das Haupt in Schoos,
Und schläft ganz kummerlos.

Also bezwingt mich deine Stimm,
Und wo ich dich Herzlieb vernimm,
115   Besänftet sich mein Grimme;

Du machest mich so tugendsam,
Demüthiglich gleich einem Lamm,
Das macht dein milde Stimme.
Daß mich hat deine Lieb und Güt
So kräftiglich bezwungen;   120
Daran gedenk du treu Gemüth,
Acht nicht der falschen Zungen.
Und wolle meinen Worten treulich glauben,
Ich will dich nie berauben;
Dein Ehr ist allen kund,   125
Ich führ sie nie im Mund.

Dies glaube meiner Stätigkeit,
Es wär mir für dich selber leid,
Misläng dir deine Ehre;
Deß lasse mich genießen schier,   130
Nach Gott ist niemand lieber mir,
Dein Dienst ich stets begehre.
Wenn ich dir wohlgefällig wär,
Und wäre nicht dein Spotte;
Vergangen wär mir all Beschwer,   135
Darum fleh ich zu Gotte.
Wie große große Lieb ich zu dir trage,
Getrau ich nicht zu sagen;
Ach sieh mein Herze an!
Gott grüß dich wohlgethan!   140

O Jungfrau, adeliches Blut,
Womit der Pelikanus gut
Die Jungen mag ernähren,
Das nimmt er aus dem Herzen sein,
Und kömmt darum in schwere Pein,   145
Er thut sein Blut verzehren.
Also verzehr ich Leib und Blut,
Nach dir Sinn, Lieb und Witze;
Du bist mir über Phönix gut,

150   Der in der Glut thut sitzen.
    Darin verjüngt er sich mit Feuers Brennen,
    Wo ich dich, Lieb, hör nennen;
    Da thut mein Herz ein Sprung,
    Und wird vor Freuden jung.

155   Von dir mein Herz empfänget Kraft,
    Recht nach des Panthers Eigenschaft,
    Wenns gehet in den Mayen;
    Dann steigt er auf ein Berg hinan,
    Viel andre Thiere folgen dann,
160   Stehn um ihn an den Reihen.
    Jungfrau, könnt ich dich loben bas,
    Das thät ich allzeit gerne;
    Du gehst mir über Laub und Gras,
    Wie der Mond über die Sterne.
165   Ach feins mein Lieb, laß mich der Treu genießen,
    Thu mir dein Herz erschließen;
    Vernimm den Willen mein,
    Zart edles Jungfräulein.

    Jungfrau vernimmst du den Gesang,
170   Und hab ich dir gedienet lang,
    Das magst du wohl vergelten;
    Ich diene allezeit dir gern,
    Du bist mein lichter Morgenstern,
    Doch seh ich dich so selten.
175   Das schafft, o Lieb, der Schwätzer Mund,
    Mit ihrem falschen Sagen;
    Glaub ihnen nicht zu aller Stund,
    Vernimm meins Herzens Klagen.
    In rechter Treu sollst du nicht von mir wenken,
180   Dies Lied thu ich dir schenken;
    Aus rechtem Sinn erdacht,
    Gott gebe dir viel guter Nacht!

Ein neu Klaglied eines alten
deutschen Kriegsknechts wider die
greuliche und unerhörte Kleidung
der Pluderhosen in des Penzenauers Ton. 1555.

Was soll ich aber singen,
Ein wunderbar Geschicht;
Das Herz möcht dem zerspringen,
Ders nur einmal ansicht.
Was man doch hat erfunden   5
Alldort in jenem Land,
Sieht man zu allen Stunden
Ein großes Uebel und Schand.
Es hat die Welt gestanden,
Mehr als fünftausend Jahr,   10
Ist solche große Schande
Aufkommen nie fürwahr;
Daß man die Gottesgaben
Also mißbrauchen soll,
Das wird kein Mensch nicht loben,   15
Und ihnen sprechen wohl.
Und wer denn nun will wissen,
Was doch erfunden sey,
Die Kriegsleut sind beflissen
Auf solche Buberey;   20
Sie lassen Hosen machen,
In einem Ueberzug,
Der hängt bis auf die Knochen,
Ist doch nicht genug.
Ein Latz muß seyn darneben,   25
Wohl eines Kalbskopfs groß;
Karteken drunter schweben,
Seiden ohn alle Maaß.
Kein Geld wird da gesparet,
Und sollt man betteln gehn;   30

Damit wird offenbaret
Wer ihnen giebt den Lohn.
Da gehen sie einher waten,
Gleich als der Teufel recht;
35   Und schören sie sich ein Platten,
Sie wären seine Knecht.
Auch hangen dran die Zotten
Einer halben Elle lang.
Thut man dann ihrer spotten,
40   So hebens an ein Zank,
Und wollen da verfechten
Die ungeheuer Gestalt,
Als hätten sies zu rechten,
Und stünd in ihrer Gewalt.
45   Nach Gott thun sie nicht fragen,
Wies ihm gefallen werd;
Was er dazu wird sagen,
Ist ihnen ohn alles Gefärd.
Und wär es ihnen befohlen,
50   Sie thätens nimmermehr!
Sollt man den Teufel mahlen,
Mit seinem ganzen Heer,
Aerger könnt mans nicht machen,
Als mit ein solch Gestalt;
55   Doch sind sie freye Hachen,
Wer wills ihnen wehren bald.
Sie meinen, wenn sie tragen
Ein solch Gesperr am Bein;
So darf sie niemand schlagen,
60   Kriegsleut sind sie allein.
Da doch wird oft gefunden
Ein solch verzagtes Herz,
So man ihn wollt verwunden,
Er gäb die Flucht ohn Scherz.
65   Nun wollt ich doch gern sehen,
Wie ers wollt greifen an;

Wenn sollt ein Sturm geschehen,
Als ich gesehen han.
Zu laufen noch zu steigen,
Kann man ihn brauchen nicht;   70
Vom Waten will ich schweigen,
Wie denn da oft geschicht.
Da steht er wie ein Lüllen,
In seim zerhackten Kleid;
Wie will er doch erfüllen   75
Seinen geschwornen Eyd?
Er kann sich selbst nicht schützen,
Wenn Laufen nöthig wär;
Bleibts Herz in Hosen sitzen,
Sein Herz muß halten her.   80
Kein Türk, kein Heid, kein Tartar
Solch Unflat je erfind.
Davon sonst ein Hausvater
Gekleidet Weib und Kind,
Das muß jezt einer haben   85
Zu einem paar Hosen gar;
Doch sind sie freye Knaben,
Truz wers ihnen wehren darf.
Sechs Ellen lündisch Gewande
Wird einem begnügen kaum;   90
Ist das nicht große Schande,
Darunter hat sie Raum.
Wohl neun und neunzig Ellen
Karteken muß er han;
Dann sind sie freye Gesellen,   95
Und stehen für einen Mann.
Es tragens auch Studenten,
Von den man lernen soll;
Sie sollten seyn Regenten,
Exempel geben wohl.   100
Ihre christlichen Lehren
Findens nicht in der Schrift;

Sie solltens andern wehren,
So sind sie selbst vergift.
105 Schickt man sie auf die Schulen
Mit groß Unkosten frey;
Sie lernen saufen und buhlen,
Das muß auch seyn dabey.
Ein solch paar Pluderhosen,
110 Dann sind sie Doktor schon;
Weils tragen die Franzosen,
Drum lassens nicht davon.
Dazu die Handwerksgesellen,
Die kaum das Badgeld hand;
115 Doch Hosen tragen wöllen,
Und kostet es ein Land.
Was sie durchs Jahr erkratzen,
Das tragen sie daran;
Dann sind sie freye Fratzen,
120 Wann sie solch Hosen han.
Wann sie dann unser Herrgott
Angreift mit Krankheit schwer,
So haben sie kein Vorrath,
Spital muß halten her,
125 Die großen Pluderhosen,
Haben das Geld verzehrt;
In leeren Beutel blasen,
Wird manchen dann gelehrt.
Ein Beyspiel thun sie geben,
130 Mit ihren Hosen recht;
Das ihnen gleich woll leben
Schinder und Henkersknecht.
Die tragen auch solch Hosen,
Wann sie jagen die Hund;
135 Und fluchen wie Franzosen,
So sind sie gleich im Bund.
Noch eins das ist geschehen,
Das ich euch melden muß;

Ich hab es selbst gesehen,
Hosen bis übern Fuß.   140
Die Seiden, die muß lappen,
Wohl hinten nach ers schleppt;
Dazu ein kurze Kappen,
Die ihm den Latz nicht deckt.
Vor Zeiten macht man Röcke,   145
Daß man den Latz bedeckt;
Jetzund so muß er blecken,
Auch sind daran gesteckt
Viel Farben mancherleyen,
Die sind daran gestickt;   150
Man möchte sie anspeien,
Wenn man sie nur erblickt.
Es haben unsre Alten
Die Kleider drum gemacht,
Daß sie sich vor dem Kalten   155
Beschirmten Tag und Nacht,
So geben diese Kleider
Doch weder kalt noch warm,
Groß Straf die fürcht ich leider
Für uns, daß Gott erbarm!   160
Wie kann Gott Glück doch geben,
Dem deutschen Kriegesheer;
Da sie so schändlich streben
Wider sein Lob und Ehr.
Niemand soll Wunder nehmen,   165
Daß der Türk nimmt überhand;
Wir sollten uns doch schämen
Vor jedem andern Land.
Der Teufel mag wohl lachen
Zu solchem Affenspiel;   170
Ihm gefallen wohl die Sachen.
Fleißig ers fördern will,
Seinem Rath folgen sie nach;
Bis er bezahlt ihr Thaten,

175 Reu ist zu spät hernach.
  Dies Laster thut verklagen
  Ein alter Landsknecht gut;
  Der hat all seine Tage
  Gehabt ein Löwenmuth.
180 Sein Leib thät er nicht sparen,
  In deutsch und welschem Land;
  Doch hat er nie erfahren
  Von Deutschen größre Schand.
  Drum er dies Liedlein sange,
185 Und wundert sich so sehr;
  Ihm ward darob auch bange,
  Wo doch herkommen wär
  Ein solch greuliche Trachte
  Wider alle Billigkeit;
190 Wer sie doch wohl erdachte,
  Ist Gott im Himmel leid.
  Ihr Fürsten und ihr Herrn
  Laßt's euch zu Herzen gehn;
  Thut diesem Laster wehren,
195 Heißt sie davon abstehn.
  Denn Gott wills an euch rächen,
  Er gab euch die Gewalt;
  Thut ihren Willen brechen,
  Denn Gottes Straf kommt bald.
200 O Gott thu du drein sehen,
  Verzeih uns unsre Sünd;
  Und laß uns nicht geschehen,
  Den Sündern trag Erbarmen
  Ueber ihre Hosen weit,
205 Und hilf zuletzt uns Armen
  In die ewige Seligkeit,
  Amen.

Aufklärung.

(Fliegendes Blatt in Preussen.)

Was soll ich thun, was soll ich glauben?
Und was ist meine Zuversicht?
Will man mir meine Zuflucht rauben,
Die mir des Höchsten Wort verspricht?
So ist mein Leben Gram und Leid   5
In dieser aufgeklärten Zeit.

Ein jeder schnitzt sich nach Belieben
Jezt selber die Religion;
Der Teufel, heißt es, ist vertrieben,
Und Christus ist nicht Gottessohn;   10
Und nichts gilt mehr Dreyeinigkeit,
In dieser aufgeklärten Zeit.

Die Taufe, das Kommunicieren,
Ist für die aufgeklärte Welt
Nur Thorheit wie das Kopulieren,   15
Und bringet nur den Priestern Geld;
Der Kluge nimmt ein Weib und freyt
Nach Art der aufgeklärten Zeit.

Der Ehebruch ist keine Sünde,
Noch weniger die Hurerey;   20
Und obs gleich in der Bibel stünde,
Steht doch der Galgen nicht dabey.
Drum ists galante Sittlichkeit
In dieser aufgeklärten Zeit.

Der Aufgeklärte folgt den Trieben,   25
Und diese sind ihm Glaubenslehr;
Was Gottes Wort ihm vorgeschrieben,
Das deucht ihm fabelhaft und schwer.
Dem Pöbel ist es nur geweiht
Und nicht der aufgeklärten Zeit.   30

Die Tugend sucht man zwar zu preisen,
Als die alleine selig macht;
Doch nur den Glauben zu verweisen,
Weil der uns unsre Laster sagt.
35 Und Laster suchet man nicht weit
In dieser aufgeklärten Zeit.

So liegt nun in dem Sündenschlafe
Das ganze aufgeklärte Land;
Weil auch die ewge Höllenstrafe
40 Ist glücklich aus der Welt verbannt.
Denn jeder hofft Barmherzigkeit
In dieser und in jener Zeit.

So schreiben alle Antichristen,
Weil es dem Leichtsinn wohlgefällt;
45 Denn diese sind als Kanzelisten
Vom Satan selber angestellt:
Durch sie gewinnt der Teufel mehr,
Als wenn er selbst zugegen wär.

O laßt mich doch bei meiner Bibel,
50 Laßt mich in meiner Dunkelheit:
Denn ohne Hoffnung wird mir übel,
Bei dieser aufgeklärten Zeit;
Und ohne Hoffnung bin ich hier
Ein elend aufgeklärtes Thier.

55 Drum Thoren sprecht, ich mag nichts hören,
Verschonet mich mit eurem Gift;
Gesetzt, wenn es auch Fabeln wären,
Das, was ich lese in der Schrift;
So macht mich doch dies Fabelbuch
60 Zum Leben und zum Sterben klug.

Es spricht: Erwach vom Sündenschlafe,
Du thörigt aufgeklärtes Land;

Es naht die schwere Höllenstrafe,
Der böse Feind ist nicht verbannt;
Ich will euch lesen aus dem Buch   65
Im Unglück giebts mir Ruh genug.

St. Meinrad.   III 170

Graf Berthold von Sulchen, der fromme Mann,
Er führt sein Söhnlein an der Hand;
Meinrad, mein Söhnlein von fünf Jahren,
Du mußt mit mir gen Reichenau fahren.

Hatto, Hatto, nimm hin das Kind,   5
Alle lieben Engelein mit ihm sind;
Die geistlich Zucht mag er wohl lernen,
Und mag ein Spiegel der Münche werden.

Er ging zur Schul barfuß ohne Schuh;
Und legt die geistlich Kunst sich zu;   10
Die Weisheit kam ihm vor der Zeit,
Da ward er zu einem Priester geweiht.

Da schickt ihn Hatto auf den Zürcher See,
Daß er ins Klösterlein bei Jona geh;
Bei Jona zu Oberpollingen,   15
Da lehrt er die Münch beten und singen.

Da er lange ihr Schulmeister war,
Und ihn die Brüder ehrten gar;
Thät er oft an dem Ufer stehen,
Und nach dem wilden Gebirg hinsehen.   20

Sein Gewissen zog ihn zur Wüste hin,
Zur Einsamkeit stand all sein Sinn;

Er sprach zu einem Münch: Mein Bruder,
Rüst uns ein Schifflein und zwey Ruder.

25   Ueber See zur Wildniß zur Wüsteney,
Hab ich gehört gut fischen sey;
Da gehn die Fischlein in den einsamen Bächen! –
Ja Herr, mein Meister, der Münch thät sprechen.

Sie fuhren gen Rapperswyl über See,
30   Zu einer frommen Wittib sie da gehn;
Bewahr uns die Gewand, sie zu ihr sprechen,
Daß sie uns nicht in der Wildniß zerbrechen.

Sankt Meinrad und der Bruder gut,
Sie folgten wohl der Bächlein Fluth:
35   Sie fischten hinan in dem Flüßlein Sille,
Bis in die Alp gar wild und stille.

O Herr und Meister, lieber Sankt Meinrad,
Wir haben Fischlein schon mehr als satt;
Noch nit genug Meinrad da saget,
40   Steigt wo der Finsterwald herraget.

Und da sie gegangen den dritten Tag
Im finstern Wald eine Matte lag;
Ein Born da unter Steinen quillet,
Da hat Sankt Meinrad den Durst gestillet.

45   Nun lieber Bruder, nun ists genug,
Gen Rapperswyl die Fisch er trug;
Die fromm Wittib stand vor der Pforten,
Und grüßt die Münch mit frohen Worten.

Willkomm, willkomm ihr bleibt schier lang,
50   Die reißende Thier, die machten mich bang;
Die Fisch, die thät sie braten und sieden,
Die assen sie in Gottes Frieden.

Frau hört mich an durch Gott den Herrn! –
Die Wittib sprach: Das thu ich gern!
Ein armer Priester hat das Begehren,   55
Sein Leben im Finsterwald zu verzehren.

Nun sprecht ob hier ein Frommer leb,
Der ihm ein klein Almosen geb;
Sie sprach: Ich bin allein allhiere,
Ich werd ihm ein Almoseniere.   60

Da thät Sankt Meinrad ihr vertrauen,
Daß er sich wollt ein Zelle bauen;
Und kehrt nach Oberpollingen,
Thät noch ein Jahr da beten und singen.

Aber die Einsamkeit drängt ihn sehr,   65
Er hat kein ruhig Stund da mehr;
Und eilt nach Rapperswyl zu der Frauen,
Die ließ ihm da seine Zelle bauen.

Am Etzel wohnt er sieben Jahr,
Viel fromme Leut die kamen dar;   70
Seine Heiligkeit macht groß Geschrey,
Und zog da gar viel Volks herbei.

Solch weltlich Ehr bracht ihm viel Schmerz,
Sein Hüttlein rückt er waldeinwärts;
Zum finstern Wald, wo das Brünnlein quillet,   75
Das ihm einst seinen Durst gestillet.

Und wenn er sich das Holz abhaut,
Daraus er seine Zelle baut;
Findt er ein Nest mit jungen Raben,
Die thät er da mit Brod erlaben.   80

Die fromm Frau auch von Rapperswyl
Schickt ihm Almosen ein gut Theil;

So lebt er während funfzehn Jahren,
Sein Freund die beiden Raben waren.

85   Von Wollrau war ein Zimmermann,
Der kam da zu dem Wald heran;
Und bat auch den St. Meinrad eben,
Sein Kindlein aus der Tauf zu heben.

Da gieng St. Meinrad hinab ins Land,
90   Dem Zimmermann zur Taufe stand;
Und kam da wieder zu vielen Ehren,
Das thäten zwei böse Mörder hören.

Peter und Reinhard dachten wohl,
St. Meinrads Opferstock wär voll;
95   Und wie sie zum Finsterwald eintreten,
Die Raben schreien in großen Nöthen.

St. Meinrad las' die Meß zur Stund,
Der Herr thät ihm sein Stündlein kund;
Da betet er aus ganzer Seele,
100   Daß ihn der Himmel auserwähle.

Die Mörder schlagen an die Thür:
Du böser Münich tret herfür;
Thu auf, gieb uns dein Geld zusammen,
Sonst stecken wir dein Haus in Flammen.

105   Im Finsterwald schallts ganz verworrn,
Die Raben mehren ihren Zorn;
Um ihre Häupter sie wüthend kreisen,
Nach ihren Augen hakken und beißen.

St. Meinrad sanft zu ihnen tritt,
110   Bringt ihnen Brod und Wasser mit;
Eßt, trinkt, ihr Gäste, seyd willkommen,
Dann thut, warum ihr hergekommen.

Der Reinhard sprach: Warum komm ich?
St. Meinrad sprach: Zu tödten mich;
Da schrien sie beide: Kannst du es wissen? 115
So werden wirs vollbringen müssen.

Nun gieb dein Silber und all dein Gut! –
Da schlugen sie ihn wohl aufs Blut;
Und da sie seine Armuth sahen,
Thäten sie ihn zu Boden schlagen. 120

Da sprach der liebe Gottesmann:
Ihr lieben Freund nun hört mich an;
Zündt mir ein Licht zu meiner Leiche,
Dann eilt, daß euch kein Feind erreiche.

Der Peter gieng da zur Kapell, 125
Zu zünden an die Kerze hell;
Die thät durch Gott von selbst erbrennen,
Die Mörder da ihr Schuld erkennen.

Die Kerze brennt an seiner Seit,
Ein Wohlgeruch sich auch verbreit; 130
Sein Seel thät zu dem Himmel ziehen,
Die Mörder da erschrocken fliehen.

Aber die frommen Raben beid,
Die gaben ihnen bös Geleit;
Um ihre Häupter sie zornig kreisen, 135
Und ihnen Haar und Stirn zerreissen.

Durch Wolrau kamen sie gerannt,
Der Zimmermann die Raben kannt;
Da thät er seinen Bruder bitten,
Zu folgen ihren wilden Schritten. 140

Indeß lief er in den Finsterwald,
Sucht seinen lieben Gevatter bald;

Der lag erschlagen auf grüner Heide,
Die Kerze brannt an seiner Seite.

145   Er küßt ihn auf den blutgen Mund,
Hüllt in den Mantel ihn zur Stund;
Legt weinend ihn in die Kapelle,
An seines heilgen Altars Schwelle.

Und eilt herunter in das Land,
150   Sein Jammer allen macht bekannt;
Und schickt hinauf sein Kind und Frauen,
Nach ihrem heilgen Freund zu schauen.

Die Mörder fand er im Wirthshaus,
An der Schifflande zu Zürich draus;
155   Die Raben stießen die Fenster ein,
Und warfen um das Bier und Wein.

Die Mörder man ergriff und band,
Ihr Schuld, die haben sie bekannt;
Und bis hin auf den Scheiterhaufen,
160   Die Raben sie wohl hakken und raufen.

Der Abt zu Reichenau da hört,
Der fromm St. Meinrad sey ermördt;
Schickt auch mit Licht und Fahn viel Brüder,
Zu holen des St. Meinrads Glieder.

165   Und da der Leib zum Etzel kam,
Wo er gewohnt der heilge Mann;
Da war der Sarg nicht zu bewegen,
Sie mußten ihn da niederlegen.

Sein heilig Herz und Ingeweid
170   Sie da begruben zu der Zeit;
Den Leib sie dann mit Beten und Singen
Nach Reichenau zur Kirche bringen.

Wo er gestorben und gelebt,
Das Kloster Einsiedeln sich erhebt;
Für fromme Pilger ein Wunderquelle,   175
Quillt dort in St. Meinrads Kapelle.

Goldarbeiten auf dem Liebesbande.   III 177

(Christian Fende Anleitung für eine gottsuchende Seele.
Grätz 1732. S. 175.)

Ich wollt um meines Herren Haupt,
Das ganz von Dornen war umschraubt,
Ein Kronenband von Golde binden;
Das sollte meine Liebe seyn,
Da braucht ich nun ein Schmelzwerk drein,   5
Das wußt ich nirgends aufzufinden;
Doch traf mein Geist auf guter Bahn
Noch endlich einen Goldschmied an.

Der legte mir zu dieser Zier
Der Muster eine Menge für;   10
Ich wählt und weiß es noch zu nennen,
Ein Haupt, darauf man Balsam goß,
Der auch davon herunter floß,
Doch, daß der Leib nicht wohl zu kennen;
Dabei war dies die Nebenschrift: 15
Wohl dem, den dieser Balsam trift.

Zum andern ward mir vorgelegt
Ein Oehlbaum, den man abgesägt,
Und frisch mit Reisern übersetzet;
Dabei ein alter Gärtner stund,   20
Von dem der ungehackte Grund
Mit Wasser ward umher benetzet;

Und schiens, als sagte dieser Greis:
Wohl dem, der hier steht, wie ein Reis.

25 Drauf legt er einen Weinstock dar,
Der voller grüner Reben war,
Die theils mit Trauben angefüllet,
Theils aber stunden nur zum Schein,
Und schnitt der Gärtner frisch darein,
30 Wo solches Laub den Stock verhüllet;
Sein Wort schien dies zu jeder Frist:
Weg, was kein fruchtbar Reben ist.

Das vierte war ein weisses Kleid,
Ein Sinnbild der Gerechtigkeit,
35 Mit Christi Werken ausgesticket;
Das gab ein Vater anzuziehn,
Der Sohn warf seinen Kittel hin,
Der ganz mit Flicken zugestücket;
Und wie es schien, fing dieser an:
40 Wohl, wenn ich mich so kleiden kann.

Drauf kam mir vor ein Waizenfeld,
Das große Bild der Christenwelt,
Mit Unkraut hin und her besprenget;
Da stand ein hurtger Ackermann,
45 Und schlug mit seiner Sichel an,
Wiewohl der Acker so gemenget;
Doch schiens, als spräch er dies darein:
Wohl dem, der hier kann Waizen sä'n.

Und was zum sechsten vor uns kam,
50 Das war ein edler Bräutigam,
Mit Hochzeitkleidern ausgeschmücket;
Der bot der Braut die Liebeshand,
Die war in reiner Lieb entbrannt,
Und schaut auf ihn, wie halb entzücket;

Vom Himmel gab es diesen Laut: 55
Wie selig ist des Höchsten Braut.

Darauf kam mir ein Schäfer für,
Zwar schlecht von Kleid und sonder Zier,
Doch lag ein Schaf auf seinem Rücken;
Das schien, als hätt ers aus der Nacht   60
Und aus der Irr auch heimgebracht,
Und wollt es bei der Heerd erquicken;
Dabei dies Wort gelesen ward:
Wohl, wenn man hat des Schäfleins Art.

Zum achten zog in einem Kahn   65
Ein Schiffer seinen Zug heran,
Als wollt er nun das Netz ausleeren;
Da sah man Fisch und Koth und Stein
In einem Garn ergriffen seyn,
Das fing er gleich an umzukehren;   70
Und mischte diesen Spruch darein:
Wohl dem, der wie ein Fisch kann seyn.

Drauf sah ich, wie Metall da floß,
Das einer in die Forme goß,
Ein Crucifix daraus zu giessen,   75
Das im Modell darneben stund;
Wie da der Herr für unsern Bund
Sein Blut ließ, wie die Ströme fliessen;
Darüber stand dies Wort erhöht:
Wohl, wer in dieser Forme steht.   80

Zum zehnten war da ein Spital,
Und Kranken drinnen ohne Zahl,
Und wollt ein Arzt zu ihnen treten,
Den liessen viel von ferne stehn,
Zu einem schien er hinzugehn,   85
Der ihn zuvor mit Ernst gebeten;

Dabei ward dies mit angeführt:
Wohl dem, den dieser Arzt kurirt.

Daraus mach ich mein Liebesband,
90   Und bring es als mein Seelenpfand,
Und ehre dich mit diesem Namen:
Herr, dessen Schrift dies selbst erdacht,
Sey dies für mich, was ich dir bracht,
Und sprich zu allem selbst das Amen;
95   So werd ich sonder Bild und Schein
In dir wahrhaftig selig seyn.

III 180   Vorbereitung.

(S. 63.)

Ewiger Bildner der löblichen Dinge,
Der du mich Armen so ferne erdacht;
Rühr mir die Zunge, damit ich dir singe,
Und eins beginne nach äußerster Macht;
5   Dich zu erheben,
Und dir zu leben,
Weil du mich mit so viel Gnaden bewacht.

Danket ihr Augen dem ewigen Lichte,
Daß ihr so sehend und offen dasteht;
10   Danket ihm für das erlangte Gesichte,
Das auch noch dauret und noch nicht vergeht.
Schauet mit Wonne
Auf ihn die Sonne,
Bis er euch über die Sterne erhöht.

15   Danket ihr Ohren dem Worte des Lebens,
Daß ihr vernehmen könnt, was es euch heißt;
Oeffnet euch, daß es nicht rufe vergebens,
Laßt euch regieren den ewigen Geist;

Bis ihr könnt hören,
Wie man mit Chören   20
Dorten ihn ewig erhebet und preißt.

Danket Gedanken, Verstand und du Wille,
Danke Gedächtniß und Urtheil dazu;
Schwinget die Flügel zur ewigen Fülle,
Laßt euch nicht halten das zeitliche Nu.   25
Lob und Gefieder
Sincke nicht nieder,
Bis ihr gelanget zur himmlischen Ruh.

Augustinus und der Engel.   III 182

(Mündlich.)

Mit der Muschel schöpft das Büblein,
Aus dem Meer in ein Sandgrüblein;
Augustinus stille stand,
Und das Kind zu ihm begann.

Engel.

Augustinus, Licht des Glaubens,   5
Fromm und rein gleich wie die Tauben;
Sag mir an, wo gehst du hin?
Du hast Neues wohl im Sinn.

Thust vielleicht was Neu's studieren,
Oder gehst du nur spazieren?   10
Augustinus sag es gleich,
Sonst ich nicht von dir abweich.

Augustinus.

Liebes Kind, ich thu betrachten,
Ach und kann doch nimmer fassen,

15   Die allerheiligste Dreifaltigkeit
           Als eine wahre Einigkeit.

Engel.

        Eh will ich das groß Weltwasser
        In dies klein Sandgrüblein fassen;
        Eh du dir wirst bilden ein,
20   Wie die Sach kann möglich sein.

Augustinus.

        O wie hoch bin ich geflogen,
        Wie hat mich das Gemüth betrogen;
        Als ich nach dem Kindlein sah,
        War es fort, war nicht mehr da.

25   Nimmer werd ich so hoch fliegen,
        Nimmer michs Gemüth betrügen;
        Bis zergehen wird die Erd,
        Und ich nicht mehr denken werd.

III 183   # Dies ist das ander Land.

             (Manuscript. 1477.)

        Es ist nit allewege Festabend,
        Der Tod kömmt und bringet den Abend;
        Und bindt uns mit einem festen Band,
        Daß er uns bringe in das ander Land.

5   Auch so ist allezeit nit Maye,
        Wir müssen tanzen an dem Reihe;
        Daß uns der May wird entwandt,
        Dann singen wir fort in das ander Land.

        Alleweg mögen wir nit hie bleiben,
10   Der Tod will uns von hinnen treiben;

Noch morgen oder alle zur Hand,
Gott weiß, wir müssen in das ander Land.

Wie schön wir uns zieren und waschen,
Wir sind doch erst kommen von Aschen;
Das erst Volk, das man fand,   15
Das ist auch fort in das ander Land.

Ach was ist süßer, als das Leben,
Wir müssen doch sterbend uns deß begeben;
Der Tod kömmt sonder Wiederstand,
Und schleift uns in das ander Land.   20

Ich wach, ich sorg, ich bebe, ich kreide,
Um Gut, das ist doch andrer Leute;
Es war auch hie, als ich es fand,
Hier laß ich es, und fahr in das ander Land.

Ich gehe scharren und schürchen,   25
Um Gut, als wollt ich mich erwürgen;
Gott hat mich nit darum hergesandt,
Muß nacket und bloß in das ander Land.

Ich sollte Gott hie zu allen Zeiten
Loben, danken und benedeien;   30
Das wär mein Schutz und mein Gewand
Vor Satanas in dem andern Land.

Herr Geyer, Herr Geyer, was ihr hie mögt erkriegen,
Es muß doch alles hie bleiben liegen;
Mit uns müßt ihr unter den Sand,   35
Fahren hin in das ander Land.

Keines Menschen Gut oder Ehr sollst du ihm nehmen,
Freund! deß sollst du dich schämen;
Die das thaten, die wurden geschand't,
Hie und auch im andern Land.   40

Kein Schande oder Schaden sollst du klaffen,
Auf Mönche, Nonnen oder Pfaffen;
Sie sind Gottes Schatz und edel Persant,
Sie geben Rede in dem andern Land.

45   Wo ist Karle, Hektor und Alexander?
Julius, Artus und mancher ander?
Ritter, Knecht und mancher Wigand,
Wo anders denn im andern Land.

     Wär irgend ein Kaiser von Rome,
50   Der edel wär oder so schone;
Als ein Karfunkel oder Diamant,
Er muß nacket in das ander Land.

     Wir gehen, als die vor uns waren,
Starke, weise, schön von Jahren;
55   Wie man sie nennt, oder waren genannt,
Sie sind all vor uns in das ander Land.

     Der Tag mag zu Abend kommen,
Es sey zu Schaden oder zu Frommen;
Nach dem Leben kommt der Tod gerannt,
60   Und treibt uns in das ander Land.

     Als wir sind tod, wir mögen kriegen,
Ein alt Leylach, darin wir liegen;
Oder ein neue Kiste bekannt,
Also fahren wir in das ander Land.

65   Wir werden alle nackend geboren,
Kein eigen Gut haben wir zware;
Denn unsre Seele ist ein Unterpfand,
Ihr Werk findet sie in dem andern Land.

     O Seele, o Seele, geistliche Kreature,
70   Gott schuf dich selber nach seiner Figure;

Was du hast gesäet oder gepflanzt,
Das sollst du erndten in dem andern Land.

Das Beste, des ich mich kann entsinnen,
Das ist Gott fürchten und allzeit minnen;
Das soll seyn unsrer Seele Gewand,　　　　　　　　75
So fahren wir sicher in das ander Land.

Wenn wir werden alt, krank und krumm,
So wär es Zeit, daß wir uns sähen um;
Und wenn uns entfällt der Leckerzahn,
So wollen wir bald in das ander Land.　　　　　　　80

Ach Gott, wer soll unser Geleitsmann seyn?
Wir wissen ja nichts von unsrer Pein;
Der Weg ist fern und unbekannt,
Den wir hinfahren in das ander Land.

Nachdem als man beschrieben findt,　　　　　　　85
So ist unser Leben als der Wind;
Der da flieget über den Sand,
So schnell fahren wir in das ander Land.

Ach daß ich je ward geboren!
Daß ich meine Zeit also hab verloren;　　　　　　　90
Ach Herre, ich setze meine Seel in deine Hand,
Wenn ich hinfahre in das ander Land.

Wir wollen immer das beste hoffen,
Die Gottesgnade steht uns allzeit offen;
Wiewohl uns Gott hat hergesandt,　　　　　　　95
Doch müssen wir in das ander Land.

Bitten wir Maria die Jungfrau rein,
Daß sie unsre Trösterin wolle seyn;
Und bleiben doch immer unser Vorstand,
Wenn wir fahren dahin in das ander Land.　　　　　100

Unser Herr Jesus hat uns gegeben
Im Himmelreich fein ewiges Leben;
Er behüte uns vor dem bösen Volant,
Daß wir nit kommen in das höllische Land.

105   Das ist aus: Ich kann nit mehr beschreiben,
Gott! der weise uns in sein ewig Leben;
Daß wir da werden mögen bekannt
Mit allen Heiligen in dem himmlischen Land.
                    Amen.

III 188   Siegslied.

            (Marianum epithalamium. S. 148.)

            Fangt an zu singen,
            Die Trommel rühren,
            Zertrennt ist Pharaos groß Heer;
            Laßt Saiten klingen,
5   Und jubiliren,
            Verschont hat uns das rothe Meer.
            Hat nachgelassen
            So stark zu fliessen,
            Gestanden wie die Mauren fest;
10   Durch gute Straßen,
            Mit trocknen Füssen
            Gehn wir hindurch, wir sind getröst.

            Will Moses führen
            Das Heer der Männer,
15   Kommt ihr zu mir ihr Jungfräulein;
            Mein Heer zu zieren,
            Trotz euch Bekenner,
            Bin Aron ich die Schwester dein.

Weil wir entronnen
Den Wasserwellen,   20
Sollt ihr der höchsten Majestät
So viel vergönnen,
Ein Fest anstellen,
Und singen, daß der Osten weht.

Der Thau wird fallen,   25
Und euch begiessen,
Herab vom hohen Himmelsbau;
Ihr sollt vor allen
Das Herz erschliessen,
Dem Honig süssen Himmelthau.   30
Dann wird benetzet,
Was vor geblieben,
Und ohne dies wohl Frucht gebracht;
Zugleich ergötzet,
Mehr angetrieben,   35
Was ausgedorret und verschmacht.

Eine heilige Familie.   III 189

(Marianum epithalamium. Von Joh. Kuen. München 1659.)

Der Tag war schön, ins Grüne gehn,
Trieb an das lust'ge Wetter;
Das Feld geziert, vom Wind berührt,
Roth wie die Rosenblätter.
Maria rein, hätt Sorg allein,   5
Ihr Kindlein umzutragen;
Möcht ja von Haus, aus wohl hinaus,
Soll doch die Mutter fragen:
Ob sie dies dürfe wagen?

10   »Ey warum nit? Ich komm auch mit!«
      Die Mutter Anna sprache;
      »Dem Kind, auch dir, ingleichen mir
      Ein Freud im Feld ich mache.
      Die Luft man spürt, gelind regiert,
15   Laß uns der Zeit genießen;
      Und allerlei Tapezerey
      Gesprengter Blümlein grüssen,
      Die reichlich vorher spriessen.«

      Die Nachtigall, mit edlem Schall,
20   Ein Musik anzurichten,
      Schwingt sich gar frey, zunächst hiebey,
      Fängt lieblich an zu dichten.
      Das schön Revier, gab gut Quartier,
      Ein grünes Dach zu eigen;
25   Der Feigenbaum, enthält sich kaum,
      Kann sich genug nicht neigen,
      Auch dienstbarlich erzeigen.

      Maria wollt, wie sie auch sollt,
      Mit ihrer Mutter theilen:
30   »Nimm Anfrau, nimm!« – O süße Stimm!
      »Will dein Verlangen heilen.«
      Gab ihren Sohn, der Freude Lohn,
      Der Mutter auf die Schooßen;
      Inzwischen sie, sucht Rosenblüt,
35   Mit Blättern, klein und grossen,
      Gleich wies hervor gesprossen.

      Zur selben Frist, auch Joseph ist,
      Hienach mit Freuden kommen;
      Hat Speis und Frücht, im Korb gericht,
40   Aus Vorsorg mitgenommen.
      Damit das Kind und Hausgesind
      Im Fall es würd begehret;

Wo nicht nach Gust, jedoch zur Lust,
Was hätt davon verzehret,
Dem Kind hat ers verehret.   45

»O schön Geschenk!« die Anfrau denkt,
»Ein Apfel reich dem Kinde;
Sieh ob ein Freud, könnt seyn der Zeit,
Die meine überwinde?
Hab in dem Schooß, den Herren groß,   50
Der Himmel wird erfüllen;
Die Weisheit hoch, in Kindheit noch,
Seh ich nach meinem Willen,
Wie doch die Kinder spielen.«

Der Engel Kreis, stand rings so leis,   55
Und war doch ganz zugegen;
Der ungespart, in Gegenwart
Sein Schuld auch wollt ablegen.
Das Kind sich wendt, streckt seine Händ,
Als wär ihm Leid geschehen;   60
Wendt hin und her, und in die Fern,
Und dann auch in die Nähen,
Bis es die Recht ersehen.

Der Lilienstamm, schier wieder kam,
Maria brachte Blumen;   65
Hat Mayengab gebrochen ab,
Als reines Weiß zu ruhmen.
Bald Anna bund ein Kränzlein rund.
So war das Kind ergötzet;
Der Jungfrau Sohn, nahm an die Kron,   70
Hats der aufs Haupt gesetzet,
Die würdig wird geschätzet.

»Herbei Johann, bist gut Gespann,
Komm her zu lieben Kindchen;
Mit uns verbleib, da Kurzweil treib,   75

Wie bald entweicht ein Stündchen.
Dein Lämmlein laß im grünen Gras,
Nur neben uns, da weiden;
Bringst auch mit dir ein Mayenzier,
80   Und bist noch so bescheiden?
Bringst Rosen von der Haiden.«

Die Rosen dein, hoch Leibfarb seyn,
Bedeuten schmerzlich Leben;
Was machst damit, was bringst sie mit?
85   Will zwar nicht widerstreben.
O Rosenroth! O Pein! O Noth,
Johannes mein verschone;
Mach mir nicht neu, die Prophezey,
Vermeldt von Simeone,
90   Bis ich des Leids gewohne.

»Ey ja so seys, so roth und weiß,
Ist des Geliebten Zeichen;
Hab Lust hiezu, mein Jesus fruh,
Thu selber danach reichen;
95   Theil auch mit mir, ich bitt dafür,
Ich nehm von dir mit Freuden
Die Rosen roth, ja gar den Tod,
Und alles, was zu leiden,
Wenns je nicht ist, zu meiden.«

100   Die Lilien weiß, ein ganz Gesträuß,
War für den Joseph eben;
Und Anna warb um Goldlackfarb,
Johannes hats ihr geben;
Das übrig ward geworfen dar
105   Ins Feld für einen Samen;
Daraus zerstreut, zu seiner Zeit,
Gepflanzt in Jesus Namen,
Viel tausend Blümlein kamen.

Erlösung.

(Königshoven Straßburger Chronik. S. 526.)

Maria.

Mein Kind sieh an die Brüste mein,
Kein Sünder laß verloren seyn.

Christus.

Mutter, sieh an die Wunden,
Die ich für dein Sünd trag alle Stunden.
Vater, laß dir die Wunden mein,   5
Ein Opfer für die Sünde seyn.

Vater.

Sohn, lieber Sohn mein,
Alles was du begehrst, das soll seyn.

Liebscherz mit dem
neugebornen Kinde Maria.

(Procopii Mariale festivale. p. 228.)

Wann wünschen wär können, Maria rein,
So möcht ich jezt wohl ein Baumeister seyn;
Ich wünschte mir Salomons Schätze,
Dukaten und Thaler viel Metzen,
Blos deinen Geburtsort zu ehren,   5
Mein Andacht und Trost zu vermehren.

Ich wollte dir bauen ein Kirchelein,
Das sollte mit Golde gepflastert seyn;
Von Edelstein alle Gewölbe,
Der Altar, das wäre ich selber;   10

　　　Mein Herze, das müsse der Altardom seyn,
　　　Drauf müssest du wohnen mein Kindelein.

　　　Mein Seel sollt ein güldenes Rauchfaß seyn,
　　　Mit dem ich dir täglich wollt opfern fein,
15　　Gewürzwerk, so viel dir behaget,
　　　So viel ganz Arabia traget;
　　　Die Menschen, die hätt ich an einer Kett,
　　　Und jeder ein englische Stimmlein hätt.

　　　Maria, du jezt ein Kindlein bist,
20　　Das sauget der heiligen Mutter Brüst;
　　　Die Kinder gern alles verschenken,
　　　Drum wollest auch meiner gedenken;
　　　Mein Grobheit, die wollest verzeihen,
　　　Viel Gnade dafür mir verleihen.

25　　Wenn schlafest, so will ich aufwecken dich,
　　　Thust weinen, so will ich erfreuen mich;
　　　Die Engel, die werden dich stillen,
　　　Gott selber wird thun deinen Willen;
　　　Ihm opfre ein kleines Paar Zährlein,
30　　Es wird ihm viel lieber als Perlen seyn.

III 195　　　　Vorbote des jüngsten Gerichts.

(Nach Procop.)

Pater Friedrich Procop, Kapuziner der Oesterreichischen Provinz, zu Templin, in der Mark Brandenburg, gegen das Ende des sechzehnten Jahrhunderts geboren; zu seiner Zeit ein berühmter Redner und Dichter, (seine weitläuftigen Schriften erhielten mehr von Auflagen) durch den Religionsstreit in der Geschichte der Dichtkunst, wie so manche andere vergessen, in dem ersten und zweyten Bande des Wunderhorns durch Proben einiger seiner zierlichsten Lieder wieder bekannt gemacht; schließt seine Abschiedsrede mit folgenden Versen.

Nun lob mein Seel den Herren gut,
Deß Weisheit so regieren thut;
Daß alles in der ganzen Welt,
So süß und lieblich ist bestellt.
Ganz gnädiglich mich Würmlein arm   5
Beruft er aus des Luthers Schwarm;
Fürwahr durch wunderliche Weg,
Als ich oft nachzudenken pfleg.

Er mich versorgt zu seinem Ruhm,
Im Ordensstand und Priesterthum;   10
Begabt mich mit so viel Verstand,
Daß ich das Weiß von Schwarz erkannt.
Die Bibel und die heilge Schrift,
So viel das Predigtamt betrifft,
Wolt er, daß ich begreifen must,   15
Verlieh dazu mir Lieb und Lust.

Ich predigt vier und zwanzig Jahr,
Bis ich an Kräften abnahm gar;
Die Kanzel ich dann fahren ließ,
Mein Obrigkeit mir selbst es hieß.   20
Und wagte mich an dieses Werk,
Dazu mir Gott gab Gnad und Stärk;
Viel mehr als ich gehoffet hätt,
Maria Hülf mich trösten thät.

Was ich gelehrt mit Zung und Mund,   25
Auch selbst geglaubt von Herzensgrund;
Das bracht ich fleißig zu Papier,
Der Leser kann es finden hier.
Vermein es manchem dienen soll,
Der sich des mag gebrauchen wohl;   30
Der Predigten ist groß die Zahl,
Daraus man hat die freye Wahl.

Gar vielmals hat man wenig Zeit,
Leidt auch nicht die Gelegenheit,
Daß man erst lang studieren thu,   35
Geschäfte lassen es nicht zu.
Nehm er nur meine Bücher her,
So hat er schon gnug gut Lehr;

Zu Dank sag er nach meinem Tod,
40   Nun mein Procop, nun gnad dir Gott!

Gesänge macht ich allerley,
Versah sie mit der Melodey;
Damit theil ich die Predigt ab,
Niemand dran Mißgefallen hab,
45   Sing oder brauch ein Instrument,
Doch mittlerweil zu Gott dich wend;
Dies war allein mein Zweck und Ziel,
So hast ein nützlich Musickspiel.

* * *

Einstmals war ich ein Wandersmann,
Reisend durch fremde Land,
In eine Stadt ich käme an,
Wo ich nicht war bekannt;
5   Ich war so müd und ja so matt,
Daß ich kaum essen mocht,
Mich dünkt, ich war vorhin schon satt,
Eh noch was ward gekocht.
Ich ließ das jüngst Gerichte,
10   Und legt mich auf das Stroh,
Wohl mit dem Angesichte,
Wie ich denn pflegte so.

Ich lag gar sanft geschlummert ein,
Und gleich im besten Schlaf,
15   Erquickte fein die Glieder mein,
Als wie ein müdes Schaf;
Da hebt sich an ein grosser Lerm,
Es ward ein Feuersbrunst:
Es brennt, es brennt, daß Gott erbarm,
20   Schrie man und nicht umsunst.
Bringt Wasser, Leiter, Hacken,
Ihr Nachbarn eilt herzu;
Sturm schlug man an den Glocken,
Das machte groß Unruh.

Bald ich erhub auch meinen Kopf,   25
Wust nicht, ob träumte mir,
Ich mußte auf, ich armer Tropf,
Da half mir nichts dafür;
Ich lief zum Fenster, schaut hinaus,
Nahm ein den Augenschein;   30
Ich sah das grosse Elend draus,
Es mocht nicht ärger seyn.
Was sollt ich weiter machen,
In der betrübten Nacht;
Mir wohl verging das Lachen,   35
Ein jeder es eracht.

Es war ein Zeit gekommen schon,
Das Wasser war zu theuer,
Und wo ich schau und wo ich wohn,
Das vielgefräßge Feuer;   40
Gar alle Gassen lief es aus,
Die Funken flogen sehr;
Von Platz zu Platz, von Haus zu Haus,
Um sich griffs immer mehr.
Glückselig sich der schätzte,   45
Ders Leben bracht davon;
Auf Glut und Asche setzte
Sich hoch des Feuers Thron.

Propheten, Patriarchen Chör,
Und die Apostel auch,   50
Evangelisten, ander mehr,
Nach ihrem alten Brauch;
Sie schreien rings und machen Lerm
Aufmuntern Bös und Fromm;
Es brenn, es brenn, daß Gott erbarm,   55
Wer löschen mag, der komm.
Die Häuser man verlasset,
Und eilet auf die Berg;

Mich da der Anblick fasset,
60   Daß ich mich bald verberg.

Da schrie und rief die tiefe Stimm,
Wohl bei dem Feuer-Thron mit Grimm:
Der jüngste Tag wird sich bald finden,
Solches verkündge den Menschenkindern;
65   Mann und Weib, dem thu ichs klagen,
Was ich in meinem Herzen thu tragen;
Ich eß oder trink, ich schlaf oder wach,
Oder was ich auf Erden mach,
So kommet mir nimmer aus meinen Ohrn,
70   Das greulich und grimmige Horn,
Das da thönet ohne massen Grimm,
Und schreit mit erschrecklicher Stimm:
Steht auf ihr todten Leut,
Zu dem Gericht Gottes müßt ihr heut;
75   Die Posaune die Todten auferweckt,
Und auch die ganze Welt erschreckt.
Nun höret zu, was ich euch sag,
Es kommen vorher funfzehn Tag,
An dem ersten Tag, da fang ich an:
80   Die Wasser lassen ihr laufen stahn,
Sie rinnen nicht mehr über Land,
Sie lehnen auf wie eine Wand,
Sie thun gar gräulich sausen,
Daß mans in der ganzen Welt hört brausen.
85   Darnach wohl an dem andern Tag
Nach der lieben heiligen Sag,
So kommen die Wasser wieder hernieder,
Daß man sie kaum siehet wieder,
Ja daß man sie kaum gesehen mag.
90   O weh, wie jämmerlicher Tag.
Der dritte Tag ist so grimm,
Die Fisch im Meer schreien mit lauter Stimm,
Und gar jämmerlich schreien alle Meerwunder,

Doch ein jeder in seiner Art besunder;
Also hart klagen sie ihre Noth,   95
Daß sie müssen leiden den Tod.
Der vierte und jämmerliche Tag,
Und höret zu, was ich euch sag,
So muß die Welt groß Leid gewinnen,
Wenn sie thut sehen das Wasser brinnen,   100
Und das ganze Erdreich zumal,
Da ist grosser Jammer überall.
Der fünfte Tag gar greulichen thut,
Alles Laub und Gras, das schwitzet Blut,
Das Laub wohl an den Aesten rinnt,   105
Wer das ansieht groß Leid gewinnt,
Das Erdreich wird von Blut so roth,
Das mag wohl seyn ein grosse Noth.
Darnach kommt der sechste Tag,
Und bringet mit sich ein greulich Klag,   110
Haus und Hof niederfällt,
Wie fest es auf Erden war gestellt;
Doch fällt alles nieder zu der Erd,
Silber und Gold wird seyn gar unwerth.
Der siebente Tag gar greulich ist,   115
Ein grausam Geschrey hört man zur Frist,
Ein Stein thut sich am andern schlagen,
Daß die Leut schier mögten verzagen;
Wer dann lebt, der muß alten,
Wenn er sieht die Stein verspalten.   120
Der achte Tag, vernehmt mich wohl,
Gar greulich Wunder bringen soll,
Der grossen Erdbeben kommen so fast,
Daß weder Menschen noch Vieh hat Rast.
Es fällt alles nieder zu der Stund,   125
Und spricht: O weh, der Tod kummt!
Der neunte Tag läßt nichtes stahn,
Alle Berg und Hügel müssen sich niederlahn,

Die grausamen, hohen Berge überall,
130   Die fallen hernieder in das Thal,
Und wird das Erdreich ganz eben,
O wie bitter wird seyn das Leben.
Der zehnte Tag kommt bitterlich,
Die Leut schreien gar jämmerlich,
135   Die sich in Klüften haben verborgen,
Die kommen hervor mit grossen Sorgen;
Ihr keiner schier mehr reden mag,
Also sehr fürchten sie den jüngsten Tag.
Der eilfte Tag kommt gar klärlich,
140   Die Todtenbein erzeigen sich,
Vor dem Grab sieht man sie liegen,
Das soll euch nicht seyn verschwiegen;
Wann die lebendigen Leut das sehen,
Vor grosser Angst sie dann vergehen.
145   Der zwölfte Tag thut so grausam wallen,
Dann sieht man die Stern vom Himmel fallen;
Und fliehen durch die ganze Welt zumal,
Da ist groß Jammer überall.
An dem dreyzehnten und schrecklichen Tag,
150   Nun höret zu, was ich euch sag,
Daran müssen alle Menschen sterben,
Die kommen sind aus dieser Erden,
Daß sie von dem Tod auferstehen,
Und sämmtlich vor den Richter gehen.
155   Der vierzehnte Tag gar greulich ist,
Davon verbrennt die Welt in kurzer Frist,
Luft, Wasser und Erdreich, alles da brinnt,
Und überaus groß Leid gewinnt;
Denn alles, was gemacht ist aus der Erden,
160   Muß wieder zu Staub und Aschen werden.
Am funfzehnten Tag, das ist wahr,
Da wird eine neue Welt gar schön und klar,
Alsdann müssen alle Menschen auferstehen aus
         dem Grab,

Wovon uns die heilige Schrift klar Zeugniß gab;
Der Engel mit dem grossen Zorn,   165
Ruft allen Menschen durch das Horn!

Anmuthiger Blumenkranz aus dem   III 203
Garten der Gemeinde Gottes,

ans Licht gegeben im Jahre 1712.

Es mögten sich nit wenige verwundern, daß man bei der
Menge alter und neuer Gesangbücher doch wieder ein
neues Liederbuch vor den Tag bringt, dazu zu einer Zeit,
da man in der ganzen Welt nichts als Klag, Angst und
Gefahr vorsiehet, und da die rechtschaffenen Sänger so   5
rar, und die Harmonie unter denen, so den Namen der
Freunde Gottes tragen, so gar schlecht und gering ist,
daß Zion mehr Ursach findet, über sich und ihre Kinder
zu weinen, als sie Lust gewinnen sollte, die Harfe vor
dem Herrn zu rühren. Der Anlaß dieser neuen Sammlung   10
war das Verlangen vieler Freunde, die unter den vielen
Drangsalen den Muth nicht sinken lassen, vielmehr die
innern Seelenkräfte durch vielerlei Anfechtungen an dem
Kreutze Jesu ausspannen, und also vom Geiste der Weisheit in lebendiger Wahrheit gestimmet werden. Diese al-   15
lein werden wohl die allerangenehmsten Sänger und Musikanten Gottes seyn; besonders da alle die äusseren Gerichte und die inneren Anfechtungen nichts anders als
unfehlbare Vorboten sind, daß sich unsere Erlösung nahe. Wer wollte es einem treuen Kinde Gottes verdenken, 20
wenn es mitten unter den Drangsalen sein Herz dem freu-
denreichen Geiste der Gnaden, als ein Werkzeug des Lo-
bes Gottes darbietet, und den Herrn in seinem Herzen
spiegeln läßt, so daß auch der Leib und die äusseren Or-
gane zu einem andächtigen Gesang getrieben werden. Der   25

Geist Gottes wechselt Seufzen und Gebet mit einem stär-
kenden Gesange.

Man hat also allen Fleiß angewendet, den Kern der Besten
zu finden, ob man es allen recht gemacht habe, daran
30 zweifelt man, worauf man daher auch nicht hat sehen
können. Ja man kann nicht in Abrede seyn, daß hier eine
mehrere Freyheit gebraucht worden, als man bishero bei
dergleichen Gesangbüchern mögte gewohnt seyn, und
daß man der Regel nicht genau nachgekommen sey, die
35 gern haben will, daß man alles beim Alten lasse. Man hat
kein Bedenken getragen, hie und da in den Gesängen zu
ändern, je nachdem es sich der eignen Seele durch die
geheime Wirkung der Gnade Gottes näher anfügte oder
sonst dem Vorbild des heilsamen Wortes gemässer wur-
40 de, nicht aus Verachtung der Singer, darum man auch
nicht hoffet, daß irgend ein noch lebender Verfasser eines
hierin befindlichen Liedes dieses übel nehmen werde, da
man doch keines keinem zuschreibt, sondern der allgemeinen Erbauung, die der Hauptgrund aller wahren Frei-
45 heit seyn soll. So sind dann auch einige Lieder wieder in
ihre erste Gestalt hergestellt worden, da solche von andern durch Zusätze und Veränderung eben nicht allezeit
verbessert worden. Gleichwie man nun gedachter massen
Freyheit genommen, zu thun, was man gethan, so lässet
50 man auch Freiheit, darüber mit Bescheidenheit zu urthei-
len. Sollte aber jemand die verschiedenen Ausdrücke und
ungewohnten Redensarten dieser Lieder nach den Lehr-
sätzen irgend einer Religion prüfen, und die unerforsch-
lichen Wege Gottes mit dem kanonisirten Maaßstabe der
55 sogenannten Orthodoxie abcirkeln wollen, der wird diese
Ehle an beiden Enden zu kurz finden. Viele werden auch
die hierinn befindlichen Lieder nicht verstehen, viele können ihnen nicht anstehen. Der in der Welt nur Vergnügen
oder nur Melancholie, oder die Zeit zu vertreiben suchet,
60 und darum diese Liedlein herlallen wollte, der wird Zeugniß darin finden, die seine eitle Entheiligung bestrafen.

So hat man auch nicht die Meinung, daß man durch Ausgebung so vieler Lieder die Weise einiger Werkheiligen billigen wolle, die entweder für sich allein, oder in Gesellschaft mit andern, so viele Lieder nach einander daher singen, und meinen Gott damit einen Dienst zu thun, da doch die äussere Stimme nur ein Ausdruck der inneren Begierde und Andacht, und dienet mehr zum Dienste dessen, der selbst anbetet, als eigentlich zum Dienste Gottes. Manche Seele sitzet oft von aussen unter den Sängern, da sie der Geist von innen ins Klagehaus führet, äussere menschliche Satzungen gehen oft ganz gegen die inneren Wirkungen des Geistes; dagegen geschieht gar oft, daß die allergeheimsten Freunde Gottes inwendig von dem Geiste so getrieben werden, daß ihre Aeusserung ein Gesang. Das göttliche Wesen ist kein tönend Erz, noch eine klingende Schelle, aber ein solches Singen ist kräftig, nicht nur sich selbst in heiliger Andacht zu erhalten, sondern auch andere, die es hören, zur wahren Andacht zu erwecken. Ja prüfet es und erfahret es, und der Geist wird zeugen, daß Geist Wahrheit sey!

1. Kampf des erwählten Volkes.   III 206

Auf, auf, auf ihr Helden, waget Gut und Blut,
Würget mit vereinten Kräften Babels Brut!
Eure Feldposaunen,
Trommeln und Kartaunen,
Lasset tönen und erwecken Löwenmuth.   5

Wann die Blutfahn flieget, so seyd unverzagt,
Josua hat vor euch schon den Feind verjagt!
Unser Löwe brüllet,
Und mit Schrecken füllet
Das Heer der Assyrer, so sich an uns wagt.   10

Auf, auf, zuckt die Schwerdter, schlaget muthig drein,
Stürmt die Thürme Babels, reißt die Mauern ein.
Auf, sie sollen fallen,
Wenn Posaunen schallen,
15 Denn die Stunde, sie zu richten, bricht herein.

Du o Jesu führe selbsten deinen Krieg,
In uns, durch uns, mit uns, daß der Feind erlieg.
In der Kraft erscheinen
Wir nun als die deinen,
20 Können triumphiren nach erlangtem Sieg.

Preis, Kraft, Macht und Stärke sey dir starker Hort,
Von uns zubereitet immer fort und fort.
Jo, Jo, Jo, durch Sterben
Wollen wir erwerben
25 Deine Siegeskrone bei dem Friedensport.

Dann wird erst ertönen der Trompeten Hall,
Wenn wir werden jauchzen über Babels Fall.
Da wir können springen,
Neue Lieder singen;
30 Mit erhabnen Stimmen bei dem Jubelschall.

III 207   2. Erziehung durch Geschichte.

Löwen laßt euch wieder finden,
Wie im ersten Christenthum;
Die nichts konnte überwinden,
Seht nur an ihr Marterthum.
5 Wie in Lieb sie glühen,
Wie sie Feuer spieen;
Da sich vor der Sterbenslust
Selbst der Satan fürchten must.

In Gefahren unerschrocken,
Und von Lüsten unberührt;   10
Die aufs Eitle konnten locken,
Alles sie zum Himmel führt.
Keine Furcht in ihnen,
Auf die Kampfschaubühnen
Sprangen sie mit Freudigkeit,   15
Hielten mit den Thieren Streit.

Ey wohlan, nur fein standhaftig,
O ihr Brüder tapfer drauf;
Lasset uns doch recht herzhaftig
Folgen jener Zeugen Hauf!   20
Nur den Leib berührets,
Was ihm so gebühret;
Er hats Leiden wohl verdient,
Und die Seel darunter grünt.

Fort weg mit dem Sinn der Griechen,   25
Denen Kreutz ein Thorheit ist;
O laßt uns zurück nicht kriechen,
Wenn ans Kreutz soll Jesu Christ!
Reiht euch dicht zusammen,
Wenn der Schlange Samen   30
Sich dem Glauben widersetzt,
Und das Schlachtschwerdt auf uns wetzt.

Schwängre vor, o goldner Regen,
Uns dein dürres Erb und Erd;
Daß wir dir getreu seyn mögen,   35
Und nicht achten Feuer, Schwerdt.
Als in Liebe trunken,
Und in dir versunken;
Mach die Kirch an Liebe reich,
Daß das End dem Anfang gleich.   40

3. Triumph des erwählten Volkes.

Auf Triumph, es kommt die Stunde,
Da sich Zion, die Geliebte, die Betrübte hoch erfreut,
Babel aber geht zu Grunde,
Daß sie kläglich über Jammer, über Angst und Kummer
    schreit.

5 Diese Dirne hat beflecket
Ihr geschenktes, schön geschmücktes jungfräuliches
    Ehrenkleid;
Und mit Schmach und Hohn bedecket,
Die dem Lamme auf die Hochzeit ist zum Weibe
    zubereit.

Stolze Dirne nicht verweile,
10 Die da auf den vielen, vielen, vielen grossen Wassern
    sitzt;
Und mit Angeln und am Seile
Ganze Völker zu sich ziehet, und in schnöder Brunst
    erhitzt.

Zion siehet auf den Straßen
Die entblößten und geschminkten stolzen Töchter
    Babels an;
15 Wie sie sich beschauen lassen,
König, Priester, hoch und niedrig haben ihre Lust daran.

Auf dem Lande, in den Städten
Hat die Dirne mit dem Becher, alle Heyden toll gemacht;
Sie stolzieren in den Ketten,
20 Haben sie als Schicksalsgöttin, sich als Götzen hoch
    geachtet.

Zions Schöpfer schaut vom Himmel
Auf die vollen, tollen Heyden und sein heilig Herz
    entbrennt;

Daß das wüste Weltgetümmel
Sich sein trautes Zion nennet, welches ihn doch nicht
    erkennt.

Zion netzet ihre Wangen   25
Mit so vielen heissen Thränen über den
    Verwüstungsgräuel;
Und erwartet mit Verlangen
In den Banden der Chaldäer ihres Gottes Sieg und Heil.

Amen, Zion ist erhöret,
Unsre Thränen sind wie Wasser gegen Mittag
    aufgezehrt;   30
Seht, Chaldäa ist zerstöret,
Unser Weinen ist in Jauchzen, unsre Last in Lust
    verkehrt.

Freue dich mit Herz und Munde,
Du erkauftes, auserwähltes und erlöstes Israel;
Siehe Babels eigne Hunde,   35
Die die Frommen jagen mußten, fressen diese Jesabel.

Da wir noch an Babels Weiden
Unsre Harfen hängen mußten, war ein Tag wie tausend
    Jahr;
Aber nun in Zions Freuden
Wird für einen Tag gerechnet, was sonst tausend Jahre
    war.   40

O wie groß ist deine Wonne,
Schönstes Zion, es ist kommen, dein erwünschtes
    Hochzeitsfest;
Da sich Jesus, deine Sonne
Der dich krönet, deinen Bräutigam, deinen König
    nennen läßt.

Nach der Hochzeit wird die Nymphe   45
Aus dem Hause ihrer Mutter in des Vaters Haus geführt;

Die mit ewigem Triumphe
In der Krone ihrer Hochzeit, ewig, ewig triumphirt.

Auf ihr Cimbeln, auf ihr Saiten,
50   Psalter, Pauken und Trompeten, lobt des Herren
      Heiligkeit;
Laßt uns ihm ein Lob bereiten,
Er ist König, er ist König in der Zeit und Ewigkeit.

III 211   4. Erziehung der erwählten Seele
          im erwählten Volke.

Fahre fort mit Liebesschlägen,
Süßer Jesu, liebster Hort;
Laß sich Trübsalsstürme regen,
Denn sie treiben mich zum Port.
5   Da mein Herr, hier ist mein Rücken,
Schlag nur zu, ich habs verschuldt;
An das Kreuz mit Liebesstricken
Zieht mich deine grosse Huld.

Ich bin lang von dir gewichen,
10   Lang war mir das Eitle lieb;
Doch bist du mir nachgeschlichen,
Weil dich deine Liebe trieb.
Liebe, die dir Händ und Füsse
An das Kreutzesholz gespießt;
15   Liebe, die so honigsüße
Auf die armen Sünder fließt.

Ach so denke nicht, wie lange
Ich dich Bräutgam nicht erkannt;
Wie ich mich zur alten Schlange
20   Oft mit Herz und Sinn gewandt.

Sondern denk an deine Wunden,
Die dein heilig Fleisch durchritzt;
Denk an deine Trauerstunden,
Da du Blut für mich geschwitzt.

5. Erziehung durch Natur.   III 212

Ach hör das süsse Lallen,
Den allerschönsten Ton
Der kleinen Nachtigallen,
Auf ihrem niedern Thron.
Hör, was sie dir da singet,   5
In ihrer grünen Claus;
Ihr schlechtes Wesen bringet
Viel weise Lehr heraus.

Sie spricht: ihr Menschen sehet,
Mein Nothdurft ist sehr klein;   10
Mein Wunsch nicht weiter gehet,
Als Nachtigall zu seyn.
Ich laß die hohen Nester,
Und liebe Niedrigkeit;
Das meine ist weit fester,   15
Und ruhig allezeit.

Ich hab, was Adler haben,
Sie aber nicht, was ich;
Der Luft und Erde Gaben,
Sind eben wohl für mich.   20
Die großen Schwan und Storchen,
Die reisen her und hin;
Sie sind voll Müh für morgen,
Und dies ist ihr Gewinn.

6. Erziehung durch Glück.

Ach Gott, du bist, wie mans begehrt,
Du bist uns, was wir wollen;
Du bist ganz gut und ganz verkehrt,
Lieb kommt aus dir gequollen
5   Und Heil für den, der dies verlangt,
Wer aber Zorn will, Zorn empfangt;
O wunderbares Wesen.

Mach mich mein Schöpfer nur ganz stumm,
Und in die Still mich bringe;
10   Mein Will ist doch verkehrt und dumm,
Und will leicht solche Dinge,
Die selbst mich strafen wie ein Kind,
Ja mach mich taub und dazu blind,
Zu allem, was nicht ewig.

7. Erziehung durch Leidenschaft.

O Zorn, du Abgrund des Verderbens,
Du unbarmherziger Tyrann;
Du frissest, tödtest sonder Sterben,
Und brennest stets von neuem an;
5   Wer da geräth in deine Haft
Bekommt der Hölle Eigenschaft.

Ach wären wir verwahret blieben,
Vor deiner strengen Widrigkeit;
Wie selig wären wir im Lieben,
10   Und wüßten nicht, was Ungleichheit
Im Guten und im Bösen sey,
So wären wir des Zornes frey.

O daß wir doch wohl mögten fassen,
Woher der Grimm entsprungen sey;
Und stünden in der Lieb gelassen, 15
Und hielten uns des Zornes frey;
Der Hochmuth und die Eigenheit
Erregen Zorn und Grimmigkeit.

Laß mich aus Eigenheit ausgehen,
Und aller Selbheit sterben ab; 20
Die Lieb heiß in mir auferstehen,
Und allen Zorn schick in das Grab;
Daß keine Noth mir mehr setz zu,
Kein Widerwille brech die Ruh.

Die Liebe, die nicht ist ihr eigen, 25
Die sich in allem macht gemein;
In mir sich laß in Demuth zeigen,
Laß mich ein Kind der Liebe seyn;
Der alten Schlange Kopf zerbrich
In mir und dann erkenne dich. 30

Wo ist o Liebe deine Tiefe,
Der Urgrund deiner Wunderkraft;
Seel, komm ein einzig Tröpflein prüfe
Von dieser Wirkungseigenschaft.
O wer in diesem tiefen Meer 35
Gleich einem Tröpflein sich verlör!

8. Erziehung durch Erkenntniß. III 215

O finstre Nacht, wann wirst du doch vergehen,
Wann bricht mein Lebenslicht herfür;
Wann werd ich doch von Sünden auferstehen,
Und leben nur allein in dir.

5 Wann werd ich in Gerechtigkeit
Dein Antlitz sehen allezeit?
Wann werd ich satt und froh mit Lachen,
O Herr nach deinem Bild erwachen?

Darum mein Geist sey wacker, wach und streite,
10 Fahr immer in der Heilgung fort;
Vergiß, was rückwärts ist, die grosse Beute
Steht noch an ihrem Orte dort.
Streck dich darnach, eil nach ihr zu,
Du findest sonsten doch nicht Ruh;
15 Bis du hast diese Kron erstritten,
Und mit dem Herrn den Tod erlitten.

O goldnes Meer, durchbrich doch deine Dämme,
Komm wie die aufgehaltne Fluth;
Und alles Fleisch, was lebet, überschwemme,
20 Das vor dir immer Böses thut.
O Gottes Lamm! dein Blut allein
Macht uns von allen Sünden rein;
Das Kleid, das drinn gewaschen worden,
Das trägt allein dein Priesterorden.

III 216   9. Erziehung durch Langeweile.

Wo flieh ich hin? wo soll ich bleiben?
Wo wird die süße Stille seyn?
Da ich mich könnte schliessen ein,
Und mich nicht lassen mehr umtreiben
5 In Unruh dieser äussern Dinge.
Ist keine Einsamkeit bereit,
Darin ich Gott ein Loblied singe,
Der von Zerstreuung mich befreit?

Mein Geist will in die Wüste ziehen,
Und wünscht sich Taubenflügel an;   10
Weil er vor Angst nicht bleiben kann,
Da wo die Menschen sich bemühen,
Von Gott noch weiter wegzugehen
Und niemals bei sich selbst zu seyn;
Ich kann den Jammer nicht mehr sehen,   15
Und bleibe selbst dabei nicht rein.

Drum fort o Seel! entzeuch geschwinde
Dich der Gesellschaft dieser Welt!
Zerreiß, was dich gefangen hält,
Damit dein Fuß die Ruhe finde,   20
Wo kein Geräusche dich verstöret;
Kein Zuspruch, Sorgen und Verdruß
Den Umgang dir mit Gott verwehret,
Der hier oft unterbleiben muß.

Ich freu mich schon auf eine Kammer,   25
Die mich in sich verschliessen wird;
Und durch den engen Raum abführt,
Von aller Unruh, Streit und Jammer,
Den große Städt und Schlösser haben;
Hier soll nur meine Ruhstätt seyn,   30
Da Sicherheit und Fried mich laben,
Und kein Unfriede bricht herein.

Nun will ich erst recht singen, beten,
Und in der Andacht kommen weit;
Weil ich nicht durch so viel zerstreut,   35
Vor Gott mit stillem Geist darf treten.
Da soll kein Feind mich hindern können,
Ich geh in Canaan schon ein,
Mein Paradies soll man es nennen,
Hier will ich auch begraben seyn.   40

Gegensatz.

Ach triumphir nicht vor dem Siege,
O Seel wo willt du fliehen hin;
Da dein verblendter Eigensinn
Vor Feinden frey und sicher liege.
5   Suchst du noch Ruh in äussern Dingen,
Ach glaube mir, du findst sie nicht;
Wirst du nicht nach dem Innern ringen,
So ists mit dem nicht ausgericht.

Drum bleib nun im Gehorsam stehen,
10   Kein Kriegsmann weicht von seinem Post;
Wenns auch schon Blut und Leben kost,
Wenn ihn sein Herr dahin heißt gehen.
Der Glaub weiß nichts von eignem Willen,
Er sieht sich selbst den Weg nicht aus,
15   Dadurch er Gottes Will erfüllen,
Und aus dem Streit will kommen raus.

Du bist dir selbst die größte Plage,
Du trägst noch Babel stets in dir;
Willt du noch Ruh genießen hier,
20   So laß dir keine süße Tage
Durch süße Träume hier verlegen,
Du machst dich nur mehr misvergnügt;
Der liebe Jesu wird dich hegen,
Der alles Wissen überwiegt.

25   Du kannst auch mitten im Getümmel
Der Welt, den Vater beten an;
Der dich ja bald erlösen kann,
Wenn dir erst nütze jener Himmel
Und dich Egypten nicht sollt üben,
30   Daß deiner Treiber schweres Joch

Dich lehrte recht den Himmel lieben,
Und dein Verlangen stillte noch.

Hier ist kein Canaan zu hoffen,
Kein Paradies ist mehr allhier;
Es hat noch niemand der mit dir   35
Entfliehen will, den Zweck getroffen.
Die Hoffnung nährt sich mit den Dingen,
Die süß und doch unsichtbar sind;
Es muß uns doch zulezt gelingen,
Bleib nur in Einfalt Gottes Kind.   40

Nur freue dich auf jene Kammer
Des Friedens, da du wohnen wirst,
Wenn dich nicht mehr nach Ruhe dürst,
Und bist befreyt von allem Jammer,
Den hier noch Städt und Wüsten haben,   45
Und wo du nur willt fliehen hin;
Die Einsamkeit kann dich nicht laben,
Wenn mit dir zieht dein Eigensinn.

10. Erziehung durch Vergöttlichung.   III 219

Verborgenheit!
Wie ist dein Meer so breit
Und wundertief, ich kann es nicht ergründen,
Man weiß kein Maaß, noch Ziel, noch End zu finden,
So lang man ist in der Vergänglichkeit,   5
Verborgenheit.

Die Herrlichkeit,
Die du hast allbereit,
Den Kindern deiner Lieb hier beygeleget,
Ist sonderlich. Wer dies Geheimniß heget,   10

Der trägt in sich auch zur elendsten Zeit
Die Herrlichkeit.

Du selber bist
Der Brunn, der ihnen ist
15 In ihrem Geist zum steten Heil entsprungen,
Durch dich ist ihnen manches Werk gelungen;
Doch leidets nicht so mancher falsche Christ,
Daß selbst du's bist.

Der Liebe Band
20 Ist vielen unbekannt;
Wie segnet sich der Geitzige im Herzen,
Wenn er mit Geld die Christen siehet scherzen;
Das macht, er kennt nicht Gottes Wunderhand
In diesem Band.

25 Darum versteckt
Der Herr, was er erweckt,
Die Kinder gehn nur immer im Verborgen,
Die doch noch kein Gericht besorgen;
Bis endlich Gott die Herrlichkeit entdeckt,
30 Die war versteckt.

So wandelt er
Im Heiligthum umher,
Mit leisem Schritt, der kann ihn nicht vernehmen,
Wer sich zur Einfalt nicht will ganz bequemen,
35 Wie er sonst nichts zu thun pflegt ohngefähr,
So wandelt er.

11. Erziehung durch Ahndung.

Denkst du nicht, Maria, mehr an die ausgestandnen
    Schmerzen,
Als das kleine Jesulein in dir ein Gestalt gewann?
O wie sollt ich ihn nicht drum tausendmal im Glauben
    herzen,
Da er nun zusehens wächst, mir zum Bräutgam und
    zum Mann.

Hat Johannes nicht vor Freud, schon im Mutterleib
    gesprungen,   5
Spielt er nicht zum voraus schon, eh er noch kam an
    das Licht;
Haben wir nicht seine Freund oft sein Hochzeitslied
    gesungen,
Hat man mir mit Fingern da dieses Kind gezeiget nicht.

Nun liegt mir dies Kind im Schooß! Nun hab ich das
    Lamm vor Augen,
Schaue, wie es mir zur Lust treibt so manches süße
    Spiel;   10
Ist dies nicht mein Freund, der pflegt meiner Mutter
    Brust zu saugen,
Ist er nicht mein Salomon, den ich niemals küß zu viel.

Ja er ists, und was ich will, kann ich in dem Kindlein
    finden,
Kind und Bräutigam zugleich heißt und ist er in der That;
Denn die zarte Liebe kann auch wohl Kinder ehlich
    binden,   15
Daß in Unschuld als sich selbst, eins das andre lieber hat.

12. Erziehung durch Ueberzeugung.

Wohl dem, welcher unverwirret
Von der irdischen Unruh
Wie ein einsam Täublein girret,
Und fleugt holen Felsen zu,
Dessen Herz auf Gott gericht,
Horchet, was er zu ihm spricht.

Wohl dem, welcher nimmt die Haue,
Grabet, hackt mit Lust und Schmerz,
Auf daß er den Acker baue
Und noch mehr sein dürres Herz,
Der die Welt mit ihrer Pracht
Ehr, Gemächlichkeit verlacht.

Wohl dem, welcher dann alleine
Sitzt bei einem klaren Bach,
Lebet nur, auf daß er weine,
Uebe an sich selber Rach;
Daß der keuschen Engel Hauf
Fasset seine Thränen auf.

Wohl dem, dessen Aug und Wangen
Wie ein überströmend Fluth
Seinen Weg, den er gegangen,
Netzet mit dem Herzensblut
Wohl der Erde, Holz und Au,
Dieses ist ihr Himmelsthau.

13. Erziehung durch Genuß.

Steh auf Nordwind,
Und komm Südwind!
Weh mit deiner heilgen Luft

Durch den Garten,
Ich will warten   5
Dein in meines Herzens Gruft;
Laß dein Sausen
Auf mich brausen,
Meine Seele nach dir ruft.

Steh auf Nordwind,   10
Und komm Südwind!
Jag die schwarzen Wolken hin!
Mach das Dunkle,
Daß es funkle,
Alle Finsterniß zerrinn!   15
Finstre Sünden
Laß verschwinden,
Und mach helle Herz und Sinn.

Steh auf Nordwind,
Und komm Südwind!   20
Mach mein kaltes Herze heiß;
Dich zu lieben,
Das zu üben,
Was gereicht zu deinem Preis.
Sey mir günstig,   25
Mach mich brünstig,
In mein Herz die Liebe geuß.

14. Prüfung in heiliger Flamme.   III 224

Brennt immerhin
Ihr angezündte Flammen!
Bewahrt die Kraft beisammen,
Und hebt den schweren Sinn

Mit euren Liebesflügeln
Nach jenen Weihrauchhügeln,
Da mein verliebter Sinn
Brennt immerhin.

Ich weiß es schon,
Wo ich den Schönsten funden,
Der meinem Geist verbunden!
Er ist der Liebe Lohn,
Der sich mir selbst muß geben,
Soll anders ich noch leben.
Wo seine Schönheit wohn,
Das weiß ich schon.

Ich hab ihn nun,
Und such ihn doch noch immer
In meines Herzens Zimmer,
Wo er so gern will ruhn;
Das sehnliche Verlangen
Der Lieb' hat mich gefangen,
Mir stätig wohl zu thun.
Ich hab ihn nun.

Kein Auge sieht,
Kein Herz hat überkommen,
Kein Ohr hat je vernommen,
Wenn unser Bette blüht;
Was Gott hat dem bereitet,
Der sich von ihm nicht scheidet,
Und Liebe in sich zieht,
Die man nicht sieht.

Man kann auch nicht
Von dem Geheimniß schreiben;
Es muß verschwiegen bleiben,
Was Lieb' in uns verricht.

Es ist recht groß zu nennen,
Wenn Jesus will erkennen
Die Braut in seinem Licht,
Man kennt es nicht.   40

15. Bekenntniß.   III 225

Unschätzbares Einfaltwesen!
Perle, die ich mir erlesen;
Vielheit in mir ganz vernicht
Und mein Aug auf dich nur richt.

Mach mich los vom Doppeltsehen!   5
Laß auf eins den Sinn nur gehen;
In recht unverrückter Treu,
Und von allen Tücken frey.

Ey so mach mich dann aufrichtig,
Einen Leib, der ganz durchsichtig;   10
Licht sey, schaff und ruf in mir
Aus der Finsterniß herfür.

Mache neu die alte Erde,
Daß sie kristallinisch werde;
Und das Meer laß seyn nicht mehr,   15
Ausser nur dein gläsern Meer.

Dieses laß mit Feuergüssen
Aus dir in mich überfließen:
Komm o stark erhabne Fluth,
Reiß mich hin ins höchste Gut.   20

16. Hochzeitmorgen.

Weil ich nun seh die goldnen Wangen
Der Himmelsmorgenröthe prangen,
So will auch ich dem Himmel zu,
Ich will der Leibsruh Abschied geben,
5   Und mich zu meinem Gott erheben,
Zu Gott, der meiner Seele Ruh.

Ich will durch alle Wolken dringen,
Und meinem süßen Jesu singen,
Daß er mich hat ans Licht gebracht;
10 Ich will ihn preisen, will ihm danken,
Daß er mich in des Leibes Schranken
Durch seinen Engel hat bewacht.

17. Hochzeitmittag.

Wenn die Seele sich befindet
In des Bräutgams Keller stehn,
Wird sie als vom Wein entzündet,
Jauchzens voll einherzugehn,
5   Daß ihr Leib und ganzer Geist
Trunken und entzücket heißt.

Alsdann wird sie aufgezogen,
Und in stille Luft geführt,
Aus den wilden Meereswogen,
10 Aus den Dingen, die sie spürt.
Unerträglich leer zu seyn,
Wenn die Sinnen dringen ein.

Alles liegt zu ihren Füssen,
Was zu dieser Welt gehört,

Ja sie kann auch leichtlich missen,   15
Was durch guten Schein bethört;
Denn sie hat den klugen Geist,
Der ihr bessre Güter weist.

Wie ein Trunkner liegt sie stille,
Der wie unempfindlich scheint,   20
Daß der sonst zertheilte Wille
Aufgeopfert nicht mehr meint,
Als nur Gott und seine Kraft,
Die den Sohn der Liebe schafft.

18. Hochzeitabend.   III 228

Nun muß ich ihn lieben, nun muß ich allein,
Des göttlichen Bräutgams Verlobete seyn!
Ihn lieben ist Freude und selig genug,
Drum folg ich mit Lust dem heiligen Zug.

Was bringet die irdische Liebe als Tod?   5
Was wirken die fleischlichen Lüste als Noth?
Wie bald ist ein Blick der Freude vorbei?
Da sieht man wie kurz die Eitelkeit sey.

Der göttliche Funken kann nimmermehr ruhn,
Als wenn er zum Ursprung sich wieder kann thun;   10
Da findet er Lust, da giebt er sich ein,
Da wächset sein Licht vom lieblichsten Schein.

Und wenn er nun wächset, so mehrt sich die Kraft,
Die Gottes liebreitzendes Küssen verschafft,
Da stirbet das Fleisch, da lebet der Geist,   15
Der Christi Verlobte nun ewiglich heißt.

Und ist dem Verliebten nur Reinheit bewußt,
So öffnet sich rein paradiesische Lust;
Da kämpfet und siegt vereinigte Stärk,
20 Wird täglich erfrischt zum göttlichen Werk.

Bewegst du o Jesu den innersten Grund,
So öffnet des Glaubens erweiterter Mund;
Erfülle das Herz mit Liebe zu dir,
Und bleibe im Schmerz und Freude bei mir.

25 Genug hast du Liebe, o Liebe für mich,
Drum such ich sie bei dir mein anderes Ich,
Nun sink ich in deine Vollkommenheit ein,
Ich kann nicht ohn dich, mein Leben, mehr seyn.

III 229   19. Hochzeit.

Ermuntert euch ihr Frommen,
Zeigt eurer Lampen Schein;
Der Abend ist gekommen,
Die finstre Nacht bricht ein.
5 Es hat sich aufgemachet
Der Bräutigam mit Pracht;
Auf! betet, kämpft und wachet,
Bald ist es Mitternacht.

Macht eure Lampen fertig,
10 Und füllet sie mit Oehl;
Seyd nun des Heils gewärtig,
Bereitet Leib und Seel!
Die Wächter Zions schreien,
Der Bräutigam ist nah,
15 Begegnet ihm im Reihen,
Und singt Halleluja.

Ihr klugen Jungfraun alle
Hebt nun das Haupt empor,
Mit Jauchzen und mit Schalle
Zum frohen Engelchor. 20
Die Thür ist aufgeschlossen,
Die Hochzeit ist bereit,
Auf! auf ihr Reichsgenossen,
Der Bräutgam ist nicht weit.

Er wird nicht lang verziehen, 25
Drum schlaft nicht wieder ein;
Man sieht die Bäume blühen
Der schöne Frühlingsschein
Verheißt Erquikungszeiten,
Die Morgenröthe zeigt 30
Den schönen Tag von weiten
Vor dem das Dunkle weicht.

Wer wollte denn nun schlafen?
Wer klug ist, der ist wach;
Gott kommt, die Welt zu strafen, 35
Zu üben Grimm und Rach
An allen, die nicht wachen,
Und die des Thieres Bild
Anbeten, sammt dem Drachen:
Drum auf, der Löwe brüllt. 40

Begegnet ihm auf Erden,
Ihr, die ihr Zion liebt,
Mit freudigen Geberden,
Und seyd nicht mehr betrübt!
Es sind die Freudenstunden 45
Gekommen und der Braut
Wird, weil sie überwunden,
Die Krone nun vertraut.

Hier sind die Siegespalmen,
50   Hier ist das weiße Kleid;
Hier stehn die Waitzenhalmen,
Im Frieden nach dem Streit,
Und nach den Wintertagen,
Hier grünen die Gebein,
55   Die dort der Tod erschlagen,
Hier schenkt man Freudenwein.

Hier ist die Stadt der Freuden,
Jerusalem der Ort,
Wo die Erlösten weiden,
60   Hier ist die sichre Pfort.
Hier sind die goldnen Gassen,
Hier ist das Hochzeitmahl;
Hier soll sich niederlassen,
Die Braut im Rosenthal.

III 231   **20. Triumph der erwählten Seele.**

Triumph, Triumph! Es kommt mit Pracht
Der Siegesfürst heut aus der Schlacht;
Wer seines Reiches Unterthan,
Schau heute sein Triumphfest an!
5   Triumph! Triumph! Victoria!
Und ewiges Hallelujah.

Vor Freuden Thal, Berg, Wald erklingt,
Die Erde schönes Blumwerk bringt,
Der Zierath, die Tapezerey
10   Zeigt daß ihr Schöpfer Sieger sey.
Triumph u.s.w.

Die Sonne sich aufs Schönste schmückt,
Und wieder durch das Blaue blickt;

Die vor pechschwarz im Trauerkleid
Beschaut den blutgen Todesstreit,   15
Triumph u.s.w.

Das stille Lamm jezt nicht mehr schweigt,
Sich muthig als ein Löw erzeigt;
Kein harter Fels ihn hält und zwingt,
Grab, Siegel, Riegel vor ihm springt.   20
Triumph u.s.w.

Der andre Adam heut erwacht,
Nach seiner harten Todesnacht;
Aus seiner Seite er erbaut,
Uns seine theur erlöste Braut.   25
Triumph u.s.w.

Wie Aarons Ruthe schön ausschlug,
Am Morgen blüht und Mandeln trug;
So träget Frucht der Seligkeit
Des hohen Priesters Leichnam heut.   30
Triumph u.s.w.

Nun ist die Herrlichkeit erkämpft,
Der Sünden Pest und Gift gedämpft;
Der schweren Handschrift Fluch und Bann
Vertrit hier mein Erlösersmann.   35
Triumph u.s.w.

Du theure Seel bist ausgebürgt,
Der höllische Tyrann erwürgt,
Sein Raubschloß und geschworne Rott
Ist ganz zerstört, der Tod ein Spott.   40
Triumph u.s.w.

Herr Jesu, wahrer Siegesfürst,
Wir glauben, daß du schenken wirst

Uns deinen Frieden, den du bracht
45   Mit aus dem Grab und aus der Schlacht.
Triumph! Triumph! Victoria!
Und ewiges Hallelujah.

III 233   Hans Sachsens Tod.

(Eine Traumweise nach Adam Puschmann,
in Hans Sachsens Lebensbeschreibung von Ranisch. S. 326.)

Als man schrieb um Weihnachten
Gleich Sechs und Siebenzig,
Mich da aufwachen machten
Die Nachtraben frostig,
5   Daß ich nicht mehr konnt schlafen,
Mich trafen
Gedanken allzuviel.
Da kam mir vor mein Wandern,
Und was ich trieb darin,
10   Mir fiel ein unter andern,
Wie viel Hans Sachs vorhin
Macht Lieder, geistlich Geschichte,
Gedichte,
Fabeln, Gespräch und Spiel,
15   Und wie es fromm',
Und Nutz draus komm',
Wohl jedem, der sich des annomm'.
Indem entschlief ich wiederum,
Und Morgens drauf mir in den Sinn
20   Ein fröhlich Traum da fiel.

Mich däucht, ich reist' aus rüstig,
Und kam zur Mayenzeit,
In eine Stadt groß, lustig,
Von Häusern schön bereit,

Die Wohnung der gedürsten (kühnen)   25
Reichsfürsten
War mitten in der Stadt.
Und auch ein Berg hoch, grüne,
Darauf ein schöner Gart,
In Freuden war ich kühne,   30
Weil drin gepflanzet ward
Wohl mancher Baum voll Früchte,
Gezüchte,
Pomranzen und Muskat,
Mehr fand ich drein   35
Rosinlein fein,
Mandlin, Feigen, allerlei rein
Wohlschmeckend Früchte, groß und klein,
Genoß viel Volk da insgemein,
Das drin spatzieret hat.   40

Mitten im Garten stande
Ein schönes Lusthäußlein,
Darin ein Saal sich fande,
Mit Marmor pflastert fein,
Mit schön lieblichen Schilden   45
Und Bilden,
Figuren frech und kühn.
Ringsum der Saal auch hatte
Fenster geschnitzet aus,
Durch die man all' Frucht thate   50
Im Garten sehen draus.
Im Saal stand auch ohnecket
Bedecket
Ein Tisch mit Seiden grün
An selbem saß   55
Ein Altmann blaß,
In einem großen Buch er las,
Hätt einen langen Bart fürbas

Grauweis, wie eine Taub er saß
60 Auf einem Blatte grün.

Das Buch lag auf dem Pulte
Auf seinem Tisch allein,
Und auf den Bänken, gulden,
Mehr andre Bücher fein,
65 Die alle wohl beschlagen
Da lagen,
Die der alt Herr nit ansah.
Wer zu dem alten Herren
Kam in den schönen Saal,
70 Und grüsset ihn von ferren,
Den sah er an diesmal,
Sagt nichts und thäte neigen,
Mit Schweigen
Gen ihn sein alt Haupt schwach.
75 Dann Rede und
Gehör begunnt,
Ihm abzugehn aus Altersgrund.
Als ich nun da im Saale stund,
Und sein alt lieblich Antlitz rund
80 Beschaute, dacht ich nach.

Die große Stadt und Garten
Ein finstre Wolk bezug,
Daraus blitzt in mein Warten
Ein Feuerstrahl und schlug
85 Ein Donnerstrahl erbittert
Es zittert
Alles an dieser Städt.
Ob diesem harten Knallen
Erschrack der alte Herr,
90 That in ein Ohnmacht fallen,
Bald ein Platzregen schwer
Ein Wasserfluth thät geben,

Die eben
Sehr großen Schaden thät,
Zween Tag hernach   95
Der alt Mann schwach
Starb, ihm gab ichs Grabgleit hernach,
Mein Herz mit Weinen laut durchbrach,
Drob mich mein Weib aufweckt ich sah
Daß ich geträumet hätt.   100

* * *

Weihnachten, ach Weihnachten,
Du warst der Kinder Trost,
Die noch im Schlafe lachten,
Du Schlaf mir bald entflohst,
Die Stunden hell mir schlagen,   105
Wem sagen
Sie an den Tag so schnell,
Mein Wächter ist da drüben,
Er sagt mir an den Tag,
In Schmerzen vorzuüben,   110
Was hohe Lust vermag.
Zur Kirch bin ich gegangen,
Vergangen
War mir Verzweiflung schnell,
Es bleibt zurück   115
Ein sinnend Glück,
Und in den Traum ein tiefer Blick,
Wie in der Kinder Aug entzückt,
Wie ich sie halb noch schlafend drück,
Süß springt der Augen Quell.   120

Des Traumes deutend Summen
Ich nun ermessen kann:
Soll alle Lust verstummen,
Erstirbt ein hoher Mann?
Die Thränenfluthen brausen   125

Mit Grausen,
Der Menschen Haus versinkt!
Der Alte steigt als Taube
Verjünget aus der Fluth,
Mit einem grünen Laube
Im Schnäblein sorgsam gut.
Auf einem Buch sie sitzet,
Das blitzet,
Und schwimmt und nicht ertrinkt,
Mit Perlen ist
Beschlagen, wißt,
Das wars, was da der Alte liest,
Als er die arme Neugier grüßt;
Dies Buch such auf du frommer Christ,
Das dir den Frieden bringt.

Die Schmerzensfluthen weichen,
Der Berg bleibt unverletzt,
Die neuen Menschen gleichen
Den Stämmen, die versetzt,
Es treibt sie edler Leben,
Sie geben
Nun edle Früchte nur.
Es wird aus Erdenschlünden
Das Buch der Vorzeit mein,
Und ihre schweren Sünden
Sind abgewaschen rein.
O wollt das Trauren stillen,
Will füllen
Mosaisch jede Spur.
Am Boden hell
Der Himmelsquell
Ist eingelegt, so Well auf Well,
Die Taube bleibet mein Gesell
Und trinkt des Buches ewgen Quell,
Gottes Wort in der Natur.

Schluß.

Sr. Excellenz

dem

Herrn Geheimerath von Göthe,

und

allen Förderern dieser Sammlung

unser Dank zum Schluß,

L. Achim v. Arnim. Clemens Brentano.

Kinderlieder

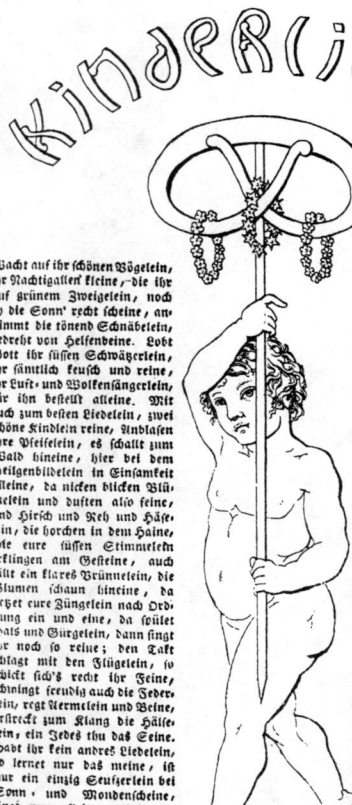

Wacht auf ihr schönen Vögelein, ihr Nachtigallen kleine, die ihr auf grünem Zweigelein, noch eh die Sonn' recht scheine, anstimmt die tönend Schnäbelein, gedreht von Helfenbeine. Lobt Gott ihr süßen Schwägerlein, ihr sämtlich keusch und reine, ihr Lust- und Wolkensängerlein, für ihn bestellt alleine. Mit euch zum besten Liedelein, zwei schöne Kindlein reine, Anblasen ihre Pfeifelein, es schallt zum Wald hineine, hier bei dem Heiligenbildelein in Einsamkeit alleine, da nicken blicken Blümelein und duften also feine, und Hirsch und Reh und Häselein, die horchen in dem Haine, wie eure süßen Stimmielein erklingen am Gesteine, auch fällt ein klares Brünnelein, die Blumen schaun hineine, da netzet eure Züngelein nach Ordnung ein und eine, da säuelt Hals und Gürgelein, dann singt ihr noch so reine; den Takt schlägt mit dem Flügelein, so schickt sich's recht ihr Feine, schwingt freudig auch die Federlein, regt Äermelein und Beine, erstreckt zum Klang die Hälselein, ein Jedes thu das Seine. Habt ihr kein andres Liedelein, so lernet nur das meine, ist nur ein einzig Seufzerlein bei Sonn- und Mondenscheine, singt nur allein, gelobt sey Gott, Gott Sabaoth alleine.

Wacht auf ihr kleinen Schülerlein bei hellem Sonnenscheine, zieht an die Festtags Röcklein und macht euch auf die Beine, Gregorius das Schulfest heut ist wieder angekommen, auch schlägt der Frühling auf der Haid die helle Freudentrommen. Ein alter Brauch bei Christen war, daß man zu diesen Zeiten die Kinder all in froher Schaar zu Schul und Kirch thät leiten. Ein Kinderbischoff wählet man, und neben ihm zwei Pfaffen, ihm folgen Könige, Handwerksmann, Soldat, Hanswurst und Affen So zieht einher ein jeder Stand, in Kleidern schön gezieret, und jedes Kind in seiner Hand ein Handwerkszeug auch führet. Dem Bischoff wird am Hirtenstab die Bretzel vorgetragen, was das für ein Verwandtschaft hab, merkt auf, ich will's euch sagen. Die Bretzel heißt Pretiolum, ein Preislein für die Kinder, die in der Schule nit sind stumm und dumm gleichwie die Kinder. Sie hat in sich auch die Figur von den Buchstaben allen. Weiß hier, weiß dort auf rechter Spur, gelt das will dir gefallen. Die Bretzel ist ein liebes Buch, du wirst's bald ausstudieren, du kannst's von Weitem am Geruch, und wirst's drum nit verlieren. Du kannst es schön bis zu dem E, wird dir's nit abcnehmen, du lernest also ungemäß, daß du zum W thät'st kommen.

Anhang zum Wunderhorn.

Heidelberg bei Mohr und Zimmer 1808.

Kinderlieder.

Das Federspiel,
A. B. C. mit Flügeln.

Wohl auf ihr klein Waldvögelein, die ihr in Lüften
    schwebt,
Stimmt an, lobt Gott den Herren mein, singt all, die
    Stimm erhebt;
Denn Gott hat euch erschaffen, sich selbst zu Lob und
    Ehr,
Sang, Feder, Schnabel, Waffen, kommt alles von ihm her.

A a   Adler.

5 Der aller Vögel König ist, macht billig den Anfang,
Komm Adler! komm hervor, wo bist? stimm an den
    Vogelsang,
Der Vorzug dir gebühret, kein Vogel ist dir gleich,
Drum dich im Wappen führet, der Kaiser und das Reich.

B b   Bachstelz.

Die Bachstelz thut oft schnappen, und fängt der Mücken
    viel,
10 Es hört nicht auf zu knappen ihr langer Pfannenstiel,
Den Schweif thut sie stets zwingen, sie läßt ihm niemals
    Ruh,
Wenn andre Vögel singen, schlägt sie den Tackt dazu.

C c   Canarivogel.

Das lieb Canarivögelein kömmt her aus fremdem Land,
Es singt gar schön, zart, hell und rein, wie allen ist
    bekannt,
15 Den Zucker frißt es gerne, doch nimmt es auch vorlieb,
Wenn man ihm Hanfsaamkerne, und Rübesaamen giebt.

D d   Distelfink.

Merk auf wie lockt so lieblich mit, der schöne
    Distelfink,
Beißt Distel auf und sticht sich nit, sein Witz ist nit
    gering,
Gar wohl ist er gezieret, schön gelb und roth bekleidt,
Sein Stimm er nie verlieret, singt fröhlich alle Zeit.   20

E e   Emmeriz.

Der Emmeriz bis zum Abend spat, singt übel, übel hin,
Er sagt, wenns Feld nur Aehren hat, ich auch ein
    Schnitter bin,
Im Feld thut er sich nähren, bleibt Tag und Nacht
    darauf,
Was Gott ihm thut beschehren, das klaubt er fleißig auf.

F f   Fink.

Des Morgens früh, des Abends spat, der Fink hat
    keine Ruh,   25
Die Musen er ins Grüne lad't mit seinem Reit her zu,
Früh ist gar gut studieren, wenns kühl, still, ruhig ist,
Steh auf und thu's probieren, du fauler ⎧ Prinzipist,
                              ⎪ Grammatist,
                              ⎨ Syntaxist,
                              ⎩ Humanist.

Fröhlich der Fink im Frühling singt, sa sa, sa sa hui
    Dieb,
Im ganzen Wald sein Stimm erklingt, wenns Wetter
    nicht zu trüb,   30
Die Dieb will er verjagen, die rund heraus er schilt,
Dem Sperling thut er sagen, daß er viel Waizen stiehlt.

G g   Gimpel.

Ein rother, dir gar wohl bekannt, ist schön, doch singt
    nicht viel,
Er kömmt aus deinem Vaterland, heißt Gimpel in der
    Still,
35   All thun sich seiner schämen, weil er ein Gimpel ist,
Thu du ihn zu dir nehmen, weil du sein Landsmann bist.

H h   Henne und Hahn.

Die Henne fröhlich gaggagagt, und macht ein groß
    Geschrei,
Die Bäurin weiß wohl, was sie sagt, und geht und holt
    das Ey,
Der Hahn thut früh aufwecken den Knecht und faule
    Magd,
40   Sie thun sich erst recht strecken, und schlafen bis es tagt.

I i   Imme (Biene.)

Das Honigsüße Immelein sich spät und früh bemüht,
Es sizt auf allen Blümelein, versuchet alle Blüth,
Sehr emsig fliegts herummer, trägt ein mit großem Fleiß,
Und sucht den ganzen Sommer, auch für den Winter
    Speiß.

K k   Königlein. (Zaunkönig)

45   Das winzigkleine Königlein, wie macht es sich so groß,
Wie zwitzerts mit seim Stimmelein, und ist so schlau und
    los',
Wie lieblich thut es singen nach Wunsch und nach
    Begehr,
Wie lustig thut es springen, wie hüpft es hin und her.

L l   Lerche.

Das Lerchlein in den Lüften schwebt, und singt den
    Himmel an,
Vom grünen Feld es sich erhebt, und tröst den
    Ackermann,   50
Gar hoch thut es sich schwingen, daß mans kaum
    sehen mag,
Im Kreis herum thuts singen, lobt Gott den ganzen Tag.

M m   Meise.

Die Meise hängt am Tannenast, als ob sie sich verberg,
Singt allezeit, was giebst, was hast, singt ewig Zizerberg,
Man thut ihr freundlich locken, bis sie zum Kloben
    springt,   55
Da hüpft sie unerschrocken, bis man sie gar umbringt.

N n   Nachtigall.

O Nachtigall dein edler Schall, bringt uns sehr große
    Freud,
Dein Stimm durchstreift all Berg und Thal, zur
    schönen Sommerzeit,
Wenn du fängst an zu zücken, die Vöglein schweigen
    still,
Es läßt sich keiner blicken, keiner mehr singen will.   60

O o   Omeis. (Ameise)

Du fauler Tropf, der müßig ist, die Ameis schau wohl
    an,
Dein Meisterin sie worden ist, die dich viel lehren kann,
Schau wie sie ist ergeben der Arbeit Tag und Nacht,
Schäm dich, der du dein Leben mit Faulheit zugebracht.

P p Papagai.

65 Du Vogel auserlesen, der Federn hast du viel,
Wo bist so lang gewesen, warum schweigst du so still?
Papagai Zuckerfresser, ruft dir der Schulknab zu,
Geh in die Schul und lern besser, giebst ihm zur
      Antwort du.

Q q Qu Qu

Qu qu der Kukuk immer schreit, das ist an ihm das
      Best,
70 Sonst legt er andern allezeit sein Eier in ihr Nest,
Sein Ruf bringt allen Bangen, drum will kein Vögelein
Mit einem Q anfangen den edlen Nahmen sein.

R r Rabe.

Der Rab thut täglich singen, sein groben rauhen Baß.
Heut will ihm nichts gelingen, drum singt er cras, cras,
      cras,*)
75 Wer alles schiebt auf morgen, und nichts gerichtet
      heut,
Der muß stets seyn in Sorgen, daß es ihm fehle weit.

Rothkehlchen.

Das Rothkehlchen gar früh aufsteht, und wenn ich dann
      erwach,
Grüßt es die liebe Morgenröth, hoch oben auf dem
      Dach,
Wie lieblich ist sein Zükken, wie röthlich seine Kehl,
80 Mein Herz thut es erquicken, ermuntern meine Seel.

*) c r a s ist lateinisch, und heißt morgen.

S s   Schwalbe.

Schwäzzerlein wie schwätzst so toll, und plauderst
    hin und her,
Früh hast du Kisten und Kasten voll, Abends ist alles
    le le leer,
Zu morgen eh die Sonn aufsteht, erzählst du deinen
    Traum,
Und Abends wenn sie niedergeht, hast du geendet
    kaum.

St st   Staar.

Der Staar schwäzt, pfeift und singet, er ists, der alles 85
    kann,
In Kopf er alles bringet, nimmt, was er höret, an,
Er ist gar schlau und lose, und merket auf mit Fleiß,
Wäscht oft sein schwarze Hose, und bringt sie
    nimmer weiß.

T t   Turteltaube.

Die Turteltaub ohn allen Trost, will nicht mehr
    fröhlich seyn,
Wenn ihren Gesell der Habich stoßt, traurt sie und
    bleibt allein,   90
Wenn dir das Liebste, was du hast, der Tod nimmt mit
    Gewalt,
So traure, sey kein frecher Gast, vergiß es nicht so
    bald.

U u   Uhu.

Der Uhu sieht gar ernsthaft aus, als hätt er hoch studirt,
Geht nicht aus seiner Höl heraus, bis Nacht und finster
    wird,

95 All Dunkelheit ist ihm ganz hell, doch sieht er nichts bei
        Tag,
    Drum ist er auch ein solch Gesell, den nie kein Vogel
        mag.

    V v   Vogel Straus.

    Der Vogel Straus hat große Bein, doch klein ist sein
        Verstand,
    Es brütet ihm der Sonnenschein die Eier aus im Sand.
    Oft Stein und Eisen er verschluckt, sein Magen der ist
        gut,
100 Sein Federn sind der Weiber Schmuck, sie steckens auf
        den Hut.

    W w   Wiedhopf.

    Der Wiedhopf ist sehr wohlgeziert, doch hat er keine
        Stimm,
    Sein Krönlein er stets mit sich führt, steckt doch nichts
        hinter ihm,
    Wie mancher hat viel Kleider, als wäre er ein Graf,
    Sein Vater ist ein Schneider, sein Bruder hüt die Schaaf.

    Z z   Zeisig.

105 Komm her du schönes Zeiselein, komm fliege her
        behend,
    Sing, spring auf grünem Reiselein, und mach dem Lied
        ein End,
    Lob Gott den Herren mein und dein, thu fröhlich singen
        ihm,
    Ihn preisen alle Vögelein mit ihrer süßen Stimm.

    Wohin geht all dies Dichten, du edles Federspiel,
110 Als daß wir alles richten zu gutem End und Ziel,

Daß wir im Herzen sorgen für einen guten Klang,
Wer weis ob heut, ob morgen uns rührt der lezt Gesang.

O sagt ihr lieben Vögelein, wer ists der euch erhält,
Wo fliegt ihr hin, wo kehrt ihr ein, wenn Schnee im
    Winter fällt,
Wo nehmt ihr eure Nahrung, so viel als ihr begehrt? 115
Es zeigt ja die Erfahrung, daß Gott euch all ernährt.

Ihr habt kein Feld, kein Heller Geld, nichts das die
    Tasche füllt,
Der Tannebaum ist euer Zelt, troz dem, der euch was
    stiehlt,
Euer Pflug ist lustig singen, stets lobt ihr Gott den
    Herrn,   119
Die Töne thut ihr schwingen bis zu dem Abendstern.

Ihr habt nicht Koch, nicht Keller, und seyd so
    wohlgemuth,
Ihr trinkt nicht Muskateller, und habt so freudig
    Blut,
Nichts haben, nichts begehren, ist euer Liverei,
Ihr habt ein guten Herren, er hält euch alle frei.

Gott sey mein Herz auch heimgestellt, was er thut ist
    gethan,   125
Wenn Sonn und Mond vom Himmel fällt, er ists, der
    helfen kann,
Was lebt auf Erd, in Lüften schwebt, was sich im
    Wasser rührt,
Gott all mit seinem Finger hebt, ohn alle Müh regiert.

Kein Sperling von dem Dache fällt, von meinem Haupt
    kein Haar,
Es sey dann, daß ihms wohlgefällt, der ewig ist und
    war,   130

Er ruft dem Storch zu seiner Zeit, der Lerch, der
    Nachtigall,
Er führ uns all zur Seeligkeit, bewahr uns vor dem Fall.

Dort singt die rechte Nachtigall den rechten Vogelsang,
Den ganzen weiten Himmelssaal durchstreicht ihr
    Freudenklang,
135 Mit Freud dort ewig singen die Englein auf neun
    Chör,
Vor Freud thut ewig springen das ganze Himmelsheer.

Musik dort ewig währet, zu lang doch keinem währt,
Je mehr sie wird gehöret, je mehr sie wird begehrt,
Wer Gott hier thut verehren, ihm dient mit Sang und
    Klang,
140 Der wird dort ewig hören himmlischen Vogelsang.

KL 12   Die ABC-Schützen.

Rathe, was ich habe vernommen,
Es sind achtzehn fremde Gesellen ins Land
    gekommen,
Zu mahlen schön und säuberlich,
Doch keiner einem andern glich;
5   All ohne Fehler und Gebrechen,
Nur konnte keiner ein Wort sprechen,
Und damit man sie sollte verstehn,
Hatten sie fünf Dolmetscher mit sich gehn,
Das waren hochgelehrte Leut,
10   Der erst erstaunt, reißt Maul auf weit,
Der zweite wie ein Kindlein schreit,
Der dritte wie ein Mäuselein pfiff,
Der vierte wie ein Fuhrmann rief,

Der Fünft gar wie ein Uhu thut,
Das waren ihre Künste gut,   15
Damit erhoben sie ein Geschrei,
Füllt noch die Welt, ist nicht vorbei.

Die zwei Hirten in der Christnacht.   KL 13

Als das Christkindlein geboren war, saßen die zwei Hirten, Damon und Halton, Nachts bei ihrer Heerde, und erzählten sich
einander, was sie dem Christkindlein für Geschenke machen
wollten, es war bei einem Bache, unter einem Palmbaum, ihre
Schaafe lagen um sie her, und schliefen, es war auf einer weiten,
weiten Wiese, oben auf einem Berge, der Mond war ganz groß,
und rechts waren am Himmel eine Menge kleine Wolken, wie
Schäfchen so weiß, und der Mond war wie der Schäfer dazu; auf
der linken Seite aber stand am Himmel der Morgenstern, ganz hell
wie ein Kristall, der stand über dem Stall, worin das Jesuskindlein
lag, die Hirten aber saßen unter dem Palmbaum am Bach, der
rauschte ganz leis, da haben sie so gesungen:

Halton. Ich will dem Kindlein schenken
          Ein silberweißes Lamm,
          So viel ich mich bedenke,
          Kein schöners ich bekam;
          Es hat zur linken Seite   5
          Wie Blut so roth ein Fleck,
          Weis nicht, was der bedeutet,
          Und was dahinter steckt.

Damon. Und ich schenk diesem Kinde
          Ein Kälbchen zart und klein,   10
          Mit rothen Bändern binde
          Ich ihm die Füßlein sein;
          Und so will ich es tragen
          Gar schön auf meinem Hals,

15   Das Kindlein wird da sagen:
            Ach Mutter, mir gefallts.

Halton. Und ich will ihm noch schenken
            Ein junges Böcklein schön,
            Es treibt wohl tausend Schwänke,
20   Und bleibt nicht lange stehn;
            Es klettert, stutzt und springet,
            Und bleibt an keiner Stell,
            An seinem Halse klinget
            Ein goldnes Glöcklein hell.

25 Damon. Und ich will ihm noch schenken
            Ein rothes Hirschkälblein,
            Sein Füßlein und Gelenke
            Sind gar so zart und fein;
            Da mirs auf grüner Straßen
30   Im Wald entgegen kam,
            Ließ sichs ganz gerne fassen,
            Gieng mit und wurde zahm.

Halton. Und ich will ihm noch schenken
            Ein schönes Eichhörnlein,
35   Kann schnell herum sich schwenken,
            Ein hurtig Meisterlein;
            Das Christkindlein wird lachen,
            Wenn es die Nüßlein packt,
            Und schnell sie thut aufkrachen,
40   Trick track wohl nach dem Takt.

Damon. Und ich will ihm noch schenken
            Ein weißes Häselein,
            Es ist voll tausend Ränken,
            Will stets bei Menschen seyn;
45   Es wird beim Kripplein spielen,
            Und trommeln eigentlich,

         Die Schläge nieder zielen
         Mit Füßen meisterlich.

Halton. Und ich will ihm noch schenken
         Ein wachsam Hündelein,   50
         So klug, man solls kaum denken,
         Es tanzet ganz allein;
         Es kann auch apportiren,
         Und stehen auf der Wacht,
         Sucht, was man thut verlieren,   55
         Was gilts, das Kindlein lacht.

Damon. Und ich will ihm noch schenken
         Ein mausig Kätzelein,
         Ihm darf kein Härlein kränken
         Halton, dein Hündelein.   60
         Es läßt sich auch nicht beissen,
         Gar schnell sich widersetzt,
         Thut bürsten sich und spreissen,
         Bleibt immer unverlezt.

Halton. Und ich will ihm noch schenken   65
         Ein Stückchen Einerlei,
         Mein, jetzo wirst du denken,
         Was dieses doch wohl sey?
         Zu deinem Kätzlein eben
         Will ich ihm noch dabei   70
         Ein pelzern Mausfall geben,
         So hats der Kätzlein zwei.

Damon. Und ich will ihm noch schenken
         Ein muntres Täubelein,
         Das lauft auf Tisch und Bänken   75
         Mit seinem Schwesterlein;
         Ein Ringlein ihnen beiden

Bezirkelt Hals und Brust,
Aus Pflaum und Feder-Seiden,
80   Recht farbig nach der Lust.

Halton. Und ich will ihm noch schenken
Zwo Turteltauben keusch,
Die spreiten, heben, senken
Die Flügel ohn Geräusch;
85   Ihr Stimmlein, wie man spüret,
Sind lauter Seufzerlein,
Gott weiß, welch Leid sie rühret,
In ihrem Herzelein.

Damon. Und ich will ihm noch schenken
90   Ein großen bunten Hahn,
Der Haupt und Hals thut schwenken,
Gleich einem edlen Schwan;
Mit Sporn und Busch er gehet,
Stolz als ein Rittersmann,
95   Und Morgens fleißig krähet
Der bunte Wettermann.

Halton. Und ich will ihm noch schenken
Ein Fink und Nachtigall,
Die Kopf und Ohren lenken,
100   Nach meiner Flöte Schall;
Spiel ich die Schäferlieder,
So kommen sie herbei,
Und pfeifen sie mir wieder
In ihrer Melodei.

105 Damon. Und ich will ihm noch schenken
Ein weißes Körbelein,
An Balken soll mans henken,
Voll kleiner Vögelein;

Ich selber habs geschnitzet
In siebenthalben Tag,   110
Ist neu und unbeschmitzet,
Nicht gnug man's loben mag.

Halton. Und ich will ihm noch schenken
Ein schönen Hirtenstab,
Mit Farben ihn besprengen,   115
Wie es noch keinen gab;
Die Kunst hab ich gelernet,
Wie man es machen soll,
Daß ganz er wird gesternet,   120
Und bunter Flecken voll.

Damon. Und ich will ihm noch schenken
Viel schöne Sachen mehr,
Ja schenken und noch schenken
Je mehr und je noch mehr;
Auch Aepfel, Birn und Nüsse,   125
Milch, Honig, Butter, Käß,
Ach wenn ich doch könnt wissen,
Was es recht gerne äß.

Halton. Wohl dann, so laßt uns reisen
Zum schönen Kindelein,   130
Und unsre Gaben preisen,
Dem kleinen Schäferlein;
Ihm alles auf soll heben
Die Mutter mit Bescheid,
Daß es ihm wird gegeben   135
Hernach zu seiner Zeit.

KL 18   Ein Wahrheitslied.

Als Gott der Herr geboren war,
Da war es kalt,
Was sieht Maria am Wege stehn?
Ein Feigenbaum,
5   Maria laß du die Feigen noch stehn,
Wir haben noch dreißig Meilen zu gehn,
Es wird uns spät.

Und als Maria ins Städtlein kam,
Vor eine Thür,
10   Da sprach sie zu dem Bäuerlein,
Behalt uns hier,
Wohl um das kleine Kindelein,
Es möcht dich warlich sonst gereun,
Die Nacht ist kalt.

15   Der Bauer sprach von Herzen ja,
Geht in den Stall!
Als nun die halbe Mitternacht kam,
Stand auf der Mann;
Wo seyd ihr dann, ihr armen Leut?
20   Daß ihr noch nicht erfroren seyd,
Das wundert mich.

Der Bauer gieng da wieder ins Haus,
Wohl aus der Scheuer,
Steh auf mein Weib, mein liebes Weib,
25   Und mach ein Feuer,
Und mach ein gutes Feuerlein,
Daß diese armen Leutelein
Erwärmen sich.

Und als Maria ins Haus hin kam,
30   Da war sie froh,
Joseph, der war ein frommer Mann,

Sein Säcklein holt;
Er nimmt heraus ein Kesselein,
Das Kind thät ein bischen Schnee hinein,
Und das sey Mehl.   35

Es that ein wenig Eis hinein,
Und das sey Zucker,
Es that ein wenig Wasser drein,
Und das sey Milch;
Sie hiengen den Kessel übern Heerd,   40
An einen Hacken, ohn Beschwerd
Das Müßlein kocht.

Ein Löffel schnitzt der fromme Mann
Von einem Span,
Der ward von lauter Helfenbein   45
Und Diamant;
Maria gab dem Kind den Brei,
Da sah man, daß es Jesus sey,
Unter seinen Augen.

Sommerverkündigung.   KL 20

(In einigen Gegenden von Holstein ziehen die Kinder, um den
Sommer anzukündigen, von Haus zu Haus; eines trägt in einem
Korb einen todten Fuchs voraus, sie singen dazu:)

Hanns Voß heißt er,
Schelmstück weis er,
Die er nicht weis, die will er lehren,
Haus und Hof will er verzehren;
Brod auf die Trage,   5
Speck auf den Wagen,
Eier ins Nest,
Wer mir was giebt, der ist der Best!

Als ich hier vor diesem war,
10 War hier nichts als Laub und Gras,
Da war auch hier kein reicher Mann,
Der uns den Beutel füllen kann,
Mit einem Schilling drei, vier oder mehr
Wenns auch ein halber Thaler wär.

15 Droben in der Hausfirst
Hängen die langen Mettwürst,
Gebt uns von den langen,
Laßt die kurzen hangen,
Sind sie etwas kleine,
20 Gebt uns zwei für eine;
Sind sie ein wenig zerbrochen,
So sind sie leichter kochen,
Sind sie etwas fett,
Je besser es uns schmeckt.

KL 21   Havele Hahne.

(Zur Fastnacht gehn die Kinder am Rhein mit einem Korb, in
dem ein gebundener Hahn liegt, sie schauckeln mit ihm und
singen:)

Havele havele Hahne,
Fastennacht geht ane,
Droben in dem Hinkelhaus,
Hängt ein Korb mit Eier raus;
5 Droben in der Firste,
Hängen die Bratwürste,
Gebt uns die langen,
Laßt die kurzen hangen,
Ri ra rum,
10 Der Winter muß herum;
Was wollt ihr uns denn geben,

Ein glückseligs Leben,
Glück schlag ins Haus,
Komm nimmermehr heraus.

Kinderpredigt.   KL 22

Ein Huhn und ein Hahn,
Die Predigt geht an,
Ein Kuh und ein Kalb,
Die Predigt ist halb,
Ein Katz und ein Maus,   5
Die Predigt ist aus,
Geht alle nach Haus,
Und haltet ein Schmaus.
Habt ihr was, so eßt es,
Habt ihr nichts, vergeßt es,   10
Habt ihr ein Stückchen Brod,
So theilt es mit der Noth,
Und habt ihr noch ein Brosämlein,
So streuet es den Vögelein.

Das Wappen von Amsterdam.   KL 23a

Ich gieng einmal nach Amsterdam,
Auf der Faullenzer Straße,
Man fragt mich, ob ich faullenzen kann,
Ich sagte nein, und meint doch ja,
Ich sezt mich nieder und faullenzt da,   5
Es war wohl tausend Gulden werth,
Dafür kauft ich ein schönes Pferd,
Wars kein junges, wars ein alts,
Ohne Kopf und ohne Hals,

10   Ohne Schenkel, ohne Bein,
        Auf dem Pferd ritt ich allein,
        Auf dem Pferd ritt ich so lang,
        Bis ihm gar der Bauch zersprang.
        Flog heraus ein Göckerlein,
15   Krähte grob und krähte fein,
        Hatt auf seinem Kopf ein Kamm,
        Drauf stand das Wappen von Amsterdam.

KL 23b   Erschreckliche Geschichte
            vom Hünchen und vom Hänchen.

Ein Hünchen und ein Hänchen sind miteinander in die
Nußhecken gegangen, um Nüsse zu essen, und jedes
Nüßchen, welches das Hänchen fand, hat es mit dem
Hünchen getheilt, endlich hat das Hünchen auch eine
Nuß gefunden, und das Hänchen hat sie ihm aufgepickt,
aber das Hünchen war neidisch, und hat nicht theilen
wollen, und hat aus Neid den Nußkern ganz verschluckt,
der ist ihm aber im Halse stecken geblieben, und wollte
nicht hinter sich, und nicht vor sich, da hat es geschrien:
lauf zum Born und hol mir Wasser.

        Hänchen ist zum Born gelaufen,
        Born du sollst mir Wasser geben,
        Hünchen liegt an jenem Berg,
        Und schluckt an einem Nußkern;
5   Und da hat der Born gesprochen:
        Erst sollst du zur Braut hinspringen,
        Und mir klare Seide bringen,
        Hänchen ist zur Braut gesprungen,
        Braut du sollst mir Seide geben,
10   Seide soll ich Brunnen bringen,
        Brunnen soll mir Wasser geben,

Wasser soll ich Hünchen bringen,
Hünchen liegt an jenem Berg,
Und schluckt an einem Nußkern.
Und da hat die Braut gesprochen: 15
Sollst mir erst mein Kränzlein langen,
Blieb mir in den Weiden hangen;
Hänchen ist zur Weide flogen,
Hat das Kränzlein runter zogen,
Braut ich thu dirs Kränzlein bringen,   20
Sollst mir klare Seiden geben,
Seide soll ich Brunnen bringen,
Brunnen soll mir Wasser geben,
Wasser soll ich Hünchen bringen,
Hünchen liegt an jenem Berg,   25
Und schluckt an einem Nußkern.
Braut gab für das Kränzlein Seide,
Born gab für die Seide Wasser,
Wasser bringt er zu dem Hünchen,
Aber Hünchen war erstickt,   30
Hat den Nußkern nicht verschlickt.

Da war das Hänchen sehr traurig, und hat ein Wägelchen
von Weiden geflochten, hat sechs Vögelchen davor ge-
spannt, und das Hünchen darauf gelegt, um es zu Grabe
zu fahren, und wie es so fort fuhr, kam ein Fuchs,

Wohin Hänchen?
    Mein Hünchen begraben.
Darf ich aufsitzen?
    Sitz hinten auf den Wagen,   35
    Vorne könnens meine Pferdchen nicht vertragen.

Da hat sich der Fuchs aufgesetzt, kam ein Wolf.

Wohin Hänchen? u. s. w.

kam ein Löwe, kam ein Bär, u.s.w., alle hinten drauf,
endlich kam noch ein Floh,

> Wohin Hänchen? u.s.w.

aber der war zu schwer, der hat grade noch gefehlt, das
ganze Wägelchen mit aller Bagage, mit Mann und Maus
ist im Sumpfe versunken, da braucht er auch kein Grab,
das Hänchen ist allein davon gekommen, ist auf den
Kirchthurm geflogen, da steht es noch, und dreht sich
überall herum, und paßt auf schön Wetter, daß der Sumpf
austrocknet, da will es wieder hin, und will sehen, wie er
seinen Leichenzug weiter bringt, wird aber wohl zu spät
kommen, denn es ist allerlei Kraut und Gras drüber gewachsen, Hünerdarm und Hahnenfuß, und Löwenzahn
und Fuchsia, und lauter solche Geschichten, wer sie nicht
weis, der muß sie erdichten.

KL 26a   Auf dem Grabstein eines Kindes
               in einem Kirchhof im Odenwald.

               Liebe Eltern gute Nacht!
               Ich soll wieder von euch scheiden,
               Kaum war ich zur Welt gebracht,
               Hab genossen keine Freuden,
5   Ich das kleinste eurer Glieder,
               Geh schon fort, doch nicht allein,
               Eltern, Schwestern, und die Brüder,
               Werden auch bald bei mir seyn,
               Weil sie wünschen, bitten, weinen,
10   Daß ihr Tag mag bald erscheinen.

Kindergebet.

Lieber Gott und Engelein,
Laßt mich fromm und gut seyn,
Laßt mir doch auch mein Hemdlein
Recht bald werden viel zu klein.

Wie oft Gott zu danken sey?

Wie viel Sand in dem Meer,
Wie viel Sterne oben her,
Wie viel Thiere in der Welt,
Wie viel Heller unterm Geld,
In den Adern wie viel Blut,   5
In dem Feuer wie viel Glut,
Wie viel Blätter in den Wäldern,
Wie viel Gräßlein in den Feldern,
In den Hecken wie viel Dörner,
Auf dem Acker wie viel Körner,   10
Auf den Wiesen wie viel Klee,
Wie viel Stäublein in der Höh,
In den Flüssen wie viel Fischlein,
In dem Meere wie viel Müschlein,
Wie viel Tropfen in der See,   15
Wie viel Flocken in dem Schnee,
So viel Lebendig weit und breit,
So oft und viel sey Gott Dank in Ewigkeit.
                    Amen

KL 27 b   Abendgebet.

>   Abends wenn ich schlafen geh,
>   Vierzehn Engel bei mir stehn,
>   Zwey zu meiner Rechten,
>   Zwey zu meiner Linken,
> 5   Zwey zu meinen Häupten,
>   Zwey zu meinen Füssen,
>   Zwey die mich decken,
>   Zwey die mich wecken,
>   Zwey die mich weisen
> 10   In das himmlische Paradeischen.

KL 28   St. Niklas.

                            Vater.

>   Es wird aus den Zeitungen vernommen,
>   Daß der heilige Sankt Niklaus werde kommen,
>   Aus Moskau, wo er gehalten werth,
>   Und als ein Heilger wird geehrt;
> 5   Er ist bereits schon auf der Fahrt,
>   Zu besuchen die Schuljugend zart,
>   Zu sehn, was die kleinen Mägdlein und Knaben
>   In diesem Jahre gelernet haben,
>   In Beten, Schreiben, Singen und Lesen,
> 10   Auch ob sie sind hübsch fromm gewesen.
>   Er hat auch in seinem Sack verschlossen,
>   Schöne Puppen aus Zucker gegossen,
>   Den Kindern, welche hübsch fromm wären,
>   Will er solche schöne Sachen verehren.

                            Kind.

> 15   Ich bitte dich Sankt Niklas sehr,
>   In meinem Hause auch einkehr,

Bring Bücher, Kleider und auch Schuh,
Und noch viel schöne gute Sachen dazu,
So will ich lernen wohl,
Und fromm seyn, wie ich soll.   20
          Amen.

          Sankt Niklas.

Gott grüß euch lieben Kinderlein,
Ihr sollt Vater und Mutter gehorsam seyn,
So soll euch was Schönes beschehret seyn;
Wenn ihr aber dasselbige nicht thut,   25
So bringe ich euch den Stecken und die Ruth.
          Amen.

          Kinderlied zu Weihnachten.   KL 29

     Gott's Wunder, lieber Bu,
     Geh, horch ein wenig zu,
     Was ich dir will erzählen,
     Was geschah in aller Fruh.

     Da geh ich über ein Heid,   5
     Wo man die Schäflein weidt,
     Da kam ein kleiner Bu gerennt,
     Ich hab ihn all mein Tag nicht kennt.

     Gott's Wunder, lieber Bu,
     Geh, horch ein wenig zu!   10

     Den alten Zimmermann,
     Den schaun wir alle an,
     Der hat dem kleinen Kindelein
     Viel Gutes angethan.

15   Er hat es so erkußt,
        Es war ein wahre Lust,
        Er schafft das Brod, ißt selber nicht,
        Ist auch sein rechter Vater nicht.

        Gott's Wunder, lieber Bu,
20   Geh, lausch ein wenig zu.

        Hätt' ich nur dran gedenkt,
        Dem Kind hätt ich was g'schenkt;
        Zwei Aepfel hab ich bei mir g'habt,
        Es hat mich freundlich angelacht.

25   Gott's Wunder, lieber Bu,
        Geh, horch ein wenig zu.

KL 30   Sterndreherlied.

        Wir reisen auf das Feld in eine Sonne,
        Des freuet sich die englische Schaar,
        Wir wünschen euch allen ein glückseelig Neujahr.

        Wir wünschen dem Herrn einen goldnen Hut,
5   Er trinkt keinen Wein, denn er sey gut,
        Des freuet sich u. s. w.

        Wir wünschen dem Herrn einen tiefen Bronnen,
        So ist ihm niemals sein Glück zerronnen,
        Des freuet sich u. s. w.

10   Wir wünschen dem Herrn einen goldnen Mutzen,
        Er läßt sich auch von keinem trutzen,
        Des freuet sich u. s. w.

Wir wünschen dem Herrn einen goldnen Tisch,
Auf jeder Eck einen gebacknen Fisch,
Des freuet sich u.s.w.   15

Wir wünschen der Frau einen goldnen Rock,
Sie geht daher als wie eine Dock,
Des freuet sich u.s.w.

Wir wünschen dem Sohn eine Feder in die Hand,
Damit soll er schreiben durchs ganze Land,   20
Des freuet sich u.s.w.

Wir wünschen der Tochter ein Rädelein,
Damit soll sie spinnen ein Fädelein,
Des freuet sich u.s.w.

Wir wünschen der Magd einen Besen in die Hand,   25
Damit soll sie kehren die Spinnen von der Wand,
Des freuet sich u.s.w.

Wir wünschen dem Knecht eine Peitsch in die Hand,
Damit soll er fahren durchs ganze Land,
Des freuet sich u.s.w.   30

Dreikönigslied.   KL 32

Gott so wollen wir loben und ehrn,
Die heiligen drei König mit ihrem Stern,
Sie reiten daher in aller Eil
In dreisig Tagen vierhundert Meil,
Sie kamen in Herodis Haus,   5
Herodes sahe zum Fenster raus:
Ihr meine liebe Herrn, wo wollt ihr hin?
Nach Bethlehem steht unser Sinn.

Da ist geboren ohn' alles Leid
10 Ein Kindlein von einer reinen Maid.
Herodes sprach aus großem Trotz:
Ey warum ist der hinder so schwarz?
O lieber Herr, er ist uns wohl bekannt,
Er ist ein König im Mohrenland.
15 Und wöllend ihr uns recht erkennen,
Wir dörffend uns gar wohl nennen.
Wir seynd die König vom finstern Stern,
Und brächten dem Kindlein ein Opfer gern,
Myrrhen, Weihrauch und rothes Gold,
20 Wir seynd dem Kindlein ins Herz nein hold.
Herodes sprach aus Uebermuth,
Bleibend bei mir, und nehmt für gut,
Ich will euch geben Heu und Streu,
Ich will euch halten Zehrung frey.
25 Die heiligen drei König thäten sich besinnen,
Fürwahr, wir wollen jezt von hinnen.
Herodes sprach aus trutzigem Sinn,
Wollt ihr nicht bleiben, so fahret hin.
Sie zogen über den Berg hinaus,
30 Sie funden den Stern ob dem Haus,
Sie traten in das Haus hinein,
Sie funden Jesum in dem Krippelein.
Sie gaben ihm ein reichen Sold,
Myrrhen, Weyhrauch und rothes Gold.
35 Joseph bei dem Kripplein saß,
Bis daß er schier erfroren was.
Joseph nahm ein Pfännelein,
Und macht dem Kind ein Müßelein.
Joseph, der zog seine Höselein aus,
40 Und macht dem Kindlein zwey Windelein d'raus.
Joseph, lieber Joseph mein,
Hilf mir wiegen mein Kindelein.
Es waren da zwey unvernünftige Thier,

Sie fielen nieder auf ihre Knie.
Das Oechselein und das Eselein, 45
Die kannten Gott den Herren rein.
    Amen.

Christkindleins Wiegenlied. KL 33

O Jesulein zart,
O Jesulein zart,
Das Kripplein ist hart,
Wie liegst du so hart,
Ach schlaf, ach thu die Aügelein zu, 5
Schlaf, und gieb uns die ewige Ruh.

Schlaf Jesulein wohl,
Nichts hindern soll
Ochs Esel und Schaf,
Sind alle im Schlaf. 10
Schlaf Kind schlaf, thue dein Aüglein zu,
Schlaf und gieb uns die ewige Ruh.

Dir Seraphim singt,
Und Cherubim klingt,
Viel Engel im Stall, 15
Die wiegen dich all.
Schlaf Kind schlaf, thu dein Aüglein zu,
Schlaf und gieb uns die ewige Ruh.

Sieh Jesulein sieh,
Sankt Joseph ist hie, 20
Ich bleib auch hiebei,
Schlaf sicher und frei.
Schlaf Kind schlaf, thu dein Aüglein zu,
Schlaf, und gieb uns die ewige Ruh.

25   Schweig Eselein still,
              Das Kind schlafen will,
              Ey Oechsle nicht brüll,
              Das Kind das schlafen will.
              Schlaf Kind schlaf, thu dein Aügelein zu,
30   Schlaf, und gieb uns die ewige Ruh.

KL 35   Wiegenlied.

              O Jesu liebes Herrlein mein,
              Hilf mir wiegen mein Kindelein,
              Im Himmelreich, und in der lieben Christenheit,
              Eya! Eya! Schlaf du liebes Kindelein,
5   Der heilig Christ will bei dir seyn,
              Mit seinen lieben Engelein, in Ewigkeit.
              O du liebes Jesulein,
              Du Tröster mein, erfreu mich fein,
              Und mach uns arme Würmelein
10   Zu Dienern dein!

              O Jesu, Gottes Söhnelein,
              Und Marien Kindelein,
              Laß dir mein Kind befohlen seyn,
              Im Himmelreich, und in seim kleinen Wiegelein,
15   Eya! Eya! schlaf mein liebes Kindelein,
              Dein Christ bringt dir gut Aepfelein,
              Baut dir ein schönes Häuselein im Himmelreich.
              Du trautes Jesulein,
              Gottes Lämmelein, erbarm dich mein,
20   Und faß mich auf dein Rückelein
              Und trag mich fein.

              O Jesu, liebes Brüderlein,
              Du wollst Emanuelchen seyn,

Und unser ewigs Priesterlein,
Im Himmelreich, und in der lieben Christenheit.   25
Eya! Eya! schweig du trautes Kindelein,
Es beißt dich sonst ein Eselein,
Und stößt dich Josephs Oechselein, zu Bethlehem.
O du süßes Jesulein,
Erhalt uns rein, im Glauben dein,   30
Bitt für uns arme Sünderlein,
Den Vater dein.

Jesus das zarte Kindelein,
Lag in ein'm harten Krippelein,
Gewindelt in ein Tüchelein,   35
Zu Bethlehem, im finstern Stall, beim Oechselein.
Eya! Eya! Joseph kocht ein Müselein,
Maria streichts ihrm Söhnlein ein,
Das Küßlein wärmt ein Engelein;
Nun singet fein, o du liebes Jesulein,   40
Die Unschuld dein, laß unser seyn,
Und mach uns arme Leute fein
Heilig und rein.

          Frühlingsumgang.   KL 36

Heut ist mitten in der Fasten,
Da leeren die Bauren die Kasten.

Die Kasten sind alle so leer,
Bescheer uns Gott ein andres Jahr!

Die Früchte im Felde, sie kleiden so wohl,   5
Sie kleiden dem Bäuerlein die Scheuerlein voll.

Wo sind unsere hiesigen Knaben,
Die uns den Sommerkranz helfen rumme tragen.

Sie liegen wohl hinter dem Wingertsberg,
10 Und schaffen ihre Händelein rauh.

Jetzt gehn wir vor des Wirten Haus,
Da schaut der Herr zum Fenster raus.

Er schaut wohl raus und wieder n'ein,
Er schenkt uns was ins Beutelein n'ein.

15 Wir schreibens wohl auf ein Lilienblatt,
Wir wünschen dem Herrn einen guten Tag.

Wir wünschen dem Herrn einen goldenen Tisch,
Auf jeden Spitzen gebackene Fisch.

Mitten darinnen eine Kante voll Wein,
20 Damit soll er brav lustig seyn.

Wir wünschen der Frau eine goldene Wiege,
Damit soll sie ihr Kindelein wiegen.

Wir wünschen der Frau eine goldene Schnur,
Damit bindt sie ihr Kindelein zu.

25 Wir wünschen dem Herrn einen silbernen Wagen,
Damit soll er ins Himmelreich fahren!

KL 37   Wenn die Kinder
                    ihre heiße Suppe rühren.

          Lirum larum Löffelstiel,
          Alte Weiber essen viel,
          Junge müssen fasten,
          Brod liegt im Kasten,
5   Messer liegt daneben,
          Ey was ein lustig Leben!

Das Sommertagslied.

In der Pfalz und umliegenden Gegenden gehen am Sonntag Lätare, welchen man den Sommertag nennt, die Kinder auf den Gassen herum mit hölzernen Stäben, an welchen eine mit Bändern geschmückte Bretzel hängt, und singen den Sommer an, worüber sich jedermann freut. Auch gehen oft zwei erwachsene junge Bursche verkleidet herum, von welchen einer den Sommer, der andere den Winter vorstellt, diese kämpfen miteinander, und der Winter verliert. Im Kraichgau tragen die Mägdlein bei diesem Fest einen mit Immergrün umwundenen Reif auf einem Stecken, an dem Reife hängen kleine Spiegel, Goldflitter und Bretzeln. Die Knaben aber tragen viele solche kleinere Kränze an ihren Stecken, und geben immer einen als Gegengabe in jedem Hauße ab, wo sie für ihren Gesang Geld, Eier, Schmalz oder Mehl erhalten. Dieser Kranz wird in der Mittenstube über dem Tisch an einem Faden aufgehängt, und bleibt bis zum nächsten Jahre hängen. Durch die Ofenwärme, die in die Höhe zieht, bewegt sich der Kranz zuweilen, dann sagen die Kinder: das bedeute was Gutes, wenn aber eine Hexe in die Stube kömmt, sagen die alten Weiber, stehe der Kranz still. Das Sommerlied aber heißt so:

> Tra, ri, ro,
> Der Sommer, der ist do!
> Wir wollen naus in Garten,
> Und wollen des Sommers warten,
> Jo, jo, jo,   5
> Der Sommer, der ist do.
>
> Tra, ri, ro,
> Der Sommer, der ist do!
> Wir wollen hinter die Hecken,
> Und wollen den Sommer wecken,   10

Jo, jo, jo,
Der Sommer, der ist do!

Tra, ri, ro,
Der Sommer, der ist do!
15 Der Sommer, der Sommer!
Der Winter hats verloren,
Jo, jo, jo,
Der Sommer, der ist do.

Tra, ri, u.s.w.
20 Zum Biere, zum Biere,
Der Winter liegt gefangen,
Den schlagen wir mit Stangen,
Jo, u.s.w.

Tra, ri, u.s.w.
25 Zum Weine, zum Weine,
In meiner Mutter Keller,
Liegt guter Muskateller,
Jo, u.s.w.

Tra, ri, u.s.w.
30 Wir wünschen dem Herrn
Ein goldnen Tisch,
Auf jeder Eck ein gebacknen Fisch,
Und mitten hinein
Drei Kannen voll Wein,
35 Daß er dabei kann fröhlich seyn.
Jo, jo, jo,
Der Sommer, der ist do.

Brunneneyer-Liedlein.   KL 40

In Kreuznach und andern Städten am Rhein werden um
Johannistag die Brunnen gereinigt, und neue Brunnen-
meister erwählt, wobei sich die Nachbarn versammeln,
und nachdem sie manche nachbarliche Angelegenheit be-
sprochen, ein kleines Fest geben. An dem Tage dieses
Festes ziehen die Kinder in der Nachbarschaft Eyer
sammlen herum, die sie in einen mit Feldblumen ge-
schmückten Korb auf Blätter legen, und sich Abends zu
einem eignen Feste backen lassen, bei ihrem Eyersamm-
len singen sie folgendes Lied. Diese Gelage waren bereits
im funfzehnten Jahrhundert.

Gärtlein, Gärtlein, Brunneneyer,
Heut han wir Johannistag,
Grün sind die Lilien,
Rufen wir Frau Wirthin an,
Draus auf den Leyen, (Leye, Schiefer)   5
Steht ein Korb voll Eier,
Sind sie zerbrochen,
Gebt mir eure Tochter,
Sind sie zu klein,
Gebt mir zwey für ein,   10
Strih, strah, stroh,
Heut übers Jahr sind wir all miteinander wieder do!

Knecht, Magd, Ochs, Esel, und alles,   KL 41
          was mein ist.

Als ich ein armes Weib war,
Zog ich über den Rhein,
Bescheert mir Gott ein Hühnelein,
War ich ein reiches Weib,

5   Gieng ich über die Wiese,
         Fragten alle Leut,
         Wie mein Hühnlein hiese,
         Bibberlein heißt mein armes Hühnelein.

         Als ich ein armes Weib war,
10   Zog ich über den Rhein,
         Bescheert mir Gott ein Entelein,
         War ich ein reiches Weib,
         Gieng ich über die Wiese,
         Fragten alle Leut,
15   Wie mein Entlein hiese,
         Entequentlein heißt mein Entlein,
         Bibberlein heißt mein armes Hühnelein.

         Als ich ein armes Weib war,
         Zog ich über den Rhein,
20   Bescheert mir Gott ein Gänselein,
         War ich ein reiches Weib,
         Gieng ich über die Wiese,
         Fragten alle Leut,
         Wie mein Gänselein hiese,
25   Wackelschwänzlein heißt mein Gänslein, u.s.w.

         Als ich u.s.w.
         Bescheert mir Gott ein Zickelein,
         u.s.w.
         Klipperbein heißt mein armes Zickelein,
30   Wackelschwänzlein u.s.w.

         Als ich u.s.w.
         Bescheert mir Gott ein Schweinelein,
         u.s.w.
         Schmortöpflein heißt mein armes Schweinelein,
35   Klipperbein u.s.w.

Als ich u.s.w.
Bescheert mir Gott ein Kuh,
Gute Muh heißt mein Kuh,
Schmortöpflein heißt mein Schwein,
u.s.w.   40

Als ich u.s.w.
Bescheert mir Gott ein Haus,
Guckeraus heißt mein Haus,
Gute Muh u.s.w.

Als ich u.s.w.   45
Bescheert mir Gott ein Mann,
Kegelbahn heißt mein Mann,
u.s.w.

Bescheert mir Gott ein Kind,
Goldenring heißt mein Kind.   50

Bescheert mir Gott ein Magd,
Hat er gesagt heißt meine Magd.

Bescheert mir Gott ein Pferd,
Ehrenwerth heißt mein Pferd.

Bescheert mir Gott ein Knecht,   55
Haberecht heißt mein Knecht.

Bescheert mir Gott ein Hahn,
Wettermann heißt mein Hahn.

Bescheert mir Gott ein Floh,
Hüpf ins Stroh heißt mein Floh.   60

Nun kennt ihr mich mit Mann und Kind,
Und all meinem Hausgesind.

KL 44   Für die Jüngelcher von unsern Leut.

> Ein Zicklein, ein Zicklein,
> Das hat gekauft das Väterlein,
> Um zwey Schilling Pfennig,
> Ein Zicklein!

5
> Da kam das Kätzlein,
> Und aß das Zicklein,
> Das hat gekauft mein Väterlein,
> Um zwey Schilling Pfennig,
> Ein Zicklein! Ein Zicklein!

10
> Da kam das Hündelein,
> Und biß das Kätzlein,
> Das da hat gegessen das Zicklein,
> Das da hat gekauft mein Väterlein,
> Um zwey Schilling Pfennig,
15
> Ein Zicklein!

> Da kam das Stöckelein,
> Und schlug das Hündlein,
> Das da hat gebissen das Kätzlein,
> Das da hat gegessen das Zicklein,
20
> Das da hat gekauft mein Väterlein,
> Um zwey Schilling Pfennig,
> Ein Zicklein!

> Da kam das Feuerlein,
> Und verbrennt das Stöckelein,
25
> Das da hat geschlagen das Hündelein,
> Das da hat gebissen das Kätzlein,
> Das da hat gegessen das Zicklein,
> Das da hat gekauft mein Väterlein,
> Um zwey Schilling Pfennig,
30
> Ein Zicklein!

Da kam das Wasserlein,
Und verlöscht das Feuerlein,
Das da hat verbrennt das Stöcklein,
Das da hat geschlagen das Hündlein,
Das da hat gebissen das Kätzlein,   35
Das da hat gegessen das Zicklein,
Das da hat gekauft mein Väterlein,
Um zwey Schilling Pfennig,
Ein Zicklein!

Da kam der Ochse   40
Und trank das Wasserlein,
Das da hat verlöscht das Feuerlein,
Das da hat verbrennt das Stöckelein,
Das da hat geschlagen das Hündelein,
Das da hat gebissen das Kätzelein,   45
Das da hat gegessen das Zicklein,
Das da hat gekauft mein Väterlein,
Um zwey Schilling Pfennig,
Ein Zicklein! Ein Zicklein!

Da kam der Schóchet, (Metzger)   50
Und schecht den Ochsen,
Der da hat getrunken das Wasserlein,
Das da hat verlöscht das Feuerlein,
Das da hat verbrennt das Stöckelein,
Das da hat geschlagen das Hündelein,   55
Das da hat gebissen das Kätzlein,
Das da hat gegessen das Zicklein,
Das da hat gekauft das Väterlein,
Um zwey Schilling Pfennig,
Ein Zicklein! ein Zicklein!   60

Da kam der Málach Hammóves, (Engel des Todes)
Und schecht den Schóchet,
Daß er hat geschecht den Ochsen,

Daß er hat getrunken das Wasserlein,
65   Das da hat verlöscht das Feuerlein,
Das da hat verbrennt das Stöckelein,
Das da hat geschlagen das Hündelein,
Das da hat gebissen das Kätzlein,
Das da hat gegessen das Zicklein,
70   Das da hat gekauft das Väterlein,
Um zwey Schilling Pfennig,
Ein Zicklein! Ein Zicklein!

Da kam unser lieber Herr Gott,
Und schecht den Málach Hammóves,
75   Der da hat geschecht den Schóchet,
Der da hat geschecht den Ochsen,
Daß er hat getrunken das Wasserlein,
Das da hat verlöscht das Feuerlein,
Das da hat verbrennt das Stöckelein,
80   Das da hat geschlagen das Hündelein,
Das da hat gebissen das Kätzlein,
Das da hat gegessen das Zicklein,
Das da hat gekauft das Väterlein,
Um zwey Schilling Pfennig,
85   Ein Zicklein! Ein Zicklein.

KL 47   Kinder-Konzert, prima vista.

Kleins Männele, kleins Männele, was kannst du machen?
Ich kann wohl spielen auf meiner Trumm,
Rum bum, bidi bum, so macht meine Trumm.
Rum bum, bidi bum.

5   Kleins Männele, u.s.w. was kannst du machen u.s.w.
Ich kann wohl spielen auf meiner Flöt,
Dill dill dill, so macht meine Flöt,

Rum bum, bidi bum, so macht meine Trumm.
Rum bum, bidi bum, dill dill dill.

Kleins Männele, u.s.w. was kannst du machen u.s.w.   10
Ich kann wohl spielen auf meiner Geig,
Ging ging ging, so macht meine Geig,
Dill dill dill, so macht meine Flöt,
Rum bum, bidi bum, so macht meine Trumm.
Rum bum, bidi bum, dill dill dill, ging ging ging.   15

Kleins Männele, u.s.w. was kannst du machen u.s.w.
Ich kann wohl spielen auf meiner Zitter,
Bring bring bring, so macht meine Zitter,
Ging ging ging, so macht meine Geig,
Dill dill dill, so macht meine Flöt,   20
Rum bum, bidi bum, so macht meine Trumm.
Rum bum, bidi bum, dill dill dill, ging ging ging, bring
    bring bring.

Kleins Männele, u.s.w. was kannst du machen u.s.w.
Ich kann wohl spielen auf meiner Laute,
Blum blum blum, so macht meine Laute,   25
Bring bring bring, so macht meine Zitter,
Ging ging ging, so macht meine Geig,
Dill dill dill, so macht meine Flöt,
Rum bum, bidi bum, so macht meine Trumm.
Rum bum, bidi bum, dill dill dill, ging ging ging, bring
    bring bring, blum blum blum.   30

Kleins Männele, u.s.w. was kannst du machen u.s.w.
Ich kann wohl spielen auf meinem Fagot,
Du du du, so macht mein Fagot,
Blum blum blum, so macht meine Laute,
Bring bring bring, so macht meine Zitter,   35
Ging ging ging, so macht meine Geig,
Dill dill dill, so macht meine Flöt,

Rum bum, bidi bum, so macht meine Trumm.
Rum bum, bidi bum, dill dill dill, ging ging ging, bring
   bring bring, blum blum blum, du du du.

40 Kleins Männele, u.s.w. was kannst du machen u.s.w.
Ich kann wohl spielen auf meiner Leier,
Eng eng eng, so macht meine Leier,
Du du du, so macht mein Fagot,
Blum blum blum, so macht meine Laut,
45 Bring bring bring, so macht meine Zitter,
Ging ging ging, so macht meine Geig,
Dill dill dill, so macht meine Flöt,
Rum bum bum, so macht meine Trumm.
Rum bum, bidi bum, dill dill dill, ging ging ging, bring
   bring bring, blum blum blum, du du du, eng,
      eng eng.

50 Kleins Männele, u.s.w. was kannst du machen u.s.w.
Ich kann wohl spielen auf meiner Baßgeig,
Gu gu gu, so macht meine Baßgeig,
Eng eng eng, so macht meine Leier,
Du du du, so macht mein Fagot,
55 Blum blum blum, so macht meine Laut,
Bring bring bring, so macht meine Zitter,
Ging ging ging, so macht meine Geig,
Dill dill dill, so macht meine Flöt,
Rum bum, bidi bum, so macht meine Trumm.
60 Rum bum, bidi bum, dill dill dill, ging ging ging, bring
   bring bring, blum blum blum, du du du, eng
      eng eng, gu gu gu,
         in Ewigkeit amen.

Der wunderliche Kittel.   KL 49

Ich weiß mir einen Kittel,
Geht vornen nicht zusammen,
Bin ich zu einer Nonn gegangen.
»Ach liebe Nonn gieb auch dazu,
Daß der Kittel fertig wird!«   5
Sprach die Nonn: »Das soll geschehn,
Will dir meine Kutte geben.« –
Ey so haben wir eine Kutt'!
Hintenzipf,
Freu' dich Mädel, der Kittel wird hübsch.   10

Ich weiß mir einen Kittel,
Geht vornen nicht zusammen,
Bin ich zu einem Hahn gegangen.
»Ach lieber Hahn, gieb auch dazu,
Daß der Kittel fertig wird!«   15
Sprach der Hahn: »Das soll geschehn,
Will dir meinen Kamm geben.«
Ey so haben wir einen Kamm!
Hahnenkamm,
Nonnenkutt,   20
Hintenzipf,
Freu dich Mädel, der Kittel wird hübsch!

Ich weiß mir einen Kittel,
Geht vornen nicht zusammen,
Bin ich zu einer Gans gegangen.   25
»Ach liebe Gans gieb auch dazu,
Daß der Kittel fertig wird!«
Sprach die Gans: »Das soll geschehn,
Will dir meinen Kragen geben.«
Ey so haben wir einen Kragen!   30
Ganskragen,
Hahnenkamm,

Nonnenkutt,
Hintenzipf,
35   Freu dich Mädel, dein Kittel wird hübsch!

Ich weiß mir einen Kittel,
Geht vornen nicht zusammen,
Bin ich zu einer Ent' gegangen.
»Ach liebe Ent' gieb auch dazu,
40   Daß der Kittel fertig wird!«
Sprach die Ent': »Das soll geschehn,
Will dir meinen Schnabel geben.«
Ey so haben wir einen Schnabel!
Entenschnabel,
45   Ganskragen,
Hahnenkamm,
Nonnenkutt,
Hintenzipf,
Freu dich Mädel, dein Kittel wird hübsch!

50   Ich weiß mir einen Kittel,
Geht vornen nicht zusammen,
Bin ich zu einem Haas gegangen.
»Ach lieber Haas, gieb auch dazu,
Daß der Kittel fertig wird!«
55   Sprach der Haas: »Das soll geschehn,
Will dir meinen Lauf geben.«
Ey so haben wir einen Lauf!
Haasenlauf,
Entenschnabel,
60   Ganskragen,
Hahnenkamm,
Nonnenkutt,
Hintenzipf,
Freu dich Mädel, dein Kittel wird hübsch.

Was der Gans alles aufgepackt worden ist.

Was trägt die Gans auf ihrem Schnabel?
Federgans?
Einen Ritter, mit sammt dem Sabel,
Trägt die Gans auf ihrem Schnabel.
Federgans.   5
Was trägt die Gans auf ihrem Kopf?
Federgans?
Einen dicken Koch mit sammt dem Topf,
Trägt die Gans auf ihrem Kopf.
Federgans.   10
Was trägt die Gans auf ihrem Kragen?
Federgans?
Einen Fuhrmann, mit Roß und Wagen,
Trägt die Gans auf ihrem Kragen.
Federgans.   15
Was trägt die Gans auf ihren Flügeln?
Federgans?
Einen stattlichen Ritter, mit sammt den Bügeln,
Trägt die Gans auf ihren Flügeln.
Federgans.   20
Was trägt die Gans auf ihrem Rücken?
Federgans?
Ein altes Weib, mit sammt den Krücken,
Trägt die Gans auf ihrem Rücken.
Federgans.   25
Was trägt die Gans auf ihren Zehen?
Federgans?
Ein Jungfer, die thut Hemdlein nähen,
Trägt die Gans auf ihren Zehen.
Federgans.   30
Was trägt die Gans auf ihrem Schwanzerl?
Federgans?

Ein Jungfrau in dem Hochzeitskranzerl,
Trägt die Gans auf ihrem Schwanzerl,
35   Federgans.

KL 53   Kinder-Predigt.

Quibus, quabus,
Die Enten gehn barfuß,
Die Gäns haben gar keine Schuh,
Was sagen dann die lieben Hüner dazu?
5   Und als ich nun kam an das kanaljeische Meer,
Da fand ich drey Männer, und noch viel mehr,
Der eine hatte niemals was,
Der andre nicht das,
Und der dritte gar nichts,
10   Die kauften sich eine Semmel,
Und einen Zentner holländischen Käse,
Und fuhren damit an das kanaljeische Meer.
Und als sie kamen an das kanaljeische Meer,
Da kamen sie in ein Land, und das war leer,
15   Und sie kamen an eine Kirche von Papier,
Darin war eine Kanzel von Korduan,
Und ein Pfaffe von Rothstein,
Der schrie: Heute haben wir Sünde gethan,
Verleiht uns Gott das Leben, so wollen wir morgen
                wieder dran!
20   Und die drey Schwestern Lazari,
Katharina, Sibilla, Schweigstilla,
Weinten bitterlich,
Und der Hahn krähete Buttermilch!

Das bucklige Männlein.   KL 54

Will ich in mein Gärtlein gehn,
Will mein Zwiebeln gießen;
Steht ein bucklicht Männlein da,
Fängt als an zu nießen.

Will ich in mein Küchel gehn,   5
Will mein Süpplein kochen;
Steht ein bucklicht Männlein da,
Hat mein Töpflein brochen.

Will ich in mein Stüblein gehn,
Will mein Müßlein essen;   10
Steht ein bucklicht Männlein da,
Hats schon halber gessen.

Will ich auf mein Boden gehn,
Will mein Hölzlein holen;
Steht ein bucklicht Männlein da,   15
Hat mirs halber g'stohlen.

Will ich in mein Keller gehn,
Will mein Weinlein zapfen;
Steht ein bucklicht Männlein da,
Thut mir'n Krug wegschnappen.   20

Setz ich mich ans Rädlein hin,
Will mein Fädlein drehen;
Steht ein bucklicht Männlein da,
Läßt mirs Rad nicht gehen.

Geh ich in mein Kämmerlein,   25
Will mein Bettlein machen;
Steht ein bucklicht Männlein da,
Fängt als an zu lachen.

Wenn ich an mein Bänklein knie,
30   Will ein bislein beten;
Steht ein bucklicht Männlein da,
Fängt als an zu reden.

Liebes Kindlein, ach ich bitt,
Bet' für's bucklicht Männlein mit!

KL 56a   Einquartierung.

Die Enten sprechen: Soldaten kommen! Soldaten
    kommen!
Der Enterich spricht: Sackerlot, sackerlot!
Der Haushund spricht: Wo? wo? wo? wo?
Die Katze spricht: Von Bernau, von Bernau!
5   Der Hahn auf der Mauer: Sie sind schon da.

KL 56b   Kriegsgebet.

Bet' Kinder bet',
Morge kommt der Schwed,
Morge kommt der Oxestern,
Der wird die Kinder bete lern.

KL 56c   Trompeterstückchen.

Heiderlau!
Stirbt meine Frau,
Reis' ich in die Wetterau,
Hol mir eine andre,

Die soll seyn,   5
Hübsch und fein,
Schöner als die andre.

Dito.   KL 57a

A Herr verscho o o ne mich,
Jesus Maria a a,
Ist dann kein Kavallerie mehr da,
Jesus Marie,
Wo bleibt dann die Infanterie,   5
Hätten wir dies,
Hätten wir das,
Hätten wir Heu,
Hätten wir Gras,
So haben wir aber nichts als diese   10
Alte, alte, alte Schindmährerere.

Kriegslied.   KL 57b

Husaren kommen reiten,
Den Säbel an der Seiten!
Hau dem Schelm ein Ohr ab,
Hau's ihm nicht zu dicht ab,
Laß ihm noch ein Stücklein dran,   5
Daß man den Schelm erkennen kann.

KL 57c   Vor der rechten Schmiede.

Beschlag, beschlag's Rößle,
Zu Ulm steht ein Schlößle,
Steht ein Schmiedle nah dabei,
Schmiedle abschlag mirs Rößle gleich,
5   Hab ich Nägele zu tief rein g'schlage,
Muß ichs wieder rausser grabe.

KL 58a   Wer da.

Drei Gäns im Haberstroh
Saßen da und waren froh,
Dann kam ein Bauer gegangen,
Mit einer langen Stangen,
5   Ruft: Wer do? Wer do?
Drei Gäns im Haberstroh
Saßen da und waren froh!

KL 58b   Proklamation.

Aennele wehr, Aennele wehr,
Buben sind im Garten,
Steck den hintern Riegel für,
Und laß die Narren warten.

KL 58c   Engelsgesang.

O du mein Gott, o du mein Gott,
Singen Engellein so fein,

Singen aufe, singen abe,
Schlagen Trillerlein drein!

Morgenlied von den Schäfchen.   KL 59

Schlaf, Kindlein, schlaf,
Der Vater hüt die Schaaf,
Die Mutter schüttels Bäumelein,
Da fällt herab ein Träumelein,
Schlaf, Kindlein, schlaf.   5

Schlaf, Kindlein, schlaf,
Am Himmel ziehn die Schaaf,
Die Sternlein sind die Lämmerlein,
Der Mond der ist das Schäferlein,
Schlaf, Kindlein, schlaf.   10

Schlaf, Kindlein, schlaf,
Christkindlein hat ein Schaaf,
Ist selbst das liebe Gotteslamm,
Das um uns all zu Tode kam,
Schlaf, Kindlein, schlaf!   15

Schlaf, Kindlein, schlaf,
So schenk ich dir ein Schaaf,
Mit einer goldnen Schelle fein,
Das soll dein Spielgeselle seyn,
Schlaf, Kindlein, schlaf!   20

Schlaf, Kindlein, schlaf,
Und blöck nicht wie ein Schaaf,
Sonst kömmt des Schäfers Hündelein,
Und beißt mein böses Kindelein,
Schlaf, Kindlein, schlaf.   25

Schlaf, Kindlein, schlaf,
Geh fort und hüt die Schaaf,
Geh fort du schwarzes Hündelein,
Und weck mir nicht mein Kindelein,
30   Schlaf, Kindlein, schlaf.

KL 60a   Wiegenlied im Freien.

Da oben auf dem Berge,
Da rauscht der Wind,
Da sitzet Maria,
Und wieget ihr Kind,
5   Sie wiegt es mit ihrer schneeweißen Hand,
Dazu braucht sie kein Wiegenband.

KL 60b   Reiterlied auf des Vaters Knie.

Troß troß trill,
Der Bauer hat ein Füll,
Das Füllen will nicht laufen,
Der Bauer wills verkaufen,
5   Verkaufen wills der Bauer,
Das Leben wird ihm sauer,
Sauer wird ihm das Leben,
Der Weinstock, der trägt Reben,
Reben trägt der Weinstock,
10   Hörner hat der Ziegenbock,
Der Ziegenbock hat Hörner,
Im Wald, da wachsen Dörner,
Dörner wachsen im Wald,
Der Winter, der ist kalt,
15   Kalt ist der Winter,

Vor der Stadt wohnt der Schinder,
Wenn der Schinder gessen hat,
So ist er satt.

Die arme Bettelfrau   KL 61a
singt das kranke Kind in Schlaf.

Eya popeya popole,
Unser Herrgottche wird dich bald hole,
Kömmt er mit dem gulderne Lädche,
Legt dich hinunter ins Gräbche:
Ueber mich,   5
Ueber dich,
Kummer mitnander ins Himmelrich!

Wiegenlied einer alten frommen Magd.   KL 61b

Ich wollte mich zur lieben Maria vermiethen,
Ich sollte ihr Kindlein helfen wiegen;
Sie führt mich in ihr Kämmerlein,
Da waren die lieben Engelein,
Die sangen alle Gloria!   5
Gelobet sey Maria!

Ammen-Uhr.   KL 62

Der Mond, der scheint,
Das Kindlein weint,
Die Glock schlägt zwölf,
Daß Gott doch allen Kranken helf!

5   Gott alles weiß,
       Das Mäuslein beißt,
       Die Glock schlägt Ein,
       Der Traum spielt auf dem Küssen dein.

       Das Nönnchen läut
10   Zur Mettenzeit,
       Die Glock schlägt zwei!
       Sie gehn ins Chor in einer Reih.

       Der Wind, der weht,
       Der Hahn, der kräht,
15   Die Glock schlägt drei,
       Der Fuhrmann hebt sich von der Streu.

       Der Gaul, der scharrt,
       Die Stallthür knarrt,
       Die Glock schlägt vier,
20   Der Kutscher siebt den Haber schier.

       Die Schwalbe lacht,
       Die Sonn erwacht,
       Die Glock schlägt fünf,
       Der Wandrer macht sich auf die Strümpf.

25   Das Hun gagackt,
       Die Ente quackt,
       Die Glock schlägt sechs,
       Steh auf, steh auf du faule Hex.

       Zum Becker lauf,
30   Ein Wecklein kauf,
       Die Glock schlägt sieben,
       Die Milch thu an das Feuer schieben.

       Thu Butter nein,
       Und Zucker fein,

Die Glock schlägt acht,   35
Geschwind dem Kind die Supp gebracht.

Meelämmchen.   KL 63

Mee Lämmchen, mee!
Das Lämmchen lauft in Wald,
Da stieß sichs an ein Steinchen,
That ihm weh sein Beinchen,
Da schrie das Lämmchen mee!   5

Mee Lämmchen, mee!
Das Lämmchen lauft in Wald,
Da stieß sichs an ein Stöchelchen,
That ihm weh sein Köppelchen,
Da schrie das Lämmchen mee!   10

Mee Lämmchen, mee!
Das Lämmchen lauft in Wald,
Da stieß sichs an ein Sträuchelchen,
That ihm weh sein Bäuchelchen,
Da schrie das Lämmchen mee!   15

Mee Lämmchen, mee!
Das Lämmchen lauft in Wald,
Da stieß sichs an ein Hölzchen,
That ihm weh sein Hälschen,
Da schrie das Lämmchen mee!   20

KL 64a   Die Magd an der Wiege.

Hab ich mirs nicht längst gedacht,
Sitz ich an der Wiegen,
Hab den Wedel in der Hand,
Wehr dem Kind die Fliegen.

5   Wenn die Leut spazieren gehn,
Muß ich an der Wiege stehn,
Muß da machen knick und knack,
Schlaf du kleiner Habersack.

KL 64b   Eia popeia etzetera.

Eia im Sause,
Zwei Wiegen in einem Hause,
Soll der Vater nicht werden bang,
Um zwei Wiegen in einem Gang,
5   Eia im Sause.

Eia wiwi!
Wer schläft heut Nacht bei mir,
Solls mein liebes Hänschen seyn,
Wird es auch hübsch freundlich seyn,
10   Eia wiwi.

Eia pum pum,
Unser kleiner Jung,
Will noch nicht alleine schlafen,
Will sich noch rumpumpeln lassen,
15   Eia pum pum.

Eia polei,
Kocht dem Schelm ein Brei,

Thut brav Zucker und Butter hinein,
So kriegt der Schelm ein geschmeidigen Sinn,
Eia polei.   20

Eia schlaf süße,
Ich wieg dich mit den Füßen,
Ich wieg dich mit dem schwarzen Schuh,
Schlaf mein Kind schlaf immer zu.
Eia schlaf süße.   25

Eia popeien,
Willst du immer schreien,
Flenn Els auf der Geigen,
Kannst du nit geschweigen,
Eia popeien.   30

Eia popille,
Schweigst du mir nicht stille,
Geb ich dir du Sünderlein,
Die Ruthe vor dein Hinterlein,
Eia popille!   35

Wiegenlied.   KL 66

Eio popeio, was rasselt im Stroh,
Die Gänslein gehn barfus,
Und haben keine Schuh,
Der Schuster hats Leder,
Kein Leisten dazu,   5
Kann er den Gänslein
Auch machen kein Schuh.

Eio popeio, schlags Kikelchen todt,
Legt mir keine Eier,

10   Und frißt mir mein Brod,
        Rupfen wir ihm dann
        Die Federchen aus,
        Machen dem Kindlein
        Ein Bettlein daraus.

15   Eio popeio, das ist eine Noth,
        Wer schenkt mir ein Heller,
        Zu Zucker und Brod?
        Verkauf ich mein Bettlein,
        Und leg mich aufs Stroh,
20   Sticht mich keine Feder,
        Und beißt mich kein Floh
        Eio popeio.

KL 67   Walte Gott Vater!

        Eya popeya!
        Schlief lieber wie du,
        Willst mirs nicht glauben,
        So sieh mir nur zu.
5   Sieh mir nur zu,
        Wie schläfrig ich bin,
        Schlafen, zum schlafen,
        Da steht mir mein Sinn.
        Ey eya popeya.

10   Hab ich mein Kindele
        Schlafen niedergelegt,
        Hab ichs mit Walte
        Gott Vater! zugedeckt.
        Das Walte Gott Vater,
15   Sohn, heiliger Geist,

Der mir mein Kindele
Tränket und speißt.
Ey eya popeya.

Zu Bett. KL 68a

Zu Bett, zu Bett,
Die ein Kindle hätt,
Die keinen hätt,
Muß auch zu Bett.

Der Vogelfänger. KL 68b

Hab ein Vögele gefangen,
Im Federbett,
Habs in Arm 'nein g'nommen,
Habs lieb gehät!

Gute Nacht, mein Kind! KL 68c

Guten Abend, gute Nacht,
Mit Rosen bedacht,
Mit Näglein besteckt,
Schlupf' unter die Deck,
Morgen früh, wenns Gott will,   5
Wirst du wieder geweckt.

KL 69a   Morgenlied.

Steht auf ihr lieben Kinderlein,
Der Morgenstern mit hellem Schein,
Läßt sich sehn frei gleich wie ein Held,
Und leuchtet in die ganze Welt.

5   Sey willkommen, du lieber Tag,
Vor dir die Nacht nicht bleiben mag,
Leucht uns in unsre Herzen fein,
Mit deinem himmelischen Schein.

KL 69b   Sämann.

Hutsch he! hutsch he!
Der Ackermann säet,
Die Vögelein singen,
Die Kernlein zerspringen,
5   Hutsch he! hutsch he!

KL 69c   Mondliedchen.

Wie der Mond so schön scheint,
Und die Nachtigall singt,
Wie lustig mags im Himmel seyn,
Beim kleinen Jesuskind.

Tanzliedchen im Grünen.　　　　　

Heidelbeeren, Heidelbeeren
Stehn in unserm Garten,
Mutter gieb mir auch ein Paar,
Kann nicht länger warten.

Tannebaum.　　　　　

O Tannebaum, o Tannebaum!
Du bist ein edles Reis!
Du grünest in dem Winter,
Als wie zur Sommerszeit!

Warum sollt ich nit grünen,　　　　　5
Da ich noch grünen kann?
Ich hab kein Vater, kein Mutter,
Der mich versorgen kann.

Sonnenlied.　　　　　

Sonne, Sonne, scheine,
Fahr über Rheine,
Fahr übers Glockenhaus,
Gucken drey schöne Puppen raus,
Eine die spinnt Seiden,　　　　　5
Die andre wickelt Weiden,
Die andre geht ans Brünnchen,
Findt ein goldig Kindchen;
Wer solls heben?
Die Töchter aus dem Löwen.　　　　　10
Wer soll die Windeln wäschen?
Die alte Schneppertäschen.

KL 71a   Wo bist du dann gesessen?

Auf'm Bergle bin ich gesessen,
Hab dem Vögele zug'schaut,
Ist ein Federle abe geflogen,
Hab'n Häusle draus baut.

KL 71b   Im Frühling, wenn die Maiglöckchen
                       läuten.

Kling, kling Glöckchen,
Im Haus steht ein Döckchen,
Im Garten steht ein Hünernest,
Stehn drei seidne Döckchen drin,
5   Eins spinnt Seiden,
Eins flicht Weiden,
Eins schließt den Himmel auf,
Läßt ein bischen Sonn heraus,
Läßt ein bischen drinn,
10   Daraus die Liebfrau Maria spinn,
Ein Röcklein für ihr Kindelein.

KL 72a   Beim Spaziergang.

Steig auf das Bergle,
Fall aber nit herab,
O herzig liebs Schätzle,
Brichs Füßle nit ab!

Guten Appetit.   KL 72b

Es regnet, Gott segnet,
Die Sonne scheint,
Der Mond greint,
Der Pfaff sitzt aufm Laden,
Frißt all die Palisaden!   5
Die Nonne geht ins Wirthshaus,
Und trinkt die Gläser all, all aus.

Anschauungs-ABC.   KL 72c

A, b, ab,
Thu die Kapp ab.
A b c
Die Katz, die läuft in Schnee,
Der Kater hinter her,   5
Mit einem großen Stücke Schmeer.

Wenn der Schelm die ersten Hosen   KL 73a
anzieht.

Zimmermäntle, Zimmermäntle,
Leih mir deine Hosen, –
Nein, nein, leih dir sie nit,
Sie hangen hinterm Ofen!

KL 73b   Wenn man die kleinen Jungen
mit ihren Schlappertüchlein am Hals
          zu Tische setzt.

    Hau dich nit, stich dich nit, brenn dich nit,
    Suppen ist heiß,
    Schneider, wenn du reiten willt,
    Setz dich auf die Geis.

KL 73c   Wenn das Kind etwas nicht gern ißt.

       Bum bam beier,
       Die Katz mag keine Eier,
       Was mag sie dann?
       Speck aus der Pfann!
5   Ey wie lecker ist unsre Madam!

KL 73d   Wenn das Kind allzu wißbegierig ist.

       Warum?
       Darum.
       Warum denn darum?
       Um die Krumm.
5   Warum denn um die Krumm?
       Weils nicht grad ist!

KL 74a   Wenn die Hühner im Garten sind.

      Mein Hinkelchen, mein Hinkelchen,
      Was machst in unserm Garten,

Pflückst uns all die Blümchen ab,
Machst es gar zu arg,
Mutter wird dich jagen,   5
Vater wird dich schlagen,
Mein Hinkelchen, mein Hinkelchen,
Was machst in unserm Garten.

Wenn die Kinder gehen lernen.   KL 74b

Trommel auf dem Bauch, hast ein schweren Ranzen,
Kannst du erst auf Stelzen gehn, so kannst du auch
    bald tanzen.

Wenn die Kinder auf der Erde   KL 74c
    herum rutschen.

Guck hinüber, fuff herüber,
Wohl über die Straß hinum,
Kann Deutschland nicht finden,
Rutsch alleweil drauf rum.

Wenn man die Kinder im   KL 75a
    Schlitten fährt.

Schäfele hat ein Küttele an,
Hänget voller Röllen,
Wann es über d' Gassen geht,
Fangen die Hund an bellen.

Schäfele komm,   5
Schlag mir die Tromm,

Führ mir mein Fritzle
Im Schlittle herum.

KL 75b   Weinsüppchen.

Anne Margritchen!
Was willst du, mein Liebchen?
Ich trinke so gerne
Gezückerten Wein.

5   Zwey Pfund Zuckerchen,
Ein Pfund Butterchen,
Zwey Maaße Wein,
So muß es gut seyn.

Schütt' es in ein Kesselchen,
10   Rühr es mit dem Löffelchen,
Anne Margritchen,
Welch Süpplein ist das?

Eine Weinsupp'! eine Weinsupp'!

KL 76a   Wetterprophet.

Drei Wolken am Himmel,
Was soll dies bedeuten?
Der Mesmer soll heimgeh,
Soll Wetter läuten!

Wenn die Kinder üble Laune haben.   KL 76b

Zürnt und brummt der kleine Zwerg,
Nimmt er alles überzwerch,
Ein Backofen für ein Bierglaß,
Den Mehlsack für ein Weinfaß,
Den Kirschbaum für ein Besenstiel,   5
Den Flederwisch für ein Windmühl,
Die Katz für eine Wachtel,
Den Sieb für eine Schachtel,
Das Hackbrett für ein Löffel,
Den Hansel für den Stöffel.   10

Wiegenlied.   KL 76c

Höre mein Kindchen, was will ich dir singen,
Aepfel und Birnen soll Vater mitbringen,
Pflaumen, Rosinen und Feigen,
Mein Kindchen soll schlafen und schweigen.

Schulkrankheit.   KL 77a

Bist so krank als wie ein Huhn,
Magst gern essen und nichts thun.

Den kleinen Kindern in die Hand   KL 77b
gepatscht.

Patsche, patsche Küchelchen,
Mir und dir ein Krügelchen,

Mir und dir ein Tellerchen,
Mir und dir ein Hellerchen,
5   Sind wir zwey Gesellerchen.

KL 77c   Butzemann.

Es tanzt ein Butzemann
In unserm Haus herum di dum,
Er rüttelt sich, er schüttelt sich,
Er wirft sein Säckchen hinter sich,
5   Es tanzt ein Butzemann
In unserm Haus herum.

KL 77d   Zu Gaste gebeten.

Geh mit mir in die Heidelbeeren,
Heidelbeeren sind noch nit blo, (blau)
Geh mit mir ins Haberstroh,
Haberstroh ist noch nit zeitig,
5   Geh mit mir ins Besenreisig,
Besenreisig ist noch nit auf,
Geh mit mir die Trepp hinauf,
Trepplein ist verbrochen,
Sind wir nauf gekrochen,
10   Sind wir in dem Kämmerlein,
Schenk ein Schöpplein Wein ein.

Nicht weit her.   KL 78a

Ein Himmel ohne Sonn,
Ein Garten ohne Bronn,
Ein Baum ohne Frucht,
Ein Mägdlein ohne Zucht,
Ein Süpplein ohne Brocken,   5
Ein Thurm ohne Glocken,
Ein Soldat ohne Gewehr,
Sind alle nicht weit her.

Ich schenk dir was.   KL 78b

Was ist denn das?
Ein silbernes Wart ein Weilchen,
Und ein goldnes Nixchen,
In einem Niemahlenen Büchschen.

Hast du auch was gelernt?   KL 79a

Wacker Mägdlein bin ich ja,
Rothe Strümpflein hab ich an,
Kann stricken, kann nehen,
Kann Haspel gut drehen,
Kann noch wohl was mehr!   5

Was möchtest du nicht?   KL 79b

Ich möcht vor tausend Thaler nicht,
Daß mir der Kopf ab wär,

Da spräng ich mit dem Rumpf herum,
Und wüßt nicht, wo ich wär,
5   Die Leut schrien all und blieben stehn:
Ey guck einmal den! Ey guck einmal den!

KL 79c Als Hans vom Markt heimgieng, und seinem Schatz
ein neu Spinnrad mitgebracht, und sich eine neue Peitsche gekauft hatte, sang er lustig:

Buchsbaumes Rädle,
Ein' flächsene Schwing,
Mein Schatz heißt Antonele,
Wie freut mich das Ding.

KL 80a   Ach und weh, kein Schmalzele meh!

Ich hab' emahl ein Bettelmädele küßt,
'S Schmalz ist ihm aus dem Häfele 'raus g'spritzt.
Bettelmädele schreit Ach und Weh,
Hab ja kein Schmalzele meh!

KL 80b   Wenn ers nur nicht krumm nimmt!

Um um um mein Krummer,
Krummer du bist mein,
Ei du krummer Dingerler,
Wie magst so lustig seyn?

Was hast du dann zu dem   KL 80c
   Schustersbuben gesagt?

Schusterbue!
Flick mir die Schuh,
Gieb mirs Leder auch dazu,
Es ist kein Gerber in der Stadt,
Der ein solches Leder hat.   5

Ein lustiger Bu
Braucht oft ein paar Schuh,
Ein trauriger Narr,
Hat lang an eim Paar.

   Kommt Hüner bibi.   KL 81a

Der Reiter zu Pferd,
Die Köchin am Heerd,
Die Nonne im Kloster,
Der Fischer im Wasser,
Die Mutter backt Kuchen,   5
Sie läßt mich nicht gucken,
Sie giebt mir ein Brocken,
Soll Hüner mit locken,
Kommt Hüner bibi,
Die Knochen ißt sie.   10

Lied, mit welchem die Kinder   KL 81b
   die Schnecken locken.

Klosterfrau im Schneckenhäußle,
Sie meint, sie sey verborgen?

Kommt der Pater Guardian,
Wünscht ihr guten Morgen!

KL 81c   An den Storchschnabel.

Storch, Storch, Steiner!
Mit den langen Beiner,
Flieg mir in das Beckerhaus,
Hol mir ein warmen Weck heraus!

5   Ist der Storch nit ein schönes Thier,
Hat einen langen Schnabel und säuft kein Bier.

KL 82a   Klapperstorch.

Storch, Storch, Langbein,
Wann fliegst du ins Land herein,
Bringst dem Kind ein Brüderlein?
Wenn der Roggen reifet,
5   Wenn der Frosch pfeifet,
Wenn die goldnen Ringen
In der Kiste klingen,
Wenn die rothen Appeln,
In der Kiste rappeln.

KL 82b   Der Goldvogel.

Goldvogel, flieg aus,
Flieg auf die Stangen,
Käsebrode langen;

> Mir eins, dir eins,
> Alle gute G'sellen eins.   5

Maikäferlied.   KL 83a

Maikäferchen, Maikäferchen, fliege weg!
Dein Häuschen brennt,
Dein Mütterchen flennt,
Dein Vater sitzt auf der Schwelle,
Flieg in Himmel aus der Hölle.   5

Petrus und Pilatus auf der Reise.   KL 83b

Bei diesem Liede reichen sich zwei Kinder die Hände
kreutzweiß, und gehen singend auf und ab, und bei:
sprach Pilatus, drehen sie sich, durch einen Zug der Hände schnell herum, und wandern wieder zurück.

> Pilatus wollte wandern,
>   Sprach Petrus.
> Von einer Stadt zur andern,
> Juchheisasa andern.
>   Sagt Pilatus.   5
> Jetzt kommen wir vor ein Wirthshaus,
>   Sprach Petrus.
> Frau Wirthin schenkt uns Wein heraus,
> Juchheisasa u.s.w.
>   Sagt Pilatus.   10
> Womit willst du ihn bezahlen?
>   Sprach Petrus.
> Ich hab noch einen Thaler,
> Juchh. u.s.w.
>   Sagt Pilatus.   15

Wo hast du dann den Thaler bekommen?
    Sprach Petrus.
Ich hab ihn den Bauern genommen,
Juchh. u.s.w.
20   Sprach Pilatus.
Jetzt hast du keinen Seegen.
    Sprach Petrus.
Daran ist nichts gelegen,
Juchh. u.s.w.
25   Sprach Pilatus.
Jetzt kommst du nicht in Himmel ein.
    Sprach Petrus.
So reit ich auf einem Schimmel hinein.
Juchh. u.s.w.
30   Sprach Pilatus.
So fällst du herunter und brichst das Bein.
    Sprach Petrus.
So rutsch ich auf dem Hintern hinein,
Juchh. u.s.w.
35   Sprach Pilatus.

KL 84   Abzählen bei dem Spiel.

Eins, zwei, drei,
In der Dechanei,
Steht ein Teller auf dem Tisch,
Kömmt die Katz und holt die Fisch,
5   Kömmt der Jäger mit der Gabel,
Sticht die Katze in den Nabel,
Schreit die Katz: Miaun miaun,
Wills gewiß nicht wieder taun.

*   *   *

Eins, zwei, drei,   KL 85a
Hicke, hacke, Heu,
Hicke, hacke Haberstroh,
Vater ist ein Schnitzler worden,
Schnitzelt mir ein Bolz,   5
Zieh ich mit ins Holz,
Zieh ich mit ins grüne Gras,
Altvater, was ist das?
Kind, es ist ein weißer Haas!
Puh, den schieß ich auf die Nas.   10

* * *

Jäger bind dein Hündlein an,   KL 85b
Daß es mich nicht beissen kann,
Beißt es mich,
Straf ich dich,
Um sechshundert dreissig.   5

Aus einem Kindermährchen.   KL 85c

Königstochter jüngste,
Mach mir auf,
Weißt du nicht, was gestern
Du zu mir gesagt,
Bei dem kühlen Brunnenwasser?   5
Königstochter jüngste
    Mach mir auf.

KL 86 a   Linsenlied.

                            Die Linse,
                            Wo sin se?
                            Im Tippe,
                            Se hippe,
5   Deck se zu,
                            So han se Ruh.

KL 86 b   Ringelreihe-Lied.

        Die Kinder tanzen im Kreiß, und setzen sich
                plötzlich zur Erde nieder.

                            Ringel, Ringel, Reihe!
                            Sind der Kinder dreie,
                            Sitzen auf dem Holderbusch,
                            Schreien alle musch, musch, musch,
5   Sitzt nieder.
                            Sitzt ne Frau im Ringelein,
                            Mit sieben kleine Kinderlein,
                            Was essen's gern?
                                Fischlein.
10   Was trinken's gern?
                                Rothen Wein.
                            Sitzt nieder.

KL 87 a   Spiellied des Königs Töchterlein.

        Ein Mägdlein setzt sich in die Mitte, ihren Rock zieht sie
        über den Kopf in die Höh, die Kinder stehn um sie, und
        halten den Rock, einer geht herum und fragt:

Ringel, Ringel, Thale, ringen,
Wer sitzt in diesem Thurm drinnen?

Das Mägdlein antwortet:

Königs, Königs-Töchterlein.

Der Herumgesandte:

Darf man sie auch anschauen?

Mägdlein:

Nein, der Thurm ist gar zu hoch,   5
Du mußt ein Stein abhauen.

Nun schlägt er auf eine der Hände, und diese läßt den
Rock fallen, nun fragt er von neuem; sind alle Steine herunter, so lauft das Königs-Töchterlein nach, und wer er-
hascht wird, muß nun in den Thurm.

Erbsenliedchen.   KL 87b

Gieb mir eine Erbse.
»Ich habe keine.«
Geh zum Müller, und hol dir eine.
»Er giebt mir keine.«
So such dir eine.   5
»Ich finde keine.«
So blas ich dich.
»So wehr ich mich.«

Nun blasen sich die Kinder ins Gesicht, wer es am läng-
sten, ohne zu lachen, aushält, bekömmt von dem andern
eine Erbse.

KL 88a   Abzählen.

      Eins, zwey, drey,
      Bicke, borne hey,
      Bicke borne Pfefferkoren,
      Der Müller hat seine Frau verloren,
5   Hänschen hat sie g'funden.
      D' Katzen schlagen d' Tromme,
      D' Maus kehren d' Stuben aus,
      D' Ratten tragen den Dreck hinaus:
      'S sitzt ein Männel unter dem Dach,
10   Hat sich bald zu krank gelacht.

KL 88b   Dergleichen.

      Gickes gackes Eyermuß,
      Gänse laufen barfuß,
      Hinterm Ofen steht sie,
      Vor dem Ofen geht sie,
5   Hat sie Schuh,
      Sie legt sie an.
      Hat sie keine,
      So kauft sie ein Paar.

KL 89a   Wenn die Kinder Steine ins Wasser
                        werfen.

      Ist ein Mann in Brunnen gefallen,
      Haben ihn hören plumpen,
      Wär der Narr nit nein gefallen,
      Wär er nit ertrunken.

Vöglein auf der Wiege.   KL 89 b

Vöglein auf der Wiege,
Singst so klare Züge,
Also klar,
Sieben Jahr,
Sieben Jahr herum.   5

Maikäferlied.   KL 90 a

(am Ueberrhein.)

Türkenmännchen, flieg hinweg,
Die Weiber mit den Stangen,
Wollen dich empfangen.
Türkenweibchen flieg hinweg,
Die Männer mit den Spiessen,   5
Wollen dich erschießen.
Flieg in den Himmel,
Bring mirn Sack voll Kümmel,
Tunk ich meinen Weck hinein,
Bei dem rothen kühlen Wein.   10

Abzählen, den die letzte Silbe trift,   KL 90 b
der muß nachlaufen.

Ahne, Krahne, wickele, wahne,
Wollen wir nit nach England fahren,
England ist verschlossen,
Schlösser sind verrostet,
Schlüssel ist verloren,   5
Müssen wir ein Loch nein bohren,

Sind wir nein gekrochen,
Haben die Töpf verbrochen,
10 Wenn der Kessel tief ist,
Wenn die Milch süß ist,
Wenn die Puppen tanzen,
Wollen wir Lanzen pflanzen.

KL 91a   Abzählen.

Eins, zwey, drey, vier, fünf, sechs, sieben, acht,
        neun,
Geh ich in das Gässel h'nein,
Schlag dem Bauer die Fenster ein,
Kommt der Büttel, setzt mich ein,
5 Setzt mich in das Narrenhaus,
Geb' ich drey, vier Batzen aus,
Ri ra Ofenloch,
Hätt' ich mein' drey Batzen noch!

KL 91b   Wirst du mir keine schöne Singerin?

Hinter der Donaubrück
Steht ein schön Häusle,
Sitzt ein schön Mädel drin,
Singt als wie ein Zeisle.

KL 91c   Geh, du schwarze Amsel.

Wann ich schon schwarz bin,
Schuld ist nicht mein allein,

Schuld hat mein Mutter gehabt,
Weil sie mich nicht gewaschen hat,
Da ich noch klein,   5
Da ich wunderwinzig bin gesein.

Vorbereitung zur Tanzstunde.   KL 92a

Mädele bind den Geisbock an,
Gieb ihm brav Heu,
Gieb ihm nur, was er mag,
Daß er brav tanzen kann,
Wie ein Lakei.   5

Heubündele.   KL 92b

Mädle, was hast du,
Was trägst in deinem Bündele?
Mehl und Schmalz und ein Salz,
Für mein klein Kindele!

Etikette auf des Bettelmanns   KL 92c
Hochzeit.

Widele wedele,
Hinterm Städele
Hat der Bettelmann Hochzeit,
Pfeift ihm Läusle,
Tanzt ein Mäusle,   5
'S Igele schlägt die Trommel,

Alle die Thier, die Wedele haben,
Sollen zur Hochzeit kommen.

KL 93a   Was haben wir dann zu essen?

Guten Abend Aennele,
Zu essen häben wir wenele,
Zu trinken häben wir unsern Bach,
Häben wir nit die beste Sach?

KL 93b   Wer bist du, armer Mann?

Der Himmel ist mein Hut,
Die Erde ist mein Schuh,
Das heil'ge Kreuz ist mein Schwerd,
Wer mich sieht, hat mich lieb und werth.

KL 93c   Was ißt du gern, was siehst du gern?

Geschnittne Nudele eß ich gern,
Aber nur die feine,
Schöne Mädele seh ich gern,
Aber nur die kleine.

KL 93d   Ach wenn ich doch ein Täublein wär.

Dort oben auf dem Berge,
Da steht ein hohes Haus,

Da fliegen alle Morgen,
Zwey Turteltäublein raus.

Ach wenn ich nur ein Täublein wär!   5
Wollt fliegen aus und ein,
Wollt fliegen alle Morgen!
Zu meinem Brüderlein.

Ein Haus wollt ich mir bauen,
Ein Stock von grünem Klee,   10
Mit Buchsbaum wollt ichs decken,
Und rothen Nägelein.

Und wenn das Haus gebauet wär,
Bescheert mir Gott was n'ein,
Ein kleines, kleines Kindelein,   15
Das soll mein Täublein seyn.

Rothe Aeuglein.   KL 94

Könnst du meine Aeuglein sehen,
Wie sie sind vom Weinen roth,
Ich soll in das Kloster gehen,
Und allein seyn bis in Tod.

Es sitzen auch zwey Turteltäublein   5
Drüben auf dem grünen Ast,
Wenn die von einander scheiden,
So vergehen Laub und Gras.

KL 95a   Korbflechterlied.

Ich will ein Körblein flechten,
Ein Körblein hübsch und fein,
Nimm du dein falsches Herze,
Und legs mit größtem Schmerze
5   In dieses Körblein fein.

KL 95b   Tanzliedchen.

Bin ich nit ein Bürschlein
   In der Welt?
Spring ja wie ein Hirschlein,
   In dem Feld!
5   In dem Feld, im grünen Holz,
Begegnet mir ein Jungfrau stolz.

Guten Morgen, Jungfrau!
   Mach geschwind,
Du sollst mit mir tanzen,
10   Munter Kind!
Bischen auf und abgeschwenkt,
Und ein Gläschen eingeschenkt.

Schöne Musikanten
   Spielet auf!
15   Spielet mir ein Tänzlein
   Obendrauf;
Aufgepuzt, eingeschnürt,
Lustig dann zum Tanz geführt.
   Heisasa.

Wenns Kind verdrieslich ist.   KL 96a

> Der Müller thut mahlen,
> Das Rädle geht 'rum,
> Mein Schatz ist verzürnet,
> Weiß selbst nit warum.

Liebesliedchen.   KL 96b

> Mein Schätzle ist fein,
> 'S könnt feiner nit seyn,
> Es hat mirs versprochen,
> Sein Herzle gehör' mein.

Vom Vöglein.   KL 96c

Grüß dich Gott mein lieb Regerl!
Ich komm aus dem Wald,
Hab gefangen ein schöns Vögerl,
Entwischt wär mirs bald.
Ich thät dirs gern schenken,   5
Nimms an, sey so gut,
Es wird dich nicht kränken,
Weils schön singen thut.

Ey du mein liebs Regerl,
Ich bitt dich um ein Gnad,   10
Verschaff doch dem Vögerl
Ein Häusle von Drath,
Thu auch nicht vergessen,
Ein Trögerl zum Trank,
Ein Trögerl zum Fressen,   15
Daß 's dir nit wird krank.

KL 97   Der gescheidte Hansel.

                    Hansel am Bach,
                    Hat lauter gut Sach,
                    Hats Häusel verbrennt,
                    Hat Lumpen drum gehenkt.

5   Hansel am Bach,
                    Hat lauter gut Sach,
                    Hat Fischlein gefangen,
                    Hat die Schuppen heimbracht.

                    Hansel und Gretel,
10   Zwei lustige Leut,
                    Der Hansel ist närrisch,
                    Die Gretel nit gescheidt.

KL 98   Liebeslieder.

                    Herzigs Kindlein, Zuckermündlein,
                    Ich hab ein Wecklein, in meinem Säcklein,
                    Ich will dirs bringen,
                    Bis nach Bingen,
5   Zerrißne Hemder,
                    Die Schuh voll Bänder,
                    Papierne Absätz,
                    Hölzerne Sohlen;
                    Knäblein willst du mich,
10   So thu mich holen.

                    Mein Schätzlein, mein Kätzlein,
                    O warte nur ein Jahr,
                    Und wann die Weiden Kirschen tragen,
                    So nehm ich dich fürwahr.

Die Weiden tragen keine Kirschen,   15
Die Königskerze ist kein Licht,
Also kannst du gedenken,
Daß ich dich nehme nicht.
Und wenn ich dich schon nehme,
So haben wir kein Haus,   20
Da setzen wir uns in die Kieze,
Und schauen oben raus.

Vergiß mein nicht.   KL 99a

Ist es nicht eine harte Pein,
Wenn Liebende nicht beysammen seyn?
Drück mich fest in dein Herz hinein,
Wachsen heraus Vergiß nicht mein.

Trotzliedchen.   KL 99b

Mein Schätzle ist klein,
Es bildt sich viel ein,
Jetzt mag es mich nimmer,
'S muß aber nit seyn.

Scherzliedchen.   KL 99c

'S Land aufe, 's Land abe,
Mein Schätzle ist mir lieb,
Dort in dem braunen Kittele,
Schön Sträusle auf dem Hut.

Ey der tausend.

Ich saß auf einem Birnenbaum,
Wollt gelbe Rüben graben,
Da kam derselbe Bauersmann,
Dem diese Zwiebeln waren!

5   Ach, ach du Schelm, ach, ach du Dieb!
Was machst du in den Nüssen?
So hatt' ich all mein Lebetag
Kein beßre Pflaumen gessen.

Der Esel hat Pantoffeln an,
10   Kam übers Dach geflogen,
Ach, ach, ich armes Mädelein,
Wie bin ich doch betrogen.

Scherz- und Liebes-Liedchen.

Was hilft mir ein rother Apfel,
Wenn er innen faul ist;
Was hilft mich ein schöns Kindlein,
Wenn sein Herzlein falsch ist.

5   Wenn ich ein schön Mägdlein seh,
Mein ich, es sey mein,
Wenn ich mirs dann holen will,
Läßt michs nicht hinein.

Und wenn mein Kindchen auf dem
Tannenbaum wär,
10   Ich wollt' hinauf klettern, wenn's noch so hoch
wär.

Ziehs naufi.

Margritchen, Margritchen,
Dein Hemdchen guckt für,
Ziehs naufi, ziehs naufi,
So tanz ich mit dir.

Tanzliedchen.

Tanz Kindlein tanz,
Deine Schühlein sind noch ganz,
Laß dir sie nit gereue,
Der Schuster macht dir neue.

Konterfait und Aussteuer.

Mein Schatz ist kreideweiß,
Hat krumme Glieder,
Geht schief zum Thor hinaus,
Kömmt bucklicht wieder.

Ein ungleich Paar Ochsen,   5
Eine bucklichte Kuh,
Die giebt mir meine Mutter,
Wenn ich heurathen thu.

Von Adel und Tadel.

Ein silberne Scheide,
Ein goldene Kling,

Mein Schatz ist von Adel,
Wie freut mich das Ding.

5   Kreideweiße Haare,
Schwarz gewichste Schuh,
Ein Degen an der Seite,
Ein Goldstück dazu.

Mein Schatz ist von Adel,
10   Von Adel ist er,
Was hat er für einen Tadel?
Kein Waden hat er.

KL 102b   Gelegenheitsverse.

Wenn ein Schiff vom Stapel läuft, so singen in Lübeck die
Kinder, die zu ihrem Vergnügen sich darauf befinden:

Laß ihm, laß ihm seinen Willen,
Er hat den Kopf voll Grillen.

Wenn die Knaben beim Spiel das lezte, was sie haben,
einsetzen, singen sie:

Die lezte Hand klopft an die Wand,
Die wird mich nicht verlassen.

Schluß.

Dormi Jesu, mater ridet,
Quae tam dulcem somnum videt,
Dormi Jesu blandule.
Si non dormis, mater plorat,
Inter fila cantans orat;   5
Blande veni somnule.

Anhang

Kommentar

Die genaueren bibliographischen Angaben zu den Vorlagen der einzelnen Gedichte finden sich im Verzeichnis der gedruckten Quellen,
S. 495 ff.

Stichtitel zu Wh III

Da sich erst während der Drucklegung der Wh-Fortsetzung im Sommer 1808 die Notwendigkeit ergab, den Band zu unterteilen, gestal-
tete Arnim eigenverantwortlich die Titelei zu Wh III. Über seine Idee
schreibt er am 29. 9. 1808 an Goethe: »Das alte Bild vor dem dritten
Teile, wie Lieder und Liebe verbunden von einem Vogel den Ring
zum Preis erhalten, ist von einem jungen Menschen, Ludwig
Grimm«. Auch hier sind zwei Vorlagen kontaminiert: Ein Stich des
Israhel van Meckenem (gest. 1503) bot das musizierende Paar; der
Papagei samt dem Ring stammt aus einem Stich des Wenzel von
Olmütz (nachgewiesen zwischen 1481 und 1497). Ludwig Emil
Grimm, der jüngste der Kasseler Grimm-Brüder, gestaltete die goti-
sierende Brüstung – er trat damit als 17jähriger erstmals an die Öffent-
lichkeit.

Literatur: F. Pfaff, Zum Wunderhorn, in: ZfvglLG, NF 1, 1887/88,
S. 264; R. Steig, Goethe und die Brüder Grimm, Berlin 1892, S. 22,
248; F. Deibel, Brentano und die bildende Kunst, in: Zs. f. Bücher-
freunde 10, 1906, S. 29–35; L. E. Grimm, Erinnerungen aus meinem
Leben, hrsg. von A. Stoll, Leipzig 1911, S. 88; B. Gajek, Brentanos
Verhältnis zur bildenden Kunst, in: Bildende Kunst und Literatur,
hrsg. von W. Rasch, Frankfurt a. M. 1970, S. 35–56. XXV–XXXIX;
H. Rölleke, Die Titelkupfer zu »Des Knaben Wunderhorn« – Rich-
tigstellungen und neue Funde, in: JbFDH 1971, S. 123–131.

III 3

Arnim kontaminierte sieben Lieder aus Jakob Regnarts *Tricinia*
(1584; Nr. 4 und 15) und seinen *Teutschen Liedern* (1580; Nr. 1, 7,
15, 20 und 21) mit einem aus Ambrosius Metzgers *Venusblümlein*

(1612; Nr. 6) und einem von ihm selbst gedichteten Lied (V. 86–106). Nur das Eingangslied wurde ungekürzt aufgenommen; in den anderen sieben Übernahmen sind jeweils ein oder zwei Strophen gestrichen, die inhaltlich oder hinsichtlich ihrer Tonart nicht in den Zyklus passen.

5 *vernichten:* in der Vorlage im Sinn von: für nichts achten, verschmähen; von Arnim im modernen Sinn aufgefaßt.

7 *verjehen:* (frühnhd.) bekennen, erklären; hier im Sinn von ›versprechen‹.

11 *geben:* ergeben, fügen.

20 *in Tagen kurz:* in wenigen Tagen.

24 *gar:* gänzlich (vgl. V. 60).

27 *wäschen:* waschen.

49 *weil:* während.

52 *gereichen:* gelangen.

54 Daß ich so arm sein muß.

59 *veste:* wohl bewußt in der Orthographie der Vorlage belassen.

60 *verbrinnen:* verbrennen.

63 *zween:* (frühnhd.) maskuline Form des Numerale; in V. 64 die neutrale Form (feminine Form: »zwo«).

66 *Wunde:* des Reims wegen bewußt archaisierend.

72 *red:* Arnim hat offenbar »rett« ›rettet‹ der Vorlage als »redet« mißverstanden.

95–97 Vgl. zu diesem Motiv Wh I 253.

100 *die mich:* Flüchtigkeit statt »der mich«?

104 *schätzet:* hält wert.

106 *in:* Flüchtigkeit statt »an«?

Vertonung: Nr. 6: Johannes Brahms, op. 48,3.
Literatur: NA III, S. 3; BC II, S. 221, 222, 223, 224, 225; Rieser, S. 437–440; Bode, S. 617–619. – EB Nr. 1159, III, S. 84 f.; Goedeke-Tittmann, Nr. 60, S. 61; Friedlaender I/2, S. 165.

III 7

Brentano schuf hier aus einem konventionellen Abendständchen im Stil des frühen Rokoko mit tröstlichem Ausgang, das er auf dem Bruchstück eines vermutlich vom Ende des 18. Jh.s stammenden hs. Liederheftes gefunden hatte, ein gefühlsbeseeltes, wehmütiges Lied

im romantischen Stil. In V. 14 dürfte eine Anregung für Brentanos
zweimal gestaltetes Gedicht *Einsam will ich untergehen* mit seiner
ganz ähnlichen Sternmetaphorik gefunden sein (Werke I, S. 389, 596).

Literatur: NA III, S. 8; BC II, S. 168; Rieser, S. 487; Bode, S. 749 f.;
Schewe, 1932, S. 141.

III 9

Brentano kontaminierte zwei Gesänge auf den 23. Sonntag nach
Pfingsten aus dem *Dominicale Aestivale* (1667; S. 245 f.) des Proco-
pius von Templin zur Wh-Fassung. Zum Thema sind Wh I 24 und
I 55 zu vergleichen.

Literatur: NA III, S. 9; BC I, S. 222, 548 f.; Alemannia 20, 1892,
S. 114–117; Rieser, S. 385 f.; Bode, S. 647. – J. Meier, KiV, Nr. 87,
S. 14.

III 10

Das Wh vereint zwei Liedeinsendungen von Auguste von Pattberg,
die wohl von ihr selbst aus verschiedenen Volksliedmotiven und -ver-
sen zusammengestellt worden sind. Die Situation ist für Heines
Gedicht *Ein Traum, gar schauerlich* anregend gewesen. Geibel übernahm V. 25–28 fast wörtlich in sein Gedicht *Wenn sich zwei Herzen
scheiden.*

Melodie: Böhl, Nr. 10, S. 20; Stockmann, S. 128.
Literatur: NA III, S. 11; BC II, S. 230, 231, 232; Alemannia 3, 1877,
S. 287; 8, 1880, S. 60; Rieser, S. 525; Bode, S. 474; Schewe, 1956,
S. 67 f. – EB Nr. 2161–62, III, S. 857; Wolfram, Nr. 120, S. 134;
Nr. 398 a–b, S. 345 f.; ZfVk 17, 1907, S. 310 f.; vgl. A. Wrede, Rhei-
nische Volkskunde, Leipzig 1922, S. 112.

III 12

Arnim, der wohl als Bearbeiter anzusehen ist, hat zwei zufällig von
Bettina hintereinander aufgezeichnete, thematisch verwandte Texte

für das Wh zusammengestellt, wobei er bemüht war, eine zu deutliche Nennung der weiblichen Reize wie in der Vorlage zu vermeiden;
allein die Vergleichsbilder blieben in seiner Bearbeitung erhalten.

Melodie: Stockmann, S. 129.
Literatur: NA III, S. 12, 13, IV, S. 211; BC II, S. 160, 161; Rieser,
S. 513, 523 f.; Bode, S. 279, 353 f. – EB Nr. 559a, II, S. 385; Berglie-
der (Ed. Marriage), Nr. 94, S. 134; Hruschka-Toischer, S. 163,
Nr. 104; ZföVk 13, 1907, S. 158; 21, 1915, S. 168; He.-Wü.,
Nr. 294, II, S. 187; Jungbauer, Bibl., Nr. 265, S. 54; Jungbauer-
Horntrich, Nr. 197a–d, I, S. 269; Vld 45, 1943, S. 26.

III 13

Als Basis für die Bearbeitung diente ein auf einem Fl. Bl. abgedrucktes
geistliches Lied. Brentano strich wie üblich drei Moralstrophen, die
in der Vorlage den Dialog zwischen Leib und Seele einrahmen. Während dort dem Leib nur selbstanklägerische (von Brentano für das Wh
in der Tonart entschieden geänderte) und eine den Dialog resignie-
rend beschließende Strophe zugebilligt sind, den Klagen der Seele
indes dreimal soviel Raum gegeben ist, verkürzte Brentano die Anklagen der Seele um drei Strophen und ordnete eine weitere sinngemäß
als Rechtfertigung dem Leib zu, der damit das Schlußwort hat und
nach der Struktur der Streitgespräche recht behält. In zwei neugedichteten Schlußstrophen nimmt Brentano die epische Situation wieder auf und läßt das Lied heiter ausklingen.

25 f. Der Topos »Ach wär' ich nie geboren!« (vgl. Hiob. 3,3–5)
klingt hier an.
29 Vgl. Joel 4,12.
34 Das auf antike Vorstellungen zurückgehende Bild begegnet
bereits im mittelhochdeutschen *St. Trudberter Hohen Lied*
(109,16).
39 Vgl. Mt. 26,74 f.
40 Geister müssen beim ersten Hahnenschrei verschwinden. Das
Visions-Motiv griff Heine im achten seiner *Traumbilder* (*Buch
der Lieder*) auf.

Literatur: NA III, S. 14; BC II, S. 480; Rieser, S. 536; Bode, S. 572 f.
– AntwL, Nr. 56, S. 203, 234 f.; Briegleb, Nr. 6, S. 21 f.; Hoffm.-

Ri., Nr. 298, S. 348; Ditfurth, Fränk. Vldr I, S. 82, Nr. 98; Amft,
Nr. 626, S. 446; Wrede, Eifel, S. 169; Lesebuch II, Nr. 182 A–C,
S. 78–83; Klier, Totenwacht, Nr. 44, S. 86. – Vgl. Wackernagel V,
Nr. 1561, S. 1322–24.

III 15

Nehrlichs Einsendung wurde bis auf unwesentliche rhythmische
Glättungen und Variationen so gut wie wörtlich in das Wh übernom-
men. Motive der Schlußstrophe verwendete Heine in dem Sechszeiler
Ich will mich im grünen Wald ergehn.

Vertonung: Gustav Mahler (1892).
Literatur: NA III, S. 15; BC II, S. 233, 234; Rieser, S. 526; Bode,
S. 368; J. Meier, Rez., S. 490. – EB Nr. 201 a–c, I, S. 606–608;
Lewalter III, Nr. 10, S. 18.

III 16

Das Wh streicht von der Aufzeichnung Friederike Mannels aus Allendorf in Hessen, in der Strophen aneinandergefügt sind, die sonst nur
einzeln oder in anderem Zusammenhang begegnen, lediglich zwei
Strophen, so daß dem Lied etwas vom Charakter des Quodlibet
bleibt, dem die gleichsam auch als Herkunftsangabe zu verstehende
Überschrift in gewissem Sinn Rechnung trägt.

7 f. Antwort des Liebhabers.
13–16 Antwort der Geliebten.
16 Der paßt zu mir, gefällt mir.

Literatur: NA III, S. 16; BC II, S. 154; Rieser, S. 529; Bode, S. 462;
Schewe, 1956, S. 60. – Parisius, Nr. 97, S. 146, Nr. 722, S. 646; Dit-
furth, Fränk. Vldr II, S. 130, Nr. 176; Meier, Schwab., Nr. 17, S. 94;
Pröhle, Nr. 24, S. 41; Wolfram, Nr. 329, S. 289; Kö.-Mei., Nr. 231,
S. 240; Marriage, Pfalz, Nr. 215, S. 315 f.; Jungbauer, Bibl., Nr. 380,
S. 76; Künzig, Nr. 39, S. 61.

III 17

Die inhaltlich unbedeutenden Änderungen gegenüber der Vorlage, dem Text eines Fl. Bl., erstreben meist metrische Besserungen. Die Überschrift wurde in bezug auf V. 12 formuliert. Wilhelm Raabe erwähnt das Lied in seinem Roman *Der heilige Born.*

9 f. Als Formel seit Ende des 16. Jh.s überliefert.
11 f. Vgl. Wh II 54, V. 53 f.
13–16 Vgl. Wh II 201, V. 5–7.

Melodie: Stockmann, S. 130.
Vertonung: C. M. von Weber, op. 64 (1822).
Literatur: NA III, S. 17, IV, S. 52; BC II, S. 220; Müller, S. 51; Rieser, S. 530; Bode, S. 269 f. – EB Nr. 557, II, S. 382 f.; Wiora I, Nr. 198, S. 55.

III 18 a

Im Wh erscheint das Lied von den zwei Gespielen, dessen Entstehung mindestens im 15. Jh. anzusetzen ist, nur mit seinem Anfang, so daß das Thema des Streits zwischen armer und reicher Braut, bei dem die arme in der weiteren Ausführung den Sieg davonträgt, nur gerade anklingt. Die Überschrift trägt dem fragmentarischen Charakter des von Nehrlich eingesandten Liedes Rechnung: Diesen unentschiedenen Streit könnte nur ein salomonisches Urteil schlichten (vgl. 1. Kön. 3,16).

5 f. Worte der trauernden Gespielin.
7–10 Antwort der munteren Gespielin.

Literatur: NA III, S. 18, IV, S. 51, 356; BC II, S. 201, 202; Rieser, S. 519; Bode, S. 153. – Uhland, Nr. 115; EB Nr. 70 a–d, I, S. 247 bis 251, II, S. 297; Liliencron, 1530, Nr. 88; Goedeke-Tittmann, Nr. 86, S. 89; A. Hauffen, Das Volkslied von den zwei Gespielen, in: Euphorion 2, 1895, S. 29–39.

III 18b

Die Wh-Fassung des aus Johann Christoph Demantius' *Sieben vnd siebentzig [. . .] Täntzen* (1601; Nr. 9) übernommenen Liedes ist metrisch zur reinen Alternation ausgeglichen (Ausnahme: V. 11). Die Sprache wird klangvoller, der Ton persönlicher. Inhaltlich ist lediglich die Wendung in V. 6 neu, daß die Erde der Geliebten zu Ehren, von ihrem Blick wie von der Sonne erwärmt, Blumen hervorsprießen läßt. Die Überschrift korrespondiert mit dem Titel zu Wh III 20.

11 f. Das Kind der Venus ist Amor (vgl. V. 16); seine Fackel brennt heftiger (die mittelhochdeutsche Form »brinnt« wurde des Reimes wegen beibehalten), wenn die Geliebte ihre Augen öffnet.

Literatur: NA III, S. 19; BC II, S. 46, 792; Rieser, S. 424 f.; Bode, S. 313 f.

III 19

In Forsters Sammlung *Teutscher Liedlein* (1563) findet sich ein Lied (Nr. 19), das aufgrund seiner geringen Abweichungen gegenüber dem Wh-Text als weitgehend identisch mit dem bisher nicht aufgefundenen Fl. Bl., auf das die Herkunftsangabe verweist, angesehen werden kann. Die behutsame Überarbeitung modernisiert und vermeidet sprachliche Härten – in V. 2 sogar auf Kosten inhaltlichen Widerspruchs und identischen Reims. Die Schlußstrophe ist eine beliebte Wanderstrophe, die u. a. in Wh I 102 (Str. 3) erscheint.

 6 Vgl. Wh II 425, V. 1.
10 Vgl. Wh II 448, V. 12, III 140, V. 15.
18 Vgl. Wh II 218, V. 19 f.

Literatur: NA III, S. 19; BC II, S. 217; Rieser, S. 425; Bode, S. 205. – Uhland, Nr. 86; EB Nr. 748, II, S. 553; Marriage (Ed. Forster), S. 244 f.; Die Darfelder Liederhs. 1546–1565, hrsg. von R. W. Brednich, Münster 1976, Nr. 53, 78, S. 115, 144, 234 f.

III 20

Der geistvolle Vergleich zwischen Liebe und Musik dürfte um 1750 entstanden sein. Der von einem 1790 gedruckten Fl. Bl. übernommene Text gewinnt in der Wh-Bearbeitung, vergleichbar dem ganz ähnlich gestalteten Lied Wh I 308, wenn die dort (in der Kartenallegorie) gehäuften Anspielungen hier auch nur in der Schlußzeile weitergeführt sind. Zur Überschrift vgl. V. 21.

  3 Zum neueingefügten Bild der »Turteltäublein« für Liebende vgl. Wh II 31, V. 22.
  9 *Spröde:* Sprödigkeit.
     pausiren: vgl. Wh I 29, V. 44.
11 *pizikiren:* pizzicato spielen; die Saiten zupfen.
12 Die Vorlage scheint verderbt; Parallelfassungen haben statt dessen: »doch der Treu kein Saiten springt«.
13 *Herzen konkordiren:* gleichsam deutsch-lateinische figura etymologica (con-cor-dare: gleichen Herzens sein, übereinstimmen).
17 Der durch vorgesetztes Kreuz in der Notenschrift erhöhte Ton; hier im Wortspiel mit »Kreuz« im Sinne von ›Leid‹.
19 Vielleicht als Anspielung auf die entsprechende Geste der Linken eines Violinspielers deutbar.
22 *Terz:* in früherer Zeit Inbegriff der Harmonie.
24 *allegro:* rasch.

Literatur: NA III, S. 21; BC II, S. 73; Rieser, S. 534; Bode, S. 749. – Kopp, Crailsh., Nr. 109, S. 208; Wolkan I/2, S. 254.

III 21 a

Motive dieses auf eine Aufzeichnung Bettinas zurückgehenden Liedes begegnen in vielerlei Fassungen des verbreiteten Volksliedes *Jetzt geh ich ans Brünnelein* (vgl. Wh I 190). Die Überschrift ist eine metaphorische Anspielung auf V. 10–12 sowie die Motive von V. 1, 4 und 5.

1–6 Vgl. Wh I 190, V. 1–16.
9 f. Vgl. Wh I 190, V. 17–20.

Literatur: NA III, S. 22; BC II, S. 195; Rieser, S. 513; Bode,

S. 267 f.; Schewe, 1956, S. 60. – EB Nr. 203 a–g, I, S. 610–614, Nr. 205 a–c, I, S. 616 f.; Pröhle, Nr. 36, S. 56; Marriage, Pfalz, Nr. 46, S. 84.

III 21 b

Arnim schloß dieses Lied wegen der gleichen Eingangsmotive Wh III 21 a an. Während die Vorlage, eine Hs. Danquards, eher hypothetisch vom Tod spricht, macht die Wh-Bearbeitung daraus das Hauptthema: Nach der Trennung ist das »Liebchen« gestorben. Die Überschrift weist auf die durch die wichtigste Einzeländerung gegenüber der Vorlage in V. 26 geschaffene neue Motivation hin: Liebe über das Grab hinaus.

Melodie: Stockmann, S. 131.
Literatur: NA III, S. 22; BC II, S. 214; Rieser, S. 513 f.; Bode, S. 331 f. – EB Nr. 530 a–c, II, S. 355–357; Mittler, Nr. 937, S. 632; Marriage, Pfalz, Nr. 65, S. 107–109; He.-Wü., Nr. 98, I, S. 210.

III 23 a

Bemerkenswerte Änderungen gegenüber der von Danquard beigetragenen Vorlage sind die Einführung der Diminutiva in V. 2, 4 und 5, eine leichte Nuancierung der Schlußzeile und die Verdrängung der Dragoner durch »Husaren« (V. 1), für die das Wh durchaus Interesse bezeugt (vgl. Wh I 43, 188 und 371). Die Überschrift meint ein Feldlager.

3 *gelben Veilchenstock:* Gelbveigelein, Goldlack.

Literatur: NA III, S. 23; BC II, S. 196; Rieser, S. 514; Bode, S. 300. – Mittler, Nr. 1449, S. 892; Bender, Nr. 6, S. 223; Marriage, Pfalz, Nr. 254, S. 350.

III 23 b

Das kleine Spottlied auf die Untreue der Geliebten ist von der Einsenderin Auguste von Pattberg zumindest stark überarbeitet. Es fällt ein Anklang an Bürgers *Lenore* in den refrainartigen Eingangsversen auf (vgl. Wh II 19 und 222). Die so gut wie unveränderte Aufnahme geht wahrscheinlich auf Brentano zurück; vgl. den Anklang in seinem *Märchen von dem Hause Starenberg* (Werke III, S. 219).

Vertonung: C. M. von Weber, op. 64 (1822).
Literatur: NA III, S. 24; BC II, S. 188; Steig, NHJb VI, 1896, S. 110; Rieser, S. 546; Bode, S. 162. – Meier, Schwab., Nr. 43, S. 120; Bender, Nr. 67, S. 262, Nr. 82, S. 95.

III 24

Die Eingangsstrophe gehört nicht nur zu den Brentano am frühesten geläufigen Volksliedern – er dürfte den hier und in Wh III 141 verwendeten Vierzeiler bereits 1802 in Jena vom späteren Weimarischen Hofrat Kaspar Kohler erhalten haben, der nach eigenem Zeugnis Volksliedaufzeichnungen aus Österreich besaß, wohin auch Parallelaufzeichnungen dieser Strophe weisen –, sondern auch zu den von Brentano am meisten geschätzten. Um kein Wh-Lied hat er sich so intensiv bemüht; als allen Versuchen, das Fragment in der einmal gehörten Form zu ergänzen, kein Erfolg beschieden war, hat offenbar er selbst durch Anfügung und Anpassung thematisch verwandter, wohl sämtlich von Nehrlich beigetragener Vierzeiler versucht, der verschollenen Urfassung möglichst nahe zu kommen. Gleichsam als Ersatz für das nicht erreichbare Original wurde die Eingangsstrophe nicht nur hier und in Wh III 141 eingerückt, sondern auch in Arnims Abhandlung im Anhang des ersten Wh-Bandes. Vgl. auch Wh I 102, ein Lied, das merkwürdigerweise mit einem ganz ähnlichen Vers beginnt. Für Wilhelm Grimm waren die Verse durch das Wh untrennbar mit Heidelberg verbunden: »dann bin ich nach Heidelberg an den Neckar gegangen, wo die Nachtigall singt und der Einsiedler springt« (an August von Haxthausen, 15. 3. 1816; *Freundesbriefe von Wilhelm und Jacob Grimm*, hrsg. von A. Reifferscheid, Heilbronn 1878, S. 36).

Literatur: NA III, S. 25; BC II, S. 122; Rieser, S. 530; Bode, S. 662–664. – EB Nr. 979a–b, II, S. 745 f., Nr. 1024, II, S. 777 f.; Böhme, Kdl I, Nr. 1412–13, S. 288; A. Pichler, Skizzen aus Tirol: in: Deutsches Museum 11, 1861, S. 97; ZföVk 4, 1898, S. 7 f.; Bender, Nr. 231, S. 60; Meisinger, Oberld, Nr. 333, S. 302; Züricher, Schweiz, Nr. 5064–68, S. 334.

III 25

Das Lied ist seit Mitte des 16. Jh.s überliefert und thematisch mit Wh I 46 verwandt; weite Verbreitung ist schon früh bezeugt. Ähnlich dem Verhältnis zwischen Wh I 236 und II 252 folgt auch hier der Neudichtung Arnims nach Motiven dieses Liedes (Wh I 63) ein bis auf ganz geringfügige sprachliche Modernisierungen getreuer Abdruck der Vorlage aus dem *Wienerischen Musenalmanach auf das Jahr 1782*, den wohl Brentano veranlaßt hat. Zur Überschrift vgl. V. 47.

1–4 Vgl. Wh I 63, V. 1–4.
9 Formelhaft, vgl. etwa Wh II 75, V. 1.
13 *Zarten:* Schmeichler (vgl. frühnhd. »zarten« ›schmeicheln‹).
16 *nächten:* gestern abend (vgl. Erl. zu Wh I 298).
18 *einlief:* hineineilte.
25–28 Vgl. Wh I 63, V. 9–12.
29–32 Locus amoenus; vgl. Walther von der Vogelweide (39,11): »Under der linden / an der heide, / dâ unser zweier bette was«.
35 f. Vgl. Wh I 327, V. 29 f.
39 f. Vgl. ähnlich Wh I 46, V. 31 f.
43 *kümmern:* bekümmern.
48 *Sanct Annenberg:* Annaberg im Erzgebirge, im 15. und 16. Jh. ein Zentrum des Silberbergbaus (vgl. Wh II 436, V. 59).

Literatur: NA III, S. 25; BC II, S. 114; Rieser, S. 415 f.; Bode, S. 181. – EB Nr. 135 a–b, I, S. 457–459; Bergreihen (Ed. Heilfurth), S. 142–144, 266 f.; Venus-Gärtlein (Ed. Waldberg), S. XXXVII f., 166 f. – Vgl. ferner zu Wh I 63.

III 27

Aus dem etwas derben Dialog der Vorlage, einem Fl. Bl., ist im Wh ein Monolog des Mädchens mit genau durchgeführten Parallelismen und Responsionen geworden. Die Bearbeitung ist wohl Brentano zuzuschreiben, der das Lied später auch in sein Hochzeitsgedicht *Die Monate* aufnahm. Die Überschrift ist eine Anspielung auf die neugedichtete Schlußstrophe.

4 *Gaggeleyer:* Hühnereier.

10 *Mägdlein:* in der Vorlage noch eindeutig im Sinn von ›Mägde‹, hier doppeldeutig.

19 *wöllt:* Die Variation (V. 3 »will«, V. 11 »wollt«) scheint beabsichtigt.

Melodie: Böhl, Nr. 11, S. 22.
Vertonungen: Max Reger, op. 75,12; Richard Strauss, op. 36,3.
Literatur: NA III, S. 28; BC II, S. 153; Rieser, S. 527 f.; Bode, S. 598 f. – Briegleb, Nr. 5, S. 21; Stöber, Nr. 17, S. 7; Mittler, Nr. 1224, S. 740; Süß, Nr. 68, S. 17; Züricher, Schweiz, Nr. 5844 bis 5846, S. 380.

III 28

Diese nahezu unveränderte Übernahme aus Matthaeus Odontius' *Musicalisch Rosengärtlein* (1612; Nr. 10) dürfte mit Sicherheit auf Arnim zurückzuführen sein. Das Lied ergibt als Strophenakrostichon SIBILLA. Der Korb, in dem sonst der Abschiedsbrief gegeben wird, erscheint hier hypertrophiert als Behältnis für den abgedankten Liebhaber und schließlich für das grausame Mädchen selbst.

15 f. Es wäre gerecht, wenn du die dir angemessene Stelle einnähmest, wenn du an seine Stelle dich versetztest (vgl. sprichwörtl.: Wem der Schuh paßt, der zieht ihn sich an).
22 *der Weil:* etwas Zeit.
23 Sagte sie verdrießlich.

Literatur: NA III, S. 29; BC II, S. 348; Rieser, S. 423; Bode, S. 276.

III 29

Der Wh-Text gibt das Lied *Schönheit, Geld und Frömmigkeit* in der von Büsching und von der Hagen herausgegebenen *Sammlung Deutscher Volkslieder* (1807); Nr. 4) wieder. Der älteste Beleg für die Eingangsstrophe findet sich in einem Straßburger Liederbuch von 1592. Die Jahreszahlen im Herkunftsvermerk des Wh zielen also auf die Entstehungszeit des Liedes.

[Überschrift:] »einen Fehler der Augen zu bezeichnen, da sie keinen

Gegenstand deutlich erkennen können, wenn sie nicht über sich gekehret sind« (Adelung IV, Sp. 1159).

23 f. Die Schlußzeilen sind im Wh – sofern es sich nicht um einen Druckfehler handelt – merkwürdig und nicht dem Sinn des Vorgehenden entsprechend zu einer Aufforderung umgeformt.

Literatur: NA III, S. 30; BC II, S. 482; Rieser, S. 430; Bode, S. 176 f.

III 30

Das inhaltlich und sprachlich gleichermaßen urwüchsige und burleske alemannische Lied scheint nach Ausweis der Schlußzeile aus der Bodenseegegend zu stammen. Schon im *Godwi* spielt Brentano auf das scheinbar unlogische Nebeneinander von Drei und Vier an (Werke II, S. 457):

> Von A. W-nn
> Du hattest schon, o Freund! den Weg gefunden,
> Vertrauend bald der heilgen neuen Lehre!
> Du hattest schon die heilge Drei verbunden,
> Bis dir die Viere deutlich worden wäre,
> Ließ dich der Blick ins Centrum schon gesunden!

Dieser Spott zielt auf die Verse Friedrich Schlegels, die das Wh als Überschrift für III 30 wörtlich zitiert. Im Hochzeitsgedicht *Die Monate* weist Brentano dann endlich direkt auf Schlegel hin (Eingangschor):

> Denn Schlegel spricht: »Wer Drei in Vier gefunden,
> Dess Blick wird in dem Centrum erst gesunden!«

Aber nicht nur Friedrich Schlegels »Zentraltheorie« wird durch die Überschrift verspottet, sondern auch August Wilhelm Schlegels Ausführungen über Kindlichkeit, kunstlose Darstellung »in dem alten Liede von den heiligen 3 Königen«: Brentano bietet mit Wh III 30 dafür gleichsam einen grotesken Beleg an und zielt in der Vorbemerkung deutlich auf Schlegels und anderer Interesse für das Alter der Lieder ab. Dieser historische Maßstab war Brentano verhaßt, der schon im Februar 1806 im Brief an Arnim gerügt hatte, Docen u. a. wollten nicht wissen, was die Alten »Schönes gesungen«, sondern nur, »was und wann sie gesungen«. Das Thema des Liedes ist dasselbe wie KL 32; hier sind indes die Einzelheiten mit spürbarer Freude derb-realistisch ausgeführt (vgl. z. B. V. 17 f., 20 usw.) und finden in der »Verfremdung« am Ende einen würdigen Abschluß.

2 Caspar, Melchior, Balthasar (die traditionellen Namen der drei Könige); Bern-(hard) ist der Sternträger beim Umzug – darauf weist nur noch andeutungsweise V. 5 hin, in dem sich anscheinend die Spur eines Heischelieds erhalten hat.
3 *seaga:* sehen.
5 *waidla:* eilen (vgl. V. 25)?
16 Wir müssen schnell gehen, es ist wirklich Eile geboten (schnell nötig).
18 Und schert euch auch in Teufels Namen (bei dem Paar Tatzen des Teufels!) hinweg.
20 Wir denken: Der Herodes soll uns schön den Hobel ausblasen (derber Spott).
23 *Butter, Nuß / Milach:* Die traditionellen Gaben (Gold, Weihrauch, Myrrhe) sind gleichsam ins Bäurische umgestaltet.
24 Da hat das Kindlein ein wenig drauf geschielt.
26 *Gugelfuar:* (Fastnachts-)Scherz, Spaß.
27 *es:* alemannisches Füllwort.
28 *Mümfeli:* einen kleinen Mund voll, ein Bröckchen.
30 *Kölla:* Köln; dort liegen die Gebeine der drei Könige. Ob ursprünglich an dieser Stelle Konstanz genannt wurde, steht dahin.

Literatur: NA III, S. 31; BC I, S. 368; Alemannia 9, 1881, S. 174; Rieser, S. 533 f.; Bode, S. 467–469.

III 31

Das seit dem Ende des 17. Jh.s überlieferte Abschiedslied war überaus häufig auf Fl. Bl. verbreitet. Das Wh-Lied geht auf eine inzwischen verschollene Niederschrift Nehrlichs zurück, deren Text indirekt überliefert ist. In der Wh-Fassung ist v. a. die Schlußstrophe, deren Neuformulierung durch das Enjambement zu Beginn und die sentimentale Tonart aus dem Rahmen fällt, gegenüber der Vorlage geändert, um eine überzählige und wohl auch verderbte Zeile auszuscheiden. Das Reimschema, dem weitere Besserungen galten, wurde allein hier und in Str. 2 verwirklicht: a b a b c c x.

3 Im Unterschied zu Wh II 18 b wurde hier nichts geändert.
24 f. Vgl. Wh I 289, V. 17–19.

Vertonung: Max Reger (1899).
Literatur: NA III, S. 32; BC II, S. 210; Rieser, S. 524 f.; Bode,
S. 321–326. – EB Nr. 791 a–c, II, S. 592–594; Briegleb, Nr. 31,
S. 33 f.; Pröhle, Nr. 45, S. 66; ZföVk 3, 1897, S. 259; Marriage,
Pfalz, Nr. 114, S. 179 f.; Vld 12, 1910, S. 405.

III 32

Der Eingangsvers des aus Nicolaus Rosthius' *Andern Theil Newer
Lieblicher Galliardt* (1593; Nr. 8) übernommenen Liedes erinnert an
die typische Situation Neidhartscher Sommerlieder; die entsprechende Erwartung wird dann auch – nach dem retardierenden
Moment von V. 2–10 – nicht getäuscht. Die Bearbeitung weicht
wesentlich nur am Schluß ab: Das verehrte Heiligenbild aus Fleisch
und Blut verrichtet »Wunder«, indem es nicht nur wie in der Vorlage
die Augen auf sich zieht, sondern die Blicke auch erwidert. Die Überschrift ist mit Beziehung auf den neuformulierten Schluß und auf die
Identität von »Mann« und »Bild« gesetzt.

 5 *betreten:* (frühnhd.) ergriffen, erfaßt.
 6 *war:* Der Druck ist an dieser Stelle der Vorlage nicht sehr deutlich,
    sonst wäre gewiß sinngemäßes »wär« beibehalten worden.
14 *schöner:* statt »schnöder«, dessen veraltete Bedeutung ›armer‹ hier
    zu einem Mißverständnis geführt hätte.

Literatur: NA III, S. 33; BC II, S. 28; Rieser, S. 425 f.; Bode, S. 352.

III 33

Das Wh kontaminiert einen Text aus Herders *Volksliedern* (1779;
Buch 1, Nr. 24, S. 62 f.) mit einer Einsendung Auguste von Pattbergs, die direkt oder indirekt auf Herders Fassung basieren dürfte.
Die bei Herder offenbar verderbt überlieferte Eingangsstrophe wurde
ebenso wie deren Ersatz in der Hs. Frau von Pattbergs verworfen;
statt dessen formulierte der Bearbeiter den Eingangsvers sinngemäß
und spielt in V. 2 sogleich auf das Hauptthema an. Während es in den

Vorlagen offenbleibt, ob der Sprecher als Mönch oder als Nonne aufzufassen ist, steht das Wh eindeutig in der Tradition von Wh I 32 a und läßt die Nonne sprechen.

4 *Orden:* allg.: Stand, hier aber auch speziell: Nonnenorden.
8 *Metten:* die früheste Morgenmesse.
9 *Gloria patri:* Ehre sei dem Vater; am Ende der Psalmen (die das Brevier vorschreibt).
19 Vgl. KL 27 b, V. 1.

Melodie: Stockmann, S. 132.
Literatur: NA III, S. 34; BC II, S. 628; Rieser, S. 519 f.; Bode, S. 182. – EB Nr. 921 a–b, II, S. 705 f.; Mittler, Nr. 845–846, S. 589; O. Steiner, Die Winileöd und zwei ungedruckte ostpreußische Varianten des Herderschen Volksliedes: Kein schönre Freud auf Erden ist, usw., in: Germania 21, 1876, S. 209–213; Böckel, Nr. 11, S. 10; Wolfram, Nr. 276, S. 246.

III 34

Für dieses nicht sehr alte Lied ist weite Verbreitung bezeugt; allein im Wh-Material finden sich zwölf Einsendungen, von denen Arnim je eine von Docen, Frau von Pattberg, Bettina und zwei von unbekannter Hand zur Kontamination heranzog. Die Herkunft der Einzelverse ergibt dabei folgendes Schema:

Docen	1–2		15–20	25–32		48
von Pattberg	3–4		14			
Bettina		13		21–24		38–47
unbek. Hand		5–12			37	
unbek. Hand				33–36		

Die Kunst des Bearbeiters erweist sich im wesentlichen in der sinnvollen Koordination der z. T. in allen Beiträgen in anderem Funktionszusammenhang stehenden Motive. Das ist zweifellos gelungen, wie die Tatsache beweist, daß die Wh-Fassung ihrerseits volkstümlich wurde. Der Titel spielt, bewußt falsche Erwartungen weckend, auf die Rahmenverse 3 und 47 an.

1–4 Vgl. Wh I 317, V. 1–4.
5 Vgl. Wh I 281, V. 1.

11 f. Durch die Änderung von V. 10 erhält auch dieses Motiv eine
veränderte Funktion: Aus dem dunklen Feierkleid der Vorlage
wird ein trauriges Vorzeichen.

15 *Die Botschaft ihm kam:* Die ungeschickte Einfügung ist nicht dem
Volksliedstil gemäß und hätte sich v. a. im Blick auf V. 17 erübrigt.

33–36 Es handelt sich um ein Verfahren der Volksheilkunde; vgl.
Mörikes Erzählung *Der Schatz*.

40 Vgl. Wh II 294, V. 64.

Melodie: Stockmann, S. 134.
Literatur: NA III, S. 36; IV, S. 307; BC II, S. 226, 227, 228, 229;
Steig, NHJb VI, 1896, S. 113 f.; Rieser, S. 482 f.; Bode, S. 504–508;
ZfDk 37, 1923, S. 183; Schewe, 1932, S. 139 f. – EB Nr. 93 a–h, I,
S. 329–336; DVl Nr. 51, II, S. 254–270 (zu Str. 2 und 3); Briegleb,
Nr. 45, S. 42; Hruschka-Toischer, S. 90, III, Nr. 2; Marriage, Pfalz,
Nr. 17, S. 38 f.; Vld 13, 1911, S. 42.

III 36

Musäus hat einen der Eingangsstrophe vergleichbaren Spruch in seinen *Volksmärchen der Deutschen* (*Stumme Liebe*) angeführt: »von
der Mutter war ihr ehemals ein Sprüchlein gelehrt, zu Fleiß und
Arbeit sie zu ermuntern, das lautete: Spinn, Töchterlein, spinn, / der
Freier sitzt drin!« Um diesen alten Kern haben sich anscheinend
immer neue, allegorische und v. a. moralisierende Strophen gerankt,
die sich im bekannten Wiegenlied-Rhythmus des *Schlaf, Kindchen,
schlaf* (vgl. KL 59) leicht machen ließen. Eine extreme Aufschwellung
des Themas bietet die Vorlage der Wh-Fassung, ein Fl. Bl. Brentano
kürzte u. a. wegen der Gefahr erotischer Ausdeutungen um 13 Strophen und übernahm nur biblische Anspielungen und religiös-morali-
sche Anknüpfungen.

1 Arnim zitiert den Vers im *47. Sonett* seiner *Beylage* zur ZfE
(Sp. 20).

7 Vgl. Wh II 399, V. 109–111.

10–12 Vgl. Tob. 2,19.

15 f. Vgl. KL 71b, V. 10 f.

22 *Glück und Stern:* formelhaft in dem nachmals sehr verbreiteten
Volkslied *Es fiel ein Reif in Frühlingsnacht* (EB Nr. 192, Str. 3).

28 Anspielung auf den Parzen-Mythos.

36 Synonym für »spinnen«; zur Praxis des Spinnens vgl. EB III,
S. 402.

Melodie: Böhl, Nr. 18, S. 36.
Literatur: NA III, S. 38; BC II, S. 712; Rieser, S. 534; Bode, S. 599,
725 f. – EB Nr. 1567–68, III, S. 400 f.; Groos-Klein, Nr. 34, S. 34;
Böhme, Kdl I, Nr. 477, S. 108; ZfVk 21, 1911, S. 375.

III 38

Das Wh kontaminiert den Text eines Fl. Bl. mit zwei Strophen des
sogenannten Oberhasler Kühreihens. Arnim dürfte den letzteren
ebenfalls auf einem Fl. Bl. von seiner Schweizer Reise mitgebracht
haben; so erklärt sich der Herkunftsvermerk. Die assoziative Art der
Kontamination läßt auf ihn als Bearbeiter schließen. Er wiederholte
V. 1–8 unverändert nach dem Wh in der neunten Erzählung seines
Wintergartens (Ed. Migge II, S. 401).

1 Sprichwörtlich seit der Antike; vgl. z. B. Cicero, *Pro Milone*
29,79: »Liberae sunt nostrae cogitationes«.
26 *Luft:* Parallelfassungen haben sinnvoller: Lust.

Melodie: Stockmann, S. 135.
Vertonung: Gustav Mahler (1905).
Literatur: NA III, S. 39; BC II, S. 157, 159; Rieser, S. 530 f.; Bode,
S. 625 f.; J. Meier, Rez., S. 495. – EB Nr. 1474, 1803, III, S. 331 f.,
575–577; Maltzahn, S. 303, Nr. 714, 715; Mittler, Nr. 1194, S. 730;
J. Meier, KiV, Nr. 376, S. 61; Steinitz, Nr. 202, II, S. 162.

III 40

Die Wh-Fassung kontaminiert eine Einsendung Nehrlichs mit einer
von unbekannter Hand und erreicht so einen prägnanten dreigliedrigen Aufbau mit Betonung des Schlusses. Sie ist der erste gedruckte
Beleg dieses bis heute weitverbreiteten Liedes. Zum Thema ist
Wh III 36 zu vergleichen.

Melodie: Böhl, Nr. 14, S. 28; Stockmann, S. 137.
Vertonung: Robert Schumann, op. 79,25.

Literatur: NA III, S. 41; BC II, S. 714; Rieser, S. 520; Bode, S. 599. –
EB Nr. 838 a, II, S. 640; Hruschka-Toischer, S. 206, III, Nr. 190;
Am Urquell 6, 1896, S. 97; Schumann, Nr. 127, 640; Bender,
Nr. 136, S. 155.

III 41

Als Quelle für dieses Spruchgedicht dienten Docens *Miscellaneen*
(1807; S. 282 f.). Der Text geht zurück auf Theobald Hoeckhs
Gedichtsammlung *Schönes Blumenfeld* (1601). Die Bearbeitung des
Miscellaneentextes erfolgte wohl durch Brentano, der etliche sprachliche Modernisierungen vornahm, ohne sich aber von Inhalt und Stil
der Vorlage entscheidend zu entfernen.

  1 *wohl:* in älterm Sinn: gut.
  4 *Schanzen:* Glückswürfe.
  5 *rumschwanzen:* herumschlawenzeln, umherschwänzeln.
10 *darf:* bedarf, braucht.
13 *noch:* ferner, auch.
14 f. Die Änderung zu Beginn von V. 14 macht die Absicht der
    Modernisierung deutlich, die zugleich »Glück« in dem sonst in
    diesem Lied begegnenden Sinn verwendet (günstiger Zufall). In
    der Quelle heißt es sinngemäß: Das Glück (Schicksal) setzt oft
    gleichermaßen dem Bettler wie dem Fürsten hart zu.
20 *Galanisieren:* den Galan spielen, Hof machen.
21 f. Sprichwörtlich seit der Antike. Vgl. auch die Novellentitel
    Gottfried Kellers: *Der Schmied seines Glückes* und Adalbert Stif-
    ters: *Die drei Schmiede ihres Schicksals.*
23 f. Sprichwörtl. (»Wie man sich bettet, so liegt man.«)
27 *beschaffen:* bestimmt.

Literatur: NA III, S. 42; BC II, S. 483; Rieser, S. 514; Bode, S. 310 f.

III 42

Das Spottlied auf den einfältigen Gimpel (Dompfaff), der ironisch
gelobt wird, weil er bei der von allen Vögeln gemiedenen Eule als
Verehrer geduldet ist, findet Parallelen in KL 3, V. 33–36, und
Wh I 233, V. 5 f. und 23 f. Die Bearbeitung beschränkt sich abge-

sehen von einer Kürzung der Vorlage, Johann Christoph Haidens *Postiglion der Lieb* (1614; Nr. 23), um eine Strophe und Änderung der Schlußverse auf inkonsequent durchgeführte sprachliche Modernisierungen.

  7 *richten:* (frühnhd.) beurteilen.

12 *vexirt:* quält; vgl. Wh II 383, V. 66.

21 Daß es, ohne die Scheu der anderen Vögel zu haben.

29 *schon:* schön (vgl. V. 2).

32 *wer es auch sey:* in der Vorlage: »wie der auch sicht« ›wie er auch aussieht‹.

45 *Ihr:* der Eule.

46 *gemein:* insgemein, insgesamt.

50 *sehr:* sinnlos statt »fehrt« ›im vergangenen Jahr‹ (vgl. Anm. zu Wh II 414, V. 77).

54 So laß nur ihre Spottreden an deinen Ohren vorübergehen (ohne hinzuhören).

56 *geit:* kontrahiert statt »gibt«.

    ung'heit: vgl. frühnhd. »heien« ›foppen‹; ähnlich Wh II 22, V. 25.

63 f. In der Quelle stand am Ende mit Absicht ein Fehlreim (»Laur« statt »Dieb«), den die Wh-Fassung nicht übernimmt; zugleich wird aus der speziellen Dedikation des Liedes im Anschluß an V. 62 eine allgemeine Schlußgnome.

Literatur: NA III, S. 42; BC II, S. 60; Rieser, S. 431; Bode, S. 406.

III 44

Das seit dem 15. Jh. bekannte »berühmteste aller Abschiedslieder« (EB II, S. 545) war an sich ein glückliches Beispiel, die – besonders Arnim interessierende – Struktur der Kontrafaktur darzustellen: Schon um 1480 liegt in diesem Ton eine geistliche Umdichtung vor; 1531 erschienen in den *Bergreihen* erstmals geistliche und weltliche Fassung in unmittelbarer Nachbarschaft. Allerdings wählten die Wh-Herausgeber statt der ihnen bekannten siebenstrophigen Fassungen eine fünfstrophige Version aus dem 1544 von Johann Otth in Nürnberg veröffentlichten *Hundert vnd fünfftzehen guter newer Liedlein* (Nr. 73), obwohl sich diese im Blick auf die angeschlossene Kontrafaktur Knausts (Wh III 46) weder als vollständig erweist, noch zum

Vergleich besonders geeignet erscheint. Gravierende Eingriffe in den
Text im Zuge der wohl von Arnim vorgenommenen, sowohl modernisierenden als auch archaisierenden Bearbeitung mußten unterbleiben, um den Vergleich mit dem angeschlossenen Lied nicht ganz
unmöglich zu machen. Der Titel stellt die gleichsam sprichwörtliche
Eingangszeile heraus, die z. B. in historischen Liedern häufig zitiert
wird; die Formulierung geht auf die Tageliedsituation zurück.

  4 *klägliche:* klagende.
  9 *wilt:* Angleichung an V. 10, ohne Rücksicht auf den Modus.
     schier: bald.
 13 *Zukunft:* Zurückkunft.
 17 *Weis:* (An-)Weisung.
 21 Der Sinn geht durch die Modernisierung verloren; das Mädchen
     bietet dem Liebhaber Unterhalt (Verköstigung) für ein Jahr an –
     nur im Blick darauf ist auch V. 23–26 zu verstehen.
 22 *aus Muthe:* freimütig.
 28 Ergieb dich darein.
 29 *schreit Morde:* ruft Wehe.

Literatur: NA III, S. 46; BC II, S. 207; Alemannia 3, 1877, S. 41–44;
Rieser, S. 431; Bode, S. 297 f. – Uhland, Nr. 70; EB Nr. 742, II,
S. 544 f.; Bergreihen (Ed. Heilfurth), S. 90, Nr. 40; Pal. 343 (Ed.
Kopp), Nr. 153, S. 166; Goedeke-Tittmann, Nr. 88, S. 91.

III 46

Diese geistliche Kontrafaktur auf das vorhergehende Lied (vgl. Erl.
zu Wh III 44) beruht auf Henrich Knausts Sammlung *Gassenhawer /
Reuter vnd Bergliedlin* (1571; Nr. 31, S. 28 f.). Die inkonsequente
Wh-Bearbeitung, die wohl auf Arnim zurückgeht, zeigt ähnliche
Tendenzen wie die der weltlichen Fassung: Archaisierungen stehen
neben Modernisierungen.

 12 *männlich:* ersetzt »mennlin« ›Menschlein‹.
 36 *züchten:* züchtigen.
 41 *fast:* fest, sehr; vgl. zum Thema Wh II 8.
 45 *schmücken:* schmiegen; offenbar mißverstanden, da der folgende
     Akkusativ in einen Dativ verwandelt wurde.
 48 Beim Herrn trotz des Leides ausharren.

Literatur: NA III, S. 48; BC II, S. 479; Rieser, S. 377; Bode, S. 214 f. – EB II, S. 545; Wackernagel I, Nr. 1173, S. 787 f.

III 48 a

Das dritte der Lieder gleichen Anfangs, übernommen aus dem *Musicalischen Zeitvertreiber* (1609; Nr. 29), parodiert und travestiert burlesk das Thema des Abschieds. Auf die vorgegebene Tageliedsituation wird nicht eben fein angespielt (V. 2 f.; diese Tendenz ist im Wh noch verstärkt); aus dem adeligen »Fräulein« (Wh III 44, V. 5) ist die dicke Grete geworden (V. 4), die ihrem Galan leichten Herzens den Abschied gibt (V. 5).

Literatur: NA III, S. 50; Rieser, S. 534; Bode, S. 204.

III 48 b

Als Vorlage für die sprachlich und metrisch glättende Wh-Bearbeitung diente eine inzwischen verschollene Abschrift Eschenburgs aus Paul von der Aelsts *Blumm und Außbund Allerhandt Außerlesener Weltlicher, Züchtiger Lieder vnd Rheymen* (1602; Nr. 117, S. 251 bis 253). Zum Thema ist Wh I 356 zu vergleichen. Während Arnims Umdichtung den unstandesgemäßen Freier scheitern läßt, gelangt er hier zu seinem Zweck.

2 *Muskaten Blumen:* Zur Bedeutung ›Aphrodisiakum‹ vgl. Anm. zu Wh I 356, Überschrift.
5 *Reuter:* Reitknecht; vgl. V. 15 f. und den Gegensatz zu den »Rittern« V. 39.
6 *freit:* wirbt um.
7 Vgl. Wh I 356, V. 7.
16 Vgl. Wh I 125, V. 38.
31 Formelhaft; vgl. z. B. Wh II 227, V. 65, u. ö.
35 *Nächten:* gestern nacht (vgl. Wh I 298, V. 1).
43 f. Formelhaft; sonst in Verfasserstrophen (vgl. Wh I 339, V. 39 f.).

Literatur: NA III, S. 50; BC II, S. 144; Rieser, S. 414; Bode, S. 179. – Uhland, Nr. 99; EB Nr. 141a, I, S. 471 f.; DVl VI, Nr. 130,

S. 138–147; Goedeke-Tittmann, Nr. 92, S. 101; Wolkan II/2, S. 250, Nr. 19; Alpers, Nr. 26, S. 86–88, 197 f. – Vgl. ferner zu Wh I 356.

III 50

Die Wh-Bearbeitung der Satire auf den Eheschacher aus Matthias Abeles *Vivat oder so genannter künstlicher Unordnung IV. Theil* (1673; S. 412–418) war bei den wenigen, nicht konsequent durchgeführten sprachlichen Modernisierungen an die strenge Form des vorgegebenen Alexandriners gebunden, die auch nirgends verletzt wird. Die Anmerkung zur Überschrift verteidigt den unschwer als nicht ganz moralisch deutbaren Inhalt im Blick auf antike Freizügigkeiten, deren deutliche Anpreisung in zeitgenössischen »Buchhändleranzeigen« sanktioniert war. Das Sprichwort der Überschrift ist bei Adelung (III, Sp. 17) noch so erklärt: »ein jedes Land hat seine Sitten, seine Gewohnheiten«; dazu stimmt hier die Anspielung in V. 60. Darüber hinaus dürfte aber schon der moderne Sinn (›vom Land und tugendhaft‹) ironisch anklingen, was V. 2 im besonderen und die merkwürdig klingende Moral im allgemeinen nahelegen.

10 *trauen:* anvertrauen.
13 *her:* muß mit Rücksicht auf grammatische Modernisierung (»Schlitten«) zur Beibehaltung des Metrums eintreten; damit ergibt sich ein leichter Widerspruch zu V. 14.
  Zeitlosen: Herbstzeitlosen (Blumen).
21 *den:* wohl versehentlich nicht zu »dem« modernisiert.
28 *fällt . . . an:* im älteren Sinn: tritt hinzu (vgl. mhd. »anevall«).
39 Vgl. Wh I 253, V. 14.
45 f. Vgl. zur Reimform Wh I 69, V. 3 f., sowie JbFDH 1976, S. 440 und 449 f.
50 *Medusen Schlangenhaupt:* Gorgoneion; das nach antiker Sage von Perseus der Gorgone Medusa abgeschlagene schrecklich blickende Haupt mit Schlangenhaar, das den Betrachtenden versteinerte.
  im Sause: in Saus und Braus (vgl. KL 64b, V. 1).
53 *Ruffer:* so in der Vorlage, im Wh Flüchtigkeitsfehler (statt »Rufer«).

Literatur: NA III, S. 52; BC II, S. 63; Rieser, S. 406 f.; Bode, S. 271 f.

III 52

Der Titel veranlaßte Arnim, das Lied hinter Wh III 50 zu plazieren, weil dort zufällig ebenfalls zu Beginn von einem Schlitten die Rede ist. Um dem Liedeingang einen völlig unverfänglichen Charakter zu geben – dem auch die Überschrift entspricht –, wurde im Zuge der wohl von Brentano durchgeführten Bearbeitung die vorletzte Strophe der von einem Fl. Bl. stammenden Textvorlage an die zweite Stelle gerückt. Ab V. 21 stammenden sich die Änderungen, um die recht derben Obszönitäten der Vorlage zu eliminieren. Das Wh müsse »Jahrzeits, und Scherzlieder ohne Zoten enthalten« hatte Brentano schon im ersten Plan zur Liedersammlung (Brief an Arnim vom 15. 2. 1805) formuliert; dem wird hier zweifellos Rechnung getragen. Es scheint indes besonders Brentano gereizt zu haben, verfängliche Texte aufzuspüren und dann zu verharmlosen – eine Manie, die seltsamerweise besonders häufig in seinen Kinderliedern begegnet (vgl. z. B. KL 23 a).

5 *Heut:* ersetzt »heindt« ›heute Abend‹.

7 *thut sich biegen:* beugt sich übers Land.

12 *gespiegeltes:* wie ein Spiegel glänzendes.

13 Vielleicht ist Fischarts Anspielung auf den »Venusschlitten« in diesem oder ähnlichem Zusammenhang zu verstehen (Ed. Alsleben, S. 71).

19 f. Ach, so schone mich doch nicht, mein Feinslieb; ich bin dazu geschaffen (d. h. ich kann es aushalten).

23 Die poetische Anrede »Osterlamm« ersetzt in der Vorlage verballhorntes »gen angster stam« (vgl. frühnhd. »angster«: Krug mit engem Hals). Die klangliche Assoziation »nach Amsterdam« (so wohl auch der intendierte Sinn in der Vorlage) könnte das ungewöhnliche Bild in V. 24 hervorgerufen haben (vgl. KL 23 a, V. 16 f.).

28 *spitz:* achte auf.

30 f. Umkreise mich mit deiner Schleppe.

32 f. Worte des Mägdeleins: Er möge sich mit seinen Sporen nicht in ihrer Schleppe verfangen – dann gewinnt er von ihr einen Ehrenkranz (vgl. Wh III 129 b, V. 6 f.); in der Vorlage wird diese Auszeichnung für handfeste Minnedienste in Aussicht gestellt.

39 *vorbei gestochen:* wohl im Sinn von ›vorbei gefahren‹ (vgl. Adelung IV; Sp. 694; ähnlich: in See stechen).

Literatur: NA III, S. 55; BC II, S. 163; Rieser, S. 528 f.; Bode, S. 349. – JbVldf 1, 1928, S. 136.

III 54

Das (wohl bairische) Gerüststrophenlied ist in ähnlicher Form volkstümlich überliefert, so daß kein Grund besteht, an der Herkunftsangabe zu zweifeln, auch wenn sich eine entsprechende Vorlage nicht erhalten hat.

[Überschrift:] Schönes Dernderl, Dirnderl (oder bair. »d'Annerl«?).
  2 *Schleuß:* Schleiße, spalte.
17 *Schubladenbuben:* Handlungsdiener, Kaufmannsgehilfen.
36 *Hiebern:* Hiebwaffen, Schlägern.

Literatur: NA III, S. 57; BC II, S. 192; Rieser, S. 534; Bode, S. 749. – EB Nr. 676, II, S. 471; Erlach II, S. 589; Wiora II, Nr. 150, S. 88.

III 56

Die Wh-Bearbeitung einer Niederschrift von unbekannter Hand versucht durch Dialektisierungen, die bewußt ungeschickte Wortstellung in V. 15 und die als Wortwitz übernommenen Formen in V. 10 und 25 dem Stil der Schnaderhüpfel gerecht zu werden und greift außerdem an einigen Stellen ausgleichend in die charakteristisch daktylische Metrik der Vorlage ein, ohne indes konsequenten Ausgleich zu erstreben. Die sprichwörtliche Überschrift (schon in Agricolas Sammlung zu Anfang des 16. Jh.s belegt) spielt auf die zweite und den Witz der letzten Strophe an.

10 *halters:* halt, eben (vgl. V. 19).
19 Ich lasse mich eben nicht darauf ein.
25 *wuh:* wie.

Melodie: Stockmann, S. 138.
Literatur: NA III, S. 58; BC II, S. 55; Alemannia 3, 1877, S. 286; Rieser, S. 531; Bode, S. 238. – Kö.-Mei., Nr. 350, S. 355.

III 57

Als Vorlage diente Brentano, dem die sprachlich ausgleichende und den Dialekt weiterführende Bearbeitung zuzuschreiben ist, eine von ihm selbst veranlaßte Abschrift einer Einsendung Schlossers, die aus mehreren Wanderstrophen zusammengesungen ist. Die beiden Eingangsstrophen sind bereits in der zweiten Hälfte des 16. Jh.s. belegt. Den Mädchentrutzstrophen mit dem seltsamen Bild des die Ehehaube schon strickenden Freiers entsprach nicht das schwermütige Ende der Vorlage (V. 70); durch die Umstellung im Wh korrespondiert der Ton der Schlußstrophe dem Eingang.

[Überschrift:] Vgl. V. 28.
  5 Sie ist noch nicht fertig gemacht. Falls indes der Apostroph durch einen Druckfehler ausgefallen ist ('s isch), wäre zu verstehen: Es ist aber noch nicht ausgemacht (beschlossen), ob ich ihn auch wirklich heirate.
  6 *Seiden:* Dat. Sing., schwach flektiert, um Hiat zu vermeiden.
  21 Wh I 102, V. 1 angeglichen.
  27 Der zweite ist mit mir verwandt.
  46 In Parallele zu V. 21 und 31.
  50 *Nägelein:* Nelken.
  71 f. Vgl. Wh III 87, V. 67.

Literatur: NA III, S. 59, IV, S. 209; BC II, S. 98, 99; Alemannia 10, 1882, S. 146; Rieser, S. 531 f.; Bode, S. 645 f. – EB Nr. 606, II, S. 425; Briegleb, Nr. 10, S. 24; ZfVk 35, 1925, S. 280 f. – Vgl. ferner zu den o. a. Wh-Liedern.

III 60

Der Herkunftsvermerk erweist sich angesichts der so gut wie unveränderten Übernahme einer Einsendung Nehrlichs als Verwechslung oder Fiktion. Nehrlichs Beitrag könnte indes auf einem Fl. Bl. basieren. Er entspricht recht genau der um zwei Schlußstrophen geistlichmoralischer Ausdeutung verkürzten Dichtung Georg Philipp Harsdörffers *Die Immen*, abgedruckt in *Nathan und Jothan* (1659).

  10 *Jungfernvolk:* Bienenjungfern.
  13 f. Wenn die Westwinde zur milden Art des Frühlings stimmen, mit ihr übereinstimmen.

18 *weist:* gilt als.
30 *Zimmerchen:* Zellen der Waben.

Literatur: NA III, S. 63; BC II, S. 453; Rieser, S. 390; Bode, S. 391.

III 61

Vorlage dürfte eine durch Volksbrauch (vgl. V. 10) angeregte Eigendichtung der Frau von Pattberg sein. »Den Schwalben ging sonst am Tage, wo man ihre Wiederkunft erwartete, die Hausgenossenschaft, der Familienvater an der Spitze [vgl. V. 10], bis ans Heck (Thor des Gehöfts) entgegen. Festlich wurde ihnen die Scheune geöffnet. Die Schwalbe, meint man, kümmert sich um die Wirthschaft. Sie fliegt bei ihrer Ankunft [. . .] um das Haus [vgl. V. 1]« (A. Kuhn, *Sagen, Gebräuche und Märchen aus Westfalen*, Leipzig 1859, Bd. 2, S. 71).

Literatur: NA III, S. 64; Rieser, S. 535; Bode, S. 752; Schewe, 1932, S. 132.

III 62

In einer Anmerkung weist Kaufmann am Ende der von ihm eingesandten Vorlage auf das mit diesem Lied verbundene Brauchtum hin: »Dieses Liedlein sangen vier schöne Bauernmädel von Hauß zu Hauß in Kreuznach zu Ehren der Himmelsköniginn, welche sie beim Umgang trugen«. Die Wh-Bearbeitung beschränkt sich auf die Tilgung der zahlreichen Apokopen und einiger Dialektformen.

[Überschrift:] Vgl. V. 17 f.
3 f. Auf die Armen Seelen wird im Blick auf die Dankformel am
　　Schluß (V. 23 f.) angespielt: Maria wird den Spender um so eher
　　aus dieser zeitlichen Sündenstrafe retten (vgl. V. 15 f.).
12 *han:* ersetzt kontrahiertes »tran« ‹tragen›.

Melodie: Stockmann, S. 139.
Literatur: NA III, S. 65; BC I, S. 364; Rieser, S. 535; Bode, S. 752 f. – Pinck, Weisen, III, Nr. 9, S. 35–37, 288–298.

III 63

Vorlage ist Ambrosius Metzgers *Venusblümlein* von 1612 (Nr. 3). In Einzelheiten weniger direkt und poetischer, gewinnt die Wh-Bearbeitung für den zeitgenössischen Leser, dem auch die Vermeidung gegenmetrischer Betonungen entgegenkommt.

[Überschrift:] Vgl. V. 28.
 7 Vgl. Wh I 80, V. 2.
30 Vgl. Wh I 39, V. 26 (›wegen der bösen Zungen‹).

Vertonung: Johannes Brahms, op. 62,2.
Literatur: NA III, S. 66; BC II, S. 93; Rieser, S. 426; Bode, S. 314.

III 65

Das weitverbreitete Lied soll 1706 von Veit Räumschüssel im Altenburger Dialekt gedichtet worden sein. Das Wh kontaminierte eine Dialektfassung aus der *Sammlung Deutscher Volkslieder* von Büsching und von der Hagen (1807; Nr. 94, S. 233 f.) mit einer ins Hochdeutsche übertragenen Einsendung Jacob Grimms. Dabei ist der sprachliche Ausgleich zwischen den beiden Vorlagen weder konsequent durchgeführt worden, noch trifft das Wh immer die richtigen Dialektformen. Auch die Strophenformen wurden nicht völlig einander angepaßt. Die dem Titel der Mozart-Oper entlehnte Überschrift spielt auf V. 12 an und rückt das Lamento der Eingangsstrophen von vornherein in eine ironische Distanz.

 1 *Trutschel:* »liebwerte, dicke weibliche Person« (F.L.K. Weigand, *Deutsches Wörterbuch*, Bd. 2, Gießen 1876, S. 941). Vgl. Wh III 75, V. 1.
 5 Sprichwörtlich; vgl. Wh III 102.
24 f. Für den Sarg.
32 Vgl. Arnims Wendung im Brief an Jacob Grimm (19. 2. 1817): »Clemens steckt schon wieder in Liebesaffäre.«
33 *wern:* werden; Reimzerstörung durch Änderung in V. 32.

Melodie: Stockmann, S. 140.
Literatur: NA III, S. 67; BC II, S. 197; Rieser, S. 521; Bode, S. 361. – EB Nr. 693, II, S. 491 f.; Böckel, Nr. 35, S. 26; He.-Wü. Nr. 167, II, S. 20; ZVRhVk 9, 1912, S. 58–60.

III 66

Dem wohl alemannischen Kiltlied aus der Sicht des Mädchens, das
sich über seinen Verehrer ausläßt, ist der Dialekt vollständig belassen,
so daß man kaum mit Veränderungen der (verschollenen) Vorlage
rechnen kann, die aufgrund der Zusammenstellung mit dem vorhergehenden Lied und gleicher Dialekteigentümlichkeiten von Jacob
Grimm stammen könnte.

[Überschrift:] Vgl. V. 14.
 1 *küpple:* zusammentun.
 2 Hat in mein Fensterlein kriechen wollen.
 4 Habe ich den Hund plumpen (fallen) lassen.
 7 *Gosategeh:* (Küchenlatein) »gassatim gehen« ›nachts durch die
   Gassen zum Mädchen gehen‹.
16 *Stumpe:* Stumpf, kleiner Kerl.
18 *Lit:* Leute.
19 *Crot:* Kröte (als Schimpfwort).

Literatur: NA III, S. 69; BC II, S. 58; Rieser, S. 535; Bode, S. 753.

III 67

Besonders bemerkenswert ist neben sprachlichen Modernisierungen
und metrischem Ausgleich des aus Johann Christoph Demantius'
Sieben vnd siebentzig Newen außerlesenen [. . .] Täntzen (1601;
Nr. 2) übernommenen Liedtextes der Zusatz der Überschrift, der den
durchgängigen Vergleich von Mädchen und Rößlein ins Burleske
zieht.

[Überschrift:] Zentauren sind bis zum Nabel als Menschen, von dort
   ab als Pferde gestaltete Wesen der antiken Mythologie, die in der
   Regel als roh und ungesittet galten. Zu »Tanzlied« vgl. V. 6.
12 f. Vgl. Wh III 63, V. 23 f.
16 Vgl. Goethes Einführung des Zentauren Chiron in *Faust II*
   7321–25.
20 *es:* natürliches Genus (Pferd).
21 *es:* seiner.

Literatur: NA III, S. 69; BC II, S. 170; Rieser, S. 426; Bode, S. 206.

III 68

Das thematisch mit Wh I 339 verwandte, weit verbreitete Lied stammt aus dem 16. Jh. Die hs. Vorlage für die wohl von Brentano durchgeführte, mildernde Bearbeitung dürfte auf das Liederbuch Paul von der Aelsts aus dem Jahr 1602 zurückgehen. Die Bedingung, daß die Rosen »wohl zwischen Weihnacht und Ostern« gewachsen sein müßten, fügte der Bearbeiter aus einer sonst nicht berücksichtigten Niederschrift seiner Magd Franziska Breitenstein in die Wh-Fassung ein. Durch die neuformulierte Überschrift wird das Zentralmotiv noch besonders herausgestellt.

1–4 Vgl. Wh I 69, V. 9–12; dieselbe Strophe bereits bei Johann Otth in den *119 Liedern* (1534; Nr. 62).
9–12 Vgl. Wh I 53, V. 5; I 255, V. 5–8; I 339, V. 5–8.
13–16 Vgl. Wh I 339, V. 9–12.

Melodie: Stockmann, S. 141.
Literatur: NA I, S. 331; BC I, S. 308; Bode, S. 343; Schewe, 1932, S. 133. – Uhland, Nr. 113 A; Abh., S. 160 f.; EB Nr. 117 a–e, I, S. 418–424; Berglieder (Ed. Marriage), Nr. 128, S. 181 f.; Meier, Schwab., Nr. 84, S. 17; Goedeke-Tittmann, Nr. 90, S. 95; ArchStnSpr 118, 1907, S. 12–14; Pinck, Weisen, IV, S. 320; Röhrich-Brednich I, Nr. 40, 41.

III 70

Die Vorlage, eine Einsendung von Frau von Pattberg, ist verschollen. Wahrscheinlich wurde sie, wie die meisten ihrer Beiträge, nur von Brentano überschrieben und sonst nicht weiter bearbeitet. Die Überschrift betont den volksliedhaften Eingang.

19 *Roppen:* rupfen, raufen.

Literatur: NA III, S. 71; BC II, S. 87; Steig, NHJb VI, 1896, S. 115; Rieser, S. 547; Bode, S. 158.

III 71a

Das seit dem 15. Jh. bekannte kleine Rollenlied einer Verliebten wurde aus dem *Hundert vnd fünfftzehen guter newer Liedlein* von Johann Otth (1544; Nr. 14) übernommen. Die Änderung in V. 5 fügt dem schlichten Text ein nicht ganz angemessenes Abstraktum ein.

Literatur: NA III, S. 72; BC II, S. 183; Rieser, S. 424; Bode, S. 300 f. – Uhland, Nr. 42 B; EB Nr. 466a–b, II, S. 289 f.

III 71b

Dieser Vierzeiler aus Georg Greflingers Buch *Poetische Rosen und Dörner / Hülsen und Körner* (1655; Nr. 31) wurde von Arnim schon vor dem Plan zum Wh – in einem Brief vom 27. 2. 1805 – notiert. In der Quelle bildet er die letzte Strophe eines Dialogs zwischen zwei Liebenden und der zunächst zweifelnden, dann aber am Schluß ihren Segen gebenden Mutter. In Greflingers etwas rustikalem Gespräch sind »Celadon« Jamben, der Braut Alexandriner, der Mutter Daktylen eigen. Neben dem Metrum wird wohl der Synkretismus antiker (V. 1) und biblischer (V. 4; vgl. 1. Mose 1,28) Sprechweise Arnim angezogen haben. Die Überschrift *Verlobung* löst den Vierzeiler vollends aus dem früheren Zusammenhang.

Literatur: NA III, S. 72; BC II, S. 49; Rieser, S. 406; Bode, S. 452.

III 71c

Sprachliche Modernisierungen und metrischer Ausgleich bestimmen die leichte Überarbeitung des aus dem *Musicalischen Zeitvertreiber* (1609; Nr. 42) entnommenen Liedes.

[Überschrift:] Vgl. V. 3; die Tilgung des unschuldigen Fremdworts »Echo« in der Vorlage dürfte Arnims Idiosynkrasie zuzuschreiben sein.
19 *schon:* schön.

Literatur: NA III, S. 72; BC II, S. 451; Rieser, S. 427; Bode, S. 203 f.

III 72

Während V. 1–15 auf Heinrich Fincks *Schöne auszerlesne lieder* (1536; Nr. 47) zurückgeht, handelt es sich bei den beiden Schlußstrophen um eine Neudichtung des Bearbeiters. Der Standesunterschied in diesem anzüglichen Dialog zwischen dem zunächst galant sprechenden Dörper und der von Beginn an groben Adeligen wird im Wh eingangs gegenüber der Vorlage betont, doch dann wird aus der Jungfrau »vom rosenthal« Fincks ein modernes »Fräulein Rosenthal«, und mit Anspielungen auf diesen Namen wird der Dialog fortgeführt.

14 f.   Der adversative Sinn wird in der Neuformulierung nicht mehr recht deutlich: Wie kannst du es wagen, in so bäuerlicher Kleidung bei einem festlichen Tanz zu erscheinen!

20   Vgl. Wh II 218, V. 19 f.

22–25   Du grober Bauer darfst dir nur Nesseln zum Kranz abschneiden, da du mit Rosen, die uns beim Tanz schmücken, gar nicht umzugehen wüßtest, sondern sie verschlängest wie das Hornvieh, das Gras weidet.

Literatur: NA III, S. 73; BC II, S. 171; Rieser, S. 436; Bode, S. 481. – Uhland, Nr. 250; EB Nr. 1540, III, S. 385.

III 73

Die Vorlage zu diesem weit verbreiteten, wohl tatsächlich mündlich beigetragenen Lied liegt in einer Niederschrift Bettinas vor. Die Wh-Bearbeitung, die wahrscheinlich Brentano ausgeführt hat, wandelt die Geschichte einer vergeblichen Warnung durch den Verzicht auf vier Verse der Vorlage zu einer Prophezeiung künftigen Geschicks. Fünf vom Bearbeiter selbstgedichtete Verse (6, 10, 12, 16, 20) wurden eingefügt und sechs der Vorlage umgestellt, um eine regelmäßige Strophenunterteilung vornehmen zu können und den Kreuzreim abab durch das ganze Lied zu führen. Dabei fällt auf, wie nun alle b-Reime virtuos auf »e« gestimmt sind.

4   Vgl. Wh II 17, V. 21 f.

13–20   Vgl. Wh II 12, V. 17 f.; II 154, V. 98 f.; KL 64a, V. 1–6.

Melodie: Stockmann, S. 142.

Literatur: NA III, S. 161, IV, S. 174, 364; BC II, S. 12; Alemannia 15, 1887, S. 43; Rieser, S. 521; Bode, S. 286 f., 368 f. – EB Nr. 536, II, S. 362 f.; Busch, Nr. 30; WeimJb III/2, 1855, S. 311 f.; He.-Wü. Nr. 106, I, S. 224; Jungbauer, Bibl., Nr. 422, S. 83.

III 74

Das Wh-Lied ist die nahezu unveränderte Übernahme einer von Wilhelm Grimm eingesandten Abschrift aus Gräters Zs. *Bragur* (1791; S. 272 f.), dort mit *Abschiedsklage eines Mädchens* überschrieben und mit dem Herkunftsvermerk »Aus einem geschriebenen Liederbuche eines Handwerksburschen« versehen. Das etwas zersungene Lied bietet einige Wandermotive (V. 14–25) und erscheint oft mit Goethes *Kleine Blumen, kleine Blätter* vermischt.

1 Vgl. Wh I 84, V. 13 u. ö.
10 Lorbeerblätter sind hier Zeichen des künftigen Ruhms (vgl. V. 8 f.), Rosmarin ist Zeichen des Abschieds (vgl. EB II, S. 523).
18–21 Vgl. Wh I 84, V. 5–8.

Melodie: Stockmann, S. 143.
Literatur: NA III, S. 74; BC II, S. 213; Lohre, S. 129; Rieser, S. 514; Bode, S. 166 f. – EB Nr. 722 a (infolge Druckfehler 723 a)–d, II, S. 523–526; Briegleb, Nr. 37, S. 38; Reifferscheid, Nr. 45, S. 90 f., 187; Hruschka-Toischer, S. 147, I, Nr. 66 a; ZföVk 21, 1915, S. 166.

III 75

Vorlage zu diesem Lied ist eine inzwischen verschollene Einsendung Schlossers, die Brentano selbst abgeschrieben hat, was darauf hindeutet, daß er nicht unerheblich in den Text, der offenbar sprachlich modernisiert wurde, eingriff.

1 *Trutschel:* wohl erst von Arnim bei der Druckeinrichtung in Anlehnung an Wh III 65, V. 1 (s. dort) eingesetzt; Brentanos Ms. (und wohl auch seine Vorlage) hat »Truschel« (mhd. bzw. bair. »droschel« ›Drossel‹).
5 *Wo:* hier eher im Sinn von ›wenn‹.
17–20 Vgl. Wh III 137 b, V. 17–20.

20 *Aestger:* ältere Form der Pluralbildung bei Diminutiven; die Vorlage Brentanos dürfte »Nästger« geboten haben (Plural des Diminutivs zu »Nast« ›Ast‹; vgl. Adelung III, Sp. 742), was Brentano mit Bezug auf den Dialog der Vögel an »Nest« anlehnte.
24 *brav:* seinerzeit auch im Sinn von »sehr« verwendbar (vgl. Adelung I, Sp. 1056).

Literatur: NA III, S. 75; BC II, S. 185; Rieser, S. 515; Bode, S. 228. – EB Nr. 173 a–g, I, S. 530–536; DVl VI, Nr. 137, S. 215–238; Briegleb, Nr. 8, S. 23; Mittler, Nr. 1031, S. 676.

III 77

Nach der Idee, daß Liebe und Lieder eher die Zuneigung fördern als Schönheit, sind hier zwei formal und inhaltlich recht heterogene Texte aus Heinrich Fincks *Schönen auszerlesnen liedern* (1536; Nr. 30) und Johann Christoph Haidens *Gantz neuen lustigen Täntz vnd Liedlein* (1601; Nr. 3) kontaminiert. Die sprachlich z. T. etwas unbeholfenen Strophen bei Haiden sind im Wh geglättet.

Literatur: NA III, S. 75; BC II, S. 58, 59; Rieser, S. 435; Bode, S. 613. – Die Darfelder Liederhs. 1546–1565, hrsg. von R. W. Brednich, Münster 1976, Nr. 52, S. 114, 234; Goedeke-Tittmann, Nr. 6, S. 13; ZfdPh 35, 1903, S. 528; ZfVk 14, 1904, S. 124.

III 78

Mit den »Himmelsboten« der Überschrift sind der Sonnengott »Phöbus« Apollo (V. 5) und der Morgenstern »Lucifer« (V. 9) gemeint. Die behutsame Bearbeitung des Textes aus einem hs. Liederbuch aus der zweiten Hälfte des 17. Jh.s (vgl. Erl. zu Wh III 87) bringt neben sprachlichen Modernisierungen wenige inhaltliche Änderungen und ist höchstwahrscheinlich Brentano zuzuschreiben.

Vertonung: Richard Strauss, op. 32,5.
Literatur: NA III, S. 78; BC II, S. 162; Rieser, S. 535; Bode, S. 748.

III 79

Der Kern dieses, von einem in Berlin gedruckten Fl. Bl. bis auf zwei metrische Glättungen und zwei unbedeutende sprachliche Änderungen unverändert übernommenen Liedes, das meist Ereignisse aus der Passionsgeschichte mit dem Schicksal einer Armen Seele in Verbindung bringt, ist als Passionsruf seit Anfang des 17. Jh.s überliefert. Zum Thema sind Wh II 215 b und II 218 vergleichbar. Da die Vorlage nichts Entsprechendes zeigt, müssen die Herausgeber das Lied, wie aus der Überschrift zu ersehen, als Heischelied erkannt haben, als das es in anderen Überlieferungen auch tatsächlich belegt ist.

6 f. Vgl. Mt. 26,34.
8–13 Vgl. Lk. 22,61 f.
21 Offb. 21,2 und 23–27.

Melodie: Stockmann, S. 144.
Vertonungen: Max Reger (1899); Gustav Mahler, 3. Symphonie (vokale Partie, verbunden mit Nietzsches »O Mensch, gib acht« aus dem *Zarathustra*).
Literatur: NA III, S. 77; BC I, S. 352; Rieser, S. 535 f.; Bode, S. 185–187. – EB Nr. 2031–33, III, S. 735–738; Hoffm.-Ri. Nr. 293, S. 344; WeimJb III/2, 1855, S. 297 f.; Frischbier, Nr. 785, III, S. 214; Wackernagel II, Nr. 1196, S. 960 f.; Amft, Nr. 614, S. 430.

III 80

Das *Lieder-Büchlein von Johannes Mayer zusammen getragen und zum Zeit-Vertreib aufgesetzt Im Jahr 1768*, das Frau von Pattberg Brentano zugesandt hatte, gab die Vorlage für die sprachlich glättende und modernisierende Bearbeitung (vgl. Erl. zu Wh II 399). Die Überschrift wurde nach V. 9 formuliert (vgl. auch KL 27 b).

7 *vergnügt:* hier und V. 14 (vgl. auch V. 29) im älteren Sinn: zufrieden.
14 *Durch dich:* Um der freien Gesinnung willen.
29 *Vergnügung:* im älteren Sinn: Zufriedenheit (vgl. V. 7).

Vertonung: C. M. von Weber, op. 64 (1822).
Literatur: NA III, S. 78; BC II, S. 486; Rieser, S. 410; Bode, S. 748.

III 81

Diese mehrere Wanderstrophen enthaltende Kontamination zweier Beiträge der Geschwister Mannel aus Allendorf ist mit Sicherheit Brentano zuzuschreiben, der bei seiner Bearbeitung gravierend in die Schlußverse eingriff – in der Vorlage wollte der angehende Soldat das Bildchen nur in der Tasche tragen –, um so einen innigeren Ton zu gewinnen.

1 f. Vgl. Wh III 84, V. 1 f.
9–12 Vgl. Wh III 112 a, V. 1–4.
21–28 Vgl. Wh III 112 a, V. 5–12.
32 Zum Motiv vgl. Wh II 221, V. 21 f. und KL 93 d, V. 9 f.

Melodie: Stockmann, S. 145.
Literatur: NA III, S. 80; BC II, S. 81, 84; Rieser, S. 515; Bode, S. 612; Schewe, 1932, S. 132 f.; 1956, S. 60. – EB Nr. 569, 816 a–b, II, S. 395 f., 622 f.; Briegleb, Nr. 28, S. 31 f.; Pröhle, Nr. 37, S. 57; Härtel, Nr. 85, S. 58 f.; Reifferscheid, Nr. 21, S. 42 f.; Hruschka-Toischer, S. 174, III, Nr. 129; Marriage, Pfalz, Nr. 61, S. 100 f.; ZfVk 18, 1908, S. 87; Lesebuch II, Nr. 192 a–i, S. 106–114; G. A. Vogt, Die Technik der Reimpaarverklammerung in »Minnesangs Frühling«, in: Fs. für W. Mohr, Göppingen 1972, S. 71–101 (bes. S. 95).

III 83

Das Wh-Lied, dessen Bestandteile fast alle auch in anderem Zusammenhang begegnen, ist wahrscheinlich Kontamination einer Niederschrift Bettinas mit einer inzwischen verschollenen anderen hs. Vorlage. Eine Moralstrophe, die in Bettinas Hs. das Lied beschließt, ist – wie auch sonst häufig – gestrichen worden. Die bis heute populäre Eingangszeile ist zuerst 1574 belegt.

1 f. Vgl. Wh III 42, V. 1–3; III 147, V. 16–18.
6 f. Vgl. Goethes *Faust I* 2101 f.
8–14 Vgl. Wh I 317, V. 5–11; I 32 b, V. 21–24.
15–24 Vgl. Wh I 317, V. 13–24.

Melodie: Stockmann, S. 146.

Vertonung: Gustav Mahler (1892).
Literatur: NA I, S. 346, IV, S. 165; BC I, S. 271; Rieser, S. 521 f.;
Bode, S. 638 f. – EB Nr. 563, II, S. 390; Hruschka-Toischer, S. 187,
III, Nr. 157; Lewalter, III, Nr. 14, S. 26; Hoffm.-Prahl, Nr. 615,
S. 131; ZfVk 18, 1908, S. 86–88.

III 84

Der Bearbeiter kontaminierte je eine Einsendung von Danquard und
Nehrlich und fügte vier neugedichtete Verse (15 f. und – wohl in
Erinnerung an Wh III 81 – V. 19 f.) zu. Das Lied wurde hinter
Wh III 83 gerückt, weil dessen Überschrift hier (V. 21) wiederkehrt.

[Überschrift:] Mit Bezug auf V. 5–8 und 17–28.
1 f. Vgl. Wh III 81, V. 1 f.
5 f. Vgl. Goethes *Faust I* 2101 f.
9–12 Vgl. Wh I 313, V. 15–17; II 154, V. 59–67.

Literatur: NA III, S. 81; BC II, S. 85; Rieser, S. 533; Bode,
S. 627–629. – EB Nr. 569, II, S. 395 f.; WeimJb III/2, 1855, S. 309 f.;
Hruschka-Toischer, S. 159, III, Nr. 92; Marriage, Pfalz, Nr. 45,
S. 83 f.; Amft, Nr. 664, S. 482.

III 85

Friedrich Schlosser schickte am 7. 8. 1806 dieses erstmals 1656 veröf-
fentlichte Lied Paul Gerhardts in einer Abschrift aus Georg Horns
Neuem vollständigeren Gesang-Buch (1732; Nr. 645, S. 614 f.) an
Brentano, der es um sechs Strophen erbaulichen Inhalts gekürzt ins
Wh aufnahm.

10–12 Vgl. Mt. 6,29.
10 *Tulipan:* vgl. Wh I 55, V. 23.
26 Und schmücken sich an ihrem Ufer.
51 Offb. 7,9.

Literatur: NA III, S. 163; BC I, S. 445, 564; Rieser, S. 390; Bode,
S. 71, 390 f.

III 87

Das Lied stammt aus einem hs. Liederbuch aus der zweiten Hälfte des 17. Jh.s, das Wieland, der seit 1799 mit Brentano bekannt war, diesem wohl selbst zukommen ließ. So wird man Bearbeitung und Aufnahme der Lieder Wh III 78, 87, 91 und 95, die aus dieser Quelle stammen, sämtlich Brentano zuschreiben können. Die Vorlage erscheint im Wh um zwei Drittel gekürzt, wodurch inhaltliche Wiederholungen und langatmige Anklagen gegen Amor wegfallen, so daß der Lamento-Charakter des ursprünglichen Textes auf wenige Bilder konzentriert wird und sich ein effektvoller Schluß ergibt. In der Bearbeitung der übernommenen Strophen stehen archaisierende gegenüber modernisierenden Tendenzen. Bedeutsam sind auch die das Bild im Sinne der Überschrift ausführende Neugestaltung von V. 38–42 und die an Bildkraft gewinnende Sprache.

[Überschrift:] Die Wiederkehr des Tages (V. 1–14), des unruhigen Herzschlages (V. 36–42), der »Kreislauf« des Wassers wie der Seufzer des unglücklich liebenden Menschen bestimmen das Thema der Wh-Fassung.
  4–6 Das feminine Genus für den Mond fiel in der Vorlage wegen des umfangreichen mythologischen Apparates, der im Wh entfallen ist, weniger auf.
  9 *Phöbus:* vgl. Anm. zu Wh III 78, V. 5.
  13 *gar:* gänzlich.
  16 *Himmelsschild:* Neubildung im Stil der Vorlage; vgl. KL 93 b.
  20 *Absalon:* der durch seine außerordentliche Schönheit berühmte Sohn König Davids (2. Sam. 14,25 f.).
  24 *Harfen:* Harfenspiel.
  33 Um der Liebe deines Verehrers willen.
  37 Das Herz.
  43 *Bronnen:* im älteren Sinn: Quellen; zum Motiv vgl. Wh II 50a, V. 19.
  52 f. Zum Motiv vgl. Wh II 229b.
  67 *Schabab:* verschwinde; vgl. Johannes von Tepl, *Der Ackermann aus Böhmen* III,15 f.: »Nu wirt zu mir gesprochen: schab ab!« – Im Volkslied oft im Bild der Pflanze: vgl. Wh III 57, V. 70 f. (»Ach Scheiden über Scheiden, / Isch gar ein bittres Kraut.«)
  73 *Veilbraun:* so braun wie Gelbveilchen (Goldlack; vgl. Wh III 23a, V. 3); braun war auch die Farbe der Trauer (WbVk, S. 106).

Literatur: NA III, S. 83; BC II, S. 198; Rieser, S. 409 f.; Bode, S. 748; Schewe, 1932, S. 140 f.

III 90

Auch dieses 1624 zuerst erschienene Gedicht Martin Opitz' wurde aus der von Wieland übermittelten Liederhs. (vgl. Erl. zu Wh III 87) übernommen. Brentanos Bearbeitung zeitigt neben der Streichung einer pathetischen Strophe eine Änderung in V. 17 – in der Vorlage ist die »Welt« noch nicht »grüne« –, mit der wohl der Text dem neuen Zusammenhang im Wh angepaßt werden sollte.

  7 *Brunnen:* Quellen.
23 *Arkadia:* Arkadien: idyllisches Glücksland der bukolischen
    Poesie.
25. 27 *Diana/Flora:* Die römischen Göttinnen der Jagd und der Blu-
    men erscheinen ähnlich vereint in Wh II 371, V. 29.

Literatur: NA III, S. 86; BC II, S. 200, 319; Rieser, S. 404; Bode, S. 401. – Kopp, Crailsh., S. 117.

III 91

Das seit etwa 1640 volksläufige, von Gabriel Voigtländer stammende Gedicht entnahm Brentano ebenfalls der von Wieland übersandten Liederhs. aus dem 17. Jh. (vgl. Erl. zu Wh III 87). Bei seiner Bearbei-tung, die sich in Einzelheiten weitgehend auf die Glättung des etwas holprigen Metrums der Vorlage beschränkt, kürzte er den Text um vier Strophen (umständliche Einleitung der »Freierey«, treuherzige Prahlerei des Freiers, Lob auf den Krieg und Wiederholung von V. 61–66).

[Überschrift:] Vgl. V. 2.
11 *unbeschwert:* ungeniert.
41 *Burst:* (Zech-, Fecht-)Gesellschaft; vgl. Wh II 82, V. 77.
42 *stellen:* zum Fechten.
58–60 Für den guten Kerl ist der früher so problematische Wechsel
    von der »hohen« zur »niederen« Minne offenbar mit keiner
    Schwierigkeit verbunden.

61 *Weil:* Derweil, solange.
72 Der ursprüngliche Sinn ›vor allen andern‹ geht in der Modernisierung verloren.
82 *Abschied:* (frühnhd.) endgültiger Bescheid.

Literatur: NA III, S. 87; BC II, S. 32; Rieser, S. 432; Bode, S. 403 f. –
ZfVk 14, 1904, S. 221; W. Müller, Die Melodie zum »Lied vom guten
Kerl« aus dem Jahre 1641, in: JbVldf 1, 1928, S. 182.

III 95

Dieses Gedicht findet sich zuerst in Gabriel Voigtländers *Oden und
Liedern* (1642). Als Vorlage für Brentanos Bearbeitung diente indes
wiederum die in den Erl. zu Wh III 87 charakterisierte Liederhs. aus
dem 17. Jh.

3 *steil:* Brentanos Ersatz für das anstößige »gail« der Vorlage (dessen Aussage indes durch V. 4 erhalten bleibt) ist eine durch den
Reim vorgeschriebene ad-hoc-Bildung, die ›hochnäsig‹ oder
›stolz‹ bedeuten soll.
16 *Schweineschmeer:* Schweinefett.
24 Sie geht in allen Dingen rückwärts, falsch herum.
26 *Lissabonisch Oehl:* Öl war stets ein wichtiges Exportgut Portugals.
42 *Flachshechel:* kammartiges Werkzeug zur Flachsverarbeitung.
50 *Zittersait:* im Wortspiel statt »Zither-Saite«.
52 *darf:* bedarf, braucht.
70 *So:* Statt dessen.
76 *fast:* fest, sehr.
77 f. Vgl. Mt. 12,45.
80 *warm und kalt:* zu jeder Zeit; ersetzt »ticht« (›sehr‹; vgl. Adelung
I, Sp. 1341: »Jemanden dicht abprügeln«).

Literatur: NA III, S. 90; BC II, S. 696; Rieser, S. 427; Bode, S. 310.

III 98

Das Wh-Lied ist eine Kontamination zweier inhaltlich verwandter
Texte aus dem *Musicalischen Zeitvertreiber* (1609; Nr. 1 und 22). Die

Bearbeitung, die wohl Brentano durchgeführt hat, beschränkt sich weitgehend auf Reimbesserungen. Die Überschrift, die nachträglich von Arnim formuliert wurde, stellt die scherzhafte (wohl in Anlehnung an »Mauskatze« gebildete) Bezeichnung für die Katze heraus.

19 f. Auch der Schäfer tanzt, wenn er seinen Schafen die Wolle schert (vgl. Wh I 120, V. 5).

Literatur: NA III, S. 94; BC II, S. 425; Rieser, S. 428; Bode, S. 611.

III 99

Vorlage für Brentanos Wh-Bearbeitung war die Abschrift eines inzwischen verschollenen Fl. Bl. aus dem Jahre 1530 durch Wilhelm Grimm. Die sprachlichen Eigentümlichkeiten der Vorlage sind weitgehend eingeebnet, lediglich in den Kadenzen sind alte Formen des Reimes wegen z. T. erhalten geblieben. Gestrichen wurden eine wegen wörtlicher Wiederholungen inhaltlich entbehrliche Strophe, eine, die dem zeitgenössischen Leser blasphemisch erscheinen mußte, und – wie üblich – eine Moralstrophe, die in der Vorlage den Text beschloß. Die Schlußstrophe des Wh-Liedes ist eine Neudichtung, die wahrscheinlich von Arnim stammt.

[Überschrift:] Zur Tonangabe vgl. Wh I 125.
  2 *Fräulein:* junge Ehefrau.
  3 *kluge:* in der Vorlage wohl im älteren Sinn: fein, zierlich (vgl. mhd. »kluoc«; besonders im Alemannischen noch lange in dieser Bedeutung).
  7 *noch:* ersetzt »nach« ›beinahe‹; die Modernisierung verändert die sinnvollere Lesart: In der Vorlage wird das Verhältnis erst nach beinahe sieben Jahren entdeckt; jetzt währt das Verhältnis noch nach der Entdeckung so lange.
 22 *zu:* nach.
 33 *Striegel:* »Ein gemeiniglich eiserner Kamm, mit mehreren Reihen kurzer Zähne und einem hölzernen Griffe, den Schweiß und Staub von dem Körper, besonders der Pferde [vgl. V. 40], damit abzukratzen« (Adelung IV, Sp. 830).
 38 *härte:* durch Reimzwang statt »hart«; ersetzt »stächle« ›stählern‹.
 40 *freche:* ersetzt »geile« (vgl. Anm. zu Wh III 95, V. 3).
 41 *Muth:* Gemüt, Sinn.

60 Laß mich nicht ohne Sakramente sterben.
63 *Rauchfaß:* das Weihrauchfaß, wie es bei katholischen Beerdigun-
    gen Verwendung findet. (Demnach bedeutet V. 63 wohl: Man
    gestattete ein kirchliches Begräbnis, obwohl er als öffentlicher
    Sünder entlarvt war.)
72 *falschen Kuß:* Anspielung auf den Judaskuß; vgl. Lk. 22,48.
74 f. Vgl. V. 66 f.

Literatur: NA III, S. 95; BC II, S. 134; Rieser, S. 416; Bode, S. 467. –
EB Nr. 153 a, I, S. 491 f.; Williams, S. 415; Siuts, S. 79; T. Humpert,
Das Konstanzer Striegellied, in: Badische Heimat 41, 1961, S. 256 f.

III 102

Der Wh-Bearbeitung dieser vermutlich aus dem 16. Jh. stammenden
Ballade liegt eine anscheinend auf mündlicher Tradition beruhende
Aufzeichnung Nehrlichs zugrunde. Ein etwas bänkelsängerischer,
aber sachlicher Bericht der Vorlage wird im Wh in drei neuformulier-
ten Eingangsstrophen durch ahnungsvolle Stimmungsbilder ersetzt.
Die Moralstrophe am Ende wird – wie üblich – gestrichen.

[Überschrift:] Sprichwörtlich (vgl. auch Wh III 65, V. 5); hier als ver-
    fluchende Anrede des Schiffmanns an die Ungetreue gedacht.
2–4 Zum volksliedhaften Motiv vgl. etwa Wh II 250, V. 19–24.
6 f. Toten- oder Brautkranz; vgl. V. 11 f.
18 *Bändersknab:* Sohn des Faßbinders, Böttchers.
19 *Treuheit:* Treuepfand, Verlobungsgeschenk, größeres Geldstück.
23 *Reiter:* tabuistisch statt »Teufel« (vgl. etwa Wh II 302, V. 61).
32 Die harmonieren.
33–40 Vgl. dasselbe Motiv in Wh II 202, V. 20–23.

Melodie: Stockmann, S. 148.
Literatur: NA III, S. 98; BC II, S. 295; Alemannia 8, 1880, S. 60;
Rieser, S. 483 f.; Bode, S. 544–546. – EB Nr. 211 a–h, I, S. 625–632;
Reifferscheid, Nr. 3, S. 6 f., 134–136; Marriage, Pfalz, Nr. 20,
S. 42 f.

III 104

Die leichte, überall auf ein rein alternierendes Metrum bedachte Bearbeitung des aus Johann Christoph Demantius' Sammlung *Sieben vnd siebentzig Newe außerlesene [. . .] Täntze* (1601; Nr. 67) übernommenen Liedes streicht die Schlußstrophe und rückt so das bereits durch die neuformulierte Überschrift herausgestellte charakteristische Motiv (vgl. Wh I 192) betont ans Ende des Textes.

  5 *Unterlahn:* unterlassen.
  8 *von:* vielleicht Druckfehler statt »vor«, das den Sinn besser getroffen hätte.
17 *sonderlichem:* besonderem.

Literatur: NA III, S. 99; BC II, S. 47; Rieser, S. 433; Bode, S. 406.

III 105

Das Wh übernimmt dieses Lied aus der *Sammlung Deutscher Volkslieder* von Büsching und von der Hagen (1807; Nr. 79, S. 200 f.), wo es in den Anmerkungen als »Schlesisches Gebirgshirtenlied« bezeichnet ist. Bemühte sich das Wh noch bei dem schlesischen Lied Wh III 65 um eine annähernd konsequente Angleichung ans Hochdeutsche, so läßt das ständige Wechseln zwischen »ä« (V. 2), »un« (V. 5) und »an« (V. 13) für »an« ›und‹ der Vorlage, zwischen »ä« (V. 3) und »a« (V. 17) für »a« ›ein‹ der Vorlage und zwischen dem Infinitiv auf »a« (»bestecka«, V. 19) und »e« (»heimführe«, V. 15) eine Kapitulation vor den Schwierigkeiten des Dialekts erkennen.

  2 *ä:* in der Vorlage »an«; Fußnote: »und«.
  4 *As:* in der Vorlage »Os«; Fußnote: »als«.
  7 *Ruselä:* in der Vorlage »Rusela'n«; Fußnote: »Röselein«.
14 *Giga:* Fußnote in der Vorlage: »Geigen«.
16 *hähs:* irrig; in der Vorlage »hähb« (dem Sinn nach: habe).
    ehga: Fußnote in der Vorlage: »eigen«.
18 *Ruhs:* Fußnote in der Vorlage: »Ros'«.
20 *schien:* Fußnote in der Vorlage: »schön«.
21 f. Vgl. KL 93 d, V. 13 f.
23 *zu Jauhr:* Fußnote in der Vorlage: »zu Jahr: übers Jahr«.

Melodie: Stockmann, S. 149.
Literatur: NA III, S. 100, IV, S. 157; BC II, S. 76, 77; Rieser, S. 515;
Bode, S. 236. – Uhland, Nr. 28; Abh., S. 189; EB Nr. 454a–e, II,
S. 274–276; Berglieder (Ed. Marriage), Nr. 83, S. 123 f.; Hildebrand,
Materialien, S. 120 f. – Vgl. ferner zu Wh II 221.

III 106

Das Wh übernimmt diesen Wh II 203 vergleichbaren Botendialog aus
der *Sammlung Deutscher Volkslieder* von Büsching und von der
Hagen (1807; Nr. 37, S. 89–91). Die Bearbeitung ersetzt das Fremdwort »Präsent« durch »Geschenk« (V. 39).

[Überschrift:] Das Adjektiv spielt in erster Linie auf den hohen Flug
    der Nachtigall an; die Erwartung des Lesers wird indes – wie
    häufig bei Wh-Titeln – in andere Richtung gewiesen. Vgl. aber
    auch V. 42.
  4 *Mir:* zu ergänzen: »ich«.
13 Vgl. Wh I 239, V. 33.
15 f. Vgl. Wh I 239, V. 23 f.
17 *Ehrenpreiß:* Veronica officinalis, ein Heilkraut.
18 *Wohlgemuthes:* vgl. Wh I 229, V. 26.
19 *Kranzbügel:* Bandschleife.
35 Vgl. Wh II 54, V. 49.
38 *Eitel:* Nur.
42 Obgleich ich nicht von hoher Abkunft bin.

Literatur: NA III, S. 101; BC II, S. 89; Rieser, S. 516; Bode, S. 171 f.
– EB Nr. 492, II, S. 315; Venus-Gärtlein (Ed. Waldberg), S. XXXVI,
162 f.

III 107

Aus der Einsendung Frau von Pattbergs tilgt der Bearbeiter – wohl
Brentano – unfeine Vorwürfe und deren Ausdeutung auf zeitgenössische politische Verhältnisse, läßt den Text aber sonst so gut wie unverändert.

[Überschrift:] »Einen Korb bekommen, sich einen Korb holen« ›eine
   abschlägige Antwort bekommen‹. – Vgl. zum Motiv KL 95a.
1–6 Vgl. Wh III 110a, V. 1–3.

Melodie: Stockmann, S. 150.
Vertonung: Johannes Brahms.
Literatur: NA III, S. 103; BC II, S. 190; Rieser, S. 522; Bode,
S. 395 f. – EB Nr. 696, II, S. 494 f.; Hruschka-Toischer, S. 143, III,
Nr. 58; Marriage, Pfalz, Nr. 63, S. 103–105; He.-Wü. Nr. 169 a–c,
II, S. 23.

III 108

Brentano, auf den wohl die Bearbeitung dieser Einsendung Danquards zurückgeht, strich zwei etwas wirre und unzusammenhängende Eingangsstrophen der Vorlage, formte insgesamt deren pseu-
dobairischen Dialekt behutsam ins Hochdeutsche um und gab dem
Text dabei durch zahlreiche Synkopierungen und umgangssprachli-
che Formen (V. 10, 14 f.) einen volkstümlichen Anstrich. Den Inhalt
nicht verändernd ließ er Kiltstrophen (V. 1–12), Treueschwur
(V. 13–16) und unvermutete Reue (V. 17–20) unvermittelt nebeneinander stehen.

[Überschrift:] Ironisch auf den ›hohen Flug‹ dieser Liebe gemünzt;
   angeregt durch die Einführung des Liebhabers als Gemsjäger im
   steilen Gebirge (V. 9 f.).
17 *Dinterle:* vgl. Wh I 372, V. 5.
18 *Buberle:* der neueingefügten Form »Dinterle« klanglich angeglichen.

Literatur: NA III, S. 108; Rieser, S. 533; Bode, S. 751; Schewe, 1956,
S. 58 f.

III 109

Bearbeiter des aus Matthaeus Odontius' *Musicalisch Rosengärtlein*
(1612; Nr. 14) übernommenen Liedes ist wohl Arnim. Er veredelte
die Schlußzeile (»Daß mir vor Lieb der schweis außdrang«) und
kürzte die Strophen (ohne Reimverlust) um eine banale Zeile (nach

V. 7) und den Hinweis auf die rasche Tröstbarkeit der Jungfrau (nach V. 16). Die Überschrift spielt auf den »Druck« der Sorgen an, unter dem das verlassene Mädchen leidet und dem der neue Liebhaber durch handfesten »Gegendruck« (V. 17) zu begegnen sucht.

Literatur: NA III, S. 105; BC II, S. 350; Rieser, S. 433 f.; Bode, S. 314 f.

III 110a

Bis auf eine kleine Änderung der Schlußzeile und die Hervorhebung des charakteristischen Motivs in der Überschrift gelangte diese Einsendung der Geschwister Mannel aus Allendorf so gut wie unverändert ins Wh.

1–3 Vgl. Wh III 107, V. 1–6.
5 *Petersilie:* im Volksbrauch als Aphrodisiakum bekannt (WbVk, S. 602).
9 Formelhaft; vgl. Wh III 34, V. 3.

Melodie: Stockmann, S. 151.
Literatur: NA III, S. 105, IV, S. 70; BC II, S. 188; Rieser, S. 516; Bode, S. 162 f.; Schewe, 1932, S. 133. – EB Nr. 574a–b, 585, II, S. 401, 409 f.; Marriage, Pfalz, Nr. 63, S. 103–105; G. A. Vogt, Die Technik der Reimpaarverklammerung in »Minnesangs Frühling«, in Fs. für W. Mohr, Göppingen 1972, S. 71–101 (bes. S. 95).

III 110b

Bei diesem Lied handelt es sich wahrscheinlich um eine Umdichtung einer nicht erhaltenen Vorlage durch Brentano. Die bekannte Legende, daß der heilige Hubertus (Bischof von Lüttich, gest. 727) durch Erscheinung eines Hirsches mit dem Kruzifix auf den Geweihstangen bekehrt worden sei, ist erst seit dem 15. Jh. von der Eustachius-Legende her auf Hubertus übertragen worden.

Literatur: NA III, S. 106; BC I, S. 367; Rieser, S. 486; Bode, S. 726 f. – EB Nr. 1452–53, III, S. 313 f.; LdtV, S. 364; Ditfurth, Fränk. Vldr II, S. 220, Nr. 288.

III 111

Das vor 1535 entstandene Lied ist fast unverändert aus Johann Otths
Hundert vnd fünfftzehen guter newer Liedlein (1544; Nr. 30) übernommen.

Vertonung: Gustav Mahler (1892).
Literatur: NA I, S. 357; BC I, S. 382, 562; Alemannia 4, 1877, S. 286;
12, 1884, S. 71; Rieser, S. 424; Bode, S. 166. – Uhland, Nr. 13, 153;
EB Nr. 481 a–c, II, S. 301–303; Berglieder (Ed. Marriage), S. 295 f.;
Goedeke-Tittmann, Nr. 152, S. 156; Wackernagel III, Nr. 932,
1230, S. 789 f., 1059 f.; Williams, S. 460; Allerleirauh, S. 93.

III 112a

Die Wanderstrophe am Ende dieses von Jacob Grimm beigetragenen
weitverbreiteten Fenstergangliedes, dessen sämtliche Motive auch in
anderem Zusammenhang begegnen, ist eine der verbreitetsten volksliedhaften Ausprägungen des Unsagbarkeitstopos überhaupt. Arnim
ließ den Text so gut wie unverändert abdrucken.

1–4 Vgl. Wh III 81, V. 9–12.
5–8 Vgl. Wh III 81, V. 21–24.
9–12 Vgl. Wh III 81, V. 25–28.
13–16 Vgl. zur Verbreitung dieser Wanderstrophe BC I, S. 278; Bragur 1, 1791, S. 275; EB I, S. 280 f., Nr. 586, 589, II, S. 410, 412.
– Ähnlich bereits in Freidanks *Bescheidenheit* (104,11 g–m):
»Waere der himel permint / und dâ zuo daz ertrîch tint, / und alle
sternen pfaffen / die got hât geschaffen, / sie künden niht geschrî-
ben / daz wunder von den wîben.«

Melodie: Stockmann, S. 152.
Vertonung: Gustav Mahler (1905), unter dem aus dem verwandten
Lied Wh III 81, V. 31, entlehnten Titel: *Wo die schönen Trompeten
blasen.*
Literatur: NA III, S. 107; BC II, S. 82; Alemannia 9, 1881, S. 163;
Rieser, S. 516; Bode, S. 178 f. – EB Nr. 816 a–c, II, S. 622–624;
ZfVk 18, 1908, S. 87; He.-Wü. Nr. 362, II, S. 291; Vld 33, 1931,
S. 41; Wiora I, Nr. 257, S. 59.

III 112b

Brentano entnahm dieses Lied der *Sammlung Deutscher Volkslieder* von Büsching und von der Hagen (1807; Nr. 113/1, S. 276 f.). Dem Herkunftsvermerk der Vorlage entsprechend – »aus Bern mitgebracht« – bemühte er sich zunächst, das Lied stärker dem Berner Dialekt anzugleichen, gab den Versuch jedoch schon bald wieder auf und strich – wie üblich – die Heischestrophe am Ende.

[Erläuterungszeile:] Vgl. Schweizerisches Idiotikon III, Sp. 966: »Laubi: Rufname von Ochsen«.
  1 *änetem Rhin:* jenseits des Rheins.
  5 *Buchsigs:* aus Buchsholz (vgl. Wh II 34, V. 26).
22 *weder:* als.

Literatur: NA III, S. 107; Rieser, S. 516; Bode, S. 362.

III 113

Vorlage für dieses Lied war Brentanos Abschrift eines 1550 in Zürich gedruckten Fl. Bl., dessen Strophenform, Reimschema und einige Wendungen verderbt erscheinen. Dennoch ist kaum versucht worden, den Text zu bessern. Im übrigen bleibt dem Lied trotz mannigfacher Modernisierungen im Lautbestand die alte Sprachgestalt weitgehend erhalten. Die Abschrift gibt Aufschluß, wie weit Brentanos philologische Genauigkeit bei seiner Sammeltätigkeit ging; wenn man von der sich fortschreitend stärker durchsetzenden Tendenz zur Großschreibung der Substantive absieht, bleiben nur wenige Modernisierungen zu vermerken, die indes charakteristischerweise gegen Ende der Abschrift häufiger auftreten.

[Herkunftsangabe:] Vgl. Wh II 229b.
  1 *Meiner Frauen:* Dat. Sing., schwach flektiert.
11 *Hermelein:* aus Reimzwang, statt »Hermelin«.
14 Vgl. zu dieser und den folgenden Wunschvorstellungen Wh I 363, V. 17.
16 *pflanzieret:* aufpflanzt, aufstellt.
23 *traun:* vielleicht Druckfehler statt »braun«. – Hier und im folgenden Vers scheint die mittelalterliche Einhorn-Allegorie zugrunde zu liegen oder zumindest von Einfluß gewesen zu sein.
27 *für:* lieber als.

Literatur: NA III, S. 108; BC II, S. 44; Alemannia 3, 1877, S. 45; Rieser, S. 428; Bode, S. 210 f. – Uhland, Schriften IV, S. 17; Das Königsteiner Liederbuch, hrsg. von P. Sappler, München 1970, S. 301.

III 115

Das Wh kürzt das aus dem *Ersten Theil der Arien* Heinrich Alberts (1638; Nr. 17) übernommene Frühlingslied Simon Dachs, das vom Mythos des Zeugungskusses, den der Himmel der Erde schenkt, ausgeht, um zwei Schlußstrophen, die nach Schilderung der Frühlingslust in der Natur etwas zu direkt den Hörer zur Liebe aufrufen.

1 f. Vgl. Ps. 19,6 f.
10 *Flora:* vgl. Wh III 90, V. 27.
11 *verehren:* beschenken.
15 Und widmen sich der Liebeslust.
20 Formelhaft; vgl. im Kirchenlied *Nun singt dem Herrn ein neues Lied* den Schluß der Eingangsstrophe.

Literatur: NA III, S. 110; BC II, S. 14; Rieser, S. 405 f.; Bode, S. 370 f. – Venus-Gärtlein (Ed. Waldberg), S. XXXIV, 131.

III 116a

Das Wh gibt ohne inhaltliche Änderungen die Satire auf putzsüchtige Mädchen aus dem *Andern Theil Newer Lieblicher Galliardt* von Nicolaus Rosthius (1593; Nr. 12) wieder.

6 *schon:* schön.
8 Sie behielten nichts übrig.
20 *vor:* vorher, früher.

Literatur: NA III, S. 111; BC II, S. 72; Rieser, S. 428; Bode, S. 338.

III 116b

Brentano nahm dieses von Frau von Pattberg nach volkstümlichen Motiven gedichtete Lied unverändert in das Wh auf.

7 *auf:* darauf.

Melodie: Böhl, Nr. 9, S. 18.
Literatur: NA III, S. 112; BC II, S. 187; Steig, NHJb VI, 1896, S. 108; Rieser, S. 546 f.; Bode, S. 150 f. – EB Nr. 700, II, S. 500 f.; Schade, WeimJb III/2, 1855, S. 248; Marriage, Pfalz, Nr. 67, S. 110–112.

III 118a

Wenn Brentano Wh II 50a bearbeitet hat (s. dort), so war er es auch, der dieses Gedicht nahezu unverändert nach einer Vorlage von unbekannter Hand, die auch in anderem Zusammenhang begegnende Strophen teilweise hohen Alters vereinigt, in das Wh aufgenommen hat.

1–4 Zum Thema vgl. Wh I 321 (ebenfalls von Brentano bearbeitet).
5–8 Diese Strophe wurde bereits zu Wh II 50a (V. 13–16) herangezogen.
15–18 Vgl. Wh I 77, V. 1–4 (nach Elwert).

Literatur: NA III, S. 113; BC II, S. 104; Rieser, S. 517; Bode, S. 591 f.; Schewe, 1932, S. 124. – EB Nr. 679a–b, II, S. 474–478; P. Alpers, Es dunkelt schon in der Heide, in: Niedersachsen, Jg. 1967.

III 118b

Beigetragen wurde dieses seit der Mitte des 17. Jh.s belegte Lied, das noch 1825 in Münster als Lambertuslied bekannt war, von Jacob Grimm. Eine von Brentano vorgenommene Strophenunterteilung (nach V. 4 und 8) ist bei der Drucklegung nicht übernommen worden.

11 Ein Anklang in der Überschrift zu KL 41 (s. dort).

Literatur: NA III, S. 113; Rieser, S. 517; Bode, S. 188. – EB Nr. 959a–c, II, S. 727 f.; Böhme, Kdl II, Nr. 231–234, S. 491–493; ZfVk 12, 1902, S. 217, 343; 17, 1907, S. 389; John, S. 58, Nr. 45.

III 119

Brentano griff als erster Bearbeiter nur behutsam in die Texte der von
Nehrlich beigetragenen Tanzverse ein. Arnim jedoch hat die Vierzeiler entgegen Brentanos Vorschlag zu einem Ganzen verknüpft.

1 *we'ger:* wahrlich, wahrhaftig (vgl. V. 11).
5–12 Wanderstrophen, die in mancherlei Variationen begegnen.
17–20 Brentano hat V. 13–16 und 17–20 ihrer thematischen Verwandtschaft wegen nacheinander gesetzt: V. 15 f. wird im an-
schließenden Vierzeiler gleichsam erklärt.
21–24 Die Endung »o« ist nicht etwa Nachahmung des Glockenge-
läuts (vgl. KL 76a und Wh III 122c); vielmehr bemerkt Nehrlich
an anderer Stelle: »Die Endung auf o ist nicht Scherz, sondern
wirkliche Sprache der Landleute wie die Endung mancher Zeit-
wörter auf un – machun.«
28 *Sickingen:* wohl Bezeichnung für die Ebernburg an der Nahe; die
dortige Stammburg des Ritters Franz von Sickingen wurde oft
nach diesem Geschlecht benannt. Brentano war die Namensähn-
lichkeit von »Sigmaringo« und »Sickingen« gewiß willkommen.

Melodie: Stockmann, S. 153.
Literatur: NA III, S. 114, IV, S. 348; Alemannia 11, 1883, S. 70; 15,
1887, S. 105 f.; Rieser, S. 516; Bode, S. 603. – EB Nr. 724, 1005, II,
S. 526, 765 f.; Ziska-Schottky, S. 109, 228; Schleicher, S. 112,
Nr. 19; Peter, Nr. 299, S. 11; Hruschka-Toischer, S. 299, IV,
Nr. 245; ZföVk 4, 1898, S. 20, 296; Bender, Nr. 24, S. 226, Nr. 120,
S. 245; ArchStnSpr 119, 1907, S. 4 f.; ZfVk 18, 1908, S. 24; 20, 1910,
S. 40, Nr. 4; 21, 1911, S. 379 f.; Züricher, Schweiz, Nr. 5634–35,
S. 367, Nr. 5971, S. 389, Nr. 5974–79, S. 390.

III 120

Wie bei Wh III 119 hat Arnim in diesem Lied unzusammenhängende
Vierzeiler, die er Karl von Rottmanners Sammlung *Baierische Alpen-*
lieder, erschienen in Friedrich Asts *Zeitschrift für Wissenschaft und*
Kunst (1808; S. 90–101), entnommen hatte, bei seiner flüchtigen
Redaktion in einen Sinnzusammenhang zu bringen versucht. Rottmanner bemerkt zu seiner Sammlung erläuternd: »Die kleinen, meist
vierzeiligen Lieder sind ursprünglich für den Volkstanz bestimmt, ob
sie gleich auch außerdem häufig gesungen werden.«

2 *Weichseln:* »Sauerkirschen« (Rottmanner).
4 »Muß mich auch nach einem umsehen« (Rottmanner).
8 *balde:* »fast« (Rottmanner).
9–16 Vgl. dasselbe Thema Wh III 116 b.

Literatur: NA III, S. 115; BC II, S. 336; Rieser, S. 516; Bode,
S. 605 f. – EB Nr. 1015, II, S. 772; Ziska-Schottky, S. 205; Mittler,
Nr. 1124–25, S. 706; Züricher, Schweiz, Nr. 5983–84, S. 390.

III 121

Dieses Lied beruht auf zwei von Nehrlich beigetragenen Tanzversen,
wobei Arnim, wiederum um einen Zusammenhang zu schaffen,
V. 2–4 völlig umgeformt hat.

Literatur: NA III, S. 116; BC II, S. 327, 790; Alemannia 11, 1883,
S. 77; 15, 1887, S. 104; Rieser, S. 516; Bode, S. 603 f. – Ziska-
Schottky, S. 203; Meier, Schwab., Nr. 401, S. 71.

III 122a

Dieser Vierzeiler wurde von Nehrlich beigetragen. Zum Eingang vgl.
KL 102 a.

Literatur: NA III, S. 117; Alemannia 15, 1887, S. 100; Rieser, S. 516;
Bode, S. 152.

III 122b

Auch dieser Vierzeiler geht auf einen Beitrag Nehrlichs zurück.

Literatur: NA III, S. 117; BC II, S. 325; Alemannia 15, 1887, S. 100;
Rieser, S. 516; Bode, S. 153.

III 122c

Diese Verse beruhen ebenfalls auf einer Einsendung Nehrlichs. Zu
den o-Endungen vgl. Anm. zu Wh III 119, V. 21–24.

3 *lang:* Der Zusatz ist metrisch bedingt (vgl. Metrum von V. 1, 5 und 7).
7 *es:* mundartliches Füllwort; keinesfalls, wie neuere Editionen durch geänderte Zeichensetzung glauben machen, vorweggenommenes Pronomen.

Literatur: NA III, S. 117; BC II, S. 333; Rieser, S. 516; Bode, S. 284.

III 123a

Im Wh-Material hat sich nur das Ms. Brentanos erhalten, der die schwäbischen Formen der Vorlage, offenbar eine Niederschrift Nehrlichs, dem Hochdeutschen angeglichen hat.

9 f. Formelhaft; vgl. etwa Wh III 83, V. 21 f. u. ö.
11 *Nägeleinstock:* Nelkenstaude. Zum Motiv vgl. Wh III 23a.

Literatur: NA III, S. 117; BC II, S. 323; Rieser, S. 516; Bode, S. 165.

III 123b

Arnim hat bis auf die Streichung der von Brentano vorgesehenen Überschrift *Liebeswechsel* dessen leichte Überarbeitung der Aufzeichnung Nehrlichs unverändert übernommen.

1 *Dienerl:* Dirndl, Mädchen.
5–8 Vgl. Wh III 124, V. 33–36.
9 f. Formelhafte Antwort auf den (hier originell gefaßten) Unmöglichkeitstopos; vgl. die bekanntere Form (EB Nr. 429e): »Es schneit ja keine Rosen, / Und regn't auch keinen Wein.«

Literatur: NA III, S. 118; BC II, S. 330; Alemannia 10, 1882, S. 148, 152; 15, 1887, S. 101; Rieser, S. 516; Bode, S. 232 f. – EB Nr. 665, II, S. 465 f.; Marriage, Pfalz, Nr. 221, S. 321; Züricher, Schweiz, Nr. 5859, S. 381, Nr. 5838, S. 380.

III 124

Arnim sind Auswahl und Anordnung dieser Tanzreime, die er Einsendungen von Bertuch, Kerner und Nehrlich entnahm, zuzuschreiben. Während ein inhaltlicher Zusammenhang nur vage existieret, scheint eine formale Symmetrie beabsichtigt zu sein, da eine genaue umfangmäßige Entsprechung aller Einzelstrophen (um eine Mittelachse gruppiert) gegeben ist:

$$
\begin{array}{lcr}
1\text{–}8 & & 37\text{–}44 \\
9\text{–}16 & & 29\text{–}36 \\
17\text{–}18 & & 27\text{–}28 \\
19\text{–}22 & & 23\text{–}26 \\
\end{array}
$$

Einzeländerungen betreffen hauptsächlich dialektische Eigentümlichkeiten.

11 *an:* statt »au« ›auch‹ der Vorlage; es ist mit einem Verständnisfehler Arnims zu rechnen.
14 *gaun:* gehn.
15 Paß auf, ich kann dich nötigen, zwingen. Eine Reflexion über diese anscheinend spezifisch schwäbische Anschauung bietet Friedrich Theodor Vischer in seinem 1879 erschienenen Roman *Auch Einer* (Beginn des Tagebuchs, 3. Absatz).
16 *laun:* lassen.
17 f. Vgl. auch Wh I 163, V. 17.
27 Die Altarstufe, auf der die Brautleute knien.
43 f. Formelhaft aus den Streitgedichten (vgl. Wh II 34, V. 56; II 37, V. 70, u. a.).

Vertonung: Gustav Mahler, *Lieder eines fahrenden Gesellen* I (V. 1–8 in eigener, freier Nachdichtung des Komponisten).
Literatur: NA III, S. 118, IV, S. 348; BC II, S. 331 f.; Alemannia 15, 1887, S. 106 f.; Rieser, S. 516; Bode, S. 604. – EB Nr. 665, II, S. 466; Nr. 1054, II, S. 792; Nr. 850b, II, S. 648; Nr. 572a–b, II, S. 398 f.; Ziska-Schottky, S. 192; Hoffm.-Ri., Nr. 89, S. 111; Simrock, S. 341; Hruschka-Toischer, S. 277, IV, Nr. 41, S. 333, IV, Nr. 574; ZfVk 5, 1895, S. 165; Bender, Nr. 2, S. 222; Marriage, Pfalz, Nr. 43, S. 81 f.; Züricher, Schweiz, Nr. 5838, S. 380.

III 125

Arnim hat bei seiner Bearbeitung drei Einzeleinsendungen Nehrlichs entgegen Brentanos Vorschlag zu einer getrennten Veröffentlichung hintereinandergestellt und offenbar das Dialektwort »mun« nicht verstanden, so daß er den sinnentstellenden Setzfehler »Nunn« akzeptierte.

1 *Nunn:* Nonne; statt »mun(k)« (schwäb.) ›mürrisch, trotzig‹.
2–4 Zu den Endungen vgl. die in der Anm. zu Wh III 119, V. 21–24, zitierte Bemerkung Nehrlichs.

Melodie: Stockmann, S. 153.
Literatur: NA III, S. 120; BC II, S. 327; Alemannia 11, 1883, S. 71; 15, 1887, S. 104, 108; Rieser, S. 516; Bode, S. 604; Schewe, 1956, S. 66. – EB Nr. 1042, II, S. 786; Ziska-Schottky, S. 105; Meier, Schwab., Nr. 334, S. 60; Schleicher, S. 111, Nr. 8; Bender, Nr. 5, S. 223; Blätter des badischen Vereins f. Volkskunde 1907, S. 80; Vkdl. Bl. aus Württ. u. Hohenz., 1912, Nr. 2–3, S. 9 f.; Röhrich-Brednich II, Nr. 83 b (Str. 5).

III 126

Arnim ließ die zufällig zusammenstehenden Vierzeiler aus Nehrlichs Einsendungen, die Brentano als einzelne Schnaderhüpfel aufgefaßt hat und veröffentlicht wissen wollte, als Ganzes abdrucken.

1 *Holzäpfel:* unveredelte, fast ungenießbare Äpfel. Im Fortgang des nonsensikalischen Vierzeilers scheint indes an hölzerne Gegenstände gedacht zu sein (V. 2).
   gehaspelt: haspeln: eine dem Haspeln, Garnwinden ähnliche Bewegung machen; hier bedeutungsmäßig an »raspeln« ›raffen‹ angelehnt (vgl. Adelung III, Sp. 1251).
5–8 Diese Verse, deren Vorlage wohl bereits zu Wh III 121 herangezogen worden war, erscheinen hier völlig unverändert.
9–12 Das »Schätzlein« ist so schön wie eine Vogelscheuche (vgl. ähnlich ungalante Komplimente in Wh III 128 a).

Literatur: NA III, S. 121, IV, S. 347; BC II, S. 324 f.; Alemannia 10, 1882, S. 149; 15, 1887, S. 102; Rieser, S. 516; Bode, S. 605. – Pogatschnigg-Herrmann I, S. 28, Nr. 133; Hruschka-Toischer, S. 288, IV, Nr. 141; ZföVk 2, 1896, S. 99; Vkdl. Bl. aus Württ. u. Hohenz., 1911, S. 27; Züricher, Schweiz, Nr. 592, S. 35, 416.

III 127 a

Das Wh-Lied ist eine Kontamination zweier Einsendungen Nehrlichs mit einer von Varnhagen eingesandten Abschrift aus dem *Versuch eines baierischen und oberpfälzischen Idiotikons* von Andreas Zaupser (1789). Brentano hatte zunächst V. 1–4 zur selbständigen Veröffentlichung vorgesehen; Arnim bestimmte indes den Vierzeiler zur Aufnahme unter die Tanzreime, strich die von Brentano formulierte Überschrift und ließ V. 5–8 wie später noch V. 9–12 nachtragen.

7 f. Der Witz besteht darin, daß drei Batzen zwölf Kreuzer sind.
9–12 Der Jungfernkranz wird mit der Haube der Ehefrau vertauscht.

Vertonung: C. M. von Weber, op. 64 (1822).
Literatur: NA III, S. 121; BC II, S. 333, 335; Alemannia 15, 1887, S. 108, 109, 110; Rieser, S. 516; Bode, S. 604. – Härtel, Nr. 519, S. 406; A. Birlinger, Schwäbisch-Augsburgisches Wörterbuch, München 1864, S. 464; Hruschka-Toischer, S. 345, IV, Nr. 692; Meisinger, Oberld, Nr. 301, S. 282.

III 127 b

Varnhagen hat das Lied buchstäblich aus Andreas Zaupsers *Idiotikon* übernommen. Arnim hat Varnhagens Niederschrift ins Hochdeutsche übertragen; einige Wörter sind der schwäbischen Mundart der umgebenden Verse angepaßt (»Gässel«, »nit«, »is«). Die Überschrift ist wohl im Zusammenhang mit der Fehde zwischen den Romantikern und Cottas *Morgenblatt* als eine satirische Anspielung auf die von 1802 bis 1807 bei Cotta erschienene Zs. *Policeyfama* zu sehen.

1 »Auf das Gäßchen gehen heißt soviel als des Nachts zu seinem Liebchen gehen« (Zaupser).
3 *Scherg:* Polizeischerge, Büttel.

Literatur: NA III, S. 122, IV, S. 348; BC II, S. 334; Alemannia 15, 1887, S. 108 f.; Rieser, S. 516; Bode, S. 237. – Meier, Schwab., Nr. 183, S. 34; Steinitz I, S. 144.

III 127c

Zu V. 1–4 und 9–12 sind Vorlagen von Nehrlichs Hand überliefert. Da V. 5–8 auch sonst volkstümlich belegt ist, ist hier eher mit einer verschollenen Einsendung (Nehrlichs) als mit einer Eigendichtung der Herausgeber zu rechnen.

12 *Beut:* hier wohl im Sinn von ›Gewinn‹ (zur Beute); wer für die Darbietung nicht zahlt, hat ein Geschäft gemacht.

Literatur: NA III, S. 122; Alemannia 15, 1887, S. 101; Rieser, S. 516; Bode, S. 606. – EB Nr. 1057, II, S. 795.

III 128a

Die von Nehrlich eingesandte Vorlage bietet eine achtzeilige Vorsatz-strophe, die von den Herausgebern ausgelassen wurde, weil sie nicht das charakteristische Reimschema (aabbaa) zeigt, und v. a., weil das darin enthaltene Kompliment des Mädchens an seinen Galan unwei-gerlich eine Derbheit assoziiert.

2 *ein:* etwa.
6 Gehört seit dem Minnesang formelhaft zum Schönheitspreis, hier ins Negative verkehrt.

Literatur: NA III, S. 123; BC II, S. 327; Alemannia 15, 1887, S. 104; Rieser, S. 516; Bode, S. 376.

III 128b

Mit diesen ebenfalls von Nehrlich beigetragenen zwei Strophen beschließt Arnim die bunte Reihe der Schnaderhüpfel. Der Fülle des Materials versucht er durch einen abschließenden Hinweis auf eine weitere Sammlung gerecht zu werden, der in dieser Form im Wh einmalig ist. Die flüchtige Redaktion ließ alle alemannischen Formen bestehen.

1 Das Bild begegnet häufig als Einleitung zu Schnaderhüpfeln.
3 *es:* vgl. Anm. zu Wh III 122c, V. 7.

Literatur: NA III, S. 123; Alemannia 15, 1887, S. 102, 104; Rieser, S. 516; Bode, S. 164.

III 129a

Bis auf die Überschrift (vorher: *Der Fehlgang*) wurde der Text der Vorlage Nehrlichs genau übernommen. Die neue Überschrift legt das Lied einem abgewiesenen Liebhaber in den Mund, der zu allem Ärger nun auch noch seine vergeblichen Wanderungen zur Liebsten teuer bezahlen muß. Damit rückt der Text noch weiter in ironische Distanz. Zum Motiv des Kiltgangs vgl. auch Wh III 135 und KL 80c.

Literatur: NA III, S. 124; BC II, S. 204; Rieser, S. 517; Bode, S. 151. – Meisinger, Nr. 288, S. 273.

III 129b

Das Wh-Lied ist eine Kontamination zweier Texte aus Johann Otths *Hundert vnd fünfftzehen newer Liedlein* (1544; Nr. 3 und 4). Das ganze Lied ist durch die sprachlich modernisierende Wh-Bearbeitung einem Sänger in den Mund gelegt, der wünscht, das in Heimlichkeit empfangene Liebeszeichen öffentlich bestätigt zu sehen.

Literatur: NA III, S. 124, IV, S. 235; BC II, S. 169; Rieser, S. 434; Bode, S. 611 f. – Uhland, Nr. 3, 35; EB Nr. 434, 932, II, S. 256, 713, Nr. 1062, III, S. 2–5; Marriage (Ed. Forster), S. 259.

III 130

Die Wh-Fassung dieses Liedes geht auf eine Einsendung Nehrlichs zurück. Die Überschrift spielt auf ein zeitgenössisches politisches Ereignis an: Selim III. (geb. 1761), osmanischer Sultan seit 1789,

wurde nach einer Heeresreform gestürzt und am 31. 5. 1807 er-
mordet.

1 *braver:* Anspielung auf die ältere Bedeutung ›tüchtig‹.
3 f. Vgl. KL 88 a, V. 7 f.
5 *Flederwisch:* »das erste Glied eines Gänseflügels mit den daran
  befindlichen Federn, allerley Hausgeräth vom Staube damit zu reinigen« (Adelung II, Sp. 192).

Literatur: NA I, S. 353; BC I, S. 384, 562; Rieser, S. 517; Bode,
S. 396 f. – EB Nr. 881 a–b, II, S. 674 f.; Meier, Schwab., Nr. 235,
S. 407; Schleicher, S. 92 f., Nr. 10–11; Frischbier, Nr. 212, S. 55;
Hruschka-Toischer, S. 216, III, Nr. 207; ZfVk 17, 1907, S. 277;
Allerleirauh, S. 270.

III 131

Das Tiroler Weihnachtslied ist erstmals 1756 auf einem Fl. Bl. (*Drey
gantz neue Weynacht-Lieder*) belegt. V. a. das köstliche Bild der Wh-
Verse 12–15 begegnet in der Überlieferung in immer neuen Abwand-
lungen. Die auf eine Einsendung Nehrlichs zurückgehende Wh-Fassung schließt effektvoll mit dieser Wendung; die beibehaltene Überschrift macht das Lied trotz der radikalen Verkürzung als Dialog
zweier Hirten zur Zeit der Geburt Christi verständlich, der mit der
Erscheinung der Engel (vgl. Lk. 2,8–14) endet.

1 *Mopper:* Vorname eines Hirten.
3 Volksetymologisch an »Klause« angelehnt; aus »Mein güldener
  Klaus« verderbt. Das Fl. Bl. gibt: »Sei mir Gott willkommen mein
  Veitl! wo aus? / Ich kunt dirs nicht sagn mein goldener Clauß«.
4 f. Wortspielerisch: »Laß das Himmelstor nur klinken und sich alle
  Engel herunterschwingen«.

Literatur: NA III, S. 125; BC I, S. 367, 561; Rieser, S. 523; Bode,
S. 397; Schewe, Württemberg, S. 23. – Schlossar, S. 89–92, 407; Pail-
ler, I, Nr. 159, S. 166; Vld 15, 1913, S. 202; 41, 1939, S. 23; J. Fai-
stenberger, Ein altes Krippenlied, in: Tiroler Heimatblätter 15, 1937,
S. 385; K. M. Klier, in: Thesaurus austriacus 4, Nr. 122, S. 172;
JböVlw 8, 1959, S. 59.

III 132a

Als Vorlage für die Wh-Fassung diente ein verschollenes Blatt aus
Nehrlichs Quarths. Die Eingangsstrophe begegnet ähnlich bereits
1382 in der Liederhs. für Ottilia Fenchler und 1592 im Straßburger
Liederbuch. Die Strophen 2 und 3 sind wahrscheinlich Zudichtungen
aus jüngerer Zeit.

Literatur: NA III, S. 125; BC II, S. 186; Alemannia 1, 1873, S. 26, 38;
10, 1882, S. 150; Rieser, S. 518; Bode, S. 228 f. – Frischbier, Nr. 815,
S. 233; ZfVk 7, 1897, S. 52 f.; 12, 1902, S. 52.

III 132b

Das Wh übernimmt dieses Lied mitsamt der (wohl nach Goethe formulierten) Überschrift aus der *Sammlung Deutscher Volkslieder* von
Büsching und von der Hagen (1807; Nr. 88, S. 220–223), scheidet
allerdings vier Strophen mit wörtlicher Rede des Liebhabers aus.
Büsching / von der Hagen bemerken zur Herkunft ihres Textes:
»Hiervon besitzen wir 2 Exemplare, das eine in der Nr. 77. angeführ-
ten Sammlung [Liederbuch aus dem 18. Jh.] [. . .], das andere in dem
Bande aus der Eschenburgischen Bibl. [vgl. Wh III 29] angefangen: In
dem May, in dem May ist lieblich und schön usw. in einem flieg.
Blatte vom Jahre 1646 [. . .]. Aus beiden ist das Mitgetheilte entstanden und hat letzteres Exemplar besonders die letzte Strophe geliefert,
die das erste nicht hat.«

  1 Arnim variiert die Eingangszeile im Brief an Bettina vom
    10. 5. 1808: »Im Maien an Reihen sich freuen alle Knab und
    Maidlen.«
  9 Veilchen, Herbstzeitlose.
 10 *Nägelein:* Nelken.
 21–25 Vgl. ähnlich Wh III 19, V. 22–28.

Literatur: NA III, S. 126; BC II, S. 15, 16; Rieser, S. 433; Bode,
S. 401 f. – EB Nr. 394, II, S. 206 f.; Maltzahn, S. 303, Nr. 711; Berglieder (Ed. Marriage), Nr. 195, S. 271 f.; Mittler, Nr. 739, S. 545.

III 134a

Als Quelle diente den Bearbeitern ein Fl. Bl. aus der zweiten Hälfte des 17. Jh.s: *Eine schöne Leich-Breye bey Bestattung des fürgeachten und frommen Bantle Karres, geweßten Bürger und Korporal zu Andelfingen [. . .]. Gehalten von Antonio Kornhofer*; der abschließende Vierzeiler ist in leicht abweichender Form erstmals 1632 belegt. Der parodistische Predigttext steht anscheinend mit Fastnachtsbräuchen in Verbindung. Die Bearbeitung ist wohl Brentano zuzuschreiben; einmal erinnert die Neuformulierung des Schlußverses an typische Märchenverse, zum anderen war Arnim der Schweizer Dialekt so gut wie unverständlich (vgl. Wh I 17).

10 *Oberst:* die weltliche Obrigkeit.
11 *An:* irrig statt »au« ›auch‹; der Fehler dürfte bei Arnims Schlußkorrektur entstanden sein. Bei dieser Gelegenheit hatte sich dasselbe Mißverständnis in Wh III 124, V. 11 ergeben.
12 *wett ko:* kommen wollte, käme.
13 *Wett alls nä:* Würde alles nehmen.
14 *niena dura loh:* nirgendwo durchlassen.
17 *gno:* genommen.
18 *drus graba:* herausgegraben, gebrochen.

Literatur: NA IV, S. 350; BC II, S. 623; Rieser, S. 518; Bode, S. 232. – Eine ausführliche Monographie mit reichen Literaturangaben: H. Strobach, Das Schwedenlied, in: Fs. für F. Sieber, Berlin 1964, S. 297–307; nachzutragen sind zwei historische Belege: *Zeitvertreiber* von Johann Peter de Memel (vgl. Wh III 434), 1700, S. 579; B. Auerbach, in: Europa, 3, 1843, S. 133.

III 134b

Das Lied war den Herausgebern schon bekannt, ehe Brentano es in den *Wanderungen durch die Schweiz* von Karl Spazier (1790; S. 341 f.) entdeckte. Eine umdichtende Niederschrift Brentanos in einem Brief an seine Frau blieb allerdings ebenso ohne Einfluß auf die Wh-Fassung wie eine Neudichtung Arnims in Dialogform und eine Parodie in Nehrlichs Einsendungen. Nach der einschränkenden Bemerkung Spaziers zu seinem Abdruck – »Die Sprache und Schreibart in diesem Liede, das mehrere Refrains hat, ist nicht alt und ächt genug« – sah sich Brentano veranlaßt, dem Schweizer Dialekt in seiner Bearbeitung nachzuhelfen.

1 *äbi:* ersetzt »äben« ›etwa‹; von Arnim fälschlich durch »eben« wiedergegeben.
   Simeliberg: Ob der Name von mhd. »sinwel« ›rund‹ oder vom Namen Simon (vgl. V. 3) herzuleiten ist, bleibt offen.
2 *Fräneli:* Koseform zu »Verena«.
   ab de: ersetzt nicht zutreffend »ab dem« ›von dem‹.
   Kuggisberg: statt »Guggisberg« (im Kanton Bern).
3 *Sibethals Jäggeli:* in älteren Fassungen »Simes Hans Joggeli« ›Hans Jakoble, der Sohn des Simon‹; hier: Jaköbchen Siebental.
   änne de: mißverstanden statt »änet dem« ›jenseits des‹; vgl. Wh III 112 b, V. 1.
5 *mag:* im älteren Sinn: könnte, vermöchte.
10–15 Vgl. Wh III 57, V. 47–55.
16 *äne:* änet (vgl. Anm. zu V. 3).
16–19 Vgl. Wh I 102, V. 9–14; III 57, V. 61–67.

Melodie: Stockmann, S. 154.
Literatur: NA III, S. 128; BC II, S. 101; Müller, S. 17; Rieser, S. 518; Bode, S. 231 f. – EB Nr. 420, II, S. 237 f.; Mittler, Nr. 1236, S. 740; Tobler II, S. 199–201, Nr. 20; J. Meier, Das Guggisberger Lied. Ein Vortrag, Basel 1926; Röhrich-Brednich II, Nr. 50.

III 135

Brentano, der wohl wegen seiner Vertrautheit mit dem Schweizer Dialekt wieder als Bearbeiter anzusehen ist, hat sich gravierender Eingriffe in den von einem Fl. Bl. übernommenen Text enthalten, da dieses den Dialekt des aus dem Kanton Bern stammenden Liedes treffender wiedergibt als Spaziers Abdruck der Vorlage zu Wh III 134 b.

2 *Fluh:* Felswand (vgl. mhd. »vluoch«).
3 Und wenn ich schon zu ihm wollte.
4 Vgl. zu diesem Motiv Wh III 129 a, V. 5, und KL 80 c; »di« wurde an V. 14 angeglichen.
5 *di:* dir.
7 *de:* dann.

 8 So kannst du dann ja andere haben.
11 Es gibt ja auch so einen Feiertag.
12 *Wo ni:* Wenn ich.
13 *hornen:* auf dem Alphorn blasen.
14 Er kennt die Kuhreihen alle sehr gut.
16 *ga:* (vor Infinitiv) »bezeichnet den Zweck« (BC II, S. 176).
18 Eine gar tausendschöne Herde Vieh.
19 *längi Zyti:* Langeweile.
20 *nimme:* nimmer.
24 *gaugle:* gaukle, tändle, scherze.
25 *wey mer:* wollen wir.
26 *b'ha:* behalten.
27 *Meitscheni:* Mädchen (nach dieser Form ist die Sprecherbezeichnung verändert).

Melodie: Stockmann, S. 155.
Literatur: NA III, S. 129; BC II, S. 175; Rieser, S. 519; Bode, S. 230 f.; Schewe, 1956, S. 69. – EB Nr. 1472, III, S. 329; Mittler, Nr. 1196, S. 731; Röhrich-Brednich II, Nr. 19 c; G. Rösch, Kiltlied und Tagelied, in: HbVld I, S. 483–550 (bes. S. 501).

III 137 a

Als Vorlage für Brentanos dialektverstärkende Bearbeitung diente eine Einsendung von unbekannter Hand. Ein Vierzeiler mit dem Titel *Schweizerisches Volkslied* aus dem *Musenalmanach für das Jahr 1776* hat überdies auf V. 1–4 eingewirkt und anscheinend die Überschrift angeregt.

 1 *no:* noch.
 4 *wott:* wünschte, wollte.
 5 *go:* vgl. Anm. zu Wh III 135, V. 16.
11 *loderich:* lotterig, unordentlich.
12 *z'wyt:* zu weit.

Melodie: Stockmann, S. 156.
Literatur: NA III, S. 130; BC II, S. 192; Alemannia 10, 1882, S. 146; Rieser, S. 519; Bode, S. 230. – EB Nr. 1008 a–c, II, S. 767 f.; Mittler, Nr. 776, S. 560; Meier, Schwab., Nr. 82–83, S. 17; Schleicher, S. 110, Nr. 3; Tobler I, S. 214, Nr. 26; Bender, Nr. 99, S. 239;

ZfVk 26, 1916, S. 339; Züricher, Schweiz, Nr. 5968–73, S. 389; Röhrich-Brednich II, Nr. 82 p; K. Beitl, Schnaderhüpfel, in: HbVld I, S. 617–677 (bes. S. 654).

III 137 b

Das seit Mitte des 16. Jh.s belegte Lied – aus einer heute verschollenen Papierhs. übernommen – gehört mit Wh I 193 und III 75 zum Typus der Warnlieder.

1 *Schwarzbraun:* zur Bedeutung der Farbe vgl. Anm. zu Wh III 87, V. 73.
9–12 Vgl. den Eingang zu Wh III 75.
17–20 Vgl. Wh III 75, V. 17–20.

Literatur: NA III, S. 165, IV, S. 209; BC II, S. 208 f.; Alemannia 10, 1882, S. 147; Rieser, S. 520; Bode, S. 160. – Uhland, Nr. 17; Abh., S. 280; EB Nr. 173 c–d, I, S. 533 f.; DVl VI, Nr. 137, S. 215–238; G. A. Vogt, Die Technik der Reimpaarverklammerung in »Minnesangs Frühling«, in: Fs. für W. Mohr, Göppingen 1972, S. 71–101 (bes. S. 95).

III 138

Als Vorlage für die Wh-Fassung diente ein Fl. Bl., dessen Text eine stark gekürzte und in Einzelheiten äußerst gemilderte Übersetzung eines obszönen lateinischen Gedichts, das seit dem 15. Jh. belegt ist, darstellt. Die Wh-Bearbeitung setzt die Tendenz der Übersetzung fort: zwei Strophen, in denen die Freuden der Liebe geschildert werden, bzw. der Bauer um sein verlorenes Geld klagt, wurden gestrichen; heißt es in V. 4 der Vorlage lediglich »das sie jhn lieb haben solt«, so wirkt nun die Absicht des Bauern zu »heirathen« ehrbar; auch der Student erscheint durch die neugedichtete Schlußstrophe v. a. als fleißig und treu.

1 *Töchterlein:* junges Mädchen; in der Vorlage noch mit Anspielung auf die erotische Nebenbedeutung (vgl. frühnhd. »töchterlein«).
5.10 Durch die mildernde Änderung und den Wegfall einer Strophe steht im Wh ausnahmslos nach den Bauer-Strophen der Refrain »öffentlich«, nach den Student-Strophen »heimlich«.

28–30 Das umschreibende Bild war dem Bearbeiter willkommen; durch die realistische Ausführung in der Folgestrophe (V. 31 und 34) wird die Verharmlosung noch eigens betont.

Literatur: NA III, S. 131; BC II, S. 127; Rieser, S. 416 f.; Bode, S. 541 f. – EB Nr. 158 a–b, I, S. 505 f.; R. Caspari / E. Kleinschmidt, Rusticus amabilem obsecrabat virginem, in: JbVldf 21, 1976, S. 11–40.

III 140

Mit dem Hinweis auf die biblische Schöpfungsgeschichte (1. Mose 2,7 und 22) kann das »Mägdelein« sein scheinbar unziemliches Benehmen rechtfertigen. Die Wh-Bearbeitung verdeutlicht diese Pointe gegenüber der aus Nicolaus Rosthius' Sammlung *XXX. Newer lieblicher Galliardt* (1593; Nr. 18) stammenden Vorlage, gibt dem Ganzen durch die Überschrift zugleich aber auch einen ziemlich burlesken Anstrich.

 8 Die Äuglein (zur Erde) niederschlagen; vgl. Fischart (Ed. Alsleben, S. 57): »man sagt doch, ein Jungfraw soll vntersich sehen wie ein Sau«.
15 Vgl. dieselbe Formel in Wh II 448, V. 12, und I 354, V. 11.

Literatur: NA III, S. 132; BC II, S. 17; Rieser, S. 429; Bode, S. 275.

III 141

Dies ist der zweite Versuch Brentanos, das ihm wohl wichtigste, aber nur fragmentarisch überlieferte Volkslied (V. 1–4) zu rekonstruieren (vgl. Wh III 24). Dazu kontaminierte er den ihm so besonders am Herzen liegenden Vierzeiler mit drei wohl sämtlich von Nehrlich stammenden Einsendungen und einem Fl. Bl.-Lied, *Der Einsiettler auf dem Zitterbaum.* Im Gegensatz zu Wh III 24 hat er in diesem Dialog die apokopierten Formen (V. 1, 9, 12, 13) beibehalten oder sogar selbst eingefügt. Dagegen wurden hier wieder mundartliche Formen gemieden.

9–12 Antwort des Mädchens, da sonst die Sprecherbezeichnung vor V. 13 überflüssig gewesen wäre.

15 *es:* Füllform in alemannischer Mundart.
17 *Zitterbaum:* Espe.

Literatur: NA III, S. 133; BC II, S. 122, 123; Rieser, S. 533; Bode,
S. 664. – Vld 35, 1933, S. 47. – Vgl. ferner zu Wh III 24.

III 142

Das aus Forsters *Teutschen Liedlein* (1563; Nr. 27) stammende Lied
wird in der Wh-Bearbeitung nur inkonsequent sprachlich modernisiert und metrisch geglättet.

1 *Espenzweigelein:* Zweig der Zitterpappel; über den Zusammenhang mit dem folgenden gibt eine Papierhs. vom Ende des 15. Jh.s
Aufschluß (*Altd. Wälder* I, S. 145): »espyn bedudt [. . .] sal da bie
gedencken, daß er forcht der kleffer allezit hab, das sin lieb und
freude unvermeldet bliebe und das er allezit one underlaeß keine
ruwe habe, wann alzit zu bedencken, was sym liebstenn gefellig
sie«.
5–8 Vgl. Wh I 313, Str. 2.
17 *Herzensdöckelein:* Herzenspüppchen.

Literatur: NA III, S. 134; BC II, S. 124; Rieser, S. 429; Bode, S. 258.
– EB Nr. 433a, II, S. 254; Marriage (Ed. Forster), S. 246 f.

III 143

Brentano setzte als Bearbeiter dieses auf eine Einsendung Schlossers
zurückgehenden Liedes die Überschrift mit Bezug auf V. 6 und 14
doppelsinnig: Durch die freudige *Kurzweil* wurde den Liebenden die
halbe Nacht zu einer »kurzen Weile«. Dieselben Motive dieses Tage-
lieds mit tragischem Ausgang begegnen in dem thematisch vergleichbaren Wh II 204 b in anderer Funktion. Für die Motive der Eingangsstrophe lassen sich Belege bis ins 16. Jh. zurückverfolgen. Das ganze
Lied findet sich ähnlich erstmals in einer Aufzeichnung Goethes aus
dem Elsaß, die er an Matthias Claudius sandte, der 1773 eine
Abschrift davon an Herder schickte, damit dieser das Lied in seiner
Sammlung veröffentliche. Schlossers Einsendung steht Goethes Aufzeichnung sehr nahe, ist aber nicht von ihr beeinflußt.

12 Es tagt nach unserm Wunsch, d. h.: noch lange nicht.

Literatur: NA III, S. 135; BC II, S. 119, 120; Rieser, S. 484; Bode, S. 398; Schewe, 1932, S. 127. – EB Nr. 147, I, S. 481; Meier, Schwab. Nr. 225, S. 392; Marriage (Ed. Forster), S. 259; He.-Wü. Nr. 53, I, S. 130; NdJb 38, 1912, S. 22; Pinck, Goethe, S. 41 f., S. 96 f.

III 144

Während eines Aufenthaltes bei Goethe in Jena hatte Arnim im Dezember 1805 die Vorlage zu diesem Lied in einem hs. Codex des Magdeburger Steuerbeamten und Meistersingers Valentin Voigt aus dem Jahr 1558 gefunden. Seine inzwischen verschollene Abschrift gehört zu den ersten Belegen für die neue Sammeltätigkeit nach Abschluß des ersten Wh-Bandes. Während die Vorlage mit dem Seufzer des Gatten (hier V. 20) beziehungsreich endet, führt Arnim das Lied über Trunkenheit und Heimkehr bis zum handfesten Ehestreit weiter. Änderungen im vorgegebenen Text sind weitgehend durch einen metrischen Ausgleich zu rein alternierenden Vierhebern mit Auftakt und die Umformung des Meisterlieds in paarreimige Zweizeiler bedingt. Die neue Überschrift ist wie oft im Wh hauptsächlich auf den neugedichteten Abschnitt bezogen: Der biedere Ehemann entwickelt sich schnell zum Trinker und Haustyrannen.

2 *gar fein:* ersetzt – wie in Arnims Bearbeitungen üblich – das Fremdwort »subtil«.
5 *gewinnt:* statt »gewent« ›gewöhnt‹.
7 Modernisiert, um unverständlich gewordenes »massen« (vgl. mhd. »mazen« ›sich enthalten‹) zu ersetzen.
10 *ohngefähr:* zufällig.
21 *Heimweh:* Die *schnelle Entwickelung* erscheint auf diesem Hintergrund noch stärker ausgeprägt als in der Vorlage.
36 Durch dieses Motiv wird das Gedicht vollends zum Gegenstück zu Wh II 420; dort ist es die Frau, die zum Wein geht und den daheimgebliebenen Gatten verprügelt.
38 Mit Anspielung auf das Sprichwort »Ehen werden im Himmel geschlossen«.

Literatur: NA III, S. 136; BC II, S. 51; Rieser, S. 485; Bode, S. 691 f.

III 146

Arnim, dem die auf wenige sprachliche Modernisierungen, die lediglich in V. 26 den Sinn verändern, beschränkte Bearbeitung zuzuschreiben ist, gewann das von dem (1530 zu Kufstein als Wiedertäufer hingerichteten) Schuhmacher und Meistersänger Jörg Grünwald gedichtete Lied aus dem verschollenen Memorialbuch des Wolf-Jacob Stromer. Die Überschrift setzte er, analog zu Wh III 143, wohl in bezug auf Str. 3.

5 *Schimpf:* Spiel.
6 *vertoben:* aufhören zu toben (vgl. mhd. »vertoben«); eine Parallelfassung auf einem Fl. Bl. bietet die bessere Lesart: »muß ganz vor jhr vertoben«.
7 *mein:* von Arnim als Possessivpronomen aufgefaßt; in der Vorlage: »minne, liebe«.
9 Konditional aufzufassen.
26 *Elß:* ersetzt »alß« ›also‹; der Name der Frau wird von Grünwald nicht genannt.

Literatur: NA III, S. 138; BC II, S. 18; Rieser, S. 429; Bode, S. 206 f. – EB II, S. 414; A. Kopp, Jörg Grünwald, ein dichtender Handwerksgenosse des Hans Sachs, in: ArchStnSpr 107, 1901, S. 1–32.

III 147

Das Reigenlied ist aus formelhaften Elementen zusammengesetzt. Da die Bearbeitung des aus Nicolaus Rosthius' Sammlung *XXX. Newer lieblicher Galliardt* (1593; Nr. 20) stammenden Liedes sich im Grunde auf schonende sprachliche Modernisierungen beschränkt, dürfte die Herkunftsangabe im Wh auf einem Versehen beruhen. In der Regel werden nur gravierende Eingriffe in den Text einer Vorlage mit dem Vermerk »Mündlich« verschleiert.

7 Vgl. Wh I 363, V. 17 u. ö.; »heut« ersetzt veraltetes »heint« ›heute nacht‹.
8 Vgl. Wh III 140, V. 15.
11 Vgl. Wh II 212.
15 *Stunden:* Malen (vgl. mhd. »tûsentstunt« ›tausendmal‹).
16 f. Vgl. Wh I 327, V. 1–4.

Literatur: NA III, S. 139; BC II, S. 96; Rieser, S. 430; Bode, S. 204.
– Uhland, Nr. 39; EB Nr. 458, II, S. 280; Goedeke-Tittmann,
Nr. 157, S. 161.

III 148

Brentano sucht bei diesem aus Procops *Conjugale* (1663; S. 569–572)
übernommenen Lied die sprachliche Patina zu erhalten und bessert
nur metrisch. Als Motto stellte Procop seinem dritten Gesang »vom
H. Bräut- vnd Ehestand« das Pauluswort von der irdischen Trübsal
des Ehejochs voran: »Alligatus es vxori, noli quaerere solutionem:
solutus es ab vxore, noli quaerere uxorem; si autem acceperis vxorem,
non peccasti: et si nupserit virgo, non peccavit; tribulationem tamen
carnis habebunt hujusmodi« (1. Kor. 7,27 f.).

Literatur: NA III, S. 140; BC I, S. 437; Rieser, S. 380; Bode, S. 211.

III 151

Das Kunstlied dürfte aus dem 17. Jh. stammen; die Überschrift ist
wohl eine Reminiszenz Brentanos an den Tod Sophie Mereaus.
Durch den Text läßt sie sich nur vage mit der Ahnung des Todes zu
einem bestimmten Zeitpunkt stützen (V. 6 f., 28 f., 31 f.). Im Grunde
scheint es sich eher um die Vorhersage eines Märtyrertodes zu handeln (V. 51–60).

Literatur: NA III, S. 143; BC I, S. 448; Rieser, S. 536; Bode, S. 748.

III 153

Matthias Claudius dichtete dieses Lied nach dem Tod seiner zwanzig-
jährigen Tochter Christiane (2. 7. 1796) und überschrieb es mit ihrem
Namen. Dieser persönliche Bezug ging nicht ins Wh ein, das das
Gedicht ansonsten so gut wie unverändert aus den *Sämmtlichen
Werken des Wandsbecker Bothen* (1797; S. 96) übernahm. Herder
bemerkte zu Claudius' berühmtem *Abendlied*, mit dem er seine
Sammlung abschloß: »Das Lied ist nicht der Zahl wegen hergesetzt,
sondern einen Wink zu geben, welches Inhalts die besten Volks-

lieder sein und bleiben werden.« Diesem Wink ist das Wh nachgekommen.

Literatur: NA III, S. 145; Rieser, S. 487; Bode, S. 150.

III 154

Brentano erhielt das Lied »In des Schillers thon« auf einem Fl. Bl.
durch Professor Veesenmeyer in Ulm. Der Münchener Meistersänger
Jörg Schiller dichtete um 1500 im Hofton, im süßen Ton und in der
Maienweise. Das Reimschema des Meisterliedes entspricht dem Hofton Jörg Schillers und läßt zwei dreizeilige Strophen mit achtzeiligem
Abgesang erkennen: aab ccb dedeffgg. Brentano hat es genau beibehalten und entsprechende Textverderbnisse der Vorlage gebessert. Im
ganzen erhielt er dem alten Meistergesang seine sprachliche und formale Patina, obwohl er ihn in vielen Einzelheiten dem Verständnis
eines zeitgenössischen Lesers näherrückte.

12 *möcht durchgründen:* vollständig zu ergründen (Wortschöpfung
    der Mystik) vermöchte.
17 *besessen:* in Besitz genommen.
24 *Möcht:* in der Vorlage: »möcht ich« ›vermöchte ich doch‹.
25 *Mir liebt:* Mir ist lieb.
31 *Wandel:* in der Vorlage: im Sinn von ›Makel‹.
32 *Hutsam:* Vorsichtig (vgl. frühnhd. »hutsame« ›Obacht‹).
    behält: in der Vorlage: »behelt« ›beschützt‹.
37 *Maas:* Weise.
41 Topos des Narrenseils; vgl. z. B. EB Nr. 1421: »Geh du nur hin,
    ich hab mein Theil, / Ich führ dich nur am Narrenseil.«
44 Vgl. Wh II 5, V. 1.
49 *ehrentlich:* archaisierend nach »eerentreyche« der Vorlage;
    »êrentrîch« (mhd.) ›ruhmreich‹.
54 Ins Positive gewendet, in der Vorlage: »sie hüt sich vor den schwa-
    chen« ›Sie hütet sich vor Schande‹.
56 *Vor:* für, mehr als.
61 *gewölbt:* statt »sinwel« ›rund‹.
64 *Demante:* statt »Granate«, mlat. »granatum«: vieleckiger Edel-
    stein in mancherlei Färbungen, meist aber rot.
66 *Bräulein:* kleine Augenbrauen; ersetzt zutreffend »pröblein«.
67 Vgl. V. 58.

68 Die Beschreibung mußte geändert werden, weil »zerkloben« ›gespalten‹ – schon in der Vorlage preziös gebraucht – unangemessene Assoziationen mit sich gebracht hätte.

69 *geschwungen:* individueller als »geschicket« ›gestaltet‹ der Vorlage.

72 *roth:* vgl. V. 69.

77 *Kehle:* Pars pro toto.

85 Der Vers mußte wegen der veralteten Vokabeln völlig umgestaltet werden; in der Vorlage: »Al masen sind an jr verdust« ›Alle Flekken sind von ihr entfernt; sie ist makellos‹.

87 *kleine:* bewußt archaisierend; im älteren Sinn: zierlich (vgl. nämlich V. 88).

89 Ersetzt die inhaltliche Wiederholung zu Beginn des zweiten Stollens.

93 *gemahlt:* statt »zalt« ›erzählt‹.

94 *schiere:* bald.

98 f. Nach dem *Physiologus* (das im frühen MA beliebteste und verbreitetste christlich-allegorische Tierbuch): Die Löwenwelpen liegen erst drei Tage wie tot, bis der Löwe sie anbläst oder -ruft; dann erwachen sie zum Leben.

104 *Sogar:* richtiger in der Vorlage: »so gar« ›so ganz‹.

106 Anspielung auf die oft bewundernde Sorglichkeit, mit der die Strauße ihre Nestjungen behüten.

107 *Glück:* statt »blick« ›Glanz‹.

109–112 Durch Umstellung wird das Bild des Einhorns klarer; nach dem *Physiologus* können Jäger das Unicorn nicht fangen, aber es legt sich arglos in den Schoß einer reinen Jungfrau (auf Maria gedeutet; vgl. Wh I 40, V. 8–14).

122 *der falschen Zungen:* der Kläffer (vgl. Wh III 63, V. 30).

131 *Nach:* statt »on« ›außer‹.

136 In der Vorlage offenbar verderbt.

142–148 Das seit dem *Physiologus* bekannte Bild des Pelikans, der seine toten (oder verdurstenden) Jungen rettet, indem er seine Flanke mit dem Schnabel aufreißt und die Jungen mit dem eigenen Blut beträufelt (auf Christi Tod am Kreuz gedeutet). Hier wird indes die Geliebte mit dem Blut verglichen, ein Bild, das aus der spätmittelalterlichen Mariologie stammt.

143 *ernähren:* in der Vorlage in weiterem Sinn: erretten.

146 *verzehren:* statt »verreren« ›vergießen‹.

148 *Witze:* Verstandeskräfte.

149–151 Nach dem *Physiologus* verbrennt sich der Phönix von Zeit zu Zeit, um sich zu verjüngen (vgl. Wh I 261).

156–160 Nach dem *Physiologus* brüllt der Panther nach seinem Schlaf und verströmt dabei Wohlgeruch, dem alle wilden Tiere folgen.

161 *bas:* besser.

165 *feins mein Lieb:* vgl. Wh III 52, V. 19.

175 *Schwätzer:* statt »klaffers« (vgl. V. 122).

179 *wenken:* Kausativ: wanken machen; hier aus Reimzwang statt »wanken« ›weichen‹.

181 Modernisiert aus »auß rechter sinn vnd tracht« (mhd. »trahte« ›Trachten, Streben‹).

Literatur: NA III, S. 146; BC II, S. 36; Rieser, S. 335–337; Bode, S. 208.

III 160

Brentano, der der Bearbeiter des Liedes gewesen sein dürfte, lag eine Abschrift von unbekannter Hand eines Fl. Bl. im Bentzenawer oder Pienzenauer Ton vor, der seit etwa 1500 belegt ist. Zum Thema ist Wh II 82 zu vergleichen; der Affront dieser Alamode-Satire gegen die Übernahme französischer Sitten und das Lob der biederen Altvorderen wird hier indes noch deutlicher ausgesprochen. Das durchgehende Reimschema abab ist nur zweimal von Waisen (V. 174 und 201) unterbrochen (hier sind offenbar Verse durch Flüchtigkeit des Setzers oder des Bearbeiters ausgefallen).

1 *aber:* wieder.

16 Und billigen.

20 *Buberey:* »eine schändliche, boshafte Handlung« (Adelung I, Sp. 1112).

22 *Ueberzug:* »das Oberzeug eines Kleidungsstückes, im Gegensatze des Futters« (Adelung IV, Sp. 1169).

23 *Knochen:* Knöchel, Enkel.

25 *darneben:* darüber hinaus.

27 *Karteken:* »Umb diese Zeit [1555] kamen die großen Hosen auf, Schlodder- oder durchzogene Hosen, wurden gemacht von 6 Ellen englischen Tuch [vgl. V. 89] und 99 Ellen Karteken durchgezogen [vgl. V. 93 f.], hatten vorn eine große Ritze [vgl. V. 25 f.],

auch kraus mit Karteken durchzogen, das bisweilen ganz
schändlich ließ [vgl. V. 150–152]« (Hildesheimer Chronik; zit.
nach der Wh-Edition von Boxberger, S. 452).

32 Der Böse nämlich.

33 Wie im Wasser (vgl. V. 71).

37 *Zotten:* Zotteln; vgl. Wh II 82, V. 9.

41 *verfechten:* verteidigen.

42 *ungeheuer:* ungeheuerlich, abscheulich.

43 *zu rechten:* von Rechts wegen.

48 Ist ihm gleichgültig (vgl. mhd. »âne gevaerde«).

55 *Hachen:* Burschen (vgl. frühnhd. »hache«).

58 *Gesperr:* hinderliche, sperrige Kleidung (vgl. frühnhd. »gesperr«).

71 Vgl. V. 33.

73 *Lüllen:* kindischer Tor (wohl zu »lullen« ›saugen‹ gebildet); vgl.
redende Namen im frühneuhochdeutschen Fastnachtspiel: »Lül-
laff«, »Lüllars« u. ä.

76 *Eyd:* Fahneneid des Landsknechts.

79 Das Fl. Bl. hat an dieser Stelle den in der Vorlage ausgefallenen
Vers »schickt man ihn zu scharmützen« (Uhland, Nr. 192,
Str. 10).

81 *Tartar:* in der Vorlage: Zigeuner.

88 *darf:* ersetzt unzutreffend: »thar« (von mhd. »turren« ›wagen‹).

89 Vgl. Wh II 74, V. 172.

92 *sie:* die Schande.

93 f. Vgl. Anm. zu V. 27; *99.* elen« »Stoff (»Damast vnd Taffat«)
trägt auch Fischarts Gargantua (Ed. Alsleben, S. 173 f.).

104 *So:* Statt dessen.

108 Die veränderte Zeichensetzung im Wh und der Ersatz von »Es«
durch »Das« ergeben einen anderen Sinn als in der Vorlage: Saufen und Buhlen werden nun entschuldigt, während sie in der
Vorlage die beiden ersten Stufen einer dreigliedrigen Klimax
bilden.

114 *Badgeld:* Geld, um ein Bad zu bezahlen.

116 *kostet es:* ersetzt zutreffend »solts gestehn« (vgl. frühnhd.
»gesten« ›zu stehen kommen, kosten‹).

119 *Fratzen:* alberne Kerle, Laffen (vgl. frühnhd. »fraz«).

141 *lappen:* schlottern.

143 *Kappen:* kurzer, mantelartiger Umhang (Akk. Sing., schwach
flektiert).

147 *blecken:* sich zeigen (vgl. noch nhd.: die Zähne blecken).

180 Er schonte sein Leben nicht.

204 Die witzige Ergänzung des Verses war auch notwendig, weil in der Vorlage offenbar ein Halbvers ausgefallen ist (Textverlust oder Unlesbarkeit der Vorlage?) Uhland hat hier gewiß ursprüngliches »über unser blödigkeit« (Schwäche).

Literatur: NA III, S. 153; BC II, S. 553; Rieser, S. 373 f.; Bode, S. 309 f. – Uhland, Nr. 192; Maltzahn, S. 123, Nr. 785.

III 167

An die Satire gegen die teuflischen Umtriebe des Alamode-Wesens knüpft sich eine modernere Satire gegen die Verbreitung der Aufklärung, die ebenfalls als Werk des Bösen und seiner Helfer gesehen wird. Die Herkunftsangabe zum Fl. Bl. ist im Wh als Teil der Satire anzusehen; Brentano hatte schon zu Wh II 383 (s. dort) eine Strophe ähnlicher Tendenz über Berlin gedichtet, die indes Arnim nicht ins Wh aufnahm. Das Pathos der neugedichteten Schlußstrophe, die sich v. a. durch genaue Wiederaufnahme der Reimwörter dem Stil des Vorhergehenden anpaßt, scheint eher für Arnim als Bearbeiter zu sprechen.

15 *das Kopulieren:* die Eheschließung.

22 *Steht:* In der Vorlage wird die indirekte Rede fortgesetzt.

28 *fabelhaft:* im älteren Sinn ›erdichtet‹, vgl. V. 57–59.

61 Vgl. Röm. 13,11 f.

Literatur: NA III, S. 166; BC II, S. 484; Alemannia 12, 1884, S. 74–76; Rieser, S. 523; Bode, S. 744.

III 170

Der heilige Meinrad wurde um 797 auf Burg Sulchen am Neckar geboren, auf der Reichenau erzogen und zum Priester geweiht; er war am Zürcher See als Klosterlehrer tätig, ehe er sich in die Einsamkeit zurückzog, bis 835 auf den Berg Etzel, danach in den Finsternwald. 861 wurde er von zwei Räubern mit einer Keule in seiner Zelle erschlagen. An dieser Stelle entstand das Benediktinerkloster Einsiedeln. Die beiden Raben gehören zu den frühesten Motiven der

Legende. Brentano schuf eine Versifizierung von Ulrich Witweylers Prosa-Legende *Warhafftige vnd gründliche Histori | vom Leben vnnd Sterben deß H. Einsidels vnd Martyrers S. Meinradts* (1587), zunächst zum Abdruck in der ZfE, nachdem er eine ältere Versifizierung des Stoffes durch Arnim nicht mehr finden konnte oder wollte (vgl. Briefwechsel März 1808). Arnim rückte das Lied dann statt in die ZfE ins Wh ein. Karl Bode bemerkt: »Brentano hat seiner Dichtung einen edlen Altersrost verliehen und die volksmäßige Technik, die er völlig beherrschte, mit großem Feinsinn angewandt.« Insgesamt entfernt sich Brentano nur in wenigen Versen vollends von seiner Vorlage. Durch mannigfache Umstellungen, Kürzungen und Ausweitungen schafft er indes allenthalben Neues.

8 *Spiegel:* Musterbild.
11 Er wurde schon vor dem kanonischen Alter zum Priester geweiht.
14 f. *Klösterlein . . . Bei Jona zu Oberpollingen:* die dem Reichenauer Benediktinerkloster unterstehende Klosterschule zu Bollingen.
21 *Wüste:* unwirtliche Landschaft.
35 *Sille:* Die in die Limmat mündende Sihl entspringt am Drusberg (Schwyz) und nimmt bei Einsiedeln die Alpach auf.
60 *Almoseniere:* »aumônier« (frz.) ›Almosenpflegerin‹; bewußt volksetymologisch auf -hiere gereimt.
69 *Etzel:* Berg in den Schwyzer Alpen; die St. Meinradskapelle auf dem 959 m hohen Paß (vgl. V. 176).
71 *Geschrey:* Gerede.
76 Von Brentano eigens mit V. 44 verklammert.
77 *wenn:* archaisierend statt »als«.
112 Eine der mehrfach angedeuteten Postfigurationen; hier nach dem Wort Christi vor der Passion (Joh. 13,27).
133–136 Das Ibykus-Motiv der Vorlage hat Brentano noch gesteigert (vgl. V. 160).

Literatur: NA III, S. 168; BC I, S. 238; Rieser, S. 485; Bode, S. 706–721. – Uhland, Abh., S. 117; R. Häne, Das Einsiedler Meinradspiel von 1576, Diss. Einsiedeln 1926; Guignard, S. 49; H. Rölleke, Ein bisher anonym überliefertes Gedicht Brentanos, in: JbFDH 1971, S. 132–142.

III 177

Der Dichter des Liedes ist Christian Knorr von Rosenroth (1636–89). Den Wh-Herausgebern diente ein Abdruck in *Kurtze Unterweisung, Oder Ohnmaßgebliche Anleitung / Wie eine GOtt-suchende Seele mit ihrem GOtt, und Christo umgehen und reden könne* von Christian Fende (1730; S. 273–276) als Vorlage für ihre geringfügig Rhythmus und Sprache modernisierende Bearbeitung. Aus Gleichnissen des neuen Testaments werden Bilder nachgezeichnet und jeweils mit einem mahnenden Anruf beschlossen. Knorr geht dabei von der Dornenkrönung der Passionsgeschichte aus (vgl. Mt. 27,29); die liebende Seele möchte eine Goldarbeit anstelle der Dornen setzen – eine Allegorie, die in der Tradition von Konrads von Würzburg *Goldener Schmiede* steht.

5 *Schmelzwerk:* »bey den Goldschmieden, erhabene [herausgehobene], aus Schmelz oder Email aufgetragene Figuren« (Adelung IV, Sp. 182).
54 *entzücket:* vgl. Wh III 227, V. 6: Intensivbildung zu »entziehen«; also: entrückt.
57 *für:* vor (Augen).
58 *schlecht:* schlicht.
95 f. Der Protestant Knorr von Rosenroth suchte den Vorwurf der Bilderverehrung zu vermeiden, nachdem er eigens auf die Herkunft aller Allegorien aus der Bibel hingewiesen hatte (V. 92).

Literatur: NA III, S. 177; BC I, S. 439, 563; Bode, S. 297.

III 180

Auch dieses Lied von Christian Knorr von Rosenroth (1636–89) ist, wie Wh III 177, aus Fendes *Kurtzer Unterweisung* (1730; S. 112–115) übernommen worden. Einige Anzeichen deuten darauf hin, daß Arnim die Bearbeitung und Kürzung der Vorlage um sieben Strophen zukommt.

[Überschrift:] Alle Kräfte des Menschen und alle irdischen Erscheinungen sind nur als »Vorbereitung« auf die Ewigkeit gesehen, wie am Ende fast jeder Strophe betont wird.
2 *erdacht:* Bezug auf die Schöpfung.

3 Vgl. Jer. 1,9.
10 *Gesichte:* Sehkraft.
25 *Nu:* Augenblick.

Literatur: NA III, S. 179; BC I, S. 424, 563; Bode, S. 413.

III 182

Der von Nehrlich eingesandte Dialog basiert auf einer der bekanntesten Legenden aus dem Leben des Kirchenvaters Augustinus
(354–430). Das Kind mit der Muschel aus der Einleitung, die die
metrisch und sprachlich glättende Wh-Bearbeitung vorausschickt,
begegnet u. a. auf Gemälden von Gozzoli, Menescardes und Rubens,
die es auch als Engel gestalten oder ihm einen Heiligenschein beige-
ben; darauf heben V. 23 f. und die Überschrift eigens ab.

19 *bilden ein:* im älteren Sinne ›bildhaft klarmachen‹.
26 Zu ergänzen: wird.

Literatur: NA III, S. 180; BC I, S. 418, 419, 562 f.; Rieser, S. 388 f.;
Bode, S. 560; Schewe, 1932, S. 135 f. – Meier, Schwab., Nr. 157,
S. 274; J. Bolte, Die Legende von Augustinus und dem Knäblein am
Meere, in: ZfVk 16, 1906, S. 90–95; Augustinus und das Knäblein,
in: Enzyklopädie des Märchens, hrsg. von K. Ranke, Bd. 1,4, Berlin /
New York 1976, Sp. 1017–1019.

III 183

Als Vorlage für die Wh-Fassung dieses, zuerst durch eine Hs. vom
8. 1. 1477 belegten, aber wohl älteren Gedichts wird ein Abdruck in
Johann Georg Meusels *Historisch-Litterarisch-Bibliographischem
Magazin* (1794; S. 166–173) gedient haben. Die Erinnerung an den
Tod und die Mahnung, sich beizeiten um das Heil der Seele zu
mühen, stehen bis in einzelne Wendungen hinein in der mittelalterlichen Tradition. Die z. T. archaisierende Wh-Bearbeitung läßt wohl
gleichermaßen aus sprachlichen Schwierigkeiten wie stilistischen
Erwägungen 12 der 39 Strophen der Vorlage ersatzlos ausfallen.

1 *Festabend:* in der Vorlage »vastavend« (mnd.): das Fest am Vor-
   abend der Fastenzeit.

3 Topos; Band oder Strick des Todes (auf Spr. 13,14 basierend).

6 Anspielung auf den Totentanz.

9 Vgl. ähnliche Anspielungen im althochdeutschen *Memento mori*
(z. B. 6,1: »Ir wanint iemer hie lebin« u. ä.).
mögen: in der Vorlage »mogen« ›können, vermögen‹; durch Be-
deutungswechsel ergibt sich im Wh ein anderer Sinn.

11 *alle zur Hand:* sofort, heute schon.

15 Vgl. ähnlich *Memento mori* 2,1.

18 In der Vorlage: »Wir müßen doch sterben vnd al begeben [hin-
schwinden]«.

21 *kreide:* des Reims wegen statt »krude« ›sorge‹.

21–24 Vgl. V. 33–36; ähnlich *Memento mori* 15,1, u. ö.

25 *schürchen:* vielleicht Druckfehler statt »schürgen« ›forttreiben‹.

28 Hiob 1,21.

41 *klaffen:* schwätzen, verleumden.

43 *Persant:* in der Vorlage bereits Druck- oder Lesefehler statt »pre-
sont« ›präsent, Geschenk, Gabe‹.

45–47 Karl der Große, die homerischen Helden des Trojanischen
Krieges, Caesar und König Artus repräsentieren die Vergänglichkeit auch der Großen, die dem Gleichmacher Tod verfallen.

47 *Wigand:* Recke; archaisierend statt des wohl unverstandenen
»schargant« (mnd. »schariante«: Kriegsmann zu Fuß).

53–55 Vgl. Anm. zu V. 45–47.

58 *Frommen:* Nutzen.

59 *gerannt:* in der Vorlage anscheinend aus »to hand« ›sofort‹ verderbt.

65 Vgl. Anm. zu V. 28.

66 *zware:* tatsächlich.

67 In der Vorlage: »Dan vnser sele ist eyn ander pant« ›Denn unsere
Seele ist (nur) Pfand, das uns ein anderer lieh‹.

79 *Leckerzahn:* bildhaft für »Genußfähigkeit«.

86 Vgl. Ps. 78,39, Hiob 7,7.

89 Topos; vgl. Anm. zu Wh II 237, V. 148.

99 *Vorstand:* Vertretung, Anwalt; zum Motiv vgl. Wh II 218.

103 *Volant:* tabuistisch für »Teufel«.

109 *Amen:* Zusatz im Wh.

Literatur: NA III, S. 182; BC I, S. 400; Rieser, S. 376; Bode, S. 411 f.
– EB Nr. 2172, III, S. 867 f.; J. Franck, »Vom andern land«, in:
ZfdA 44, 1900, S. 123–131; J. Bolte, in: ZfVk 12, 1902, S. 216 f.

III 188

Arnim, dem die sprachlich modernisierende Bearbeitung dieses Lie-
des zuzuschreiben sein dürfte, diente als Quelle das *Marianvm Epi-
thalamivm* von Johannes Kuen (1659; S. 148–154). Er tilgte alle
Strophen, die auf das lyrische Ich der Vorlage – die heilige Clara –
Bezug haben und übernahm nur die – in der Quelle lediglich als
Praefiguration gedachte – Einleitung, in der Miriam, die Schwester
Aarons (vgl. V. 18), die israelitischen Jungfrauen nach dem Durchzug
durch das Rote Meer (2. Mose 14 f.) zum *Siegslied* aufruft.

Literatur: NA III, S. 186; BC I, S. 413; Alemannia 2, 1875, S. 191; 9,
1881, S. 159–161; Rieser, S. 387; Bode, S. 393. – G. Westermayer,
Jakobus Balde, sein Leben und seine Werke, München 1868, S. 86;
Ders., Johannes Kuen, ein Zeit- und Kunstgenosse Friedrich Spees,
in: HPolBl 1874, S. 1–16; Schellberg, S. 17.

III 189

Savigny hatte das Familienbild in Kuens *Epithalamivm* (1659;
S. 216–221) entdeckt. Arnim enthielt sich bei seiner Bearbeitung jeg-
licher Kürzung. Die meisten Einzeländerungen ersetzen die zahlreichen Fremdwörter der Vorlage und deren bairischen Dialekt, der in
den Reimwörtern indes zuweilen beibehalten, manchmal sogar
imitiert wird. Kuens Gedicht geht von der Verehrung der Heiligen
Anna Selbdritt aus; vor allem die bildende Kunst stellt seit dem 14. Jh.
Anna mit ihrer Tochter Maria und ihrem Enkel Jesus gern in freier
Landschaft dar.

[Überschrift:] Vgl. den Titel zu Wh II 13.
16 *Tapezerey:* Tapisserie; hier: bunt wie Tapetenmalerei.
18 *vorher:* hervor.
20 *anzurichten:* anzustimmen.
23 *Revier:* Gegend.
32 *Freude Lohn:* ersetzt »frewdenwohn« ›Freudehoffnung‹.
39 *gericht:* angeordnet.
43 *Gust:* vgl. noch im heutigen Bairisch »Gusto« ›Geschmack‹.
47 *reich:* Imperativ mit Bezug auf Joseph.
48 f. Umkehrung des traditionell auf Maria gedeuteten Verses aus
      den Klageliedern Jeremiae (1,12): »Schauet und seht, / Ob ein
      Schmerz wohl sei wie der meine.«

49 *Die:* relativ; so auch »Der«, V. 51.

54 *Wie doch:* Wenn auch (noch); der Plural steht schon mit Bezug auf Johannes.

57 *ungespart:* ohne sich zu schonen.

63 f. Mit Bezug auf Maria; »Lilienstamm« steht symbolisch nach dem Hohen Lied für Maria.

67 *ruhmen:* aus Reimgründen statt »rühmen«.

68 *Bald:* Sobald.

71 *der:* Maria.

73 *Gespann:* Gespan, Gespiele, Kamerad.

74 *zu:* lies »zum«.

77 *Lämmlein:* ikonographisches Attribut des Johannes nach Joh. 1,29.

82 f. Johannes der Täufer wurde enthauptet (vgl. Mt. 14,1–12); die Kirche feiert ihn als Märtyrer in der roten Festfarbe am 29. August.

84 In der Vorlage: »Was machst darmit / für vnderschid« ›Welchen Bericht machst du damit; was willst du damit sagen?‹

90 *gewohne:* gewohnt werde (vgl. frühnhd. »gewonen«).

91 *roth und weiß:* die Farben des gewaltsamen Todes und der Jungfräulichkeit.

93 f. Als Anrede Johannes' an Jesus gedacht.
   fruh: aus Reimgründen statt »(so) früh«.

97 Vgl. V. 82 f.

100 *Gesträuß:* großer Strauß; die Lilie ist seit dem frühen 17. Jh. ein ikonographisches Attribut Josephs.

101 *eben:* angemessen.

102 Braunrot ist die traditionelle ikonographische Farbe des Kleides der Anna.

105 *für:* als.

Literatur: NA III, S. 188; BC I, S. 415; Rieser, S. 387 f.; Bode, S. 218 f. – Leoni, S. 9. – Vgl. ferner zu Wh III 188.

III 193

Der Wh-Bearbeitung, die sich auf wenige rhythmische Änderungen beschränkt, lag als Vorlage ein Abdruck dieses Liedes in der durch Johann Schilter herausgegebenen *Chronicke / Von Jacob von Königshoven* (1698; S. 526) zugrunde. Brentanos Vorliebe für das Hauptmotiv hat Rahel Varnhagen überliefert: »Wobei ihm das liebste Bild [. . .] eine säugende Mutter Gottes wäre« (G. Schaub, *Le Génie Enfant*, Berlin 1973, S. 90); vgl. auch die Anrede an Maria in der achten *Romanze vom Rosenkranz*: »Daß er für uns büße / Trank er deine Brüste.« (Werke I, S. 731.)

Vertonung: Anton von Webern, op. 18.2.
Literatur: NA III, S. 192; BC I, S. 444, 564; Rieser, S. 430; Bode, S. 174 f. – Pailler I, Nr. 340, S. 383; T. Meier, Die Gestalt Marias im geistlichen Schauspiel des deutschen Mittelalters, Berlin 1959.

III 194

Ohne inhaltliche Einbußen sind die aus Procops *Mariale Concionatorium* (1667; S. 226 f.) übernommenen Strophen um zwei Verse gekürzt; lediglich in Str. 3 ergab sich durch die Verkürzung ein merkwürdig ungeschicktes Bild. Durch das Weglassen von Str. 4 bleibt die übernommene Überschrift beziehungslos.

4 *Metzen:* altes Trockenhohlmaß.
11 *Altardom:* Aufbau auf dem Hochaltartisch, der oft mit einem Marienbild geziert ist.
17 f. Procops Bild geht auf 1. Kor. 13 zurück: Hätte ich die Zungen der Engel, und dazu die aller Menschen zusammen . . .; die Zusammendrängung im Wh zerstört das Bild: Wenn ich eine solche Kirche bauen könnte, hätte ich alle Menschen in meiner Gewalt, so daß sie dir mit engelhaften Stimmen lobsingen müßten.
20 *heiligen Mutter:* St. Anna.
26–30 Selbst deine Tränen würden mich erfreuen, denn die Engel würden dich trösten, und überdies sind die Tränen des Marienkindes kostbar vor Gott.

Literatur: NA III, S. 192; BC I, S. 209, 547 f.; Rieser, S. 381 f.; Bode, S. 378 f.

III 195

Vorspruch, »Nun lob mein Seel . . .«

Mit diesem letzten Lied aus Procops *Dominicale Aestivale* (1667; S. 288 f.) verabschiedet sich Brentano von den Wh-Lesern, während

Arnims Abschied Wh III 233 folgt. Bezeichnenderweise kontaminiert Arnim den Tod des Hans Sachs mit einem Bild der Sintflut; Brentano schließt dagegen seinem Abschied an den Leser eine Schilderung des Weltendes am Jüngsten Tag an (Wh III 197). Procops bescheidene Abschiedsrede nach seinem Riesenwerk spricht – mit Modifikationen – auch Brentanos Idee des Wh aus, vor allem hinsichtlich der Aufnahme geistlicher Lieder. Er konnte sie daher so gut wie unverändert übernehmen; lediglich die Schlußstrophe fiel wegen ihrer Gebetsform aus. In der Vorbemerkung ergeben sich zwei Fehler: Procop wurde 1607 geboren, und er hieß nicht Friedrich mit Vornamen (»Fr.« ›Frater‹).

Literatur: NA III, S. 194; BC I, S. 425; Rieser, S. 382; Bode, S. 364.

*

»Einstmals war ich . . .«

Brentano kontaminierte zwei aufeinanderfolgende Lieder aus Procops *Dominicale Aestivale* (1667; S. 269 f., 270 f.) mit einer Passage aus einem inzwischen verschollenen Volksbuch. Mit dem eindrucksvollen Motiv des Horns, das »allen Menschen« ruft, hat Brentano seine Beiträge zum Wh abgeschlossen.

7 *vorhin schon:* schon vorher.
11 In betender Stellung (Flickvers aus Reimnot).
21 Vgl. Brentanos Umdichtungen zu Wh II 37.
32 *mocht:* konnte, vermochte.
34 *betrübten:* betrübt machenden.
36 *eracht:* erwäge.
38 *theuer:* knapp.
56 *mag:* kann.
57 f. Mt. 24,16.
70 Mt. 24,31.
89 Vgl. V. 56.
120 *Stein:* in der Vorlage im Sinne von ›Felsen‹.
122 *Wunder:* Lesefehler Brentanos (statt »Wind er«)?
123 *fast:* stark, fest.
137 Vgl. Anm. zu V. 56.
147 *fliehen:* Druckfehler statt »fliegen« (vgl. KL 93 d, V. 3)?

Literatur: NA III, S. 196; BC I, S. 427, 431; Rieser, S. 383 f.; Bode, S. 648 f. – E. Sommer, Die Fünfzehn Zeichen des Jüngsten Gerichtes, in: ZfdA 3, 1843, S. 523–530; G. Nölle, Die Legende von den fünfzehn Zeichen vor dem jüngsten Gerichte, in: PBB 6, 1879, S. 413–476; Hartmann-Abele, Nr. 45, S. 410–413; H. Jellinghaus, Das Spiel vom jüngsten Gerichte, in: ZfdPh 23, 1891, S. 426–436; R. Klee, Das mhd. Spiel vom jüngsten Tage, Diss. Marburg 1906; K. Reuschel, Die dt. Weltgerichtsspiele des Mittelalters und der Reformationszeit, Leipzig 1906; B. Boesch, Die 15 Zeichen von dem jüngsten Tag, in: PBB 63, 1939, S. 295–298; W. W. Heist, The Fifteen Signs before Doomsday, Michigan 1952; H. Eggers, »Fünfzehn Zeichen«, in: Verfasserlexikon, hrsg. von K. Langosch, Bd. 5, Berlin 1955, Sp. 1139–48; Berner Weltgerichtsspiel, hrsg. von W. Stammler, Berlin 1962.

III 203

Alle 21 im Wh folgenden Lieder und die Prosaeinleitung sind dem *Anmuthigen Blumen-Krantz / aus dem Garten der Gemeinde GOttes* (1712) entnommen. Die Entstehung dieses Gesangbuches wird mit dem pietistischen Kreis in Halle in Verbindung gebracht. In oft gesuchten, zuweilen gewagten Bildern besingen die Lieder unterschiedlichen Alters vorab die mystische Gottesminne und die damit verbundene Verinnerlichung und Entselbstung auf Antrieb des reinen Geistes. Arnim hat das Buch im Winter 1807/08 in Kassel entdeckt, exzerpiert und allem Anschein nach Kürzungen und Modernisierungen ad hoc durchgeführt. Er hatte auch sofort die Idee, mehrere Lieder in einem Zyklus zusammenzufassen. Die ausführliche Einleitung, an deren Bearbeitung Brentano zweifellos beteiligt war, wurde wohl aus zwei Gründen ins Wh aufgenommen: einmal, um den 21 Liedern sogleich eine Apologie mitzugeben, zum anderen, weil sich darin in erstaunlicher Weise Ideen und Arbeitsprinzipien der Wh-Herausgeber umschrieben finden.

  8 f. *daß Zion . . . weinen:* vgl. Lk. 23,28.
19 f. *Vorboten . . . nahe:* vgl. Lk. 21,28.
76 f. *Das göttliche Wesen . . . Schelle:* 1. Kor. 13,1.
80 f. *der Geist . . . sey:* 1. Joh. 5,6.

Literatur: NA III, S. 318; Rieser, S. 394; Bode, S. 81–83.

III 206

Das aus dem *Anmuthigen Blumen-Krantz* (1712; Nr. 40, S. 40) über-nommene Lied bezieht sich eingangs auf Berichte des Buchs Josua (v. a. 6,1–21), die Christi und der Christen Sieg praefigurieren. Arnim verwandte das Lied in seinem *Aufruf zum Kriege 1813* (*Werke*, hrsg. von R. Steig, Leipzig [o. J.], Bd. 3, S. 428 f.) und im Puppen-spiel *Die Appelmänner* (*Werke VI*, S. 217 f.); Brentano übernahm Bilder der Eingangsstrophe in sein Schauspiel *Viktoria* (GS VII, S. 448).

17 Abwandlung der Formel »per ipsum et cum ipso et in ipso« aus der lateinischen Messe.
23 *Jo, Jo, Jo:* lateinischer Triumph- und Freuderuf.

Literatur: NA III, S. 321; Rieser, S. 394; Bode, S. 207.

III 207

Die Kürzung um fast zwei Drittel konzentriert das aus dem *Anmuthi-gen Blumen-Krantz* (1712; Nr. 423, S. 418 f.) übernommene Lied auf das in der Überschrift genannte Thema: Im Blick auf das mutige Märtyrertum der Urchristen in Rom sollen die Christen Kraft schöpfen.

21 f. Vgl. Mt. 10,28.
25 f. 1. Kor. 1,18.
27 f. Anspielung auf die Quo-Vadis-Legende.
30 1. Mose 3,15.
33 Anspielung auf den Mythos von Zeus und Danae.

Literatur: NA III, S. 322; Rieser, S. 395; Bode, S. 377; Rölleke, in: JbFDH 1968, S. 295. – Groos-Klein, Nr. 109, S. 114.

III 208

Der Text geht auf einen lateinischen Hymnus des Johann Wilhelm Petersen zurück. Thema des zeternd eifernden Liedes, das aus dem *Anmuthigen Blumen-Krantz* (1712; Nr. 54, S. 52–54) übernommen

wurde, ist der Sieg Zions (des »erwählten Volkes« der Christen) über
die Hure Babylon (Heidentum und päpstliches Rom) nach Motiven
aus Offb. 17 f.: Die Wh-Bearbeitung tilgt die Anspielung auf das
antike und päpstliche Rom, mildert den Ausdruck und verdichtet den
Text durch eine Kürzung und Umstellung. Arnim hatte V. 1–10
bereits dem *Sonnet* in seiner Satire *Der Einsiedler und das Klingding*
(ZfE, 29. 6. 1808, Nr. 26, Sp. 204–206) in den Mund gelegt; Brentano
verwendete die Eingangsstrophe später in der *Viktoria* (GS VII,
S. 447) und zitiert den Eingangsvers in *Aloys und Imelde* (Werke IV,
S. 509).

28 *Chaldäer:* Babylon war die Hauptstadt Chaldäas.
35 f. 2. Kön. 9,36.
37 Ps. 137,2.
38–40 Vgl. Ps. 90,4.

Literatur: NA III, S. 323; Rieser, S. 395 f.; Bode, S. 410 f.

III 211

Das dem *Anmuthigen Blumen-Krantz* (1712; Nr. 180, S. 174 f.) ent-
nommene Lied ist eine Dichtung Amadeus Creutzbergs (gest. 1742).
Das Wh beschränkt sich auf die blut- und schmerzseligen Eingangsstrophen, die auf Geißelung (V. 5), Kreuzigung (V. 7, 13–15) und
Blutschweiß (V. 24) Christi anspielen. Den etwas makabren Eingang
des Liedes – vgl. bereits Johann Christian Günthers Anspielung darauf: »Was war das für ein Ruck von deinem Liebesschlage! Ach, fahre
weiter fort« (*Als er durch innerlichen Trost bei der Ungeduld gestärkt
wurde*; 1720) – hat Brentano offenbar geschätzt, wie seine Umdichtung *Frühes Lied* von 1817 erweist: »Fahre fort mit Dornenschlägen
[...]« (Werke I, S. 364); vgl. auch Lussans Verse in *Aloys und Imelde*
(SW IX,2, S. 304). Zuvor hatte Arnim das Eingangsmotiv in die ZfE
(7. 5. 1808, Nr. 11, Sp. 87) übernommen: »Wie mußt du doch mit
Liebesschlägen / In deinem Fleisch Frontalbo wüthen.«

Literatur: NA III, S. 326; Rieser, S. 396; Bode, S. 412.

III 212

Das Wh beschränkt das Thema dieses aus dem *Anmuthigen Blumen-Krantz* (1712; Nr. 11, S. 9) übernommenen Liedes durch eine Kürzung um die Hälfte ganz auf das Naturbild und verzichtet auf eine in der Vorlage gegebene moralisierende Ausdeutung. Die drei Eingangsverse wurden zu einem Lieblingsbild Brentanos.

  7 *schlechtes:* schlichtes.
10 *Mein Nothdurft:* Meine Bedürfnisse.

Literatur: NA III, S. 327; Rieser, S. 396; Bode, S. 379.

III 213

Durch die erhebliche Kürzung des aus dem *Anmuthigen Blumen-Krantz* (1712; Nr. 5, S. 4 f.) übernommenen Liedes gewinnt zwar die Ergebung in Gottes Willen an kindlicher Schlichtheit; die Überschrift wirkt dennoch gezwungen und unpassend. Str. 1 zitiert Brentano leicht abgewandelt in seinem Aufruf *Viktoria und ihre Geschwister* (1816).

Literatur: NA III, S. 328; Rieser, S. 396; Bode, S. 377; Rölleke, in: JbFDH 1968, S. 295.

III 214

Die Kürzung des aus dem *Anmuthigen Blumen-Krantz* (1712; Nr. 584, S. 578 f.) übernommenen Liedes um fünf konventionell moralisierende Strophen und die geschickte Umstellung und Verknüpfung der Verse 19–30 erwirken eine Steigerung von der Verurteilung des Zorns zum Preis der Liebe, so daß »der ganze Gesang in einen Hymnus auf die Liebe ausgeht« (Bode, S. 392). Eingangs- und Schlußstrophe des Wh-Textes nahm Brentano leicht abgewandelt in *Aloys und Imelde* auf (Werke IV, S. 341).

  1 Durch die Kürzung im Wh korrespondiert die Schlußstrophe mit dem Eingangsbild.
19 Laß mich aus der Eigensucht herausfinden.

29 1. Mose 3,15.
30 Die an das Gedankengut der Mystik erinnernde Formulierung ist
   die bemerkenswerteste Einzeländerung im Wh-Text.

Literatur: NA III, S. 329; Rieser, S. 396; Bode, S. 392; W. Frühwald,
in: LJb NF 5, 1964, S. 373.

III 215

Während das Hauptmotiv der dem *Anmuthigen Blumen-Krantz*
(1712; Nr. 515, S. 510 f.) entnommenen Vorlage die Freude auf den
Tod ist, steht im Wh nach einer Kürzung des Liedes um sieben Strophen nur mehr – der Überschrift entsprechend – der Kampf des Geistes um Gottes- und Heilserkenntnis und gegen die Sünde im Mittel-
punkt.

11–13 Phil. 3,13.
15 Vgl. 2. Tim. 4,8.
21–24 Offb. 7,14.

Literatur: NA III, S. 330; Rieser, S. 397; Bode, S. 367 f.

III 216

Fünf Strophen umschreiben immer erneut die Sehnsucht aus der zer-
streuenden Kurzweil dieser Welt nach der Langeweile der Einsamkeit. Wahrscheinlich ist das aus dem *Anmuthigen Blumen-Krantz*
(1712; Nr. 747, S. 732 f.) übernommene Lied wegen dieser Affinität
zum Einsiedler-Thema ungekürzt ins Wh aufgenommen worden. Die
Bearbeitung zeigt nur wenige sprachliche Modernisierungen.

10 Vgl. Ps. 55,7.
38 *Canaan:* das gelobte Land des Alten Testaments (vgl. z. B.
   4. Mose 13).

Literatur: NA III, S. 331; Rieser, S. 397; Bode, S. 211.

III 217

Das Lied wurde aus dem *Anmuthigen Blumen-Krantz* (1712; S. 733 f.) übernommen. Die einsamkeitsuchende Seele wird auf die »wahre Einsamkeit« der Innerlichkeit verwiesen. Der Zusammenhang mit dem vorhergehenden Lied in der Vorlage einschließlich der Überschrift und der fehlenden Numerierung bleibt im Wh gewahrt; eine verklammernde Wiederholung eines Psalmzitates fiel indes mitsamt der ganzen zweiten Strophe weg. Die Vertröstung auf die Ewigkeit ist im Wh sinngemäß ans Ende gerückt.

3 *Da:* Wo.
9 *nun:* Druckfehler statt »nur«?
14 *sieht:* im Sinn von ›sucht‹.
33 Vgl. Wh III 216, V. 38.

Literatur: NA III, S. 333; Rieser, S. 397; Bode, S. 412.

III 219

Aus der mystischen Reflexion des von dem Pietisten Gottfried Arnold (gest. 1714) gedichteten, für das Wh dem *Anmuthigen Blumen-Krantz* (1712; Nr. 668, S. 652 f.) entnommenen Liedes sind vier Strophen mit biblischen Anspielungen und Schmähungen des Menschen als »sinnen-thier« gestrichen. Die Bearbeitung zeitigt neben metrischen Schlimmbesserungen eine Milderung des Ausdrucks. Der markante Liedeinsatz blieb offenbar nicht ohne Einfluß auf Brentanos *Nachklänge Beethovenscher Musik* von 1814.

Literatur: NA III, S. 335; Rieser, S. 397; Bode, S. 360 f.

III 221

Mehr als die Hälfte des dem *Anmuthigen Blumen-Krantz* (1712; Nr. 90, S. 90 f.) entnommenen, hart die Grenze des Geschmacklosen streifenden Liedes vom Wunsch kindlich zu werden, um des Jesus Bräutigam und Kind zugleich zu sein, ist gestrichen; doch gerade durch die Tilgung der Beschreibung des ›Lustspiels‹ schließt die Wh-Fassung mit einem etwas verfänglichen Bild, das Voß in seiner Kritik prompt aufgriff.

5 Lk. 1,41.
8 f. Vgl. Joh. 1,29.
12 Anspielung auf das Hohe Lied des Alten Testaments.

Literatur: NA III, S. 336; Rieser, S. 397; Bode, S. 367.

III 222

Aus dem in der Vorlage, dem *Anmuthigen Blumen-Krantz* (1712; Nr. 621, S. 607–610), 28strophigen Preis der ›Stillen im Lande‹ mit einer Überfülle biblischer Anspielungen ist im Wh ein kurzes Lied über den Segen der Buße geworden. »Im breiten versandenden Strom solcher zeternden Predigt fand der Bearbeiter als Goldkörner die Naturbildchen vom Täublein, von einem klaren Bache, vom Ackersmann« (Bode, S. 391).

3 f. Jer. 48,28.
12 *Gemächlichkeit:* Bequemlichkeit.

Literatur: NA III, S. 337; Rieser, S. 397; Bode, S. 391 f.

III 223

Des immer gleichen Stropheneingangs wegen (nach Hld. 4,16) ist dieses gegenüber der Vorlage, dem *Anmuthigen Blumen-Krantz* (1712; Nr. 643, S. 629 f.), um zehn Strophen gekürzte Lied nach Wh III 222 eingerückt. Eine Dichtung nach demselben Vorwurf schuf Procop (*Mariale Dominicale*, S. 140).

Literatur: NA III, S. 338; Rieser, S. 397; Bode, S. 377.

III 224

Die durch das Hohe Lied des Alten Testaments angeregte, stark erotisierte Mystik der dem *Anmuthigen Blumen-Krantz* (1712; Nr. 68, S. 68 f.) entnommenen Vorlage ist im Wh bis auf wenige Spuren getilgt, so daß die Überschrift einigermaßen zutrifft.

1 *immerhin:* immerfort.
6 Hld. 4,6.
25–29 1. Kor. 2,9.
38 *erkennen:* in der Vorlage wohl eher im Sinn des biblischen Wort-
     gebrauchs: beischlafen.

Literatur: NA III, S. 339; Rieser, S. 369 f.; Bode, S. 397 f.

III 225

Im Wh sind nur fünf der neun Strophen aus dem *Anmuthigen Blumen-Krantz* (1712; Nr. 683, S. 666 f.) übernommen, einmal weil dort
die zwei Strophen nach V. 20 das Thema vom Heiligen Geist in
Gestalt des Feuers nur variieren, zum anderen, weil Wortschatz und
Metrik der ausgelassenen Strophen kaum zureichend modernisierbar
sind.

16 Mit Ausnahme deines Himmels.

Literatur: NA III, S. 341; Rieser, S. 398; Bode, S. 360.

III 226

Durch die radikale Kürzung des elfstrophigen überschwenglichen
Lobgesanges auf Jesus Christus aus dem *Anmuthigen Blumen-Krantz*
(1712; Nr. 705, S. 686 f.) verbleiben lediglich die beiden Eingangsstrophen mit dem Charakter eines Morgenlieds.

11 Vgl. KL 27 b.

Literatur: NA III, S. 342; Rieser, S. 398; Bode, S. 378.

III 227

Thema der 13 Strophen aus dem *Anmuthigen Blumen-Krantz* (1712;
Nr. 709, S. 691 f.) ist die Nahrung der Seele durch mystische Speise;
die Auswahl im Wh verengt die Thematik auf die mystisch-trunkene
Hingabe der Seele an ihren himmlischen Bräutigam, um die Über-

schrift zu rechtfertigen. Auf das Eingangsmotiv spielt Brentano in den *Romanzen vom Rosenkranz* (XIV, 291 f.) an: »Und du Freundlicher, mich bringe / In des süßen Weines Keller!«

3 *als:* wie.
22 *meint:* minnt, liebt.

Literatur: NA III, S. 342; Rieser, S. 398; Bode, S. 368.

III 228

Die Wh-Überschrift betont die erotischen Metaphern der mystischen Gottesminne aus dem *Anmuthigen Blumen-Krantz* (1712; Nr. 490, S. 483 f.). Inhaltlich werden zwei Einzelheiten anders gefaßt: die »Reinheit« (V. 17) wird Voraussetzung, nicht Begleiterscheinung der Paradieseslust (V. 18); nicht Jesus wird gebeten, »des Glaubens erweiterten Mund« zu öffnen, sondern dieser öffnet sich als Folge der Begegnung mit Jesus.

Literatur: NA III, S. 343; Rieser, S. 398; Bode, S. 259.

III 229

Dichter des aus dem *Anmuthigen Blumen-Krantz* (1712; Nr. 162, S. 159 f.) übernommenen Liedes ist Laurentius Laurenti aus Dithmarschen (gest. 1722). Die vier Eingangsstrophen sind eine Paraphrase des Gleichnisses von den klugen und törichten Jungfrauen (Mt. 25, 1–13), die Folgestrophen lehnen sich an Motive der Offenbarung des Neuen Testaments an. In der Wh-Fassung sind zwei Strophen ausgelassen, die die Freuden der ewigen Seligkeit weiter ausführen; so konzentriert sich das Lied stärker auf das Thema der Überschrift.

25 *verziehen:* auf sich warten lassen.
38 f. Offb. 13, 2–4.
49 f. Offb. 7, 9.
61 Offb. 21, 21.
62–64 Offb. 19, 7.

Literatur: NA III, S. 344; Rieser, S. 398; Bode, S. 376.

III 231

Dichter des Liedes auf den Triumph der Auferstehung Christi und des Frühlings, das dem *Anmuthigen Blumen-Krantz* (1712; Nr. 665, S. 648) entnommen wurde, ist M. Benjamin Praetorius. Die Wh-Fassung läßt zwei Strophen wegfallen, die lediglich inhaltliche Variationen bieten. Brentano verwendet das Lied im Schlußchor seines Schauspiels *Viktoria*, Arnim übernahm die erste Strophe wörtlich in den Schluß der *Appelmänner* und den Refrain in seine *Nachtfeier nach der Einholung der Hohen Leiche Ihrer Majestät der Königin*.

9 Vgl. Wh III 180, V. 16.
14 f. Vgl. Mt. 27,45.
17 f. Offb. 5,5.
27 f. 4. Mose 17,8.
37 Durch Bürgschaft aus dem Gefängnis erlöst ist die Seele aufgrund des Todes Christi und seiner Auferstehung.

Literatur: NA III, S. 347; Rieser, S. 398; Bode, S. 376.

III 233

Das Wh-Lied geht zurück auf ein in M. Salomon Ranischs *Historisch-kritischer Lebensbeschreibung Hanns Sachsens* (1765; S. 326–331) abgedrucktes »ge.7.bents Liedt« (siebenstrophiger Meistergesang), gedichtet von dem Schuhmacher und Meistersänger Adam Puschmann von Görlitz (1532–1600), Schüler des Hans Sachs, auf dessen Tod am 20. 1. 1576. Brentano empfahl wohl die Aufnahme ins Wh. Die Bearbeitung und v. a. die Weiterdichtung (V. 101 ff.) Arnims waren indes nicht in seinem Sinn. Wahrscheinlich unter Mitarbeit Brentanos schuf Arnim daraufhin eine zweite Überarbeitung, die in ganzen Partien und vielen Einzelheiten wieder der Vorlage angenähert ist. Lediglich geringfügig geändert wurde dabei allerdings der zweite Teil, die nur sporadisch durch die Vorlage angeregte Eigendichtung Arnims. Während in Wh I 270 die nach demselben Muster gestaltete Totenklage (Traum, Erwachen, Erfüllung) mit wenigen Worten Abschluß findet, zeigt sich hier Arnims assoziatives Weiterdichten gleichsam exemplarisch. Seinen 60 neugedichteten Versen integriert er höchstens vier der Vorlage (V. 121 f., 125, 128), entwickelt aber aus dem beiläufig gesetzten Eingangsdatum (V. 1)

einen ganzen Strophenanfang (V. 101–103), aus dem kurzen Vergleich des grauhaarigen Sachs mit einer Taube (V. 56–60) das Bild der
Taube Noahs (V. 128–131), aus der nicht weiter bedeutsamen Erwäh-
nung eines Buches unter vielen anderen (V. 61–67) die Idee vom
Urbuch der Schöpfung, das die Sintflut überdauert (V. 132–140,
148–160), aus dem Weinen im Schlaf (V. 98) eine poetische Deutung
(V. 115–120) und eine seltsame Hypertrophie (V. 125–127). Gedicht
und Wh enden schließlich beziehungsvoll mit einem biblisch-hymni-
schen Naturpreis. Der Vorbereitung dieser Neudichtung dienen die
wichtigsten Änderungen gegenüber der Vorlage, der sich Arnim im
übrigen verhältnismäßig eng anschließt. In seiner Neudichtung trifft
er Metrum und Reimschema der Barform genau: ababccd efefggd
hhhhhd. Der Beschluß des Wh korrespondiert einerseits mit den
Schlußgedichten in Wh I und II, die auch jeweils von zunftmäßigen
Sängern handeln, andererseits aber v. a. mit der das Wh eröffnenden
Zueignung an Goethe: Nicht ein anonymes Volkslied beschließt die
Sammlung, sondern die Nänie auf den namentlich bekannten Meistersänger Hans Sachs, den letzten Repräsentanten der nach Auffas-
sung der Wh-Herausgeber naturnahen, alten Poesie. Doch bleibt es
nicht bei der Klage über Vergangenes; vielmehr wollen die modernisierende Restauration und v. a. die programmatische Weiterdichtung
zeitgenössische Probleme lösen helfen: Die Rückwendung zum
ursprünglichen »Himmelsquell« ist zugleich Gewinnung der ewig
gültigen Maxime (V. 159), Wegweiser zu diesem Urquell zurück,
aber auch Teil des ewig lebendigen poetischen Stroms: So hat Arnim
das Wh aufgefaßt wissen wollen. Justinus Kerner führte das Thema
des Liedes in den *Reiseschatten* weiter, Immermann eröffnete damit
seine *Romanzen und Balladen*.

8 *vor:* vgl. Wh III 177, V. 57.

11 *vorhin:* (frühnhd.) früher schon, zuvor.

12 *Geschichte:* Akk. Plur., aus Reimgründen in der alten Form.

21 In der Vorlage im Sinne von: (gut) ausgerüstet.

23 *lustig:* (frühnhd.) anmutig.

24 Voll schön gebauter Häuser.

25 *gedürsten:* vgl. frühnhd. »gedürst« ›kühn‹.

27 f. Die Änderung läßt die »Reichsfürsten« alle in einer »Wohnung«
sein und rechnet die Bürgerhäuser (V. 24) zum Schmuck der
Stadt. Puschmann nennt nur die Fürstenschlösser schön.

33 Nicht im pejorativen Sinn; vgl. mhd. »gezühte« ›aufgezogen‹.

47 *frech:* im älteren Sinn, synonym mit »kühn«.

52 *ohnecket:* ›uneckig‹, rund.

56 *blaß:* Vorausdeutung des Todes.

70 *ferren:* ferne.

71 *diesmal:* jeweils.

83 *in mein Warten:* während ich wartete.

93 *eben:* ebenfalls.

101–103 Thematisch auf KL vorausweisend.

108–111 Arnim nimmt die Thematik von Wh III 183 und 195 nochmals auf.

112 Vgl. im thematisch verwandten Gedicht Wh I 270, V. 11; hier darüber hinaus: Der Glaube tröstet über das verlorene Kinderglück.

116 *sinnend:* Andere Editionen verbesserten den Druckfehler zu »säumend«.

125–127 Ein Lieblingsmotiv Arnims (vgl. Wh I 77, V. 5–12, und v. a. Wh I 236, V. 7–12); hier als Bild der Sintflut; der grüne Berg mit dem Haus des Hans Sachs wird zum Berg Ararat (vgl. V. 142).

128–131 1. Mose 8,11.

147 Vgl. Mt. 7,19.

160 Vgl. Röm. 1,19 f.

Literatur: NA III, S. 349; Rieser, S. 343–346; Bode, S. 568–570. – F. Eichler, Das Nachleben des Hans Sachs, Leipzig 1904, S. 218.

Dank an Goethe

Der Dank an Goethe korrespondiert mit der Zueignung an Goethe vor Wh I. Ursprünglich sollten hier die Namen der Förderer und die wichtigsten Beiträger der Lieder genannt werden.

Titelkupfer zu KL

Brentano hat die »hübsche religiöse Idylle« (so Arnim 27. 2. 1808) entworfen und mit Ludwig Emil Grimms Hilfe ausgeführt. Er benutzte die Abbildung einer spätantiken Gemme (nach einer Ausgabe des *Sannazar del parto della Vergine* von Antonio Francesco Gori, Florenz 1740) und stellte sie mit zwei musizierenden Kindern aus Philipp Otto Runges Zeichnung *Der Morgen* zusammen.

Stichtitel zu KL

Die Skizze stammt wiederum von Brentano, der sich abermals einer Vorlage von Philipp Otto Runge bediente: Aus der Zeichnung *Der Abend* übernahm er den Knaben, gab ihm allerdings statt des stilisierten Rittersporns eine Brezel in die Hand. Diese Idee verdankte er einer Schilderung von Sommertagsbräuchen durch Seybold im *Deutschen Museum* von 1778: »auf allen Gassen liefen Kinder umher mit [. . .] einer quer durchgezogenen Brezel«. In diesem Fall schuf Brentano sogar die endgültige Ausführung seiner eigenen Skizze.

Linkes Titelgedicht

Quelle ist das letzte Gedicht aus Spees *Trutz Nachtigal* (1660; S. 314–317). Brentano eröffnet damit bezeichnenderweise die KL, gleichsam als Fortsetzung des von ihm hochgeschätzten Dichters. Er kürzt die dreizehn sechszeiligen Strophen um die Hälfte und nimmt in seiner Umdichtung eindeutig auf das Titelkupfer Bezug: Die Formulierungen »zwei schöne Kindlein reine« (Z. 11 f.), »hier bei dem Heilgenbildelein . . . Häselein« (Z. 14–19) und »die Blumen schaun hineine« (Z. 22 f.) sind nicht bei Spee, wohl aber auf dem Titelkupfer vorgebildet.

11–21 *zwei schöne . . . Gesteine:* vgl. das nebenstehende Titelbild.
21 *am Gesteine:* an den Gesteinen der abgebildeten Waldkapelle.
22 f. *die Blumen schaun hineine:* vgl. das nebenstehende Titelbild.
25 *ein und eine:* noch einmal.
27 *noch:* noch einmal.
     reine: ersetzt veraltetes »kleine« ›zierlich‹.

Literatur: NA III, S. 355; BC II, S. 715; Bode, S. 538 f. – Vgl. EB
Nr. 2141, III, S. 838 f.; F. Spee, Güldenes Tugendbuch, hrsg. von
T. G. M. van Oorschot, München 1968, (Sämtliche Schriften, 2)
S. 295–297.

Rechtes Titelgedicht

Brentano entwarf das Gedicht nach der Idee, zu dem Gedicht von
Spee ein Pendant zu schaffen (vgl. die Kontrafaktur in der Eingangszeile), um beide in gleich umfänglichen »Columnen« abzusetzen. Es
geht zurück auf den seit 830 nachweisbaren Brauch, am 12. März zu
Ehren des hl. Gregorius des Großen ein Schulfest zu feiern, bei dem
ein Knabenbischof gewählt und Heischeumzüge gehalten wurden.
Zum Vorantragen der Brezel vgl. die Einleitung zu KL 38.

25 *Bretzel:* »Der Name soll von dem Ital. Braccio oder Bracello. ein
Arm, ein Ärmchen, entstanden seyn, weil dieses Gebackene einiger Maßen in einander geschlungenen Armen gleicht« (Adelung I,
Sp. 1073). Brentano hatte die Herleitung von »Pretolium« im
Brief an Arnim (Ende Februar 1808) auch ausdrücklich als »Meinung einiger Schulantiquaren« vorgestellt und wohl selbst nicht
für erwiesen gehalten; als Wortspiel war ihm die Etymologie willkommen.

27 *nit:* Die mundartliche Färbung der Verneinungspartikel führte
Brentano erst unmittelbar vor der Drucklegung durch (nicht zuletzt, um Raum zu sparen, da der Text umfänglicher als das nebenstehende Gedicht geworden war).

37 *S:* steht nur des Reimes wegen, daher »es« zu lesen.

38–40 *wird dirs . . . kommen:* Würde man dem Kind das Brezellehr-
buch nicht abnehmen, es würde sich so ungemäß durch alle Buchstaben essen, daß es bald beim »W« (lies: Weh) anlangte.

Literatur: NA III, S. 356; BC II, S. 716; Bode, S. 723 f.

KL 3

Vorlage für Brentanos Bearbeitung war eine Abschrift aus einer hs.
Liedersammlung des 17. Jh.s; als Ersatz für den verlorenen Anfang
(V. 1–10) kann ein Fl. Bl. aus dem Jahre 1642 herangezogen werden.

Die lehrhafte und moralisierende Ausdeutung des Vogelgesangs war
besonders im 17. und 18. Jh. beliebt; viele Motive weisen letztlich auf
den spätantiken *Physiologus* zurück. Die Vorlage ordnet den einzelnen Vögeln in alphabetischer Folge 35 Strophen zu, von denen Brentano 11 ganz strich (z. T. Doppelungen und inhaltlich mangelhafte
Strophen), während er andere neu einfügte (V. 69–72, 93–100).

 1 Vgl. Z. 1 der beiden Titelgedichte zu KL.
 5 *billig:* wie es sich gehört.
10 Ständig wackelt, wippt ihr langer Schwanz.
11 *zwingen:* schwingen?
13 *Canarivögelein:* Der Kanarienvogel stammt von den Kanarischen
    Inseln und ist seit dem 14. Jh. in Europa bekannt; spätestens seit
    Beginn des 17. Jh.s wird er in Deutschland gezüchtet.
18 *Witz:* Klugheit.
21 *Emmeriz:* (Gold)Ammer (lat. »emberica«).
    übel, übel hin: onomatopoetisch (so auch u. a. V. 26, 54, 82).
28 Die alternativ angebotenen Anreden bilden eine Klimax des Stu-
    dienfortgangs, da sie die vier Abteilungen der Jesuitenschulen
    bezeichnen.
34 *Gimpel:* Dompfaff.
45 *winzigkleine:* vgl. Anm. zu KL 91 c, V. 6.
46 *los':* locker; statt obd. »loß« ›horche‹; vgl. V. 87.
51 *mag:* vermag, kann.
55 *Kloben:* »Bey den Vogelstellern bestehet der Kloben aus zwey
    genau auf einander passenden an einem Ende mit einander ver-
    bundenen schwanken Hölzern, welche vermittelst eines Fadens
    zusammen gezogen werden können, um die Füße der Vögel, wel-
    che sich darauf setzen, einzuklemmen, und sie solcher Gestalt zu
    fangen« (Adelung II, Sp. 1638).
59 *zücken:* nach dem Ruf des Vogels (so auch V. 79); vgl. KHM 69
    (*Jorinde und Joringel*): »Zicküth«.
61–63 Vgl. Spr. 6,6–8; ähnlich am Ende von Wh II 65.
64 *Faulheit:* ersetzt frühnhd. »schlenzen« ›müßig umherschlendern‹.
74 *cras, cras, cras:* Diese Onomatopoesie (lat. »cras« ›morgen‹)
    begegnet bereits in der spätalthochdeutschen Literatur (Heinrichs
    Litanei, um 1170).
75 *gerichtet:* ausgerichtet; zuwege, in Ordnung gebracht.
87 *lose:* vgl. Anm. zu V. 46.
89 f. Vgl. Wh II 31, V. 22 f.; KL 94, V. 5–8.
116 Vgl. Mt. 6,26.

123 *Liverei:* Livree.
129 f. Vgl. Mt. 10,29.
135 *neun Chör:* die neun Chöre der Engel.

Literatur: NA III, S. 357, IV, S. 277; BC II, S. 455–470; Alemannia 7, 1879, S. 220; 8, 1880, S. 69; Bode, S. 646 f. – EB Nr. 2141, III, S. 838 f.; Böhme, Kdl I, Nr. 1105, S. 224; Maltzahn, S. 315, Nr. 776, 777; Pröhle, Nr. 116, S. 57; E. L. Rochholz, Alem. Kinderlieder und Kinderspiel in der Schweiz, Leipzig 1857, S. 77; W. Wackernagel, Voces variae animantium, Basel 1867; ArchStuSpr 119, 1907, S. 10–13; Pinck, Weisen III, Nr. 18, S. 63–65.

KL 12

Die Quelle, eine anonyme Rätselsammlung (*Neu vermehrtes Rath-Büchlein*), war seit Mitte des 16. Jh.s verbreitet und befand sich auch in Brentanos Besitz. Fast unverändert wurde aus der Vorlage die Beschreibung der Konsonanten übernommen, während die Vokale, die »Dolmetscher«, hier lautphysiologisch und kindlicher erklärt sind.

[Überschrift:] »Der Abcschütz, [. . .] ein Schüler, der noch die ersten Gründe des Lesens erlernet« (Adelung I, Sp. 15). Vgl. in dieser Bedeutung schon frühnhd. »schüz(e)«.
 2 Die heute üblicherweise als Konsonanten gerechneten 21 Buchstaben, ohne j, v und y.
10–14 Die Vokale in der Reihenfolge a, e, i, o, u.
16 Vgl. in Goethes Gedicht *Seance*: »Machten gar ein seltsam Geschrei«.

Literatur: NA III, S. 367; BC II, S. 773; Bode, S. 481 f. – Erlach IV, S. 400; Allerleirauh, S. 217; Deutsches Rätselbuch, hrsg. von V. Schupp, Stuttgart 1972, S. 376 f.

KL 13

Quelle ist Spees *Trutz Nachtigal* (1660; S. 197–205). Brentano strich in seiner Bearbeitung 2 unkindliche Strophen der 23strophigen Vorlage, ersetzte die 3 Eingangsstrophen durch eine Prosaeinleitung und

zog 2 Strophen (nach V. 32 und 40) zu einer zusammen, so daß 17
Strophen blieben. Die Änderungen zielen darauf, die Bilder kindlicher zu gestalten und den Bezug zum »Christkindlein« zu betonen.

5–8 Nur hier (und vielleicht V. 14) schafft Spee Bezug zu Christusal-
    legorien: Andeutung der Seitenwunde des gekreuzigten »Gottes-
    lamms«.
13 f. Vielleicht Anspielung auf die typische Darstellung des »guten
    Hirten«; vgl. auch V. 132.
53–55 Vgl. *Faust I* 1167–70.
63 *bürsten/spreissen:* sperren, widersetzen.
85–87 Vgl. Wh II 31, V. 22–25.
96 Vgl. KL 41, V. 54.
111 *unbeschmitzet:* sauber.
112 *mag:* kann.

Literatur: NA III, S. 368; Bode, S. 408–410. – Friedrich von Spee,
ECLOGA oder Hirten-Gespräch, München 1959 (Nachdr. mit Illu-
strationen).

KL 18

Textgrundlage ist die Abschrift einer Niederschrift Bettinas, die von
Brentano bearbeitet wurde. Die ursprünglich geplante Aufnahme in
Wh III wurde durch Bettinas und Arnims Kritik an Brentanos Einfü-
gung der vier Wunder (V. 34–39, 45 f.) verhindert. Arnim veröffent-
lichte das Lied ohne die beanstandeten Verse unter dem Titel *Eine
Flucht nach Ägypten* in der ZfE (23. 4. 1808); im Wh dagegen erschien
Brentanos Fassung.

[Überschrift:] Wohl im Sinn von ›wahres Lied, Lied wahrer Begeben-
    heiten‹. Arnims Titel trifft inhaltlich zu (Mt. 2,13–15).
4 f. Vgl. Wh III 189, V. 25; dem sich neigenden Palmenbaum aus den
    frühen Legenden über die Flucht nach Ägypten entsprechend.
49 Vgl. Wh II 119, V. 25.

Literatur: NA III, S. 374; BC II, S. 782, 783; Bode, S. 471. –
EB Nr. 1950, III, S. 655 f.; Weinhold, S. 384–387; Pailler, Weihnachtlieder I, Nr. 310–311, S. 332–334; Pfannenschmid, S. 9, 12;
JbVldf 6, 1938, S. 138; D.-R. Moser, Die Hl. Familie auf der Flucht,
in: RhJbVk 21, 1972, S. 255–328, bes. S. 278, 283, 289.

KL 20

Das Heischelied wurde wohl von Brentano nach Schützes *Holsteini-schem Idiotikon* (1802; Tl. 3, S. 165–167) ins Hochdeutsche über-setzt. Auf V. 1–3 griff Brentano in seiner Auseinandersetzung mit Johann Heinrich Voß zurück mit der Bemerkung: »Sollten die holl-steinischen Kinder vielleicht seit alten Zeiten her schon auf eines Fuchses Menschwerdung damit geweissagt haben?« (Ed. Rölleke, in: JbFDH 1968, S. 309).

3 *lehren:* lernen; das niederdeutsche »leeren« wurde aus Reim-zwang beibehalten.
6 *Wagen:* ersetzt aus Reimgründen »Wiem« (Querstange, unter der die Speckseiten hängen).
11 *war:* ersetzt »waan« ›wohnte‹.
22 *leichter:* ersetzt fälschlich »liekers« (von Schütze zutreffend als ›gleichwohl‹ erklärt).
24 *es uns:* aus metrischen Gründen statt »as se«.

Literatur: NA III, S. 376; BC II, S. 443; Bode, S. 240 f. – EB Nr. 1228, III, S. 138; Böhme, Kdl I, Nr. 1623, S. 342.

KL 21

Für das erstmals in Anton Kirchners *Geschichte der Stadt Frankfurt* (1807) erwähnte Heischelied hat sich keine schriftliche Vorlage erhal-ten; die vorangestellte Erläuterung könnte auf eine Einsendung Kauf-manns schließen lassen. Brentano deutet den herkömmlichen Ein-gang »Hawele hawele lane« (aus »Ave, ave Apollonia« zersungen) volksetymologisch auf den Hahn um und reiht das Lied damit in die Lieder zum Thema »Hahn« ein (KL 20, 21, 22, 23 a und 23 b). Unab-hängig von der KL-Fassung zitiert Goethe den Eingang in einer Auf-zeichnung vom 20. 1. 1826 »Havel havel ane« (*Werke*, Weimarer Ausgabe, Abt. 1, Bd. 42,2, Weimar 1907, S. 457).

3 *Hinkelhaus:* Hühnerhaus; Goethe hat »Hinterhaus«.
5–8 Vgl. KL 20, V. 15–18.

Literatur: NA III, S. 377; BC II, S. 444; Alemannia 14, 1886, S. 196; Bode, S. 332 f. – EB Nr. 1209, III, S. 126; Böhme, Kdl I, Nr. 1716

bis 1718, S. 384 f.; Dichtungen aus der Kinderwelt, Hamburg 1815,
S. 88; Erlach IV, S. 415; O. Rothbarth, in: Euphorion 15, 1908,
S. 693–697; Jungbauer, Bibl., Nr. 908, S. 149; C. Valentin, Das
Frankfurter Fastnachtslied »Hawele hawele lane«, in: Alt-Frankfurt,
Frankfurt a. M. 1917, S. 60–87; Becker, S. 299; A. Becker, Fastnacht
und die hl. Apollonia, in: ZVRhVk 31, 1934, S. 70–72; Allerleirauh,
S. 113; Röhrich-Brednich II, Nr. 3.

KL 22

Der älteste Beleg für das in schriftlicher Vorlage nicht erhaltene Reihenlied ist die Aufzeichnung des Abts Georg Gaisser von St. Georgen
vom 22. 4. 1653. Die verbreitet belegten Verse 1–7 sind wohl nach
mündlicher Tradition aufgenommen, V. 8–14 dürfte Neudichtung
Brentanos sein.

Literatur: NA III, S. 377; BC II, S. 752; Alemannia 14, 1886,
S. 199–201, 282 f.; Bode, S. 470 f. – Böhme, Kdl I, Nr. 1510, S. 307;
E. Weyden, Cöln's Vorzeit, Cöln 1826, S. 224; Erlach IV, S. 449;
Stöber, Nr. 63, S. 19; Schleicher, S. 98 f., Nr. 28; ZföVk 3, 1897,
S. 83; ZVRhVk 3, 1906, S. 75; Lewalter-Schläger Nr. 591, S. 181,
381.

KL 23 a

Die schriftliche Vorlage unbekannter Hand wurde von Brentano
wohl so spät bearbeitet, daß das Lied nur noch in die KL aufgenommen werden konnte, was das von Brentano in V. 12–15 betonte
Lügenliedmotiv und der an Kindermärchen angelehnte aitiologische
Schluß indes auch rechtfertigen. Drastisch verharmlost werden mußten dagegen »Löfeln« (löffeln: huren) zu »faullenzen« (V. 3) und
dementsprechend »Löfelstraße« zu »Faullenzer Straße« (V. 2).

Literatur: NA III, S. 378; BC II, S. 753; Bode, S. 750; A. Schmidt,
S. 238 f. – Böhme, Kdl I, Nr. 1257, S. 262.

KL 23b

Eine schriftliche Vorlage des Märchens hat sich nicht erhalten. Brentano läßt es die Lieder vom Hahn mit dessen Versetzung auf den Kirchturm beschließen (diese Aitiologie des Kirchturmhahns ist vermutlich Brentanos Erfindung). Der Text zeigt v. a. in seinen Verseinlagen die Struktur der Kettenlieder; Brentano hat die Kettenmotive in Versform gebracht und den in der mündlichen Überlieferung traurig-lakonischen Schluß inhaltlich umgestaltet. Vgl. auch KHM 80 *Der Tod des Hühnchens*.

7 Die Formulierung weist auf Brentanos Gedicht *Der Spinnerin Nachtlied* zurück: in KHM 80: »Laß dir rote Seide geben«.
36 Die »sechs Vögelchen« können die unmittelbare Nachbarschaft des Fuchses nicht vertragen.

Literatur: NA III, S. 379; BC II, S. 734; Bode, S. 701 f. – Lewalter-Schläger, S. 383 f.; BP II, S. 146–149; A. Wesselski. Das Märlein von dem Tode des Hühnchens und andere Kettenmärlein, in: HessBlVk 32, 1933, S. 1–51.

KL 26a

Das Lied kontaminiert zwei Inschriften, die in einer Einsendung Frau von Pattbergs zufällig nebeneinander standen: die dritte (V. 1–4) und die vierte (V. 5–10) von insgesamt fünf *Grabinschriften auf einem Kirchhof im Odenwald*. Sie wurden (wohl von Brentano) ausgewählt, da beide Kindern in den Mund gelegt sind. Zu stark aufs Religiöse eingehende Verse wurden gestrichen.

Literatur: NA III, S. 382; Steig, NHJb VI, 1896, S. 110 f.; Bode, S. 624 f.

KL 26b

Brentanos durchgereimter Vierzeiler geht inhaltlich bis auf die Einführung der »Engelein« auf einen niederdeutschen Spruch zurück, der in Schützes *Holsteinischem Idiotikon* (1802; Tl. 3, S. 63) abgedruckt ist. Hugo von Hofmannsthal formte aus Brentanos Versen die erste Strophe seines ebenfalls *Kindergebet* betitelten Gedichtes.

Literatur: NA III, S. 382; Alemannia 14, 1886, S. 214; Bode, S. 282. – Böhme, Kdl I, Nr. 1553, S. 316; JbFDH 1976, S. 441, 446 f.

KL 27 a

Eine schriftliche Vorlage hat sich nicht erhalten; eine vergleichbare Dichtung des Johann Matthäus Mayfarth (*Neu corrigirtes himmlisches Jerusalem*, Nürnberg 1657) befand sich in Brentanos Besitz. Das rasch populär gewordene Lied stellt wohl eine Zusammenfassung verbreiteter volksliedhafter Formeln durch Brentano dar.

Literatur: NA III, S. 382; BC II, S. 780; Bode, S. 724 f. – EB Nr. 564, II, S. 391; Böhme, Kdl I, Nr. 1575, S. 320; Hruschka-Toischer, S. 11, Nr. 19; Lewalter-Schläger, S. 390; Züricher, Schweiz, Nr. 199, S. 13.

KL 27 b

Der älteste Beleg für das von Wilhelm Grimm beigetragene und unverändert übernommene Lied – zusammen mit Wh II 11 a »von unserer Magd mündlich gehört, die sie von ihrer Großmutter weiß« – findet sich auf dem Grabstein des im Jahre 1324 verstorbenen Markgrafen zu Meißen, Friedrich mit der gebissenen Wange (vgl. DS 184 und 560). Obwohl es in Österreich auch als Schutzengellied überliefert ist, sprechen sowohl der älteste Beleg als auch die Überschrift *Seliger Tod* einer Parallelfassung bei Nehrlich sowie V. 9 f. der KL-Fassung für ein Sterbelied.

Vertonung: Engelbert Humperdinck, in der Oper *Hänsel und Gretel*. *Literatur:* NA III, S. 383; BC II, S. 781; Bode, S. 156. – Uhland, Abh., S. 196; EB Nr. 1911, III, S. 620 f.; Stöber, Nr. 110, S. 34; Peter, Nr. 105, S. 34; Bahlmann, Nr. 24, S. 45; Hruschka-Toischer, S. 398, Nr. 99 b–d, vgl. S. 6, Nr. 6; Böhme, Kdl I, Nr. 1530–32, S. 313; K. Reuschel, Ein altes Kindergebet und seine Entstehung, in: Euphorion 9, 1902, S. 273–280; ZVRhVk 3, 1906, S. 77.

KL 28

Brentano kontaminiert zwei unzusammenhängende Lieder einer um 1700 aufgezeichneten Sammelhs. mit dem Titel *Kurtze betrachtungen des Lieben Christkindleins für die Schul-Jugendt*. Dort findet sich V. 1–21 unter dem Titel *Ein Anders. [S: Nicolai Wiedergedächtnis]*, V. 22–27 ohne Überschrift. Brentano hat die Vorlage v. a. rhythmisch geglättet und durch Zugabe von Sprecherbezeichnungen aus dem Monolog eines Kindes die Anrede des Vaters mit anschließendem Gebet des Kindes gemacht.

2 *heilige Sankt:* Dieselbe kindliche Tautologie führte Brentano bereits Wh II 434, V. 1, ein.

25 f. »Dagegen ist in dem kleinen zweiten Bestandteile der Rhythmus freier gehalten, so daß er sich ungebundener Rede mehr annähert, die dem Auftreten des Niklas besonders in der brummigen Drohung der beiden letzten Verse wohl angemessen ist« (Bode, S. 622).

Literatur: NA III, S. 384; BC II, S. 774; Alemannia 14, 1886, S. 214; Bode, S. 621 f. – Böhme, Kdl I, Nr. 1681, S. 367.

KL 29

Das nur im süddeutschen Sprachraum seit den vierziger Jahren des 18. Jh.s belegte Lied wurde in einer kürzeren Version von Brentano offenbar nach mündlicher Überlieferung aufgezeichnet. In der Druckfassung ist die bairische Mundart dem Hochdeutschen angeglichen, die eigenwillige Gestalt des Liedes aber belassen.

1 Der verbreitete Ausruf des Erstaunens wird von Brentano in eine Form umgewandelt, die als typisch jüdisch galt (vgl. Ifflands Drama von 1784 *Verbrechen aus Ehrsucht* II,6, wo der jüdische Wucherer Salomon den Ausruf zweimal anbringt). Seit dem Wh ist er als Ausdruck andächtigen Staunens verbreitet.

2 *horch:* zutreffend, statt bair. »loß« (von »losen«); in Variation: V. 20.

7 *Bu:* Der Engel der Verkündigung (Lk. 1,9–10) tritt als ebenso kleiner Bub wie der angeredete Hirtenjunge auf.

11 Der heilige Joseph, der Nährvater (vgl. V. 18) Jesu.

15 *erkußt:* geküßt.

Literatur: NA III, S. 385; Bode, S. 425; A. Schmidt, S. 232. – Trierer Hs. 1744, S. 31; Ebermannst. Ldhs., Nr. 85, S. 217, 252; Weinhold, S. 401–403; Pailler I, Nr. 210, S. 219 f., Nr. 289, S. 308 f.; Hartmann-Abele, Nr. 135, S. 220–222; Böhme, Kdl I, Nr. 1585, S. 322; ArchStuSpr 115, 1907, S. 46; Vld 42, 1940, S. 95 f.; K. M. Klier, Weihnachtlieder und Hirtenspiele aus Oberösterreich, Klosterneuburg [o. J.], Nr. 72 a–b, S. 40 f.; vgl. JbVlf 20, 1975, S. 86–132; 21, 1976, S. 87–107.

KL 30

Vorlage für die Abschrift Arnims dürfte eine Aufzeichnung Gräters nach mündlicher Tradition gewesen sein, die dieser später ohne Kenntnis der KL-Fassung abdruckte (*Idunna und Hermode*, 1815). Eine Beschreibung des Brauches findet sich bei Wilhelm Grimm (KiW, S. 378): »Sie lassen in einem kleinen Kästchen, über dem der Stern steht [. . .], das Christkind in der Krippe, die Anbetung der Hirten usw. sehen. Die Vorstellungen sind beweglich und werden herumgedreht. Sie heissen daher auch die Sterndreher [. . .].«

1 Wir reisen der Sonne entgegen.
5 Er trinkt nur guten Wein (er sei denn gut; außer er ist gut).
10 *Mutzen:* schwäb. »Wams, Jacke«.
11 *trutzen:* im älteren Sinn: herausfordern, überbieten.
13 f. Vgl. KL 36, V. 17 f.; KL 38, V. 30–32.
17 *Dock:* Puppe (im Gegensatz zu KL 28, V. 12, hier des Reimes wegen beibehalten).

Literatur: NA III, S. 386; BC II, S. 439; Alemannia 14, 1886, S. 195; Bode, S. 155. – EB III, S. 119; LdtV, S. 12; Ditfurth, Fränk. Vldr II, S. 287, Nr. 379; Frischbier, Nr. 785, IV, S. 215; Hruschka-Toischer, S. 46, I, Nr. 66; H. Moser, Alte schwäb. Volkslieder aus Sathmar, Kassel/Basel 1953, S. 95–97; H. Bausinger, Anmerkungen zu Gräters Volkslieder-Aufsatz, in: Württembergisch Franken 52, 1968, S. 223.

KL 32

Das seit dem 15. Jh. überlieferte Lied geht zurück auf einen Abdruck in den *Miscellaneen zur Geschichte der teutschen Literatur* (1807;

S. 276–278) von Bernhard Joseph Docen, dessen Vorlage ein durch
Gutknecht vor 1550 in Nürnberg gedrucktes Fl. Bl. war. Das alte
Heischelied geht aus von Mt. 2,1–11, schließt dann aber mit einer
Krippenszene in herkömmlichen Motiven. Die Wh-Bearbeitung mil-
dert den alemannischen Dialekt, der nur in wörtlichen Reden zuwei-
len bestehen bleibt.

1   »Der ältere Text liest: Mit got so wellen usw. Ich verstehe [. . .]:
    ›Wir, die heiligen drei Könige, wollen Gott loben und ehren‹«
    (Liliencron, 1530, S. 82).
11 *Trotz:* ersetzt »Tratz« (frühnhd.) ›Haß, Trotz‹.
17 *finstern Stern:* vgl. mhd. »tunkelstern« ›Abendstern‹; eher indes
    wie Wh II 327, V. 120 f., volksetymologisch statt »finis terrae«:
    Wir sind Könige, die vom Ende der Welt herkommen.
19 f. Vgl. die Reimbindung in Goethes 1781 entstandenem Gedicht
    Epiphanias: »Wir bringen Myrrhen, wir bringen Gold, / Dem
    Weihrauch sind die Damen hold.«
22 *für gut:* vorlieb.
24 Vgl. »jemanden freihalten«.
37 f. Vgl. KL 18, V. 40–42.
39 f. Stehendes Motiv.
41 f. Anfang eines selbständigen Liedes; vgl. auch KL 35, V. 1 f.

Literatur: NA III, S. 276; BC II, S. 440; Alemannia 14, 1886, S. 195;
Bode, S. 235 f. – EB Nr. 1194–95, III, S. 109–111; Böhme, Kdl I,
Nr. 1699, S. 373; Goedeke-Tittmann, Nr. 165, S. 167; Pailler I,
Nr. 306, S. 324 f.; Pfannenschmid, S. 11, Nr. 2, vgl. Nr. 7; Röhrich-
Brednich II, Nr. 2.

KL 33

Das von Brentano nach einer ungewöhnlich flüchtigen Niederschrift
Jacob Grimms bearbeitete Weihnachtslied ist seit 1623 überliefert und
geht hier zurück auf das *New Mayntzisch Gesangbuch* aus dem Jahre
1628 *Himmlische Harmony* (Nr. 39, S. 92–94). Brentano korrigierte
lediglich die von Grimm durcheinandergebrachte Str. 1 und strich
sämtliche Refrains.

13 f. Grimms Vorlage hat: »Die Seraphin singt / vnd Cherubin
    klingt«. Gemäß dem Hebräischen lautet die Singularform »Se-

raph« bzw. »Cherub«, die Pluralform »Seraphim« (oder abge-
schwächt »Seraphin«) bzw. »Cherubim« (»Cherubin«). Grimm
hat den Artikel hier (indes nicht nach V. 18) geschickt in das
Personalpronomen gewandelt; Brentano wollte diese Änderung
beibehalten, so daß in V. 13 mit einem Druckfehler zu rechnen
ist.
23 *Äuglein:* Grimm hatte die Uneinheitlichkeit seiner Vorlage beibehalten (Str. 1, 4 und 5: »Äügelein«); da Brentano das Ms. an diesen Stellen nicht änderte, ist die Abweichung wohl auf einen Eingriff Arnims beim Korrekturlesen zurückzuführen.

Literatur: NA III, S. 389; Bode, S. 282; Schewe, 1932, S. 134. – EB
Nr. 1939, III, S. 646 f.; Hoffm.-Ri., Nr. 282, S. 335; Pocci-Raumer,
Nr. 17; Amft, Nr. 563, S. 384; Vld 32, 1930, S. 132; 43, 1941, S. 125;
H. Rölleke, Die Beiträge der Brüder Grimm zu »Des Knaben Wun-
derhorn«, in: Brüder Grimm Gedenken, Bd. 2, hrsg. von L.
Denecke, Marburg 1975, S. 28–42, bes. S. 33.

KL 35

Das auf Text und Melodie des bekannten *Joseph, lieber Joseph mein*
zurückgehende Lied ist eine protestantische Fassung, die bereits um
1550 bei Matthesius begegnet. Es lag vor in der Abschrift von Arnims
Diener Frohreich, die dieser auf Arnims Veranlassung nach George
Baumanns 1644 erschienenem Gesangbuch *Geistliche Kirchen- vnd
Hauß-Music* angefertigt hatte und die unverändert übernommen
wurde, einschließlich der Abschreibfehler: nach V. 2 ist zu ergänzen:
»Es soll zu Lohn dein Diener sein«; V. 34: »in eim« statt »in ein'm«;
V. 35: »in die« statt »in ein«.

1 f. Vgl. KL 32, V. 41 f.
19–21 Umdeutende Kontamination der Bibelworte vom Lamm Gottes (vgl. Joh. 1,29) und dem guten Hirten (vgl. Lk. 15,3–6).
23 *Emanuelchen:* »Immanuel« (hebr.) ›Gott mit uns‹; gemäß Jes.
7,14 auf den Erlöser gedeutet.
24 Vgl. Hebr. 4,14 und 5,6.
26 f. Vgl. KL 59, V. 23 f.
37 f. Vgl. KL 18, V. 40–42; KL 32, V. 36 f.
39 *Küßlein:* ältere, noch nicht entrundete Form (Kißlein, kleines
Kissen).

Literatur: NA III, S. 390; BC II, S. 731; Alemannia 14, 1886, S. 197; Bode, S. 334. – EB Nr. 1936, III, S. 643 f.; Wackernagel III, Nr. 1333, S. 1153; Pailler I, Nr. 344, S. 385; Hildebrand, Materialien, S. 42.

KL 36

Das in seinen Grundzügen seit dem 14. Jh. belegte Brauchtumslied wurde aus einer Einsendung Danquards fast unverändert übernommen. Über den Brauch am Sonntag Laetare, auch »Sommertag« genannt, berichtet Auguste von Pattberg in ihrem Aufsatz *Der Sommertag (Badische Wochenschrift,* 20. 3. 1807, Nr. 12, Sp. 177–180): »Ehdessen gingen alle Mädchen, reich und arm, ohne Unterschied umher, und sangen ihren Mitbewohnern den Frühling an.«

1 »Mittfastenlied« heißt das Lied in anderen Überlieferungen nach diesem Anfang. Zum verwandten Brauchtum des Todaustreibens an diesem vierten Fastensonntag (»Laetare«, Mitte der vorösterlichen Fastenzeit) vgl. Wh I 161 a.
9 *Wingertsberg:* Weingartenberg.
17–20 Vgl. KL 30, V. 13 f.; KL 38, V. 30–33.
19 *Kante:* (obd.) Kanne.

Literatur: NA III, S. 392; BC II, S. 442; Alemannia 14, 1886, S. 195; 15, 1887, S. 51; Bode, S. 188; Schewe, 1932, S. 131. – EB Nr. 1224, III, S. 134; Böhme, Kdl I, Nr. 1616, S. 338; Pailler I, Nr. 283, S. 303; Marriage, Pfalz, Nr. 271, S. 367–370; Grolimund, Solothurn, Nr. 91, S. 75.

KL 37

Eine schriftliche Vorlage hat sich nicht erhalten; der weitverbreitete Kinderspruch kann jedoch Brentano aus mündlicher Tradition bekannt gewesen sein, zumal er ihn schon 1803 in sein *Schattenspiel* aufgenommen hatte. Die Eingangszeile wird mit dem mittelhochdeutschen »liren« ›leiern‹ in Verbindung gebracht.

Literatur: NA III, S. 393; BC II, S. 739; Alemannia 14, 1886, S. 206 f.; 25, 1898, S. 229; Bode, S. 158. – Böhme, Kdl I, Nr. 215 und Nachträge, Nr. 19, S. 53, 704; Frischbier, Nr. 101, S. 270; Bender,

Nr. 101, S. 270; ZfVk 3, 1893, S. 26 f.; 5, 1895, S. 451; 6, 1896,
S. 291; 8, 1898, S. 392; 17, 1907, S. 284; 18, 1908, S. 27; Lewalter-
Schläger, Nr. 49, S. 25, 284; Das Bayerland 34, 1922/24, S. 53; L.
Schmidt, Lirum, larum, Löffelstiel, in: Vld 33, 1931, S. 143–145; Vld
34, 1932, S. 51, 105; Allerleirauh, S. 34.

KL 38

Das Frühlingslied, das von Brentano nach einem Beitrag Seybolds im
Deutschen Museum (1778; S. 362–368) geringfügig bearbeitet wurde,
gehört zu den »Sommertags«-Brauchliedern (vgl. KL 36). Die mündliche Verbreitung wird durch Wilhelm Grimm (KiW, S. 380) und von
der Hagen (*Sammlung Deutscher Volkslieder*, S. 385 f.) bestätigt. Die
wenigen Änderungen tilgen Dialektformen (V. 21, 32); im Refrain
allerdings werden sie beibehalten (V. 2, 5 usw.).

30–33 Vgl. KL 30, V. 13–15; KL 36, V. 17–20.

Vertonung: C. M. von Weber, op. 64 (1822).
Literatur: NA III, S. 393; BC II, S. 445; Alemannia 8, 1880, S. 55 f.;
10, 1882, S. 146; 14, 1886, S. 195 f.; 20, 1892, S. 197; Bode, S. 239 f. –
EB Nr. 1219–1221, III, S. 130–132; Böhme, Kdl I, Nr. 1618–20,
S. 339–341; Pocci-Raumer, Nr. 22; Hildebrand, Materialien,
S. 92–105; Züricher, Schweiz, Nr. 783, S. 49; Becker, S. 305 f.; A.
Becker, Sommersonntag, Neues zur Geschichte und Volkskunde der
Pfälzer Lätarebräuche, Neustadt a. d. Hardt 1931; Allerleirauh,
S. 114; Röhrich-Brednich II, Nr. 4; T. Brauch, Lätarebrauchtum am
bayrisch-badischen Untermain, Diss. Würzburg 1970.

KL 40

Lied und Vorbemerkung sind einer Einsendung Kaufmanns entnommen, der gegenüber Brentano das Alter des Brauches um ein ganzes
Jahrhundert heraufsetzt. Die Tradition ist tatsächlich älter als Kaufmann angibt (»aus dem 16. Jahrhundert«) und in der Nähe Frankfurts
bis Ende des 19. Jh.s nachweisbar.

1 *Gärtlein:* wohl als kleine Gerte zu verstehen, die vielleicht zum
  Schmuck der Kinder gehörte.

5 *auf den Leyen:* auf dem Schieferboden (Ley: Schiefer, Fels; vgl. den Namen Lorelei).
9 f. Vgl. KL 20, V. 19 f.

Literatur: NA III, S. 396; BC II, S. 446; Bode, S. 356 f. – EB Nr. 1254–55, III, S. 151; Böhme, Kdl I, Nr. 1657–58, S. 358 f.

KL 41

Als Vorlage dieses Zählliedes sind zwei flüchtige Niederschriften Brentanos erhalten; Anregungen zur Ausführung erhielt der Bearbeiter durch ein Lied aus einer jetzt verschollenen *Oberschwäbischen Liederhandschrift* aus dem 18. Jh. (abgedruckt in: Alemannia 11, 1883, S. 68–70), dessen zehn Strophen neben dem Beginn viele Parallelen aufweisen. Schützes *Holsteinisches Idiotikon* (1801; Tl. 2, S. 117) hat offenbar V. 51 f. beeinflußt; die Verse 28, 31 f., 44, 47 f. und 53–58 sind Brentanos Dichtung. Die Strophenschwellung führte er konsequent durch, einzelne Formen wurden jedoch nicht angeglichen (vgl. z. B. »Hühnelein« gegenüber »Hühnlein«).

[Überschrift:] Nach 2. Mose 20,17: »Du sollst nicht begehren [. . .] die Frau deines Nächsten, noch seinen Knecht, seine Magd, seinen Ochsen, seinen Esel, noch irgend etwas, was sein ist.«
8 Vgl. KL 81 a, V. 9.
27 *Zickelein:* im Blick auf KL 44 statt »Geiß«.
54 Nach KL 13, V. 96.
60 Vgl. Brentanos Märchen vom Floh »Hüpfenstich«. Rollenhagen hatte sich 1595 das Pseudonym »Hüpfinsholtz« beigelegt.

Literatur: NA III, S. 397, IV, S. 56, 214; BC II, S. 758, 760; Alemannia 11, 1883, S. 68–70; Bode, S. 480. – Böhme, Kdl I, Nr. 1264–66, S. 268–270; Pocci-Raumer, Nr. 9; Schleicher, S. 105 f., Nr. 57; Köhler, Schr. III, S. 269; BP III, S. 129–140 (zu KHM 140 *Das Hausgesinde*); Züricher, Schweiz, Nr. 2804–22, S. 197; Vld 33, 1931, S. 44; H. Tardel, Hs. Nachträge zu Heinrich Smidts Bremischen Kinderliedern (1836), in: Volkskundliche Gaben, Berlin/Leipzig 1934, S. 269–279, hier S. 274; Allerleirauh, S. 163.

KL 44

Johann Christof Wagenseils Übersetzung eines hebräischen Textes
aus dem Anfang des 15. Jh.s in seiner *Belehrung Der Jüdisch-Teut-
schen Red- und Schreibart* (1699; S. 109 f.) ist die Quelle des Liedes,
die sich sowohl in Arnims als auch in Brentanos Besitz befand. Gräter
(*Idunna und Hermode* I, 1812) lokalisiert den Text »in dem Sammel-
werke jüdischer Ostergesänge und Vorträge Sepher Haggadah, nach
Buxdorf Bibl. Rabinica 1609 zu Venedig erschienen. Über das Oster-
lied schrieb Probst von der Hardt seine lat. Abhandlung De Haedo,
Helmstett 1723 [. . .]. Er sieht darin die Schicksale des jüdischen Volkes, das die Reihe seiner Unterdrücker hindurch kosten muß bis es
der Herr erlöset [. . .].«

51 *schecht:* schächtet.

Literatur: NA III, S. 399; BC II, S. 422, 424; Alemannia 8, 1880,
S. 60; Bode, S. 162. – EB Nr. 2133, III, S. 831–833; Parisius,
Nr. 751, S. 666; Rochholz, S. 153 f.; Köhler, Schr. III, S. 355–365;
Lewalter-Schläger, Nr. 594, S. 182; BP II, S. 100–102; Züricher,
Schweiz, Nr. 2718–45, S. 184–188.

KL 47

Vorlage für das weit und äußerst vielgestaltig verbreitete Lied war ein
heute verschollener Bogen aus einer Sammelhs. des 17. Jh.s, aus der
Brentano das Lied auswählte und möglicherweise überarbeitete. Die
Onomatopoesie des Trommelschlages mag er dabei aus Wh I 97 übernommen haben.

60 *in Ewigkeit amen:* wohl Zusatz Brentanos, den Litaneistil trave-
  stierend.

Literatur: NA III, S. 403; BC II, S. 756; Bode, S. 480 f. – EB
Nr. 1748–49, III, S. 534; Simrock, Nr. 334, S. 519; Lewalter-Schläger, Nr. 312, S. 123; Züricher, Schweiz, Nr. 5960–67, S. 388.

KL 49

Das ursprünglich vorliegende Ms. von Brentanos Hand hat sich nicht erhalten. In der weitverbreiteten Zählgeschichte mit anschwellender Strophenform führt die etymologische Zerlegung bildhafter Pflanzennamen zu einer wortspielerischen Aitiologie.

9 *Hintenzipf:* 1678 in Johann Beers Roman *Printz Adimantus* als »Hinterzipff« (hrsg. von H. Pörnbacher, Stuttgart 1967, S. 11), in der Bedeutung ›Federschwanz‹ (der Truthähne) belegt. In der Wh-Fassung anscheinend Hapaxlegomenon (lediglich durch A. Glaßbrenner von hier in sein *Deutsches Liederbuch*, Berlin 1837, S. 183–185, übernommen); vgl. auch die Bezeichnung »Zipf« (eine Geflügelkrankheit), die Brentano im *Gockel*-Märchen nennt.
29 *Kragen:* im älteren Sinn: Hals (vgl. KL 52, V. 11).
56 *Lauf:* Pfote.
58 Ackerklee.
59 Eine Muschelart.
60 Gänsekraut.
61 Läusekraut, Kammgras, Gabelkraut oder Meierkraut.
62 Nonnenkraut.

Literatur: NA III, S. 407, IV, S. 56; BC II, S. 761; Bode, S. 353. – Böhme, Kdl I, Nr. 1262, S. 267; Erlach IV, S. 430.

KL 52

Nehrlichs Vorlage ist nur in einer Abschrift Erks erhalten. Bei dem den Liedern von den unmöglichen Dingen nahestehenden Kettenlied galt es, »improvisierte Reime zu einer stehenden Anfangszeile zu setzen« (EB III, S. 536). Brentano änderte V. 28 (vgl. Wh II 423, V. 47–49) und stellte die ursprünglich vor V. 26–30 stehenden Verse 31–35 als effektvollste Antwort an den Schluß.

Literatur: NA III, S. 410; BC II, S. 763; Alemannia 10, 1882, S. 149; Bode, S. 341. – EB Nr. 1751, III, S. 536; Böhme, Kdl I, Nr. 1221–22, S. 243–245; Pocci-Raumer, Nr. 3; Frischbier, Nr. 445, S. 103; ZföVk 3, 1897, S. 1–3; 19, 1913, S. 125; Allerleirauh, S. 316.

KL 53

Eine schriftliche Vorlage hat sich nicht erhalten; möglicherweise handelt es sich um eine Kontamination oder freie Ausweitung vorgegebener Motive durch Brentano. Vermischt sind Elemente des Lügenmärchens (V. 7–11, 14–17) mit der herkömmlichen Predigtparodie (V. 1, 5, 18–23), die durch Überschrift und Eingangsverse zum Kinderlied verbunden sind.

1 Wohl onomatopoetisch nach dem »Qui« und »Qua« der Enten und Gänse; dem Predigtstil entsprechend latinisiert. Bereits 1663 in Gryphius' *Horribilicribrifax* IV: »Qvibus, qvabus! sanctus Haccabus«.

2–4 Vgl. KL 66, V. 2–4.

5 *kanaljeische:* vgl. V. 12 f. Kontaminiert aus »Kanal« und »kananäisch« bzw. »galiläisch« (Mt. 15,22 und 29), um den Predigttonfall zu treffen.

16 *Korduan:* feines Ziegenleder.

17 *Rothstein:* Rötelstein, Speckstein, Rötel; ein verbreitetes Motiv in Lügenmärchen.

19 Umkehrung der alten geistlichen Ermahnung: Kommt man aus Lebensgefahr davon, so will man seine Sünden bereuen und sich bessern.

20 f. Vgl. Joh. 11; die zwei Schwestern des Lazarus (Martha und Maria) weinten über dessen Tod. – Zu den Namen vgl. Wh I 201. »Schwaigstilla« ist anscheinend eine Namensschöpfung Brentanos, die auf das Ende der Predigt hinweist; letztlich könnte der redende Name indes auch auf ein weitverbreitetes Lazarus-Spottlied zurückgehen, das seinerseits mit den Lazarus-Szenen mittelalterlicher Passionsspiele in Zusammenhang steht (dazu Moser; s. Lit.). Den Reim »Sibille, Schweig stille« nahm Brentano später in *Aloys und Imelde* auf.

22 f. Vgl. Mt. 26,74 f.: Als »der Hahn krähete«, ging Petrus hinaus und weinte »bitterlich«. – Die Onomatopoesie des Hahnenschreis steht in alter Tradition (vgl. Wackernagel II, Nr. 277, S. 159: »der han ruofet ›crucifixus‹«).

Literatur: NA III, S. 411; BC II, S. 751; Bode, S. 475 f. – Böhme, Kdl I, Nr. 1515, S. 307 f.; Erlach IV, S. 449; Frischbier, Nr. 204, S. 54; Lewalter-Schläger, S. 376, 398; D.-R. Moser, Passionsspiele des Mittelalters in mündlich überlieferten Liedern, in: Jb. f. ostdt. Volkskunde 13, 1970, S. 7–103, hier S. 81.

KL 54

Das populäre Kinderlied wurde von Brentano offenbar nach mündlichem Vortrag fragmentarisch aufgezeichnet; V. 21–24 und 29–32 hat er hinzugedichtet, V. 18–20 wohl aus der Erinnerung ergänzt und die Strophen in etwa dem Tageslauf folgend angeordnet. Zwei weitere Fassungen, darunter eine Volksliedaufzeichnung Goethes aus den 1770er Jahren für Herder (*Zugabe*; *Werke*, Weimarer Ausgabe, Abt. 1, Bd. 38, Weimar 1897, S. 254), lassen den Kobold zum Freier werden. Thomas Mann kommt auf das Lied in den *Buddenbrooks* (VIII,3) und im *Zauberberg* (VII,8) zu sprechen.

Melodie: Böhl, Nr. 24, S. 48.
Literatur: NA III, S. 412; BC II, S. 764; Bode, S. 471; H. Politzer, Das bucklichte Männlein, in: Frankfurter Anthologie 4, Frankfurt a. M. 1979, S. 47–51. – EB Nr. 4a–e, I, S. 20–22; Böhme, Kdl I, Nr. 1237, S. 251 f.; Pocci-Raumer, Nr. 15; Meier, Schwab. Nr. 196, S. 347; Hruschka-Toischer, S. 403, V, Nr. 127; ZfVk 18, 1908, S. 43 f.; Lewalter-Schläger, Nr. 149, S. 48, 308; Grolimund, Aarg., Nr. 53, S. 51; Züricher, Schweiz, Nr. 2784–95, S. 194; JAFL, Vol. 44, Nr. 171, 1931, S. 53; G. Korson, Pennsylvania Songs and Legends, Baltimore 1960, S. 91 f.; Allerleirauh, S. 330; L. Röhrich, Sagenballade, in: HbVld I, S. 101–156 (hier S. 126).

KL 56a

Eine schriftliche Vorlage des Spruches hat sich nicht erhalten; ähnlich war er früher in Norddeutschland mündlich verbreitet, wohin auch die Zitierung der brandenburgischen Stadt Bernau (Geburtsort Rollenhagens) weist, so daß sich vielleicht Arnim dieser Verse erinnerte. Die Überschrift ist nach Wh II 22 gewählt.

Literatur: NA III, S. 414; BC II, S. 766; Bode, S. 753. – Erlach IV, S. 456; Schumann, Nr. 254, S. 248.

KL 56b

Eine schriftliche Vorlage des lange Zeit weitverbreiteten Verschens hat sich nicht erhalten; es kam Brentano offenbar von Friedrich Creu-

zer zu und wurde unverändert aufgenommen. Wie Brentanos Überschrift zeigt, hat Creuzer ihm das Lied wohl als Kriegsgebet beschrieben; für diese Bezeichnung spricht auch die Nennung des volksetymologisch veränderten Namens »Oxestern«: Graf Axel Oxenstierna
(1583–1654), Reichskanzler Gustav Adolfs von Schweden, führte
nach dessen Tod das schwedische Heer während des Dreißigjährigen
Krieges in Deutschland.

Literatur: NA III, S. 414; BC II, S. 782; Bode, S. 158. – EB Nr. 1913,
III, S. 622; Böhme, Kdl I, Nr. 1599, S. 326; Erlach IV, S. 456;
Hruschka-Toischer, S. 73, Nr. 2; ZfVk 21, 1911, S. 368–377.

KL 56 c

Brentanos Bearbeitung des von Kaufmann beigetragenen Gedichtes
bestand hauptsächlich in der Tilgung des Dialektes. Die Umsetzung
von Militärsignalen in Reime ist schon früh bekannt; Brentano verfährt ähnlich in der *Viktoria:* »Ah bassa manelki teremtete, / So bläst
der Trompeter«. – Vgl. Komm. zu Wh II 90.

[Überschrift:] Das Wort nimmt Brentano in Anm. 105 zur *Gründung
    Prags* wieder auf.
3 *Wetterau:* Tallandschaft zwischen Vogelsberg und Taunus.

Literatur: NA III, S. 414; Alemannia 8, 1880, S. 62; 16, 1888, S. 71;
Bode, S. 753; Schewe, 1956, S. 59. – EB Nr. 1433 f., III, S. 293;
Böhme, Kdl I, Nr. 1166, S. 233; Wolfram, S. 209.

KL 57 a

Eine schriftliche Vorlage hat sich nicht erhalten; zu den Soldatenrei-
men nach Militärsignalen vgl. KL 56 c, worauf auch die Überschrift
zu beziehen ist. Das Schlußwort erinnert an den »Waldbruderere« in
Brentanos *Klopfstock*-Märchen. Arnim variiert das Lied in der *Capi-
tulation von Oggersheim.*

 1 Vgl. Wh II 399, V. 89.
11 Am 5. März 1809 nennt Brentano im Brief an Savigny seine junge
    Frau Auguste eine »Schindmähre«.

Literatur: NA III, S. 414; BC II, S. 766; Bode, S. 753. – EB
Nr. 1433g, III, S. 294; Böhme, Kdl I, Nr. 1167, S. 233; J. Bolte,
Texte zu militärischen Signalen und Märschen, in: ZfVk NF II, 1931,
S. 83–92, hier S. 90.

KL 57b

Das Liedchen nach einer Vorlage unbekannter Hand mag ursprünglich auf die Leibesstrafe des Ohrabschneidens Bezug haben, durch die
man Verbrecher kennzeichnete (vgl. V. 6). Dieser ernste Charakter ist
durch die Bedeutungsumwandlung des Wortes »Schelm« verlorenge-
gangen; verharmlost wird das Lied zudem durch die martialische
Überschrift, die es in ironische Distanz rückt.

Literatur: NA III, S. 415; BC II, S. 767; Bode, S. 237. – EB Nr. 1270,
III, S. 159; Böhme, Kdl I, Nr. 528, S. 117; Schumann, S. 19; Allerleirauh, S. 67.

KL 57c

Vorlage war ein Beitrag Nehrlichs, während eine zwölfzeilige Niederschrift Arnims mit vergleichbarem Eingang ohne Einfluß blieb.
Brentano tilgte den Dialekt in V. 4 (obwohl dadurch der Reim gestört
wird), führte ihn aber in V. 5 f. gegen die Vorlage ein.

[Überschrift:] Sprichwörtlich: »an den rechten Ort, zu dem rechten
    Manne« gehen (Adelung IV, Sp. 185; Musäus, *Dritte Legende*
    von Rübezahl: »›Wären wir‹, seufzte sie, ›eher vor die rechte
    Schmiede gegangen‹«); vgl. Arnim (*Ariels Offenbarungen*, hrsg.
    von J. Minor, Weimar 1912, S. 213): »Ein jeglicher gehe vor die
    rechte Schmiede«, sowie dieselbe Redewendung in Grimms
    KHM 163.
1 f. Vgl. Wh I 362, V. 1 f.

Literatur: NA III, S. 415; Bode, S. 233 f. – Böhme, Kdl I, Nr. 293,
S. 67.

KL 58 a

Hauptvorlage des Liedes war ein Beitrag Nehrlichs; der dort fehlende
V. 5 der Druckfassung stammt wahrscheinlich aus einer bei Fischart
abgedruckten Fassung (*Geschichtklitterung*, 1582; S. 136). Das früh
verbreitete Liedchen wurde von Brentano durch Zufügung von V. 5
und der entsprechenden Überschrift witzig den umgebenden ›martia-
lischen‹ Liedern (KL 56b, 57c, 58b) angepaßt und im übrigen rhythmisch und sprachlich geglättet. Vgl. Wh I 205, V. 21, »Wer da?« als
Frage nach der Parole.

Literatur: NA III, S. 416; BC II, S. 743; Bode, S. 503. – EB Nr. 1785,
III, S. 563; Böhme, Kdl I, Nr. 1220, S. 243; Engelmann, Nr. 13;
Frischbier, Nr. 774, S. 208; Williams, S. 447.

KL 58 b

Die verschollene Vorlage dieses Schnaderhüpfels stammte von Nehr-
lich und wurde wohl im wesentlichen unverändert übernommen. Der
Aufruf an das Mädchen Anna, sich in den Verteidigungszustand zu
versetzen (V. 1), hat zur Überschrift geführt und die Plazierung nach
Trompeterstückchen, *Kriegslied* und der Frage nach der Parole
(KL 58 a) bestimmt.

Literatur: NA III, S. 416; Alemannia 10, 1882, S. 150; Bode, S. 152. –
Böhme, Kdl I, Nr. 558, S. 123; Züricher, Schweiz, Nr. 5847–53,
S. 380.

KL 58 c

Das von Nehrlich beigetragene Liedchen wurde vielfach nach der
bekannten Melodie *Kommt ein Vogel geflogen* gesungen. Das dürfte
weder Nehrlich noch Brentano bekannt gewesen sein, wenn auch die
Repetition in V. 1 vermutlich Anlehnung an eine Melodie verrät. Im
übrigen wurde der Vierzeiler, der an die Form der Schnaderhüpfel
erinnert, durch die neuen Diminutivformen (V. 2 und 4) klangrei-
cher.

Literatur: NA III, S. 416; Bode, S. 233. – Böhme, Kdl I, Nr. 1555,
S. 317; Pocci-Raumer, Nr. 16.

KL 59

Vorlage für die Eingangsstrophe war Schützes *Holsteinisches Idiotikon* (1806; Tl. 4, S. 110); die Folgestrophen sind Eigendichtung Brentanos nach Motiven mündlicher und schriftlicher Tradition. Die Entstehung dieses verbreitetsten aller deutschen Wiegenlieder ist mindestens im 16. Jh. anzusetzen; ein Fragment bei Melchior Franck stammt aus dem Jahr 1611. Brentano paßt seine Neudichtung in Reimform und Metrum der populären Melodie Reichardts (1781) an; inhaltlich blieb diese Version ohne Einfluß. Durch die reiche Verwendung der oberdeutschen Diminutivform und die parataktische Syntax kommt das Wiegenlied der Kindersprache sehr entgegen; es wurde in dieser Fassung Brentanos überaus beliebt.

[Überschrift:] Ein »Morgenlied« ist nach zeitgenössischer Terminologie ausschließlich ein geistlicher Gesang am Morgen, so daß der seltsame Titel vornehmlich Bezug auf Str. 3 hat.
4 *Träumelein:* Einzelne mündliche Fassungen bieten mit »Träubelein« eine realistischere Version.
12–14 Vgl. KL 35, V. 18–21.

Vertonung: Johannes Brahms.
Literatur: NA III, S. 417; BC II, S. 318; Alemannia 10, 1882, S. 149; Bode, S. 608 f. – EB Nr. 1806–08, III, S. 579 f.; Böhme, Kdl I, Nr. 1–27, S. 1–6; Groos-Klein, Nr. 27, S. 28; Stöber, Nr. 1–3, S. 3 f.; Peter, Nr. 2, S. 2; Frischbier, Nr. 6, S. 3; Hruschka-Toischer, S. 392, V, Nr. 66; Dähnhardt, Nr. 7–10, S. 2 f.; Friedlaender II, S. 121; Marriage, Pfalz, Nr. 278, S. 375 f.; G. Schläger, Zur Entwicklungsgeschichte des Volks- und Kinderliedes »Schlaf Kindchen, schlaf«, in: ZfVk 21, 1911, S. 368–377; 22, 1912, S. 80–82; Lewalter-Schläger, Nr. 1, S. 9, 271 f.; Züricher, Schweiz, Nr. 1–48, S. 1–4; W. Hinck, Metamorphosen eines Wiegenliedes, in: Fs. für F. Tschirch, Köln 1972, S. 290–306; E. Gerstner-Hirzel, Das Kinderlied, in: HbVld I, S. 921–967 (bes. S. 926 f. und 939 f.).

KL 60a

Vorlage zu dem weitverbreiteten Lied war eine Niederschrift Franziska Breitensteins, der Magd Brentanos; es dürfte sich allerdings nur um den Eingang zu einem längeren Weihnachtslied handeln. Schon

Fischart scheint es zu kennen; er zitiert: »da wiget sie das Kind, da wehet der Wind« (Ed. Alsleben, S. 108). – Vgl. auch den Eingang zu Tiedges *Romanze*: »Auf dem Berge dort oben, da wehet der Wind«.

Literatur: NA III, S. 418; BC II, S. 722; Bode, S. 159 f.; Schewe, 1932, S. 133; Guignard, S. 114. – Böhme, Kdl I, Nr. 128–129, S. 36 f.; Pocci-Raumer, Nr. 29; Pailler I, Nr. 341, S. 383.

KL 60 b

Brentanos Vorlage war eine Niederschrift Wilhelm Grimms; die Funktion der Verse mag er, sofern sie ihm nicht bekannt war, aus Parallelfassungen erschlossen und danach die Überschrift formuliert haben. Das seit dem 17. Jh. belegte Kettenlied, in dessen Mittelteil (V. 4–15) die wiederholten Worte immer umgekehrt erscheinen, war Goethe schon früh bekannt, wie das Zitat in »Auerbachs Keller« (*Faust I* 2284 f.) beweist: »Trauben trägt der Weinstock! / Hörner der Ziegenbock!«

1 »trossen: trabend umherlaufen, im Trabe reitend den Oberkörper vom Sitze wie im Tacte rasch auf und nieder bewegen« (F. L. K. Weigand, *Deutsches Wörterbuch*, Bd. 2, Gießen 1876, S. 935); »trill« ist wohl mit »trillare« ›stillen‹ in Verbindung zu bringen, das in dieser Bedeutung schon 1482 belegt ist.
2 *Füll:* Füllen, Fohlen, junges Pferd.

Literatur: NA III, S. 418; BC II, S. 741, 742; Bode, S. 163; Schewe, 1932, S. 134. – Böhme, Kdl I, Nr. 1518, S. 309; Frischbier, Nr. 458, S. 106; Bender, Nr. 95, S. 268; ZfVk 18, 1908, S. 38 f.; Lewalter-Schläger, Nr. 22, S. 16, 277; Züricher, Schweiz, Nr. 2520, S. 162; M. Wähler, *Thüringische Volkskunde*, Jena 1940, S. 256; Allerleirauh, S. 62.

KL 61 a

Eine schriftliche Vorlage hat sich nicht erhalten; Tonart und Dialekt nach könnte das Liedchen vielleicht von Brentanos Magd Franziska Breitenstein überkommen sein. Die Überschrift erklärt V. 5–7 durch die Krankheit des Kindes und die Armut der Mutter. Das Thema

kehrt in Brentanos Gedicht *O Mutter, halte dein Kindlein warm,*
V. 73–76, wieder; die Verse selbst begegnen unverändert in seinem
Gockel-Märchen.

3 *gulderne Lädche:* goldene kleine Totenlade.
5 f. Bode vermutet Druckfehler statt »näber« (S. 187). Tatsächlich
   könnte »Ueber« aber nur aus »Neber« ›neben‹ vom Setzer verle-
   sen sein. Dies ergäbe jedenfalls eine sinnvollere Lesart; eine Ent-
   scheidung ist bei der mangelhaften Überlieferungslage nicht möglich.
7 *Kummer:* Kommen wir.

Literatur: NA III, S. 419; BC II, S. 735; Bode, S. 187 f. – Böhme, Kdl
I, Nr. 122, S. 33; LdtV, S. 15; W. Hinck, Metamorphosen eines Wiegenliedes, in: Fs. für F. Tschirch, Köln 1972, S. 290–306.

KL 61 b

Quelle ist Johann Praetorius' *Saturnalia* (1663; S. 414). Der fromme
Weihnachtswunsch, den Brentano durch die Überschrift individueller erscheinen läßt, gibt im Rahmen der KL selbstverständlich nichts
mehr von der gegen die Marienverehrung gerichteten Tendenz der
Vorlage zu erkennen.

Literatur: NA III, S. 419; BC II, S. 733; Alemannia 9, 1881, S. 165;
Bode, S. 175. – Böhme, Kdl I, Nr. 1588, S. 323.

KL 62

Das Lied ist vermutlich von Brentano nach einer Anregung durch
Schützes *Holsteinisches Idiotikon* (1800; Tl. 1, S. 14 f.) gedichtet
worden. Populär wurde es zunächst durch die Melodie Böhls; Illu-
strationen wurden u. a. von Franz Pocci und Ludwig Richter geschaffen. Zitate des Liedes finden sich bei Brentano im *Dilldapp*-Märchen
und in Thomas Manns *Buddenbrooks* (VIII,3).

2 *weint:* übersetzt zutreffend »grient« (»greint«), obwohl Schütze
   die Bedeutung falsch (»lachen«) erklärt. – Vgl. auch KL 72 b,
   V. 2 f.

3 f. Vgl. Brentanos Gedicht *Da träumte mir ein Träumlein* im *Tagebuch der Ahnfrau*: »Geschlagen hat's schon zwölf, / daß Gott dir von den Wölfen helf!«

9 Verbreitetes Motiv; vgl. z. B. Wh I 30, V. 18–20.

13 f. Die Verse begegnen bereits bei Wolfgang Schmeltzel (1544); vgl. auch Wh II 151, V. 51.

20 *schier:* bald.

25 Vgl. KL 3, V. 37.

28 Formelhaft; vgl. z. B. Wh II 277, V. 65.

33–36 Vgl. KL 75 b.

Melodie: Böhl, Nr. 23, S. 46.
Vertonung: Robert Schumann.
Literatur: Die Ammen-Uhr, Leipzig [1843], Nachdr. München 1921 und Wiesbaden 1971); NA III, S. 420; BC II, S. 734; Bode, S. 610. – EB Nr. 1829, III, S. 587 f.; Böhme, Kdl I, Nr. 312, S. 71 f.; Groos-Klein, Nr. 31, S. 30; Stöber, Nr. 71–73, S. 21 f.; Pocci-Raumer, Nr. 28; Peter, Nr. 48, S. 19 f.; O. Frömmel, Kinderreime, Bd. 2, Leipzig 1900, S. 15, Nr. 47; ZVRhVk 3, 1906, S. 76; Lewalter-Schläger, S. 294, 342; Wiora II, Nr. 358, S. 105; Steinitz I, S. 265.

KL 63

Schützes *Holsteinisches Idiotikon* (1802; Tl. 3, S. 5 f.) ist die Quelle des Liedes, von dem Schütze vermutet, es »soll dem Kinde vor dem gefährlichen aus dem Hause seyn, warnen, und ihm die Wiege und das Schlafen vorzugswerther machen« (S. 6). Ob das Lied, seinem Inhalt nach indes nicht eher als Trostspruch für ein Kind, das sich gestoßen hat, aufzufassen ist, steht dahin.

8 *Stöchelchen:* wohl im Zusammenhang der Umsetzung aller niederdeutschen »k« in »ch« statt »Stöckelchen«.

9 *Köppelchen:* Köpfchen.

Literatur: NA II, S. 421; BC II, S. 721, 722; Bode, S. 242 f. – EB Nr. 1826, III, S. 587; Böhme, Kdl I, Nr. 258–261, S. 60 f.; Peter, Nr. 13–15, S. 8–10; Frischbier, Nr. 88, S. 23; ZfVk 21, 1911, S. 375.

KL 64a

Vorlage ist eine Niederschrift von unbekannter Hand mit einer zu
KL 59 stimmenden Schlußstrophe, die im Wh weggelassen wurde.
Teile des Liedes sind seit 1620 belegt. Brentano hat mit der Änderung
der Anredeform in ein Selbstgespräch (V. 1 der Vorlage: »hab ich dir
nicht längst gesagt«) den Bezug auf eine junge Braut (Wh II 12,
V. 17 f.) oder ein leichtfertiges Mädchen (Wh II 154, V. 98 f.; III 73,
V. 13–20) verwischt und dem Lied so Eingang in die KL verschafft.

Literatur: NA III, S. 422; BC II, S. 731; Bode, S. 609. – Böhme,
Kdl I, Nr. 104, S. 25; Parisius, Nr. 195, S. 211; Pocci-Raumer,
Nr. 34; Frischbier, Nr. 34, S. 8; Hruschka-Toischer, S. 397, Nr. 95;
ZfVk 17, 1907, S. 392; Allerleirauh, S. 54.

KL 64b

Das Wiegenlied wurde durch Brentano aus zwei Quellen kontaminiert: V. 1–20 ist Schützes *Holsteinischem Idiotikon* (1800; Tl. 1,
S. 297–300) entnommen, ebenso V. 21–25 (1806; Tl. 4, S. 110); Str. 6
hat Brentano anscheinend mündlicher Tradition nachgebildet.

[Überschrift:] Orthographisch offenbar an »zetern« angelehnt.
  1 *Sause:* vgl. mhd. »sûsen« ›schaukeln‹; »sûse, kendken, sûse« (M.
    Lexer, *Mittelhochdeutsches Handwörterbuch*, Bd. 2, Sp. 85).
  6 *wiwi!:* Das Rufzeichen ist aus Flüchtigkeit verblieben.
 14 *rumpumpeln:* vgl. Görres, *Des Dichters Krönung* (Beilage zur
    ZfE, Sp. 36): »[. . .] hundert Hunde [. . .] munkeln, humpeln und
    rumpumpeln um und um«.
 26 *popeien:* hier und in V. 31 im Blick auf das folgende Reimwort
    gebildet (aus »Popeia« bei Schütze).
 31 Vgl. in Brentanos Einleitung zum *Tagebuch der Ahnfrau:* »bei
    dem Pupillen- oder unmündigen Kinder-Collegium«.

Literatur: NA III, S. 422; BC II, S. 723; Bode, S. 607. – Böhme,
Kdl I, Nr. 63–67, S. 16; Pocci-Raumer, Nr. 32; Frischbier, Nr. 21,
48, S. 6, 11; ZfVk 22, 1912, S. 82 f.; W. Hinck, Metamorphosen eines
Wiegenliedes, in: Fs. für F. Tschirch, Köln 1972, S. 290–306.

KL 66

Bei diesem Wiegenlied dürfte es sich um eine Kontamination aus
mündlicher Überlieferung oder verstreuten schriftlichen Vorlagen
durch Brentano handeln. V. 1–7 entspricht ein Abdruck in Schützes
Holsteinischem Idiotikon (1800; Tl. 1, S. 298 f.), V. 15–22 findet sich
in einer Abschrift Erks aus einer Hs. Arnims (datiert vor 1806), die
wohl einer verschollenen Fassung Nehrlichs entstammt.

2 f. Vgl. KL 53, V. 2 f.
4 f. Vgl. Musäus' *Fünfte Legende von Rübezahl*: »hast Leder und
      keinen Leisten dazu«.
8 *Kikelchen:* Hähnchen.
19–21 Vgl. Fischart (Ed. Alsleben, S. 145): »da sticht einen kein
      Floh, wann man ligt im Stro«.

Vertonung: E. Humperdinck in der Oper *Hänsel und Gretel* (1893;
mit dem abweichenden Eingang »Suse, liebe Suse«).
Literatur: NA III, S. 424; BC II, S. 727; Bode, S. 607 f. – Böhme, Kdl
I, Nr. 50–55, 78–79, S. 11–14, 18 f.; Erlach IV, S. 403; Stöber,
Nr. 12, S. 6; Pocci-Raumer, Nr. 25; Frischbier, Nr. 30, 51, 158, S. 7,
12, 42; Hruschka-Toischer, S. 395, V, Nr. 89; Bahlmann, Nr. 35,
S. 50; Marriage, Pfalz, Nr. 280, S. 377; Lewalter-Schläger, Nr. 3–4,
S. 10 f., 272 f.; W. Hinck, Metamorphosen eines Wiegenliedes, in:
Fs. für F. Tschirch, Köln 1972, S. 290–306.

KL 67

Das Lied ist unverändert von Nehrlich übernommen; Brentano hat
lediglich die Überschrift gemäß V. 12 f. hinzugefügt.

Vertonung: C. M. von Weber (1810).
Literatur: NA III, S. 425; BC II, S. 729; Bode, S. 151. – Böhme,
Kdl I, Nr. 91, 1568–72, S. 22, 319; Groos-Klein, Nr. 28, S. 29;
Pocci-Raumer, Nr. 36; Schleicher, S. 95; W. Hinck, Metamorphosen
eines Wiegenliedes, in: Fs. für F. Tschirch, Köln 1972, S. 290–306.

KL 68 a

Schützes Abdruck im *Holsteinischen Idiotikon* (1800; Tl. 1, S. 76) ist die volkstümliche Umdeutung eines preußischen Zapfenstreichsignals (»Zu Bett, zu Bett, die Trommel geht«), die von Brentano nochmals zum Kinderlied umgeformt wurde.

Literatur: NA III, S. 425; Bode, S. 336. – EB Nr. 1433 s, III, S. 295; Böhme, Kdl I, Nr. 1170, S. 234; Mittler, Nr. 1042, S. 680; Frischbier, Nr. 929, S. 267.

KL 68 b

Der eigentliche Sinn des von Nehrlich eingesandten Schnaderhüpfels wird durch die an den Vogelfänger Papageno in Mozarts *Zauberflöte* erinnernde Überschrift verfremdet. Den dominierend erotischen Charakter der Lieder von »Vogelfang« erweist R. W. Brednich (Erotisches Lied, in: HbVld I, München 1973, S. 575–615; hier S. 607).

Literatur: NA III, S. 426; Bode, S. 151. – Hruschka-Toischer, S. 167, Nr. 114.

KL 68 c

Quelle des Liedes ist Schützes *Holsteinisches Idiotikon* (1800; Tl. 1, S. 14); zum Kinderlied wurde es erst durch Überschrift und Zusammenstellung mit anderen Kinderliedern. Die KL-Fassung wurde vor allem durch Brahms' Vertonung populär und hat die ältere niederdeutsche Version verdrängt.

2 *bedacht:* bedeckt.
3 *Näglein:* Nelken.

Vertonung: Johannes Brahms, op. 49,4 (1868).
Literatur: NA III, S. 426; BC II, S. 730; Bode, S. 281 f. – Böhme, Kdl I, Nr. 1546, S. 315; Mittler, Nr. 1042, S. 680; Schumann, Nr. 26; Hildebrand, Materialien, S. 135; Allerleirauh, S. 55.

KL 69a

Aus der neunstrophigen Liedfassung von Erasmus Alberus, gedruckt in Johann Wüstholz' *Lutherisch Lobwasser* (1617), strich Brentano die symbolisch ausdeutenden Strophen, so daß allein die Naturbilder »Morgenstern« und »Tag« und »Nacht« verblieben. Zur Überschrift vgl. KL 59.

Vertonung: Anton (von) Webern, op. 15,2.
Literatur: NA III, S. 426; BC II, S. 733; Bode, S. 377. – EB Nr. 1990, III, S. 696 f.; Böhme, Kdl I, Nr. 1567, S. 319; Wackernagel III, Nr. 1036, S. 883 f.; Pocci-Raumer, Nr. 39.

KL 69b

Das Lied wurde aus einer Einsendung Nehrlichs übernommen. Die rahmenden Verse sollen wohl onomatopoetisch das Geräusch des Kornsäens wiedergeben.

Literatur: NA III, S. 427; BC II, S. 744; Bode, S. 165. – Böhme, Kdl I, Nr. 1068, S. 216; Züricher, Schweiz, Nr. 732, S. 46, Nr. 5199, S. 343.

KL 69c

Der Vierzeiler zeigt unverkennbar die Form des Schnaderhüpfels, so daß es sich um eine kindlich-geistliche Kontrafaktur handeln dürfte, die vielleicht Brentano selbst zuzuschreiben ist (v. a. hinsichtlich V. 4). In diesem Fall wäre die verschollene Vorlage ehestens in einer Niederschrift Nehrlichs zu sehen.

1 Vgl. Wh III 119, V. 17.
2 Vgl. Wh III 24, V. 2; III 141, V. 2 und 14.
3 Vgl. Wh II 403, V. 1.

Literatur: NA III, S. 427; BC II, S. 733; Bode, S. 726. – Böhme, Kdl I, Nr. 1565, S. 318; Erlach IV, S. 424; LdtV, S. 26.

KL 70a

Vorlage des Liedes war vermutlich eine Einsendung Nehrlichs. Die Verse scheinen aus dem bekannten Hochzeitsliedchen *Petersilie, Suppenkraut* umgesungen zu sein, so daß ursprünglich V. 3 sinngemäß als ›Mutter, gib mir bald ein'n Mann‹ zu verstehen wäre.

Literatur: NA III, S. 427; Alemannia 11, 1883, S. 71; 20, 1892, S. 193 f.; Bode, S. 336. – EB Nr. 1860, 1872, III, S. 597, 603; Böhme, Kdl I, Nr. 941, S. 191; Lewalter-Schläger, Nr. 114, S. 39, 301.

KL 70b

Quelle ist die *Sammlung Deutscher Volkslieder* von Büsching und von der Hagen (1807; Nr. 42, S. 98) mit dem Herkunftsvermerk »Schlesisches Gebirgshirtenlied, abgedruckt in der neuen Berlinischen Monatsschrift, Oktober 1802« (durch Bothe nach einer Mitteilung Körtes). Das seit dem Ende des 16. Jh.s bekannte Lied gehört wohl ursprünglich zum Typus der Warnlieder (vgl. Wh I 192, v. a. Str. 2) und wurde durch Brentano vollständig ins Hochdeutsche übersetzt. Im *Godwi* hatte er bereits eine andere Fassung weiter ausgeführt.

Literatur: NA III, S. 427, IV, S. 50; BC II, S. 744; Bode, S. 236 f. – Uhland, Nr. 151, Str. 9–10; EB Nr. 175 a–d, I, S. 543–548; Böhme, Kdl I, Nr. 975, S. 198; Berglieder (Ed. Marriage), Nr. 188, S. 273 f.; Kopp, Crailsh., S. 21; E. Schmidt, Lesefrüchte zum Volkslied, in: ZfVk 5, 1895, S. 356 f.; J. Meier, KiV, Nr. 243, S. 40; Lewalter-Schläger, Nr. 117, S. 40, 301 f.; A. von Klement, Das Lied vom Tannenbaum und seine Legende, Prag 1940; Steinitz II, S. 366.

KL 70c

Das von Brentano vermutlich nach Diktat aufgezeichnete Wetterlied tritt in vielen Varianten auch als Kinderabzählvers oder Kniereiterlied auf. Man hat die drei Puppen und ihre Tätigkeiten mit den Nornen, den drei Marien am Grabe u. ä. in Verbindung gebracht, ohne zu einer befriedigenden Lösung zu gelangen.

3–6 Vgl. KL 71 b, V. 2–6.
9 *heben:* aus der Taufe heben, als Pate.
10 Vielleicht eine Lokalanspielung?
11 *wäschen:* vgl. Wh III 3, V. 27.
12 *Schneppertäschen:* im Frankfurtischen verbreiteter Übername für
»Plaudertasche« o. ä.; vgl. Bettinas Brief an Goethe vom
14. 11. 1810: »sie [Goethes Mutter] nante mich [. . .] eine kleine
Schneppentesch«.

Literatur: NA III, S. 428; Alemannia 20, 1892, S. 198 f.; 23, 1895,
S. 15, 17; 25, 1898, S. 26; 39, 1911, S. 52; Bode, S. 189 f.; Schewe,
1932, S. 124. – EB Nr. 1835, III, S. 589; Böhme, Kdl I, Nr. 978–999,
S. 199–202; Ziska-Schottky, S. 12; Stöber, Nr. 98–102, 260,
S. 29–31, 65; Frischbier, Nr. 580, S. 139; Hruschka-Toischer,
S. 420, V, Nr. 259; ZfVk 9, 1899, S. 72–77; 17, 1907, S. 208; 19, 1909,
S. 417 f.; G. Rauch, Die drei Jungfrauen im Kinderliede, in: Mittei-
lungen und Umfragen zur Bayer. Volkskunde 9/2, 1903, S. 1 f.;
Lewalter-Schläger, Nr. 80, S. 32, 291 f.

KL 71a

Entweder das KL selbst oder eine verwandte Fassung legte Goethe
seinem 1811 entstandenen *Schweizerlied* zugrunde. Nehrlich, der das
Schnaderhüpfel möglicherweise seiner aus der Schweiz stammenden
Frau verdankt, hat die Apokopierungen ebenso respektiert wie Brentano.

Literatur: NA III, S. 428; Alemannia 11, 1883, S. 72; Bode, S. 151. –
Böhme, Kdl I, Nr. 693, S. 149; Pocci-Raumer, Nr. 27; A. Englert,
Zu Goethes Schweizerlied, in: ZfVk 5, 1895, S. 160–167; J. Meier,
KiV, Nr. 283, S. 46 f.

KL 71b

Arnims wenig verändernde Abschrift des Liedes aus Nehrlichs
Roman *Schilly* (1798; Bd. 1, S. 79 f.) dürfte Brentano für die KL überarbeitet und v. a. um die teilweise verfängliche Fortsetzung gekürzt
haben; mit dem neuen Abschlußvers stellt er den Bezug zum Christkind her.

[Überschrift:] Als eigenwillige Ausdeutung von V. 1 (vgl. aber KL 70c, V. 3).

3 *Hünernest:* ersetzt das Hapaxlegomenon »Hinternest« der Vorlage (in Anlehnung an »Hinterhaus« o. ä. gebildet?), mutet aber eher grotesk als sinngemäß an. In KL 49, V. 9, verfährt Brentano gleichsam umgekehrt, wenn er »Hühnerzehn« oder »Hinkelszehn« durch »Hintenzipf« ersetzt. Auch im *Gockel*-Märchen spricht Brentano statt von »Junghennen« von »Junghintern« (hier indes als Gegensatz zu »Altvordern«).

Literatur: NA III, S. 429; BC II, S. 745; Bode, S. 334; Schewe, Württemberg, S. 17. – Böhme, Kdl I, Nr. 1002–04, S. 204; Bender, Nr. 92, S. 268; Marriage, Pfalz, Nr. 277, S. 374 f.; G. Züricher, Das Ryti-Rößli-Lied, Bern 1906; Lewalter-Schläger, Nr. 80, S. 32, 291 f. – Vgl. ferner zu KL 70c.

KL 72a

Vorlage war eine Einsendung Nehrlichs, die Brentano fast unverändert übernahm.

Literatur: NA III, S. 429; Alemannia 11, 1883, S. 72; Bode, S. 285. – Böhme, Kdl I, Nr. 406, S. 90.

KL 72b

Den von Wilhelm Grimm beigetragenen Kinderspruch bei Regenwetter hat Brentano mit einer witzigen Überschrift (vgl. V. 5–7) versehen. Der einleitende Paarreim wurde wohl nur aus Unachtsamkeit zu einer binnengereimten Zeile zusammengezogen.

3 *greint:* »Es bedeutet eigentlich das Gesicht, besonders den Mund verzerren, jähnen« oder auch »mit Verzerrung des Mundes weinen, wie die Kinder zu thun pflegen« (Adelung II, Sp. 790). – Vgl. KL 62, V. 1 f.; vgl. auch Wilhelm Grimms *Altdänische Heldenlieder*, Heidelberg 1811, S. 506: »Wir erinnern uns einiger Verse aus einem deutschen Volkslied, welches ähnlicherweise anfängt: der Mond scheint, / die Sonne greint«.

5 *Palisaden:* Hanauer Gebäck.

Literatur: NA III, S. 430; BC II, S. 745; Alemannia 14, 1886, S. 199; Bode, S. 337 f.; Schewe, 1932, S. 134. – Böhme, Kdl I, Nr. 1029–30, S. 209; Lewalter-Schläger, Nr. 81, S. 32, 293 f.

KL 72 c

Das Lied kontaminiert eine hs. Einsendung von Amelie Hermannj mit Schützes Fassung im *Holsteinischen Idiotikon* (1800; Tl. 1, S. 8 f.). Der zweite Teil des weitverbreiteten Buchstabierspruchs bezieht sich auf die Katze als Wetterprophet; der erste Teil ist zum bloßen Sprachspiel verkürzt, da die drastische Begründung ausfiel (»I, n, in / sind Laüs drinn«).

Literatur: NA III, S. 430; BC II, S. 773; Bode, S. 606 f.; Schewe, 1932, S. 131. – Böhme, Kdl I, Nr. 1429–35, S. 292; Frischbier, Nr. 461, S. 111; Schumann, S. 44, 203; Lewalter-Schläger, Nr. 87, S. 33, 295, 337 f.

KL 73 a

Der Spottvers auf den kleinen Jungen, dessen erste Hosen zum Trocknen aufgehängt werden müssen (er sollte also eigentlich noch Kinderkleider tragen), ist eine Einsendung Nehrlichs.

[Überschrift:] Die ersten Hosen bedeuteten im Leben des Jungen einen Einschnitt; vgl. Wilhelm Grimm (KiW, S. 364): »Man pflegt heutzutage dem Kind etwas zu schenken, wenn es die ersten Kleider, Schuhe trägt usw«.
1 *Zimmermäntle:* Zimmermännchen.

Literatur: NA III, S. 430; Alemannia 11, 1883, S. 72; Bode, S. 165. Rölleke, in: Fs. für F. Tschirch, S. 278. – Böhme, Kdl I, Nr. 297, S. 68.

KL 73 b

Der Spruch nach einer Vorlage Nehrlichs kontaminiert Ermahnungen zur Tischzucht (auf die sich Brentanos Überschrift bezieht) mit herkömmlichem Schneiderspott.

Literatur: NA III, S. 431; Bode, S. 165. – Böhme, Kdl I, Nr. 445, S. 99; Dichtungen aus der Kinderwelt, Hamburg 1815, S. 65; Züricher, Schweiz, Nr. 5287, S. 348; Allerleirauh, S. 31.

KL 73 c

Quelle des Spruchs ist Schützes *Holsteinisches Idiotikon* (1800; Tl. 1, S. 63). Schütze erläutert: »Reim, welcher den Kindern beim Schweben des Bettquastes, das jenes Bumbam nachahmen soll, vorgeleiert wird«. Brentanos Überschrift bezieht sich auf kindliche Leckerhaftigkeit und stellt einen Zusammenhang mit KL 73 b her.

5 *lecker:* »Geneigt, nur schmackhafte Nahrungsmittel zu geniessen. Lecker seyn« (Adelung III, Sp. 112).

Literatur: NA III, S. 431; BC II, S. 739; Bode, S. 241. – Böhme, Kdl I, Nr. 313–317, S. 73; Frischbier, Nr. 174, S. 45; Allerleirauh, S. 35.

KL 73 d

Eine schriftliche Vorlage hat sich nicht erhalten. Eingangsfrage und -antwort gehören seit je und weitverbreitet zum Repertoire der Kindersprüche; die wortspielerische Fortsetzung ist jedoch nur selten aufgezeichnet und deshalb vielleicht Eigendichtung Brentanos.

Literatur: NA III, S. 431; BC II, S. 749; Bode, S. 753. – Böhme, Kdl I, Nr. 456, S. 102; Das Bayerland 1, 1890, S. 359: Lewalter-Schläger, Nr. 52, S. 26, 285.

KL 74 a

Quelle des ursprünglich wohl zweistrophigen Wiegenlieds ist die *Sammlung Deutscher Volkslieder* von Büsching und von der Hagen (1807; S. 280 f., Nr. 114). Brentano übersetzte das Lied ins Hochdeutsche und paßte es durch die neue Überschrift den umgebenden Versen zu bestimmten Gelegenheiten des kindlichen Alltags an.

1 *Hinkelchen:* Hühnchen; vgl. Brentanos Märchen-Titel *Gockel,*
  Hinkel und Gackeleia.
4 *arg:* ersetzt »groff« ›grob‹.
5 *jagen:* ersetzt »kiewen« ›schelten‹.

Literatur: NA III, S. 432; BC II, S. 748; Bode, S. 241 f. – EB
Nr. 1848, III, S. 592; Böhme, Kdl I, Nr. 637, S. 138; Frischbier,
Nr. 80, S. 20.

KL 74b

Schütze (*Holsteinisches Idiotikon*, 1800; Tl. 1, S. 176) überliefert den
Reim als »Volksreim, der gewöhnlich gesungen wird, wenn man die
Kinder gehn lehrt«, und erläutert das Stelzengehen als »in einigen
Marschdörfern Nothsitte«. Brentano hat sich diese Anregungen für
die Formulierung der Überschrift zunutze gemacht.

Literatur: NA III, S. 432; BC II, S. 738; Bode, S. 337. – Böhme,
Kdl I, Nr. 225–226, S. 55; Allerleirauh, S. 20.

KL 74c

Der von Nehrlich eingesandte Vierzeiler ist als politische Satire zu
verstehen und wird erst durch Brentanos (den umgebenden Liedern
angepaßte) Überschrift den KL nähergerückt.

1 *fuff:* Es muß offenbleiben, ob es sich um einen Druckfehler handelt; möglicherweise hat Brentano »suff« ›schlurfe‹ geschrieben.

Literatur: NA III, S. 432; Alemannia 11, 1883, S. 72; Bode, S. 233;
Schewe, 1956, S. 72. – Böhme, Kdl I, Nr. 306, S. 70.

KL 75a

Nehrlich hat den Spruch wohl aus mündlicher Überlieferung in
Schwaben gewonnen, denn auch Mörike spielt zweimal darauf an;
Brentano hat die Überschrift im Blick auf Str. 2 formuliert.

1 *Küttele:* Kittele, Kittelchen (Halsbändchen).
2 *Röllen:* Schellen, Glöckchen.
6 Vgl. Wh I 234, V. 1.

Literatur: NA III, S. 433; BC II, S. 738; Alemannia 11, 1883, S. 68;
Bode, S. 233. – Böhme, Kdl I, Nr. 300–304, S. 69; vgl. ebd.
Nr. 557b, S. 123.

KL 75b

Das Lied ist Brentanos Roman *Godwi* (1801; Bd. 2, S. 530) entnommen. Brentano dürfte es aus eigener Kindheitserinnerung haben.
Gegenüber der früheren Fassung sind hier die ›Zutaten‹ (V. 5–8) in
einer Strophe zusammengefaßt.

Literatur: NA III, S. 433; BC II, S. 740; Bode, S. 187. – Böhme, Kdl
I, Nr. 218, S. 53.

KL 76a

Dem von Nehrlich beigetragenen Vierzeiler wurde eine neue Überschrift vorangestellt; die merkwürdigen Formen »bedeuto« (V. 2)
und »Wetterläuto« (V. 4) der Vorlage erscheinen normalisiert (vgl.
dazu Nehrlichs Anmerkung zu Wh III 119, V. 21–24).

Literatur: NA III, S. 434; Alemannia 11, 1883, S. 73; Bode, S. 234. –
Böhme, Kdl I, Nr. 1049, S. 213.

KL 76b

Die Reime finden sich in einer Strafpredigt gegen übermäßiges Trinken von Abraham a Sancta Clara (*Abrahamisches Bescheid-Essen*,
1719; S. 330). Brentano hat die Satire erst durch die vorangestellten
beiden Verse und die entsprechende Überschrift den KL angeglichen.

2 *überzwerch:* schief, krumm, verkehrt.
6 *Flederwisch:* »das erste Glied eines Gänseflügels mit den daran

befindlichen Federn, allerley Hausgeräth vom Staube damit zu
reinigen« (Adelung II, Sp. 192).
10 *Stöffel:* Koseform zu Christoph.

Literatur: NA III, S. 434; BC II, S. 750; Bode, S. 744 f. – Böhme,
Kdl I, Nr. 271, S. 63; A. Englert, Zu dem Kinderlied »Zürnt und
brummt der kleine Zwerg«, in: ZföVk 5, 1899, S. 175 f.

KL 76 c

Quelle ist Schützes *Holsteinisches Idiotikon* (1801; Tl. 2, S. 258 f.)
mit der Erläuterung, dies sei ein Lied, »das die Kinder durch Versprechen der Vater werde was mitbringen, Pflaumen, Rosinen, Feigen,
wenn das Kind still und schweigend schläft beruhigt«.

Literatur: NA III, S. 434; BC II, S. 722; Bode, S. 259. – Böhme,
Kdl I, Nr. 100, S. 24; Frischbier, Nr. 17, S. 5; A. Riedl / K. M. Klier,
Reime und Spiele der Kinder im Burgenland, Eisenstadt 1957,
Nr. 107; Allerleirauh, S. 50.

KL 77 a

Quelle des Spruchs »von anstelligen Kranken« ist Schützes *Holsteinisches Idiotikon* (1801; Tl. 2, S. 343). Den Bezug zur Kinderwelt
schafft erst Brentanos Überschrift.

Literatur: NA III, S. 435; Bode, S. 334 f. – Allerleirauh, S. 27.

KL 77 b

Eine schriftliche Vorlage hat sich nicht erhalten. Der Spruch ist meist
als Vierzeiler verbreitet, so daß vielleicht V. 4 als Erweiterung durch
Brentano anzusehen ist. Die Eingangszeile entspricht dem bekannte-
ren Kinderlied *Backe, backe Kuchen.*

Literatur: NA III, S. 435; BC II, S. 742; Alemannia 14, 1886,
S. 197 f.; Bode, S. 188. – Böhme, Kdl I, Nr. 181, S. 47; Erlach IV,
S. 457; J. Baer Stoudt, The Folklore of the Pennsylvania-German,
Lancaster 1915, S. 30 f.

KL 77c

Vorlage war eine Hs. Jacob Grimms. Der Butzemann ist ein Hausko-
bold und Kinderschreck; Brentano wählt statt »Botzemann« die
gebräuchlichere Form, die sich auch besser den vielen Worten auf »u«
einpaßt (vgl. auch den Erstdruck von KHM II,4) und schiebt in V. 2
das spielerische »di dum« ein. Einen Anklang an V. 3 bietet die
Schlußstrophe von Goethes 1771 entstandenem *Zigeunerlied.*

Literatur: NA III, S. 435; BC II, S. 743; Alemannia 11, 1883, S. 68;
Bode, S. 188. – EB Nr. 5, I, S. 23; Böhme, Kdl I, Nr. 439, S. 96;
Erlach IV, S. 457; Hruschka-Toischer, S. 382, V, Nr. 26; Lewalter-
Schläger, Nr. 48, S. 25, 284; BayrHVk 5, 1918, S. 229; Allerleirauh,
S. 176.

KL 77d

Die Verse in Form eines Kettenspruchs sind von Brentano offenbar
nach mündlichem Vortrag aufgezeichnet worden. Eine inhaltliche
Umformung des Liebeswerbens in ein Kinderlied ist unterblieben;
nur die Überschrift lenkt etwas davon ab. Die Einfügung von V. 9
und die Umformung von V. 10 betonen den Erfolg der Werbung, die
bis dahin auf ablehnende Ausflucht gestoßen ist.

1 Vgl. Grimms DS 228 *Der Jungfernstein:* »Einst verfluchte eine
  Mutter ihre Tochter, welche sonntags nicht zur Kirche, sondern in
  die Heidelbeeren gegangen war«.
4 Es ist noch nicht die Jahreszeit, in der es Haferstroh gibt.
6 Die Reiser sind noch nicht hoch genug gewachsen.
8 f. Vgl. KL 90b, V. 7 f.
8 *verbrochen:* ganz und gar zerbrochen.

Literatur: NA III, S. 435; Bode, S. 188. – Böhme, Kdl I, Nr. 953,
S. 193; Züricher, Schweiz, Nr. 2572–94, S. 169; Vld 28, 1926, S. 116.

KL 78a

Eine schriftliche Vorlage hat sich nicht erhalten; der kindliche Satz in
Priamelform ist auch nicht volkstümlich belegt.

Literatur: NA III, S. 436; Bode, S. 726. – Böhme, Kdl I, Nr. 481, S. 109; Erlach IV, S. 458; Züricher, Schweiz, Nr. 715, S. 44.

KL 78 b

Eine schriftliche Vorlage des Antwortverses für neugierige und ungeduldige Kinder hat sich nicht erhalten; er ist vermutlich von Brentano aus dem Gedächtnis notiert worden. Die Redensart vom silbernen oder goldenen »Nichtschen« und »Warteinweilchen« begegnet häufig bei ihm. Die Orthographie von »Nixchen« (V. 3) beläßt anscheinend bewußt Doppeldeutigkeit zwischen »Nichts« und »Nixe«.

Literatur: NA III, S. 436; BC II, S. 749; Alemannia 14, 1886, S. 199; Bode, S. 187. – Böhme, Kdl I, Nr. 460, S. 103; Das Bayerland 1, 1890, S. 359; A. Wrede, Rheinische Volkskunde, Leipzig 1922, S. 156; Züricher, Schweiz, Nr. 82–83, S. 5; Vld 28, 1926, S. 115; 46, 1944, S. 77 f.; L. Röhrich, Lexikon der sprichwörtlichen Redensarten, Bd. 2, Freiburg [u. a.] 1973, S. 685.

KL 79 a

Das Lied findet sich in Nicolais *Feynem kleynen Almanach* (1778; Nr. 23, S. 107) unter dem Titel *Eyn Lyd der Meydleyn ym Osnabrukkyschen* und mit der Angabe »Im Ton: Tzum Sterben bin ich usw.« (vgl. Wh I 163). Nicolai hat das Lied von Justus Möser erhalten. Den ursprünglich verfänglichen Sinn mindert Brentano u. a. durch Ersetzen des Gedankenstriches am Schluß von V. 6 durch ein Rufzeichen.

4 *Haspel:* (meist maskulin, zuweilen feminin) »Werkzeug, welches aus zwey oder mehr in das Kreutz befestigten Armen bestehet, so um ihren gemeinschaftlichen Mittelpunct beweglich sind. Von dieser Art ist der Haspel, dessen man sich bedienet, das Garn von den Spulen zu bringen« (Adelung II, Sp. 991).

Literatur: NA III, S. 437; Bode, S. 241. – Lewalter-Schläger, S. 410, Anm. zu Nr. 38.

KL 79b

Quelle der grotesken Verse ist ein *Volksreim* in Schützes *Holsteini-*
schem Idiotikon (1800; Tl. 1, S. 198). Sie sind anderweitig als Trostspruch überliefert, wenn ein Kind sich den Kopf stößt. Brentano hat
lediglich V. 5 metrisch angepaßt; in V. 1 hätte »für« besser den Sinn
getroffen.

Literatur: NA III, S. 437; BC II, S. 750, 751; Alemannia 15, 1887,
S. 108; Bode, S. 311. – Böhme, Kdl I, Nr. 256–257, S. 60; Engelmann, Nr. 7; P. Wegener, Volkstümliche Lieder aus Norddeutschland, Leipzig 1879–80, S. 225, Nr. 758; Schumann, Nr. 591; Allerleirauh, S. 177.

KL 79c

Vorlage des Schnaderhüpfels war eine (inzwischen verschollene) Hs.
Nehrlichs. Ursprünglich als Spinnlied eines Mädchens (»Antonele«)
zu verstehen, gewinnt es die Beziehung zum Kinderlied erst durch die
unzutreffende Vorbemerkung, in der die »flächsene Schwing« als
Peitsche erklärt ist.

Literatur: NA III, S. 437; BC II, S. 321; Alemannia 11, 1883, S. 73;
Bode, S. 166. – Böhme, Kdl I, Nr. 562, S. 124.

KL 80a

Das Lied wurde nach einer (inzwischen verschollenen) Vorlage Nehrlichs fast unverändert übernommen; lediglich die Überschrift ist
zugefügt und der Dialekt geringfügig gemildert worden.

[Überschrift:] Vgl. V. 3 f.
2 *Häfele:* (obd.) kleines Töpfchen.

Literatur: NA III, S. 438; BC II, S. 327; Alemannia 10, 1882, S. 152;
Bode, S. 233.

KL 80b

Der von Nehrlich überlieferte Vierzeiler ist anderweitig als Spottvers auf krumme Tänzer überliefert; darauf scheint auch die Überschrift anzuspielen. Zu V. 1 vgl. KL 73 d, V. 4.

Literatur: NA III, S. 438; BC II, S. 325; Alemannia 11, 1883, S. 73; Bode, S. 164. – Böhme, Kdl I, Nr. 1391, S. 285.

KL 80c

Das Lied ist eine Kontamination zweier Niederschriften Nehrlichs, die sich durch das gemeinsame Motiv »Schuh« anbot (V. 2 und 7). Die Schnaderhüpfel-Form von Str. 1 ist durch Trennung des Eingangsverses nach dem Binnenreim verdeckt. Zum Motiv vgl. auch Wh III 135.

1 Schuster(lehr)junge; durch eine Flüchtigkeit wurde die mundartliche Form nicht geändert (vgl. aber V. 6).
6 f. Vgl. auch Wh III 129a; die Schuhe werden beim Gang zu den Mädchen und beim Tanzen verschlissen.

Literatur: NA III, S. 438; BC II, S. 335; Alemannia 10, 1882, S. 149; 11, 1883, S. 72; 14, 1886, S. 195; Bode, S. 606. – Böhme, Kdl II, Nr. 548, S. 642; Firmenich II, S. 436, 754; Meier, Schwab., Nr. 71, S. 15; vgl. Allerleirauh, S. 137.

KL 81a

Das von Brentano anscheinend nach Diktat aufgezeichnete Reihenlied ist weitgehend überarbeitet worden. Aus verkürzten Imperativen (V. 1–4) sind sämtlich Ortsangaben geworden; weniger gebräuchliche Worte und eine sprachliche Derbheit sind gemieden.

[Überschrift:] Vgl. V. 9.
  5 *Kuchen:* ersetzt »Strauben« ›Spritzkuchen‹ (vgl. Adelung IV, Sp. 804).
  9 Vgl. KL 41, V. 8; Wilhelm Grimm (KiW, S. 392): In der »Kindersprache« begegnet »Bibi (Federvieh)«.
10 *Knochen:* sinngemäß wäre »Kuchen« zu lesen.

Literatur: NA III, S. 439; Alemannia 23, 1895, S. 18; Bode, S. 726; Schewe, 1932, S. 124. – Böhme, Kdl, Nachträge, Nr. 39, S. 707; Ziska-Schottky, S. 12; Das Bayerland 1, 1890, S. 323; Lewalter-Schläger, S. 305 f.

KL 81 b

Die Überschrift deutet den von Nehrlich beigetragenen Vierzeiler richtig. Die Kinder versuchen in der Rolle des Pater Guardian (Vorsteher eines Franziskanerkonvents; hier wohl als Beichtvater vorgestellt), die wie eine Nonne in ihrer Zelle verborgene Schnecke hervorzulocken.

Literatur: NA III, S. 439; Bode, S. 268. – Böhme, Kdl I, Nr. 885, S. 180; Engelmann, Nr. 14; Rochholz, S. 224; Bremer, Baslerische Kinder- und Volksreime, Basel 1857, S. 61, Nr. 171; ZfVk 4, 1894, S. 332–334; Allerleirauh, S. 90.

KL 81 c

Das Kinderlied kontaminiert zwei voneinander unabhängige Einsendungen Nehrlichs und Wilhelm Grimms. Anlaß war das Wort »Storch«; damit konnte das Motiv des Essens ähnlich wie in KL 72 b, V. 5 und 7, durch das des Trinkens ergänzt werden.

1–4 Vgl. KL 70 c, V. 1–3.
1 *Steiner:* »Der Storch heißt Steiner, weil er vorzugsweise der stehende Vogel ist« (Rochholz, S. 85). – Vgl. in Arnims Schauspiel *Halle und Jerusalem* zu Beginn des zweiten Teils: »Storch, Storch, Steiner, hast so lange Beiner«.

Literatur: NA III, S. 439; BC II, S. 770; Alemannia 8, 1880, S. 72; 14, 1886, S. 201; Bode, S. 606. – EB Nr. 1855–56, III, S. 595; Böhme, Kdl I, Nr. 754–757, S. 159 f.; Engelmann, Nr. 17; Frischbier, Nr. 193, S. 51; Lewalter-Schläger, Nr. 89, S. 34, 295 f.

KL 82a

Quelle des Jahreszeitgedichts ist Schützes *Holsteinisches Idiotikon* (1800; Tl. 1, S. 283) mit der Erläuterung: »Folgendes Wiegenlied, das man in Holst. Kindern vorleiert, scheint eine Untersuchung der Reisezeit dieses Zugvogels zu enthalten«. Den verbreiteten Volksglauben vom kinderbringenden Storch hat erst Brentano durch Einfügung von V. 3 hineingebracht.

Literatur: NA III, S. 440; BC II, S. 771; Alemannia 14, 1886, S. 201; Bode, S. 280 f. – Böhme, Kdl I, Nr. 762, 765, 767, S. 160 f., Nachträge, Nr. 64, S. 714; Lewalter-Schläger, S. 295 f.

KL 82b

Die mundartliche Form der Schlußzeile deutet auf getreue Übernahme der verschollenen Vorlage. Zum Eingang ist KL 90a, V. 1 f., zu vergleichen; zur Wunschform (V. 3) vgl. KL 81c, V. 3 f.

Literatur: NA III, S. 440; BC II, S. 771; Bode, S. 751. – Böhme, Kdl I, Nr. 860–863, S. 174; Dichtungen aus der Kinderwelt, Hamburg 1815, S. 77; Züricher, Schweiz, Nr. 497, 536, S. 30, 32.

KL 83a

Vorlage war ein Beitrag Wilhelm Grimms. Brentano ändert lediglich den Schluß (aus: »flieg hoch auf in dein hölchen«).

Literatur: NA III, S. 440; BC II, S. 769; Alemannia 14, 1886, S. 201; Bode, S. 335; Schewe, 1932, S. 135. – EB Nr. 1852, III, S. 594; Böhme, Kdl I, Nr. 819, S. 169; Stöber, Nr. 330–341, S. 82–84, 175–179; Hruschka-Toischer, S. 422, V, Nr. 271; Lewalter-Schläger, S. 297 f.

KL 83b

Vorlage des Liedes war eine Niederschrift Jacob Grimms mit der Herkunftsangabe »Mündlich«. Zahlreiche historische Parodien sprechen für weite Verbreitung des Liedes, das Wilhelm Grimm mit mythologischen Motiven vom »Himmelsstürmer« in Verbindung bringt (vgl. Lewalter-Schläger, S. 279). Die voranstehende Spielbeschreibung hat Brentano (wohl nach eigener Beobachtung) formuliert.

Literatur: NA III, S. 441; Alemannia 20, 1892, S. 195 f.; Bode, S. 476 f. – EB Nr. 1901, III, S. 615 f.; Böhme, Kdl II, Nr. 445–446, S. 595 f.; Frischbier, S. 165; Hruschka-Toischer, S. 62 f., Nr. 94; Schumann, S. 167; ZfVk 17, 1907, S. 409; Lewalter-Schläger, Nr. 27, S. 17, 279 f.; Pinck, Weisen III, Nr. 15, S. 53 f.; Vld 32, 1930, S. 135.

KL 84

»Die geläufigste und wohl ursprüngliche Form« (Lewalter-Schläger, S. 325) eröffnet die Reihe der Abzählverse innerhalb der KL. Brentano hat seine orthographisch korrupte Vorlage von unbekannter Hand bis auf die metrische Glättung der Schlußverse getreu übernommen.

Literatur: NA III, S. 442; Alemannia 14, 1886, S. 206; Bode, S. 159. – Böhme, Kdl I, Nr. 1788–90, S. 399; Frischbier, Nr. 551–556, S. 132 f.; Hruschka-Toischer, S. 433, V, Nr. 331; Schumann, S. 91; Lewalter-Schläger, S. 325; Vld 42, 1940, S. 72; ZfVk 54/55, 1958/59, S. 119.

KL 85a

Brentano bearbeitete den Abzählvers nach einer eigenen Aufzeichnung und änderte u. a. die gar zu kindischen Schlußverse: »Ein schneeweißer Haas / Der macht dir auf die Naß« (V. 9 f.).

4 *Schnitzler:* (Holz-)Schnitzer.
5 *Bolz:* Bolzen für die Armbrust; vgl. die Änderung in V. 10.
8 *Altvater:* Großvater.

Literatur: NA III, S. 443; BC II, S. 778; Bode, S. 158 f.; Schewe, 1932, S. 124. – EB Nr. 1861, III, S. 598; Böhme, Kdl I, Nr. 1791–94, S. 399 f.; Stöber, Nr. 65–67, S. 19–21; Hruschka-Toischer, S. 433, Nr. 329 a–c; Bender, Nr. 100, S. 269 f.

KL 85 b

Der Abzählvers ist wörtlich aus Gräters Zs. *Bragur* (1794; S. 244, Anm.) übernommen.

Literatur: NA III, S. 442; Bode, S. 159. – Böhme, Kdl I, Nr. 1358, S. 281; Schleicher, S. 97, Nr. 23; Peter, Nr. 157, S. 64; Frischbier, Nr. 536, S. 127; Hruschka-Toischer, S. 423, Nr. 283 a; Bender, Nr. 90, S. 267; ZfVk 17, 1907, S. 282; Jungbauer, Bibl., Nr. 2113, S. 314.

KL 85 c

Der Vorlage zu KL 85 b und KL 86 b vorangehend, erschien auch dieser Abzählvers in Gräters Zs. *Bragur* (1794; S. 242). Die neu formulierte Überschrift lehnt sich an Gräters Ausführungen an (»In dem Ammenmährchen von den drey Königstöchtern und dem in einen Frosch verzauberten Prinzen . . .«). – Die Brüder Grimm eröffneten mit diesem Märchen ihre KHM und übernahmen dabei die Verse wörtlich aus dem Wh.

Literatur: NA III, S. 443; BC II, S. 786; Bode, S. 152. – H. Rölleke, Die älteste Märchensammlung der Brüder Grimm, Genf 1975, S. 365–367.

KL 86 a

Eine schriftliche Vorlage hat sich nicht erhalten. Da V. 1–4 allgemein fest in dieser Form überliefert ist, wäre ehestens für V. 5 f. ein Eingriff Brentanos denkbar.

Literatur: NA III, S. 444; BC II, S. 772; Bode, S. 158. – Böhme, Kdl I, Nr. 492, S. 111; H. Ulrich, Sprachgut aus Albsheim an der Eis, in: Unsere Heimat (Neustadt) 3, 1938, S. 296.

KL 86 b

Die Verse wurden zuerst in Gräters Zs. *Bragur* (1794; S. 244 f.) veröffentlicht und von dort später durch Jean Paul in seinen Roman *Flegel-*

jahre (1805; S. 179) übernommen. Der KL-Text steht der Fassung Jean Pauls näher, die Prosa-Einleitung geht wohl auf Gräters Ausführung zurück.

3 *Holderbusch:* Holunderbusch; in anderen Versionen auch »Hollerbusch« (die süddeutsche, lautverschliffene Form).

Literatur: NA III, S. 444; BC II, S. 775; Alemannia 14, 1886, S. 202; Bode, S. 277. – EB Nr. 1870, III, S. 601 f.; Böhme, Kdl II, Nr. 41–67, S. 438–442; Schleicher, S. 95, Nr. 22; Peter, Nr. 50, S. 150; Hruschka-Toischer, S. 444, V, Nr. 386; Dähnhardt, Nr. 303, S. 71 f.

KL 87a

Spielbeschreibung und Verse stammen aus zwei Fassungen, die dasselbe Kinderspiel beschreiben. Der Text folgt einer Einsendung unbekannter Hand (Frau Hose?), die Prosa-Einleitung einer Aufzeichnung Wilhelm Grimms.

Literatur: NA III, S. 445; BC II, S. 775; Bode, S. 406 f. – EB Nr. 1873–75, III, S. 603 f.; Böhme, Kdl II, Nr. 123, S. 457; Lewalter-Schläger, Nr. 242, S. 72, 330; HessBlVk 37, 1939, S. 147.

KL 87b

Vorlage war eine Einsendung Jacob Grimms, die Brentano bis auf die Ausführung der Spielbeschreibung und geringfügige Dialekttilgung fast wörtlich übernahm. Spiel und Spruch sind weitverbreitet, oft auch mit Bohnen oder Linsen als Spieleinsatz.

Literatur: NA III, S. 445; BC II, S. 776; Bode, S. 753. – Böhme, Kdl II, Nr. 597, S. 660; Lewalter-Schläger, Nr. 671, S. 202, 389.

KL 88a

Vorlage dieses sogenannten »Verwunderungsliedes« war wohl eine verschollene Einsendung Nehrlichs, die Brentano vermutlich aufgrund mündlicher Traditionen überarbeitet hat. Eingang und Überschrift sind an KL 85 a angelehnt. Die Verse 4 und 9 f. sind in anderen Zusammenhängen seit dem 15. Jh. bzw. seit 1540 belegt.

7 Vgl. KL 72 c, V. 6; ähnlich im Erstdruck von KHM I, 38: »Katz kehr die Stube aus«.

Literatur: NA III, S. 446; BC II, S. 777; Alemannia 14, 1886, S. 203; 20, 1892, S. 197; 25, 1898, S. 229; 27, 1900, S. 215; Bode, S. 159. – Böhme, Kdl I, Nr. 1792, S. 399; Hruschka-Toischer, S. 432, Nr. 328 b; Bender, Nr. 100, S. 269; ZfVk 6, 1896, S. 209; 18, 1908, S. 27 f.; Lewalter-Schläger, Nr. 213, S. 65, 323 f.; Amft, Nr. 301, S. 265; Das Bayerland 37, 1926, S. 93; HessBlVk 37, 1939, S. 147.

KL 88 b

Vorlage war eine Einsendung Nehrlichs. Ob Brentano mit seiner etwas hilflosen Überschrift (die Pluralform ist wohl auf die Abzählverse zu beziehen) das Rechte trifft, steht dahin. Zum Thema sind KL 53 (V. 1–3) und KL 66 (V. 1–3) zu vergleichen.

Literatur: NA III, S. 446; BC II, S. 778; Alemannia 10, 1882, S. 144; 14, 1886, S. 205; Bode, S. 164. – Böhme, Kdl I, Nr. 1846, 1856, S. 407, 410; ZföVk 2, 1896, S. 98; Amft, Nr. 302, S. 266; ZfVk 26, 1916, S. 202; Züricher, Schweiz, Nr. 1529, 1534, 1539, S. 102 f.

KL 89 a

Die von Nehrlich beigetragenen Verse sind mehrfach, wenn auch mit wechselndem Subjekt (Mönch, Jude, Schreiber, Bauer, Hanselmann) überliefert. Sie begleiten ursprünglich einen Wasserzauber: Wettersteine (vgl. Überschrift) oder Kapuzinerkresse werden ins Wasser geworfen, um Gewitter zu machen oder einen Regen vorhersagen zu können.

Literatur: NA III, S. 447; BC II, S. 765; Bode, S. 165. – EB Nr. 1718, III, S. 514; Böhme, Kdl I, Nr. 338–339, 1070, S. 77, 217; Stöber, Nr. 138, S. 43; Engelmann, Nr. 19; Rochholz, S. 178; Frischbier, Nr. 164, S. 43; Williams, S. 459; Lewalter-Schläger, Nr. 32, S. 19, 280; Züricher, Schweiz, Nr. 5876–80, S. 382.

KL 89b

Ein ausgeschiedener Schlußvers erweist das von unbekannter Hand
(Frau Hose?) eingesandte Lied als Begleittext zu einem Ringeltanz-
spiel o. ä. Arnim macht ein poetisches Genrebild daraus und formt
die Aussage in eine Anrede um (V. 2).

Literatur: NA III, S. 447; BC II, S. 735; Bode, S. 301. – EB Nr. 1876,
III, S. 604 f.; Böhme, Kdl II, Nr. 107, S. 451; Lewalter-Schläger,
S. 343.

KL 90a

Kaufmann dürfte das von ihm eingesandte Lied in Bad Kreuznach an
der Nahe gehört haben (Herkunftsvermerk von unbekannter Hand).
Die Einfügung von V. 4 wurde durch die Anmerkung derselben Hand
angeregt: »Türkenmännchen sind Maikäfer männlichen Geschlechtes
mit rothem Schilde mit grosen Fühlhörnern«. Zum Thema sind
Wh I 235a und KL 83a zu vergleichen.

Literatur: NA III, S. 447; Bode, S. 751. – Böhme, Kdl I, Nr. 864,
S. 175; Allerleirauh, S. 88.

KL 90b

Die Herkunft des von Kaufmann unter dem Titel *Wer nach laufen
muß* eingesandten Liedes führt Schläger (s. Lit.) auf seit dem 17. Jh.
belegte Ansingelieder an den Storch (vgl. KL 82a), Kranich und
Schwan zurück. Brentano hat die Anregung von V. 3 aufgenommen
und (vielleicht als Anspielung auf die seit Ende 1806 gegen England
durchgeführte Kontinentalsperre) ausgeführt (V. 4–7).

2 *nit:* sonst stets »mit«; möglicherweise ein Druckfehler.
7 f. Vgl. KL 77d, V. 8 f.
8 *verbrochen:* ganz und gar zerbrochen.

Literatur: NA III, S. 448; BC II, S. 777; Alemannia 14, 1886, S. 204;
Bode, S. 476. – EB Nr. 1880, III, S. 606 f.; Böhme, Kdl I, Nr. 1730,
S. 390; II, Nr. 326–332, S. 535–537; ZVRhVk 3, 1906, S. 225; 12,

1915, S. 35; Lewalter-Schläger, Nr. 195, S. 62, 320 f., Nr. 307, S. 120, 355–357; A. Wrede, Rheinische Volkskunde, Leipzig 1922, S. 161; Allerleirauh, S. 240.

KL 91a

Eine schriftliche Vorlage des Abzählverses hat sich nicht erhalten; mundartliche Formen lassen auf im wesentlichen unveränderte Übernahme nach einer Einsendung schließen. Zum Thema vgl. Wh III 127b.

Literatur: NA III, S. 448; BC II, S. 777; Alemannia 14, 1886, S. 204; Bode, S. 751. – Böhme, Kdl I, Nr. 1822, S. 403; Erlach IV, S. 446.

KL 91b

Nehrlichs Einsendung wurde fast unverändert übernommen; durch die Änderung in V. 2 und 3 (»schön« statt »schönes«) wird die Schlußzeile rhythmisch herausgestellt.

[Überschrift:] *Wirst:* anscheinend Druckfehler statt »Weist«.
4 *Zeisle:* kleiner Zeisig.

Literatur: NA III, S. 449; Bode, S. 283 f. – Böhme, Kdl I, Nr. 564, S. 124; Vld 12, 1910, S. 164; Züricher, Schweiz, Nr. 5640, S. 367.

KL 91c

Brentano hat den von Nehrlich beigetragenen Versen, mit denen man Kindern das Waschen empfehlen will, die sprachlichen Eigentümlichkeiten weitgehend belassen. In V. 5 f. mußte die temporale Funktion der einleitenden Konjunktionen gegenüber dem kausalen »Weil« in V. 4 verdeutlicht werden (»Da« statt »Weil«).

[Überschrift:] Vielleicht durch den Schlußvers des vorhergehenden Liedes angeregt, aber auch wohl redensartlich, ein ungewaschenes Kind zu bezeichnen.
6 *wunderwinzig:* sehr winzig; formal an frühnhd. »wunderwizig« ›neugierig‹, inhaltlich an »wunderklein« angelehnt.

Literatur: NA III, S. 449; BC II, S. 344; Alemannia 8, 1880, S. 62; 15, 1887, S. 103; Bode, S. 163. – Böhme, Kdl I, Nr. 280, S. 65; Trierer Hs. 1744, S. 96 (Ed. Kopp, S. 32 f.); Meier, Schwab., Nr. 48, S. 11; Lewalter-Schläger, S. 352; Züricher, Schweiz, Nr. 549–550, S. 33.

KL 92a

Die in der von Nehrlich eingesandten Vorlage noch fehlende Überschrift täuscht bewußt die Lesererwartung. Die Änderung in V. 1 (Auslassung der Interjektion »Ei«) gleicht ihn dem seinerzeit fast sprichwörtlichen »Jäger bind dein Hündlein an« (KL 85b, V. 1) an und macht den Fünfzeiler durchgehend auftaktlos.

Literatur: NA III, S. 449; Bode, S. 285. – Böhme, Kdl I, Nr. 561, S. 124.

KL 92b

Vorlage war eine Einsendung Nehrlichs. Die Überschrift scheint noch durch das vorhergehende Lied bestimmt zu sein und sucht eine Verbindung zu diesem Schnaderhüpfel zu schaffen. »Schmalz« und »Salz« (V. 3) sind auch als Medizin für ein krankes Kind aufzufassen.

Literatur: NA III, S. 449; BC II, S. 739; Bode, S. 165. – Böhme, Kdl I, Nr. 308, S. 70; Meier, Schwab., Nr. 110, S. 21.

KL 92c

Das von Nehrlich in zwei Fassungen eingesandte Spottlied auf Festlichkeiten armer Leute gehört zugleich zum Typus der Lieder von unmöglichen Dingen (zu V. 4–6; vgl. Wh II 406). Es wurde von Brentano bearbeitet.

[Überschrift:] *Etikette:* feine Hofsitte.
7 *Wedele:* Schwänze.

Literatur: NA III, S. 450; BC II, S. 746; Bode, S. 163 f. – EB Nr. 886, II, S. 679; Böhme, Kdl I, Nr. 1228–30, S. 248; Schleicher, S. 98, Nr. 27; ZfVk 3, 1893, S. 229; 17, 1907, S. 401; Lewalter-Schläger, S. 324.

KL 93 a

Das von Nehrlich eingesandte Schnaderhüpfel gehört zum Typus der Spottlieder auf die Wirtschaft armer Leute (vgl. KL 92 c, 93 b, 97, 101 c). Brentano hat den Dialekt getreu übernommen.

2 *wenele:* wenig.

Literatur: NA III, S. 450; BC II, S. 334; Bode, S. 234. – Böhme, Kdl I, Nr. 592, S. 128; Züricher, Schweiz, Nr. 3840–43, S. 256.

KL 93 b

Jacob Grimm zeichnete den Vierzeiler zu Anfang des 19. Jh.s nach mündlicher Überlieferung auf. Die Eingangszeile findet sich ähnlich bereits in der mittelalterlichen Literatur; der ganze Spruch ist erstmals im 17. Jh. belegt, aber wohl sehr viel älter. Er wurde verschieden auf einen Armen, auf einen Pilger oder (wie hier von Brentano) auf einen fahrenden Ritter gedeutet.

Literatur: NA III, S. 450; BC I, S. 522; Bode, S. 156 f. – Uhland, Nr. 1; Abh., S. 137 f.; Böhme, Kdl I, Nr. 1593, S. 324; Erlach IV, S. 459; F. W. Ditfurth, 52 ungedruckte Volkslieder, Berlin 1874, S. 51; Köhler, Schr. III, S. 558–562; ZfVk 35, 1925, S. 182; Allerleirauh, S. 107; H. Rölleke, Die Beiträge der Brüder Grimm zu »Des Knaben Wunderhorn«, in: Brüder Grimm Gedenken, Bd. 2, hrsg. von L. Denecke, Marburg 1975, S. 28–42 (hier S. 39 f.).

KL 93 c

Nehrlichs Einsendung wurde fast unverändert übernommen; Brentano hat lediglich die priamelförmige Überschrift vorangestellt und V. 1 (bis auf den Auftakt) metrisch V. 3 angeglichen.

Literatur: NA III, S. 451; Bode, S. 234. – Böhme, Kdl I, Nr. 503, S. 113; Frischbier, Nr. 648, S. 151.

KL 93d

Das von Auguste von Pattberg beigetragene und wohl von ihr selbst nach Volksliedwandermotiven gedichtete Liebeslied ist von Brentano zum Kinderlied gestaltet worden.

[Überschrift:] Vgl. V. 5 und Wh I 231.
1–4 Vgl. Wh I 102, V. 1–4; II 213, V. 1 f.
9–14 Vgl. Wh II 221, V. 21–29; III 105, V. 17–22.

Literatur: NA III, S. 451; BC II, S. 78; Steig, NHJb VI, 1896, S. 115; Bode, S. 335 f. – EB Nr. 454e, II, S. 276, Nr. 2066, Str. 5, III, S. 761; Berglieder (Ed. Marriage), Nr. 84, S. 124 f.; Köhler, Schr. III, S. 257; Pinck, Weisen III, Nr. 59, S. 170 f., 429 f.

KL 94

Der Beiträger Aloys Schreiber hat die beiden offenbar fragmentarischen Strophen wohl aus dem Gedächtnis zitiert. Brentano glättete das Metrum und reimte Str. 1 durch.

Vertonung: Robert Franz, op. 23,6.
Literatur: NA III, S. 452; Bode, S. 280; Schewe, 1932, S. 138.

KL 95a

Die zu Nehrlichs Vorlage gefügte Überschrift täuscht bewußt die Lesererwartung, indem sie V. 1 ironisch als Berufsbezeichnung hinstellt. Zum Thema ist Wh III 107 (v. a. V. 9–16) zu vergleichen.

Literatur: NA III, S. 453; Bode, S. 284 f. – EB Nr. 696, II, S. 494; Böhme, Kdl I, Nr. 517, S. 115; Hoffm.-Ri., Nr. 79, S. 105 f.; He.-Wü., Nr. 96, I, S. 206; Pinck, Weisen II, Nr. 82, S. 242 f., 392.

KL 95b

Vorlage war eine Einsendung Johann Wilhelm Röthers. Brentanos Bearbeitung gleicht die Sprache dem Hochdeutschen an, glättet metrisch, vereinheitlicht den Strophenumfang und verbessert den Reim.

16 Kehraus, letzte Zugabe.

Literatur: NA III, S. 452; BC II, S. 178; Alemannia 8, 1880, S. 59; Bode, S. 284. – EB Nr. 1003, II, S. 764 f.; Böhme, Kdl I, Nr. 603, S. 132.

KL 96 a

Das Lied ist ein wörtlich übernommener Beitrag Nehrlichs. Die Überschrift erst macht aus dem Schnaderhüpfel ein Kinderlied.

Literatur: NA III, S. 453; Bode, S. 151. – Böhme, Kdl I, Nr. 263, S. 62; Lewalter-Schläger, Nr. 66, S. 28, 287; Züricher, Schweiz, Nr. 590–591, 5163–74, 5817, S. 35, 340, 378; Allerleirauh, S. 21.

KL 96 b

Das Lied ist wörtlich von Nehrlich übernommen; im Gegensatz zu KL 96 a wird hier die (nachträglich zugefügte) Überschrift dem Charakter des Schnaderhüpfels gerecht. Vgl. auch KL 99 b.

Literatur: NA III, S. 453; Alemannia 15, 1887, S. 43; Bode, S. 151. – EB Nr. 1017, II, S. 773; Böhme, Kdl I, Nr. 229 b, S. 56.

KL 96 c

Das nach einer Aufzeichnung Jacob Grimms fast unverändert übernommene Liedchen ist österreichischer Herkunft. Der Dialekt wird aufgegeben oder gemildert, bleibt aber in den Diminutivformen erhalten.

1 *Regerl:* Koseform zu »Regina«.
14 *Trögerl:* ersetzt (wohl zutreffend) mundartliches »Degerl«.
15 *Trögerl:* ersetzt »Nüscherl«; wohl von frühnhd. »nischen« oder »nüschelen« ›wühlend suchen‹ abgeleitet.

Literatur: NA III, S. 454; BC II, S. 767; Bode, S. 753; Schewe, 1932, S. 122. – Ziska-Schottky, S. 91; Hruschka-Toischer, S. 167, Nr. 114; ZföVk 15, 1909, S. 132; Jungbauer, Bibl., Nr. 283, S. 58; Wolkan II/1, Nr. 51, S. 131.

KL 97

Eine Vorlage hat sich nur für Str. 1 und 2 ermitteln lassen; es handelt sich um Niederschriften Brentanos (offenbar nach mündlichem Vortrag), die mit einer anderen Fassung kontaminiert wurden (Str. 3). Zu den Motiven vgl. KHM 32 *Der gescheite Hans*. Schon in Johann Beers *Narren-Spital* von 1681 wird auf »das Lied Hänsel beim Bach« verwiesen (Kap. 7).

Literatur: NA III, S. 454; Alemannia 4, 1876, S. 245; 11, 1883, S. 74; 25, 1898, S. 24; Bode, S. 481. – Böhme, Kdl I, Nr. 1419–20, S. 290; SchweizAVk 1, 1897, S. 122; Bender, Nr. 65, S. 262; John, Nr. 138, S. 143; Lewalter-Schläger, Nr. 38, S. 21, 281; ZföVk 20, 1914, S. 49; BP I, S. 321; Züricher, Schweiz, Nr. 4725, S. 315.

KL 98

Das Lied stellt eine Niederschrift Brentanos mit einer Aufzeichnung von unbekannter Hand zusammen. Obwohl der Zusammenhang von V. 9 f. (als Bitte) mit V. 11–14 (als abschlägige Antwort) gegeben ist, weist die Überschrift auf ursprünglich nicht zusammengehörige Texte hin.

13–18 Herkömmliche Umschreibung der Absage; vgl. z. B. Wh II 221.
21 *Kieze:* Korb oder auch enge, niedrige Hütte.

Literatur: NA III, S. 455; Bode, S. 622 f. – EB Nr. 683 d, Str. 6, II, S. 483; Lewalter-Schläger, Nr. 39, S. 21, 282.

KL 99 a

Das Lied wurde unverändert nach einer Einsendung Nehrlichs übernommen. Wie die Umstellung gegenüber V. 4 zeigt, spielt die zugefügte Überschrift nochmals auf den Namen der Blume an; da die Getrenntschreibung in V. 4 aus der Vorlage übernommen wurde, ist auch in der Überschrift nicht mit einem Druckfehler zu rechnen.

Literatur: NA III, S. 456; Bode, S. 151.

KL 99c

Bettina fertigte eine Abschrift von Nehrlichs Einsendung an, zu der Brentano die fehlende Überschrift ergänzte. In der Schweiz ist das Schnaderhüpfel mit dem sinnvolleren Eingang »Das Land uf [. . .]« überliefert.

1 Landaus, landein; überall, im ganzen Land.
3 Dort die im braunen (Schäfer-)Kittelchen (vgl. KL 75a, wo »Küttele« in etwas anderer Bedeutung erhalten blieb).

Literatur: NA III, S. 456; Alemannia 15, 1888, S. 100; Bode, S. 166. – Züricher, Schweiz, Nr. 4244, S. 288.

KL 99d

Das Lügenlied ist entweder kontaminiert oder Eigendichtung Brentanos nach volksläufigen Motiven. Einzelheiten der beiden auch mündlich verbreiteten Eingangsstrophen bietet ein Fl. Bl. aus dem 17. Jh., das zum Wh-Material gerechnet werden kann.

Literatur: NA III, S. 457; Alemannia 15, 1887, S. 110; Bode, S. 750 f. – Böhme, Kdl I, Nr. 1254, S. 260; Kopp, Crailsh., S. 142; Hruschka-Toischer, S. 403, V, Nr. 133; ZfdPh 15, 1883, S. 52; Kurt Müller, Deutsche Volksdichtung in der Oberlausitz, Löbau 1901, S. 79; Bender, Nr. 118, S. 273; Lewalter-Schläger, S. 376; Allerleirauh, S. 286; Röhrich-Brednich II, S. 501.

KL 100

Das Lied stellt eine Auswahl aus sieben »Schleiferliedchen« dar, die in Gräters Aufsatz über die *Teutschen Volkslieder* (*Bragur*, 1794;

S. 231 f.) veröffentlicht worden waren. Gräter wollte sie bekannt machen, um zu beweisen, wie fragmentarisch sie erhalten seien.

Literatur: NA III, S. 457; Alemannia 15, 1887, S. 99, 104; Bode, S. 611. – Meier, Schwab., Nr. 8, S. 4; ZfVk 21, 1911, S. 379.

KL 101 a

Da die ›Tanzbedingung‹ in Schnaderhüpfel-Form hauptsächlich in Schwaben belegt ist, dürfte Nehrlich als Einsender anzusehen sein, zumal der Vierzeiler gewöhnlich mit KL 101 b zusammengestellt erscheint. Den Namen könnte Brentano in Anlehnung an KL 75 b geändert haben.

Literatur: NA III, S. 458; Alemannia 14, 1886, S. 194; Bode, S. 187. – Böhme, Kdl I, Nr. 542, S. 120; H. Dunger, Rundâs und Reimsprüche, Plauen 1876, Nr. 973 f., S. 178; Hruschka-Toischer, S. 343, IV, Nr. 676.

KL 101 b

Der von Nehrlich beigetragene Vierzeiler ist bereits 1602 überliefert. Zu V. 2 f. vgl. Wh III 135, V. 5.

Literatur: NA III, S. 458; BC II, S. 323; Alemannia 14, 1886, S. 194; Bode, S. 153. – Böhme, Kdl I, Nr. 541, 1635, S. 120, 348 f.; Hruschka-Toischer, S. 382, V, Nr. 25; Lewalter-Schläger, Nr. 37, S. 20, 281.

KL 101 c

Brentano kontaminiert zwei Vorlagen: eine stammt von Nehrlich, die andere von unbekannter Hand; letztere bietet ihrerseits die durch das Wort »bucklicht« begünstigte Kontamination zweier Schnaderhüpfel. Mit der Überschrift gibt Brentano jedem sein Recht.

Literatur: NA III, S. 458; Alemannia 8, 1880, S. 259; 15, 1887, S. 103, 108; Bode, S. 611. – Meier, Schwab., Nr. 56, S. 12; Schleicher, S. 111, Nr. 7; Hruschka-Toischer, S. 306, IV, Nr. 311; ZföVk 4, 1898, S. 8; Marriage, Pfalz, Nr. 259, S. 355; Bender, Nr. 56, S. 231; Allerleirauh, S. 151.

KL 102a

Brentano kontaminiert in dem Lied drei Schnaderhüpfel verschiedener Herkunft: V. 1–4 entspricht einer Einsendung Nehrlichs, V. 5–8 einer Einsendung unbekannter Hand; V. 9–12 einer Einsendung Röthers. In der Vorlage besitzt der adelige »Schatz« musikalische Requisiten, die Brentano mit ritterlichen vertauscht.

4 Vgl. KL 79c, V. 4.
11 f. Man versuchte diesem Schönheitsfehler seinerzeit bekanntlich abzuhelfen: »Darum bedien' ich mich, wie mancher junge Mann, / Seit vielen Jahren falscher Waden« (Mephisto in *Faust I* 2501 f.).

Literatur: NA III, S. 459; BC II, S. 333; Alemannia 10, 1882, S. 150; Bode, S. 610 f.; Schewe, 1956, S. 59, 61. – Böhme, Kdl I, Nr. 1400, S. 286; Erlach IV, S. 334; Meier, Schwab., Nr. 78, S. 16; Frischbier, S. 79, Nr. 316; ZfVk 18, 1908, S. 88; Grolimund, Soloth., Nr. 98, S. 80; Züricher, Schweiz, Nr. 5620–21, S. 366.

KL 102b

Beide Reime einschließlich der Prosa-Einleitungen finden sich in Schützes *Holsteinischem Idiotikon* (1802; Tl. 3, S. 2 und 30). Die kindlichen Verse zu bestimmten Anlässen, in denen sich das Volkslied am lebendigsten erhalten hat, sind bewußt als Beschluß der KL gewählt worden: Wie in diesen Beispielen, so sollten Arnims und Brentanos Verse und Lieder wieder die alltäglichen und festlichen Begebenheiten des Lebens begleiten.

Literatur: NA III, S. 459; Bode, S. 267, 242. – Schumann, Nr. 602, S. 599; Allerleirauh, S. 177.

KL 103

Quelle für die sechszeilige Strophe ist ein umfangreiches mittellateinisches Lied, das David Gottfried Schöber 1759 im *Beytrag zur Lieder-Historie betreffend die Evangelischen Gesangbücher* (S. 126–128) nach einem Ms. aus dem Jahr 1625 abdruckt. Mit Rücksicht auf Verständnisschwierigkeiten und Umfang der Vorlage griff Brentano nur die Schlußverse auf, die sich durch ihr Reimschema deutlich absetzen. V. 5 formulierte er neu (statt »cantat« »orat«). Den lateinischen Text behielt er bei, weil dessen einschmeichelnder Klang in der Übersetzung verlorengeht (»Schlafe, Jesus; deine Mutter lacht, wenn sie dich in so süßem Schlaf sieht; schlafe, holder Jesusknabe. Wenn du nicht schläfst, so weint deine Mutter, die unterm Spinnen singend betet. Komm, holder Schlummer.«); zugleich ergibt sich so eine gewisse Rahmung der KL: Zu Beginn wird den Kindern das Abc schmackhaft gemacht, während hier die ersten Lateinkenntnisse vorausgesetzt sind. Außerdem rahmt es durch seine nur mit Wh I 13 gemeinsame fremdsprachige Herkunft die gesamte Sammlung und bietet ihr Modell: Die Verse sind alt, zugleich aber verbessernd überarbeitet, und sie sind kindlich, innig, fromm.

Vertonung: Anton (von) Webern, op. 16,2.
Literatur: NA III, S. 460; Lohre, S. 112; Bode, S. 453–456. – Pailler II (Titelmotto).

Zu dieser Ausgabe

Die vorliegende *Wunderhorn*-Edition basiert auf der ersten historisch-kritischen Ausgabe des Werkes: *Des Knaben Wunderhorn. Alte deutsche Lieder*, ges. von L. A. von Arnim und C. Brentano, hrsg. von Heinz Rölleke, 6 Bde., Stuttgart [u. a.]: Kohlhammer, 1975–78 (Clemens Brentano, *Sämtliche Werke und Briefe*, hrsg. von Jürgen Behrens, Wolfgang Frühwald und Detlev Lüders, Bd. 6–8; 9,1–9,3). Deren Text folgt bei nachgewiesener Eliminierung zahlreicher Druckfehler der Erstauflage, die in drei Bänden und einem Anhang erschienen war: Bd. 1, Heidelberg und Frankfurt 1806 [erschienen 1805], 480 Seiten (durch ein Druckversehen wurden die S. 260–269 irrtümlich doppelt gezählt, so daß die Seitenzählung mit S. 470 endet); Bd. 2 und 3, Heidelberg 1808, 448 bzw. 253 Seiten; der Anhang mit »Kinderliedern« erschien zunächst selbständig, wurde aber alsbald Bd. 3 beigebunden: 103 S.

Die seither konsequent und in der früheren Forschungsliteratur sporadisch durchgeführte Siglierung der insgesamt 723 Lieder ist in der vorliegenden Ausgabe den Texten und den Kommentaren beigegeben (Wh: Wunderhorn; KL: Kinderlieder; römische Zahl: Bandzahl; arabische Zahl: Seitenzahl, auf der das betreffende Lied in der Originalausgabe beginnt).

Die wenig erheblichen Lesarten der Zweitauflage des Bandes Wh I (Heidelberg 1819) sind in der historisch-kritischen Ausgabe vollständig nachgewiesen; sie blieben hier unberücksichtigt. Die sogenannte »Neuausgabe« des Wh im Rahmen von Arnims *Sämtlichen Werken* (Bd. 1, Charlottenburg 1845, Bd. 2–4, Berlin 1846–54) erschien postum und ist textkritisch irrelevant.

Die vorliegende Ausgabe entspricht in ihrem Textteil (bei Wegfall der originalen Inhaltsverzeichnisse am Ende von Wh I und Wh III) genau der Gestalt der Wh-Erstausgabe von 1805/08; der Wortlaut folgt, unter stillschweigender Verbesserung weniger Druckversehen, buchstaben- und zeichengetreu der historisch-kritischen Ausgabe. Auch die Kommentare zu den einzelnen Liedern sind dem Aufbau und den Ergebnissen der Erläuterungen in der historisch-kritischen Ausgabe stärkstens verpflichtet. Es handelt sich in der Regel um Kurzfassungen, die eine erste gesicherte Information erlauben. Für umfassendere Fragestellungen muß der interessierte Leser auf die historisch-kritische Ausgabe verwiesen werden, die angesichts der identischen Lied-

Siglierung bequem zu rezipieren ist. Zwar sind innerhalb der vorliegenden Kommentare wenige und meist periphere Details korrigiert oder ergänzt – eine neue Forschungssituation hat sich aber seit 1978 nicht ergeben; lediglich die direkten Vorlagen zu Wh II 62 und 145 wurden inzwischen von Johannes Janota bzw. Achim Hölter entdeckt (sie bestätigen im wesentlichen die seinerzeit formulierten Vermutungen).

Für wertvolle Mithilfe bei der Vorbereitung dieser *Wunderhorn*-Ausgabe ist Peter Gräser, Dr. Jutta Rißmann, Susanne Wiesner und besonders Achim Hölter M. A. herzlich zu danken.

Abkürzungsverzeichnis

Adelung	J. C. Adelung, Versuch eines vollständigen grammatisch-kritischen Wörterbuches der hochdeutschen Mundart, 5 Bde., Leipzig 1774–86.
AfdA	Anzeiger für deutsches Altertum und deutsche Literatur, 1876 ff.
ahd.	althochdeutsch.
AKDV	Anzeiger für Kunde der deutschen Vorzeit, 1853–83.
Alemannia	Alemannia. Zeitschrift für Sprache, Literatur und Volkskunde des Elsasses und Oberrheins, 1874 ff.
Allerleirauh	Allerleirauh. Viele schöne Kinderreime versammelt von H. M. Enzensberger, Frankfurt a. M. 1961.
Alpers	P. Alpers, Alte niederdeutsche Volkslieder (1924), 2. Aufl., Münster 1960.
Altd. Wälder	Altdeutsche Wälder, hrsg. durch die Brüder Grimm, Bd. 1, Kassel 1813, Bd. 2, Frankfurt a. M. 1815.
AmbrL	Das Ambraser Liederbuch vom Jahre 1582, hrsg. von J. Bergmann, Stuttgart 1845 (BLV 12).
Amft	Volkslieder der Grafschaft Glatz, ges. und hrsg. von G. Amft, Habelschwerdt 1911.
AntwL	J. Koepp, Untersuchungen über das Antwerpener Liederbuch vom Jahre 1544, Antwerpen [1929].
Arch. f. Litgesch.	Archiv für Literaturgeschichte.
ArchStuSpr	Archiv für das Studium der neueren Sprachen und Literaturen.
Arnim (Ed. Migge)	Achim von Arnim, Sämtliche Romane und Erzählungen, 3 Bde., hrsg. von W. Migge, München 1962–65.
Arnim (Werke)	Achim von Arnim, Sämtliche Werke, 22 Bde., Berlin 1853–56.
Atzler	F. Atzler, Nachträge und Bemerkungen zu »Des Knaben Wunderhorn«, in: Festgabe für Wilhelm Crecelius, Elberfeld 1881, S. 124–132.

Bahlmann	P. Bahlmann, Münsterische Lieder und Sprichwörter in plattdeutscher Sprache, Münster 1896.
Bartsch, DL	K. Bartsch, Deutsche Liederdichter des 12. bis 14. Jahrhunderts. Eine Auswahl, Stuttgart 1864.
BayrHVk	Bayerische Hefte für Volkskunde, 1914 ff.
BayrJbVk	Bayerisches Jahrbuch für Volkskunde, 1950 ff.
BC I, II	Des Knaben Wunderhorn, neu bearb. von A. Birlinger und W. Crecelius, Bd. 1, Wiesbaden 1874, Bd. 2, Wiesbaden/Leipzig 1876.
Becker	A. Becker, Pfälzer Volkskunde, Bonn/Leipzig 1925.
Bender	Oberschefflenzer Volkslieder, ges. von A. Bender, Karlsruhe 1902.
Berglieder (Ed. Marriage)	Bergliederbüchlein, hrsg. von E. Mincoff-Marriage unter Mitarbeit von G. Heilfurth, Leipzig 1936 (BLV 285).
Bergreihen (Ed. Heilfurth)	Bergreihen. Eine Liedersammlung des 16. Jahrhunderts mit drei Folgen, hrsg. von G. Heilfurth, E. Seemann, H. Siuts und H. Wolf, Tübingen 1959 (Mitteldeutsche Forschungen, 16).
BLV	Bibliothek des Literarischen Vereins in Stuttgart.
BN	Baier-Nachlaß, Stadtarchiv Stralsund.
Bode	K. Bode, Die Bearbeitung der Vorlagen in »Des Knaben Wunderhorn«, Berlin 1909 (Palaestra, 76).
Böckel	Deutsche Volkslieder aus Oberhessen, hrsg. von O. Böckel, Marburg 1885.
Böckel, Hdb.	O. Böckel, Handbuch der deutschen Volkskunde, Marburg 1908.
Böhl	Vierundzwanzig alte deutsche Lieder aus dem Wunderhorn mit bekannten meist älteren Weisen beim Klavier zu singen, hrsg. von J. N. Böhl von Faber, Heidelberg 1810. Faks.-Dr. mit einem Begleitw. von J. Koepp, Potsdam [1936].
Böhme, Kdl	Deutsches Kinderlied und Kinderspiel, hrsg. von F. M. Böhme, Leipzig 1897.
Böhme, Volkst. Ldr	Volkstümliche Lieder der Deutschen im 18. und 19. Jahrhundert, hrsg. von F. M. Böhme, Leipzig 1895.

Bolte	J. Bolte, Kleine Mitteilungen zum deutschen Volksliede 1–100, in: ZfVk 12–38 (1902–28).
BP	Anmerkungen zu den Kinder- und Hausmärchen der Brüder Grimm, neu bearb. von J. Bolte und G. Polívka, 5 Bde., Leipzig 1913–32.
Brentano, GS	Clemens Brentano, Gesammelte Schriften, 9 Bde., Frankfurt a. M. 1852–55.
Brentano, Werke	Clemens Brentano, Werke, hrsg. von F. Kemp und W. Frühwald, 4 Bde., München 1963–68.
Breslauer, Kat. III	Das deutsche Lied, geistlich und weltlich, bis zum 18. Jahrhundert, [Antiquariats-]Katalog 3, bearb. von M. Breslauer, Berlin 1908 (Dokumente frühen deutschen Lebens, 1).
Briegleb	H. Schewe / E. Seemann, Friedrich Briegleb als Sammler und Bearbeiter coburgischer Volkslieder, in: JbVldf 1 (1928) S. 1–78.
Bruinier	J. W. Bruinier, Das deutsche Volkslied, 5. Aufl., Leipzig/Berlin 1914 (Aus Natur und Geisteswelt, 7).
Büsching, Sagen	Volks-Sagen, Märchen und Legenden, ges. von J. G. Büsching, Leipzig 1812.
Bunte Reihe	Sophie Brentano, Bunte Reihe kleiner Schriften, Frankfurt a. M. 1805.
Busch	Ut ôler Welt. Volksmärchen, Sagen, Volkslieder und Reime, ges. von Wilhelm Busch, München 1910.
Cardauns	H. Cardauns, Die Märchen Clemens Brentanos, Köln 1895 (Schriften der Görres-Gesellschaft, 3).
Crailsh(eim)	s. Kopp, Crailsh.
Dähnhardt	O. Dähnhardt, Volkstümliches aus dem Königreich Sachsen, Bd. 1, Leipzig 1898.
Ditfurth, Fränk. Vldr	Fränkische Volkslieder, ges. und hrsg. von F. W. von Ditfurth, Leipzig 1855.
Ditfurth, 30jähr. Krieg	Die historisch-politischen Volkslieder des Dreißigjährigen Krieges, zusammengestellt von F. W. von Ditfurth, hrsg. von K. Bartsch, Heidelberg 1882.
Ditfurth, 110 Vldr	Einhundertundzehn Volks- und Gesellschaftslieder des 16., 17. und 18. Jahrhunderts, ges. und hrsg. von F. W. von Ditfurth, Stuttgart 1875.

DJbVk	Deutsches Jahrbuch für Volkskunde, 1955 ff.
DS	Brüder Grimm, Deutsche Sagen. Nach der Erstausgabe von 1816–18, Nachw. von L. Denecke, 2 Bde., München [1966–67] (Goldmann TB, 1792–93, 1914–15).
DVl	Deutsche Volkslieder mit ihren Melodien, hrsg. vom Deutschen Volksliedarchiv, Bd. 1–4, Berlin 1935–59, Bd. 5–7, Freiburg i. Br. 1967–82.
DWb	Deutsches Wörterbuch, hrsg. von Jacob und Wilhelm Grimm, 16 Bde., Leipzig 1854–1960.
E	Erk-Nachlaß (Band- und Seitenzahl), StB Berlin, Stiftung Preußischer Kulturbesitz, Ms. A 244.
EB	L. Erk, Deutscher Liederhort, neu bearb. und fortgesetzt von F. M. Böhme, 3 Bde., Leipzig 1893–94.
Ebermannst. Ldhs.	Die Ebermannstädter Liederhandschrift, geschrieben um 1750 von F. M. Freytag, hrsg. von R. W. Brednich und W. Suppan, Kulmbach 1972.
EKG	Evangelisches Kirchen-Gesangbuch.
Engelmann	Schiefertafel-Bilder zu deutschen Kinderliedern nach von Arnim, Brentano, Simrock u. a., Leipzig [1851]. [Illustrationen von Eduard Engelmann].
Erks Coll(ation)	Aufstellung des hs. Wh-Materials durch L. Erk (Heid. Hs. 2110,2).
Erlach	F. K. von Erlach, Die Volkslieder der Deutschen, 5 Bde., Mannheim 1834–37.
Fambach V	O. Fambach, Der romantische Rückfall, Berlin 1963 (Ein Jahrhundert deutscher Literaturkritik, 5).
Firmenich	J. M. Firmenich, Germaniens Völkerstimmen, 3 Bde., Berlin 1843–66.
Fischart (Ed. Alsleben)	Johann Fischarts Geschichtklitterung 1575, 1582 und 1590, hrsg. von A. Alsleben, Halle 1891 (NDL 65–71).
Fl.Bl.	Fliegendes Blatt.
Forster (Ed. Marriage)	s. Marriage (Ed. Forster).
Friedlaender	M. Friedlaender, Das deutsche Lied im 18. Jahrhundert, Stuttgart/Berlin 1902.

Frischbier	Preußische Volksreime und Volksspiele, ges. und hrsg. von H. Frischbier, Berlin 1867.
frühnhd.	frühneuhochdeutsch.
Goedeke-Tittmann	Liederbuch aus dem 16. Jahrhundert, hrsg. von K. Goedeke und J. Tittmann, 2. Aufl., Leipzig 1881.
W. Grimm, KiG	Wilhelm Grimm, Kinderglauben, in: W. G., Kleinere Schriften, hrsg. von G. Hinrichs, Bd. 1, Berlin 1881, S. 399–404.
W. Grimm, KiW	Wilhelm Grimm, Kinderwesen und Kindersitten, ebd., S. 359–398.
Grolimund, Aargau	Volkslieder aus dem Kanton Aargau, ges. und hrsg. von S. Grolimund, Basel 1911 (Schriften der Schweizerischen Gesellschaft für Volkskunde, 8).
Grolimund, Soloth.	Volkslieder aus dem Kanton Solothurn, ges. und hrsg. von S. Grolimund, Basel 1910 (Schriften der Schweizerischen Gesellschaft für Volkskunde, 7).
Groos–Klein	Deutsche Lieder für jung und alt, hrsg. von C. Groos und B. Klein, Berlin 1818.
Guignard	R. Guignard, Chronologie des poésies de C. Brentano, Paris 1933.
Härtel	Deutsches Liederlexikon. Eine Sammlung der besten und beliebtesten Lieder und Gesänge des deutschen Volkes, hrsg. von A. Härtel, 8. Aufl., Leipzig [um 1885].
Hätzlerin	Liederbuch der Clara Hätzlerin [Augsburg 1471], hrsg. von C. Haltaus, Quedlinburg/Leipzig 1840. Nachdr. [mit einem Nachw. von H. Fischer] Berlin 1966.
Hartmann-Abele	Volkslieder, in Bayern, Tirol und Land Salzburg ges. von A. Hartmann, mit vielen Melodien nach dem Volksmund aufgezeichnet von H. Abele, Bd. 1: Volkstümliche Weihnachtlieder, Leipzig 1884.
Haupt-Schmaler	Volkslieder der Wenden in der Ober- und Niederlausitz, hrsg. von L. Haupt und J. E. Schmaler, Leipzig 1841–43. Neudr. Berlin 1953 (InstdtVk 3).

JböVlw — Jahrbuch des Österreichischen Volksliedwerkes, 1952 ff.

JbVldf — Jahrbuch für Volksliedforschung, 1928 ff.

JEGP — Journal of English and Germanic Philology.

John — Volkslieder und volkstümliche Lieder aus dem sächsischen Erzgebirge, ges. von E. H. H. John, Annaberg 1909.

Jungbauer, Bibl. — Bibliographie des deutschen Volksliedes in Böhmen, zusammengestellt von G. Jungbauer, Prag 1913 (Beiträge zur deutsch-böhmischen Volkskunde, 11).

Jungbauer–Horntrich — G. Jungbauer / H. Horntrich, Die Volkslieder der Sudetendeutschen, Reichenberg [4. Lieferung 1938].

Katalog II — Katalog der nachgelassenen Bibliotheken der Gebrüder Christian und Clemens Brentano, Köln 1853, Nachdr., hrsg. von B. Gajek, in: Euphorion, Beiheft 6 (1974) S. 141–347.

KHM — Brüder Grimm, Kinder- und Hausmärchen.

Kiem-Pauli — Sammlung Oberbayerischer Volkslieder, hrsg. von Pauli Kiem, München 1934. Neue Ausg. München 1962.

KiG — s. Grimm.

KiW — s. Grimm.

KL — Kinderlieder, Anhang zum Wunderhorn, Heidelberg 1808.

Klier, Totenwacht — K. M. Klier, Das Totenwacht-Singen im Burgenland, Eisenstadt 1956 (Burgenländische Forschungen, 33).

Kochs Compendium — E. J. Koch, Compendium der deutschen Literaturgeschichte von den ältesten Zeiten bis auf das Jahr 1781, Berlin 1790.

Köhler, Schr. — R. Köhler, Kleinere Schriften zur neueren Literaturgeschichte, Volkskunde und Wortforschung, hrsg. von J. Bolte, 3 Bde., Berlin 1900.

Köhler, Voigtld — J. A. E. Köhler, Volksbrauch, Aberglauben, Sagen und andre alte Überlieferungen im Voigtlande, Leipzig 1867.

Kö.–Mei. — Volkslieder von der Mosel und Saar, ges. von C. Köhler, hrsg. von J. Meier, Bd. 1, Halle 1896.

LJb	Literaturwissenschaftliches Jahrbuch der Görres-Gesellschaft.
Lohre	H. Lohre, Von Percy zum Wunderhorn. Beiträge zur Geschichte der Volksliedforschung in Deutschland, Berlin 1902 (Palaestra, 22).
Mallon	Brentano-Bibliographie, hrsg. von O. Mallon, Berlin 1926, Nachdr. Hildesheim 1965.
Maltzahn	Deutscher Bücherschatz, gesammelt und hrsg. von W. von Maltzahn, Jena 1875.
Marriage (Ed. Forster)	M. E. Marriage, Anmerkungen, in: Georg Forster, Frische teutsche Liedlein, hrsg. von M. E. M., Halle 1903 (NDL 203–206), S. 206–266.
Marriage, Pfalz	Volkslieder aus der badischen Pfalz, ges. und hrsg. von M. E. Marriage, Halle 1902.
MdtBlVk	Mitteldeutsche Blätter für Volkskunde, 1926 ff.
J. Meier, KiV	J. Meier, Kunstlieder im Volksmunde, Halle 1906.
J. Meier, KuV	J. Meier, Kunstlied und Volkslied in Deutschland, Halle 1906.
J. Meier, Rez.	J. Meier, [Rezension von:] F. Rieser, »Des Knaben Wunderhorn« und seine Quellen, Dortmund 1908. K. Bode, Die Bearbeitung der Vorlagen in »Des Knaben Wunderhorn«, Berlin 1909, in: ZfdPh 43 (1911) S. 482–501.
Meier, Schwab.	Schwäbische Volkslieder, ges. von E. Meier, Berlin 1855.
Meisinger, Oberld	Volkslieder aus dem badischen Oberlande, ges. und hrsg. von O. Meisinger, Heidelberg 1913.
MF	Minnesangs Frühling, hrsg. von K. Lachmann und M. Haupt.
MGG	Die Musik in Geschichte und Gegenwart, hrsg. von F. Blume, 16 Bde., Kassel [u. a.] 1949–79.
mhd.	mittelhochdeutsch.
Migge	s. Arnim (Ed. Migge).
MildhL	Mildheimisches Liederbuch, ges. von R. Z. Bekker, Gotha 1799.
Mittler	F. L. Mittler, Deutsche Volkslieder (1855), 2. Aufl., Frankfurt a. M. 1865.
MLN	Modern Language Notes.
mnd.	mittelniederdeutsch.

Müller	J. E. V. Müller, Arnims und Brentanos romantische Volkslieder-Erneuerungen, Hamburg 1906 (Programm der Hansaschule Bergedorf bei Hamburg).
NA I–IV	Des Knaben Wunderhorn, [Neue Ausg.], Bd. 1, Charlottenburg 1845, Bd. 2–4, Berlin 1846–54 (A. von Arnim, Sämtliche Werke, 13, 14, 17 und 21).
nd.	niederdeutsch.
NdJb	Jahrbuch des Vereins für niederdeutsche Sprachforschung, 1875 ff.
NDL	Neudrucke deutscher Literaturwerke des 16. und 17. Jahrhunderts.
NFG/ZB	Zentralbibliothek der deutschen Klassik bei den Nationalen Forschungs- und Gedenkstätten der klassischen deutschen Literatur in Weimar.
obd.	oberdeutsch.
Ostracher Hs.	Die Ostracher Liederhandschrift, untersucht von K. Rattay, Halle 1911.
Pailler	Weihnachtslieder und Krippenspiele aus Oberösterreich und Tirol, ges. und hrsg. von W. Pailler, 2 Bde., Innsbruck 1881–83.
Pal. 343 (Ed. Kopp)	Volks- und Gesellschaftslieder des 15. und 16. Jahrhunderts. 1. Die Lieder der Heidelberger Handschrift Pal. 343, hrsg. von A. Kopp, Berlin 1905 (Deutsche Texte des Mittelalters, 5).
Parisius	I. Weber-Kellermann, Ludolf Parisius und seine altmärkischen Volkslieder, Hrsg. der Melodien von E. Stockmann, Berlin 1957 (InstdtVk 10).
PBB	Beiträge zur Geschichte der deutschen Sprache und Literatur.
Peter	Volkstümliches aus Österreichisch-Schlesien, hrsg. von A. Peter, Bd. 1, Troppau 1865.
Pfannenschmid	H. Pfannenschmid, Weihnachts-, Neujahrs- und Dreikönigslieder aus dem Ober-Elsaß, Colmar 1884.
Pinck, Goethe	L. Pinck, Volkslieder, von Goethe im Elsaß gesammelt, Metz 1932.
Pinck, Weisen	Verklingende Weisen. Lothringer Volkslieder, Bd. 1–4, ges. und hrsg. von L. Pinck, Bd. 1, Metz 1926, Bd. 2, Heidelberg 1928, Bd. 3, Saar-

	brücken 1933, Bd. 4, Kassel 1939, Bd. 5, gesammelt und hrsg. von A. Merkelbach-Pinck unter Mitwirkung von J. Müller-Blattau, Kassel 1962.
PMLA	Publications of the Modern Language Association.
Pocci–Raumer	Alte und neue Kinderlieder. Mit Bildern und Singweisen, hrsg. von F. Pocci und K. von Raumer, Leipzig [1852].
Pogatschnigg–Herrmann	V. Pogatschnigg / E. Herrmann, Deutsche Volkslieder aus Kärnten, Bd. 1, 2. Aufl., Graz 1879, Bd. 2, Graz 1869.
Pröhle	Weltliche und geistliche Volkslieder und Volksschauspiele, hrsg. von H. Pröhle, Aschersleben 1855.
Reifferscheid	Westfälische Volkslieder in Wort und Weise, hrsg. von A. Reifferscheid, Heilbronn 1879.
RhJbVk	Rheinisches Jahrbuch für Volkskunde, 1950 ff.
Rieser	F. Rieser, »Des Knaben Wunderhorn« und seine Quellen, Dortmund 1908.
Rochholz, Kdld	E. L. Rochholz, Alemannisches Kinderlied und Kinderspiel aus der Schweiz, Leipzig 1857.
Röhrich	Erzählungen des späten Mittelalters und ihr Weiterleben in Literatur und Volksdichtung bis zur Gegenwart, hrsg. von L. Röhrich, 2 Bde., Bern 1962–67.
Röhrich–Brednich	Deutsche Volkslieder. Texte und Melodien, hrsg. von L. Röhrich und R. W. Brednich, 2 Bde., Düsseldorf 1965–67.
Rölleke, Brentano–Voß	H. Rölleke, Die Auseinandersetzung Clemens Brentanos mit Johann Heinrich Voß über »Des Knaben Wunderhorn«, in: JbFDH 1968, S. 283–328.
Rölleke, Fs. F. Tschirch	H. Rölleke, Justinus Kerner, Ludwig Uhland und »Des Knaben Wunderhorn«, in: Festschrift für Fritz Tschirch, Köln 1972, S. 278–289.
Rölleke, JbFDH 1970	H. Rölleke, Quellen zu Brentanos »Geschichte vom braven Kasperl und dem schönen Annerl«, in: JbFDH 1970, S. 244–257.
Schade	O. Schade, Deutsche Handwerkslieder, Leipzig 1865.

Schellberg	W. Schellberg, Untersuchungen des Märchens »Gockel, Hinkel und Gackeleia« und des »Tagebuchs der Ahnfrau« von Clemens Brentano, Diss. Münster 1903.
Schewe, 1932	H. Schewe, Neue Wege zu den Quellen des Wunderhorns, in: JbVlf 3 (1932) S. 120–147.
Schewe, 1956	H. Schewe, Vorauswort zu einer historisch-kritischen und an Hand der Originalquellen kommentierten Wunderhorn-Ausgabe, in: DJbVk 2 (1956) S. 51–72.
Schewe, Grimm	H. Schewe, Jacob Grimms Wunderhornbriefe nebst 3 Briefen Erich Schmidts, in: DJbVk 9 (1963) S. 124–130.
Schewe, Württemberg	H. Schewe, Württemberg und Wunderhorn, in: Württemberg, Januar 1933, S. 15–26.
Schleicher	A. Schleicher, Volkstümliches aus Sonneberg im Meininger Oberlande, Weimar 1858, 2. Aufl., Sonneberg 1894.
Schlossar	Deutsche Volkslieder aus Steiermark. Zugleich Beiträge zur Kenntnis der Mundart und der Volkspoesie auf bairisch-österreichischem Sprachgebiete, hrsg. von A. Schlossar, Innsbruck 1881.
A. Schmidt	A. Schmidt, Ein Stralsunder Fund zu den Quellen des Wunderhorns, in: DJbVk 1 (1955) S. 224–239.
Schmitz, Eifel	J. H. Schmitz, Sitten und Bräuche, Lieder, Sprüchwörter und Rätsel des Eifler Volkes, Trier 1856.
Schreinert	A. v. Arnim und C. Brentano, Des Knaben Wunderhorn, Texte und Vorlagen in Auswahl hrsg. von K. Schreinert, Göttingen 1947 (Göttinger Lesebogen zur deutschen Literaturgeschichte, II,3).
Schünemann	G. Schünemann, Das Lied der deutschen Kolonisten in Rußland, München 1923 (Sammelbände für vergleichende Musikwissenschaft, 3).
Schumann	C. Schumann, Volks- und Kinderreime aus Lübeck und Umgebung. Beiträge zur Volkskunde, Lübeck 1899.

SchweizAVk	Schweizerisches Archiv für Volkskunde, 1897 bis 1917.
Schweizer. Idiotikon	F. Stalder, Versuch eines schweizerischen Idiotikon, 2 Bde., Basel 1806–12.
Simrock	Die deutschen Volkslieder, ges. von K. Simrock, Frankfurt a. M. 1851.
Siuts	H. Siuts, Volksballaden und Volkserzählungen. Motiv- und Typenregister, in: Fabula 5 (1961) S. 72–89.
Soltau–Hildebrand	Fr. L. von Soltaus deutsche historische Volkslieder, zweites Hundert, hrsg. von H. R. Hildebrand, Leipzig 1856.
StB	Staatsbibliothek.
StdB	Stadtbibliothek.
Steglich	L. Steglich, Vom sächsischen Volkslied, Leipzig 1928 (Sächsisches Volkstum, 3).
Steig I	R. Steig, Achim von Arnim und Clemens Brentano, Stuttgart 1894.
Steig II	R. Steig, Achim von Arnim und Bettina Brentano, Stuttgart/Berlin 1913.
Steig III	R. Steig, Achim von Arnim und Jacob und Wilhelm Grimm, Stuttgart/Berlin 1904.
Steig IV	R. Steig, Clemens Brentano und die Brüder Grimm, Stuttgart/Berlin 1914.
Steig, NHJb. VI 1896	R. Steig, Frau Auguste Pattberg geb. von Kettner. Ein Beitrag zur Geschichte der Heidelberger Romantik, in: Neue Heidelberger Jahrbücher 6 (1896) S. 62–122.
Steinitz	W. Steinitz, Deutsche Volkslieder demokratischen Charakters aus sechs Jahrhunderten, 2 Bde., Berlin 1954–62 (InstdtVk 4).
Stockmann	»Des Knaben Wunderhorn« in den Weisen seiner Zeit, hrsg. von Erich Stockmann, Berlin 1958 (InstdtVk 16).
Stöber	Elsässisches Volksbüchlein, hrsg. von A. Stöber, Straßburg 1842, 2. Aufl., Mülhausen 1859.
Storm, Hausbuch	Theodor Storm, Hausbuch aus deutschen Dichtern seit Claudius, Braunschweig 1870. [S. 87–95: Volkslieder aus dem Wunderhorn und späteren Sammlungen.]

SudetdtZVk | Sudetendeutsche Zeitschrift für Volkskunde, 1928 ff.
Süß | Salzburgische Volkslieder, ges. von M. V. Süß, Salzburg 1865.
Tille | A. Tille, Verzeichnis von 1802 konfiszierten Volksliedern, in: Mitteilungen des Vereins für Sächsische Volkskunde 3 (1903/05) S. 133–136.
Tobler | Schweizerische Volkslieder. Mit Einleitung und Anmerkungen, hrsg. von L. Tobler, 2 Bde., Frauenfeld 1882–84 (Bibliothek älterer Schriftwerke der deutschen Schweiz, I,4–5).
Trierer Hs. 1744 | A. Kopp, Handschrift der Trierer Stadtbibliothek vom Jahre 1744, in: HessBlVk 3 (1904) S. 16–54.
UB | Universitätsbibliothek.
Uhland | Alte hoch- und niederdeutsche Volkslieder in fünf Büchern, hrsg. von L. Uhland, 2 Bde., Stuttgart/Tübingen 1844–45.
Uhland, Abh. | Alte hoch- und niederdeutsche Volkslieder mit Abhandlungen und Anmerkungen, hrsg. von L. Uhland, 3. Aufl., Bd. 3–4, Stuttgart [o. J.].
Uhland, Schriften IV | L. Uhland, Schriften zur Geschichte der Dichtung und Sage, Bd. 4, Stuttgart 1869.
Der Urquell | Der Urquell. Eine Monatsschrift für Volkskunde, N. F. 1897 ff.
Venus-Gärtlein (Ed. Waldberg) | Venus-Gärtlein. Ein Liederbuch des 17. Jahrhunderts, hrsg. von M. von Waldberg, Halle 1890 (NDL 88–89).
Vilmar | A. F. C. Vilmar, Handbüchlein für die Freunde des deutschen Volksliedes, Marburg 1867.
Vkdl. Bl. aus Württ. und Hohenz. | Volkskundliche Blätter aus Württemberg und Hohenzollern, 1910 ff.
Vld | Das deutsche Volkslied. Zeitschrift für seine Kenntnis und Pflege, 1899–1944.
VN | Varnhagen-Nachlaß, StB Berlin. [Derzeit in Krakau.]
Wackernagel | P. Wackernagel, Das deutsche Kirchenlied von der ältesten Zeit bis zu Anfang des 17. Jahrhunderts, 5 Bde., Leipzig 1863–77.

Wander	K. F. Wander, Sprichwörter-Lexikon, 5 Bde., Leipzig 1867–80.
WbVk	Wörterbuch der deutschen Volkskunde, begr. von O. A. Erich und R. Beitl, neu bearb. von R. Beitl, 2. Aufl., Stuttgart 1955.
WeimJb	Weimarisches Jahrbuch für deutsche Sprache, Literatur und Kunst, 1854–57.
Weinhold	K. Weinhold, Weihnachtspiele und Lieder aus Süddeutschland und Schlesien, Wien 1875.
Weinhold, Neun-zahl	K. Weinhold, Die Mystische Neunzahl bei den Deutschen, Berlin 1897.
Wh I, II, III	Des Knaben Wunderhorn. Alte deutsche Lieder, ges. von L. A. von Arnim und C. Brentano, Bd. 1, Heidelberg / Frankfurt a. M. 1806 [ersch. 1805], Bd. 2–3, Heidelberg 1808. [Die arabischen Ziffern bezeichnen jeweils die Seitenzahl, auf der die Gedichte in dieser Originalausgabe beginnen.]
WienZVk	Wiener Zeitschrift für Volkskunde, 1919 ff.
Williams	C. A. Williams, Zur Liederpoesie in Fischarts »Gargantua«, in: PBB 35 (1909) S. 395–464.
Wiora	W. Wiora, Die rheinisch-bergischen Melodien bei Zuccalmaglio und Brahms, Bad Godesberg 1953.
Wolfram	Nassauische Volkslieder, hrsg. von E. H. Wolfram, Berlin 1894.
Wolkan	Wiener Volkslieder aus fünf Jahrhunderten, ges. und eingel. von R. Wolkan, Bd. 1,1, Wien 1926, Bd. 1,2, Wien 1924, Bd. 2,1, Wien 1920, Bd. 2,2, Wien 1923.
Wrede (Eifel)	A. Wrede, Eifeler Volkskunde, 2. Aufl., Bonn 1924.
WW	Wirkendes Wort.
Yd, Ye	Signaturen der UB Berlin (Ost).
ZfdA	Zeitschrift für deutsches Altertum und deutsche Literatur.
ZfDk	Zeitschrift für Deutschkunde.
ZfdPh	Zeitschrift für deutsche Philologie.
ZfE	Zeitung für Einsiedler.
ZföVk	Zeitschrift für österreichische Volkskunde, 1895 ff.

ZfvglLG	Zeitschrift für vergleichende Literaturgeschichte.
ZfVk	Zeitschrift für Volkskunde, 1888 ff.
Zimmersche Chronik	Die Zimmerische Chronik, hrsg. von K. A. Barack, 2. Aufl., 4 Bde., Freiburg i. Br. 1881–82.
Ziska–Schottky	Österreichische Volkslieder mit ihren Singweisen, ges. und hrsg. durch F. Ziska und J. M. Schottky, Pest 1819.
ZVRhVk	Zeitschrift des Vereins für rheinische und westfälische Volkskunde, 1904 ff.
Züricher, Schweiz	Kinderlieder der deutschen Schweiz, ges. und hrsg. von G. Züricher, Basel 1926 (Schriften der schweizerischen Gesellschaft für Volkskunde, 17).

Verzeichnis der Vorlagen und ihrer Vermittler

Zweck der folgenden Verzeichnisse ist es, einen ersten Überblick über die Herkunft der Vorlagen und die Anzahl der jeweiligen Übernahmen zu ermöglichen. Lediglich erschlossene, aber nicht direkt nachweisbare Vorlagen sind in eckige Klammern gestellt. TV: Teilvorlage. EV: Ersatzvorlage. IV: indirekte Vorlage oder anderer Einfluß.

1. Verzeichnis der gedruckten Quellen

Bücher und Zeitschriften, aus denen übernommen wurde, sowie sämtliche ermittelte Dichter der im *Wunderhorn* aufgenommenen Lieder

Das Verzeichnis gibt die genaueren bibliographischen Angaben zu den gedruckten Vorlagen. Die Jahreszahl einer nicht herangezogenen Erstauflage wurde in eckige Klammern ergänzt. Vermittlung durch Kochs Compendium, Bestände der Bibliotheken Brentanos, Arnims oder der Kasseler Bibliothek sind in Winkelklammern angezeigt ⟨Koch; Kat. I, II; Arnim B; Kassel⟩.

Etwa 340 Lieder sind direkt aus gedruckten Büchern und Zs. übernommen. Es wurden an die 140 Buch- und Zs.titel herangezogen (verschiedene Jahrgänge und Bände hier als Einheit aufgefaßt). Diese erstaunlich große Zahl bestätigt eindrucksvoll Brentanos briefliche Äußerung vom Januar 1808 (an Arnim): »Meine Bibliothek vermehrt würde die Centralbibliothek deutscher Poesie«. Noch am 21. Januar 1820 betont Ferdinand Grimm im Brief an seine Brüder, es hätten »namentlich die Volkslieder [...] sich wohl an keinem Ort so herrlich vereint« gefunden wie in Brentanos nun zerstreuter Bibliothek (Steig IV, S. 230).
Von den etwa 340 Übernahmen stammen mehr als 150 aus nur 12 Werken, die allein also weit mehr als ein Drittel beisteuerten: Forster, der *Blumen-Krantz* (Gesangbuch), Nicolai, Schütze, Procopius, Herder, *Bragur* (Gräters Zs.), Büsching / von der Hagen, Elwert, Spee, Fischart und Moscherosch. Im übrigen wurden gewöhnlich nur ein oder zwei Lieder aus meist dickleibigen Büchern oder Zs. übernommen.

Eine Gruppierung der herangezogenen Druckwerke nach ihrem Erscheinungsjahr (das nicht immer mit dem Jahr der Erstauflage identisch ist) ergibt eine fast gleichmäßige Verteilung; lediglich die in der zweiten Hälfte des 18. Jh.s erschienenen Titel gewinnen aufgrund des beginnenden Volksliedinteresses, das sich in Zs. und Sammlungen dokumentiert (*Deutsches Museum, Bragur*; Nicolai, Herder, Elwert, Eschenburg), ein deutliches Übergewicht. Einigermaßen genau läßt sich an diesen Zahlen auch der Rückgang volksliedhafter Musikbücher nach der Blütezeit in der ersten Hälfte des 16. Jh.s ablesen: Erst eineinhalb Jahrhunderte später ist wieder eine ähnliche Überlieferungsdichte erreicht.

Erscheinungsjahr zwischen	Übernommene Lieder
1501–1550	41
1551–1600	30
1601–1650	37
1651–1700	43
1701–1750	50
1751–1800	83
1801–1808	54

Zur Identifizierung der tatsächlich herangezogenen Vorlagen helfen in erster Linie die (indes gerade in den Angaben der Jahreszahlen häufig durch Druckfehler entstellten) Herkunftsvermerke im Wh selbst. Im direkten Wh-Material haben sich nur ein Liederheft des Orlando di Lasso sowie wenige Blätter aus dem *Deutschen Museum*, dem *Mariale* des Procopius, aus Morhofs Lehrbuch und aus der *Badischen Wochenschrift* erhalten (UB Heidelberg); dazu stellen sich Arnims Handexemplare einiger Wh-Quellen (NFG/ZB Weimar, Signatur B). Wichtiges Material scheint schon 1819 zerstreut worden zu sein (vgl. Kat. I, Nr. 170: »Ein Convol. größtentheils ausgeschnittener Gedichte«). Einige sichere Hinweise gibt der Briefwechsel zwischen Arnim und Brentano. Die Versteigerungskataloge der Brentanoschen Bibliothek und die hs. Kartei der zeitgenössischen Bestände der Kasseler Bibliothek (für Wh I allerdings noch irrelevant) sind weitere wichtige Hilfsmittel zur Identifizierung der herangezogenen Werke und Auflagen. Letztlich können Textvergleiche zur Ermittlung der Vorlagen beitragen.

Abele, Matthias (1617–77)

Vivat oder so genannter künstlicher Unordnung IV. Theil. [. . .]. Nürnberg 1673. ⟨Kat. I, Nr. 256–257.⟩
Wh III 50

Vivat oder so genandte künstliche Unordnung / Fünfter und letzter Theil [. . .]. Nürnberg 1675. ⟨Kat. I, Nr. 256–257.⟩
Wh I 397
IV: Wh II 203

Abraham a Sancta Clara (d. i. Ulrich Megerle; 1644–1709)

Wunderwürdiges gantz neu ausgehecktes Narren-Nest [. . .]. Tl. 3. 2. Aufl. Wien 1751. [1703.] ⟨Koch, S. 136, Nr. 59.⟩
Wh I 29

Judas Der Ertz-Schelm / Für ehrliche Leuth [. . .]. Tl. 1. Salzburg 1709. [1686.] ⟨Arnim B 913a–d, die Aufl. von 1752.⟩
Wh I 347

Abrahamisches Bescheid-Essen [. . .]. Wien/Brünn 1719. ⟨Kassel, Th. Pontif. Moral. 51.⟩
KL 76b

Adelung, Johann Christoph (1732–1806)

Magazin für die Deutsche Sprache. Bd. 2. St. 3. Leipzig 1784. ⟨Koch, S. 89, Nr. 32; Kat. I, Nr. 95; Arnim Z 550.⟩
Wh I 330
Einige Abschriften von unbekannter Hand: Heid. Hs. 2110,2.

von der Aelst, Paul

Blumm vnd Außbund Allerhandt Außerlesener Weltlicher, Züchtiger Lieder vnd Rheymen [. . .]. Deventer 1602.
EV TV: Wh III 48b
IV: Wh II 33, III 68

Albert, Heinrich (1604–51)

Erster Theil der Arien oder Melodeyen [. . .]. Königsberg 1638. ⟨Koch, S. 100, Nr. 1h.⟩
Wh III 115
EV: Wh II 421

Albertinus, Aegidius (um 1560–1620)

Lucifers Königreich vnd Seelengejaidt: Oder Narrenhatz. Augsburg 1617. [1616.] ⟨Kat. II, Nr. 3054.⟩
Wh II 395

Alberus, Erasmus (um 1500–53)

IV: KL 69a

Antiquarius

Denkwürdiger und nützlicher Antiquarius des Elb-Stroms [. . .]. Frankfurt a. M. 1741. ⟨Arnim B 711.⟩
Wh I 226a

Anton, Karl Gottlieb (1778–1861)

Wh I 276

Anzeigen, Frankfurter Gelehrte

IV: Wh II 406

Apollo. Monatschrift. Hrsg. von August Gottlieb Meißner. Bd. 2. Mai bis August 1794.
Wh I 125, 265
Eine weitere Abschrift von unbekannter Hand: Heid. Hs. 2110,11.

von Archenholtz, Johannes Wilhelm (1743–1812)

Neue Litteratur und Völkerkunde. Für das Jahr 1791. Bd. 1. Januar bis Juni. Leipzig 1791.
TV: Wh I 58

von Arnim, Achim (1781–1831)

Aloys und Rose
Wh I 17
Ariel's Offenbarungen. Roman. Buch 1. Göttingen 1804. ⟨Arnim B 1182.⟩
Wh I 301

Arnold, Gottfried (1666–1714)

IV: Wh III 119

Ast, Friedrich (1778–1841)

Zeitschrift für Wissenschaft und Kunst. Bd. 1. H. 1. Landshut 1808. ⟨Kassel, Crit. lit. 164.⟩
Wh III 120

Außbund Etlicher schöner Christlicher Geseng [. . .]. [o. O.] 1583. [Gesangbuch der Wiedertäufer.] ⟨Kat. II, Nr. 741.⟩
Wh I 146, 353
Abschrift des Titelblatts durch Jacob Grimm (UB Marburg Hs. 809.116), wohl nach Brentanos Exemplar, mit dem Hinweis: »Unter den Liedern sind einige herzliche geistliche Lieder, meistens in schönen Volksweisen.«

Backhaus, Jobst Johann
IV: Wh I 44

Balde, Jakob (1604–68)
IV: Wh I 174

Baringius, Eberhard (1690–1753)
IV: Wh II 151

Baumann, George

Geistliche Kirchen- vnd Hauß-Music. Breslau 1644.
IV: KL 35

Bawmeister, Anthonius

Ein Schön new Fastnachtspiel [. . .]. Erfurt 1628. [1545.]
EV: Wh II 40

[Bergreihen.] Nürnberg 1547. [Verschollen.]

Wh II 436
TV: Wh II 425
IV: Wh I 74, 207, 212, 294, 339

Berg-Reyhen

Der Durch das geistliche Schlägel und Eisen andächtiger Berg-Reyhen und Gebethe Das Gedinge seines Glaubens heraus schla-

gende Christliche Bergmann [...]. [vermutl. Freiberg] 1721.
⟨Arnim B 2153, mit Anstreichungen.⟩
  Wh I 183

von Beust, Wilhelm (18. Jh.)

  IV: Wh I 341

Blumen-Krantz

  Anmuthiger Blumen-Krantz / aus dem Garten der Gemeinde GOttes [...]. [o. O.] 1712.
  Wh III 203, 206, 207, 208, 211, 212, 213, 214, 215, 216, 217, 219, 221, 222, 223, 224, 225, 226, 227, 228, 229, 231.

Bodmer, Johann Jakob (1698–1783)

  Altenglische und altschwäbische Balladen. In Eschilbachs Versart. Zugabe [...]. Bd. 2. Zürich 1781. ⟨Kat. I, Nr. 636.⟩
  TV: Wh I 58

Boie, Heinrich Christian (1744–1806)

  Siehe: Museum, Deutsches

Bothe, Friedrich Heinrich (1771–1855)

  Frühlings-Almanach. Berlin [1804].
  TV: Wh II 250
  IV: Wh III 105, KL 70b

Bragur. Ein Litterarisches Magazin der Deutschen und Nordischen Vorzeit.
  Bd. 1. Hrsg. von Christian Gottfried Böckh und Friedrich David Gräter. Leipzig 1791. ⟨Kat. I, Nr. 71–82; Arnim B 1885a–c, aus dem Besitz Kochs, mit dessen hs. Glossen, die für das Wh aber irrelevant blieben.⟩
  Wh I 239
  TV: Wh I 70
  IV: Wh III 74
  Bd. 2. Hrsg. von Böckh und F. D. G. Leipzig 1792.
  Wh I 345 (Text 2), II 151

Bd. 3. Hrsg. von Johann Heinrich Häßlein und F. D. G. Leipzig 1794.
KL 85b, 85c, 100
TV: Wh II 48, KL 86b

Bd. 6. Abt. 2. Hrsg. von F. D. G. Leipzig 1800.
Wh I 42, II 430

Bd. 7. Abt. 2. Hrsg. von F. D. G. Leipzig 1802.
Wh I 53

Brentano, Clemens (1778–1842)

Godwi oder Das steinerne Bild der Mutter. Bd. 2. Bremen [1801].
Wh I 19, KL 75b
Siehe: Wochenschrift, 1806.

Brotuff, Ernst (1497–1565)

IV: Wh I 242.

Bruckmann, Franz Ernst (1697–1753)

Magnalia Dei in locis svbterraneis [. . .]. Wolfenbüttel 1730.
Wh I 262

Bruns, Paul Jakob (1743–1814)

Beiträge zur kritischen Bearbeitung unbenutzter alter Handschriften, Drucke und Urkunden. St. 1. Braunschweig 1802.
(2 Lieder) Wh I 379

Büchel, Hans

IV: Wh I 146, 353

Buchholtz, Samuel (1717–74)

Versuch einer Geschichte der Churmarck Brandenburg [. . .]. Tl. 2. Berlin 1765. ⟨Arnim B 257a–e, mit hs. Bemerkungen Arnims; Kassel, Hist. Germ. 4.⟩
Wh II 124

Bürger, Gottfried August (1747–94)

IV: Wh II 19, 222

Burgerlust

Ergötzlicher aber lehrreich und sittsamer auch zuläßiger Burgerlust [...]. Nürnberg [o. J.]. ⟨Vgl. die Aufstellung der Bücher Brentanos, FDH Hs. 10171.⟩
TV: Wh II 5

Büsching, Johann Gustav Gottlieb (1783–1829)

Siehe: Sammlung Deutscher Volkslieder.

Canzler, Karl Christian (1735–86)

Siehe: Quartal-Schrift.

von Chezy, Helmina (1783–1856)

Siehe: Miscellen.

Chronik, Limburger

Fasti Limpurgenses: Das ist: Eine wohlbeschriebene Chronick Von der Stadt und den Herren zu Limpurg auff der Lahn [...]. Wetzlar 1720. [1617.] ⟨Kat. I. S. 59; Arnim B 360.⟩
Wh I 32a

Claudius, Matthias (1740–1815)

Asmus omnia sua secum portans, oder Sämmtliche Werke des Wandsbecker Bothen. Tl. 6. Wandsbek 1797.
Wh III 153

von Cochem, Martin (gest. 1712)

Siehe: Gesang-Buch, Allgemeines.

Creutzberg, Amadeus (d. i. Philipp Balthasar Sinold von Schütz; gest. 1742)

IV: Wh III 211

Dach, Simon (1605–59)

IV: Wh I 202, III 115
Siehe: de Memel, Johann Peter.

Demantius, Johann Christoph (1567–1643)

Sieben vnd siebentzig Newe außerlesene / Liebliche / Zierliche / Polnischer vnd Teutscher Art Täntze [...]. Nürnberg 1601.
Wh II 442, III 18b, 67, 104

Docen, Bernhard Joseph (1782–1828)

Miscellaneen zur Geschichte der teutschen Literatur [...]. Bd. 1. München 1807. ⟨Kat. I, Nr. 94; Kassel, Litt. Scient. 116.⟩
Wh II 33, 358, III 41, KL 32
TV: Wh II 50a

Dumann, Nikolaus

IV: Wh II 232

Eccard, Johannes (1553–1611)

Newe deutzsche Lieder [...]. Mülhausen 1578.
Wh II 115b

Elwert, Anselm (1761–1825)

Ungedrukte Reste alten Gesangs nebst Stücken neurer Dichtkunst. Gießen/Marburg 1784. ⟨Arnim B 1220, mit einigen hs. Notizen Arnims.⟩
Wh I 13, 30, 48, 77, 102, 229, 232b
TV: Wh I 205
IV: Wh I 46

Erich, Samuel (nachgewiesen 1643 und 1651)

Exodus Hamelensis [...]. Hannover 1661.
Wh I 44

Erzähler

Der Breslauische Erzähler. Eine Wochenschrift. Jg. 2. 1801.
EV: Wh II 258, 260, 261

Eschenburg, Johann Joachim (1743–1820)

Denkmäler altdeutscher Dichtkunst [. . .]. Bremen 1799.   ⟨Kat. I, Nr. 630.⟩
Wh I 128, 204, 298
IV: Wh I 379, III 29, 106, 132b

Fende, Christian (1649–1746)

Kurtze Unterweisung, Oder Ohnmaßgebliche Anleitung / Wie eine GOtt-suchende Seele mit ihrem GOtt, und Christo umgehen und reden könne [. . .]. 3., verm. Aufl. Tübingen 1730. [Aufl. 1732 nicht ermittelbar.]
Wh III 177, 180

Finck, Heinrich (um 1444–1527)

Schöne auszerlesne lieder [. . .]. [o. O.] 1536.
Wh III 72
TV: Wh III 77

Fischart, Johann (um 1546–90)

Ernewerte Beschreibung / der Wolgedenckwürdigen / Alten vnd warhafften verwunderlichen Geschicht: Vom Herren Petern von Stauffenberg genant Diemringer [. . .]. Straßburg 1598. [1588.]
Wh I 407

Affentheurlich Naupengeheurliche Geschichtklitterung [. . .]. Getruckt zu Grensing im Gänsserich 1582. [1575.]   ⟨Kat. I, Nr. 162; Arnim B 896.⟩
Wh II 423, 428
TV: Wh II 425, 427 KL 58a

Forster, Georg (um 1510–68)

Ein außbund schöner Teutscher Liedlein [. . .]. 4. Aufl. Nürnberg 1552. [1539.]
Wh I 124, 201

Des andern theyls / viler kurtzweyliger / frischer Teutscher Liedlein [. . .]. 4. Aufl. Nürnberg 1565. [1540.]
(2 Lieder) Wh I 69, 109, 114b, 156, (2 Lieder) 226b, 236, 345 (Text 1), 418
TV: Wh I 313, 363

Der dritte teil / schöner / lieblicher / Teutscher Liedlein [...].
3. Aufl. Nürnberg 1563. [1549.]
> Wh I 22, 80, 110, 141, 162b, 206, 233, 303, 314, 354, 376, 378,
> 389, 391, III 142
> TV: Wh I 313, 363
> EV: Wh III 19

Der Vierdt theyl /. schöner / frölicher / alter / vnd newer Teutscher
Liedlein [...]. Nürnberg 1556.
> Wh I 46

Fragen

> [250 kurzw. Fragen, samt deren Antwort. Ff. u. Lpz. 1802.] [Nicht
> ermittelbar.] ⟨Kat. II, Nr. 2706.⟩
> Wh I 209

Franck, Melchior (um 1580–1639)

> Newes Teutsches Musicalisches Fröliches Convivium [...]. Co-
> burg 1622.
> Wh II 413

Friderici, Daniel (1584–1638)

> Honores Musicales [...]. Rostock 1624.
> Wh II 13

Gerhardt, Paul (1607–76)

> IV: Wh III 85

Gesang-Buch, Allgemeines

> Allgemeines Gesang-Buch. Mainz 1705. [1697.] ⟨Kat. II,
> Nr. 750 K.⟩
> Wh I 55

Gesangbuch, New Mayntzisch

> Himmlische Harmony [...] Das ist / New Mayntzisch Gesang-
> buch [...]. Mainz 1628.
> IV: KL 33

Gesangbuch der Wiedertäufer
Siehe: Außbund Etlicher schöner Christlicher Geseng.

von Goechhausen, Ernst Anton (1740–1824)
IV: Wh II 31

Goethe, Johann Wolfgang (1749–1832)
IV: Wh I 149, II 214, 350

Gräter, Friedrich David (1768–1830)
Siehe: Bragur.

Greflinger, Georg (um 1620 – um 1677)
Seladons Weltliche LIeder [. . .]. Frankfurt a. M. 1651.
Wh I 181
Poetische Rosen und Dörner / Hülsen und Körner. Hamburg 1655.
Wh III 71b

von Grimmelshausen, Hans Jakob Christoph (um 1621–76)
Des Aus dem Grab der Vergessenheit wieder erstandenen Simplicissimi Abentheuerlicher [. . .] Lebens-Wandel [. . .]. Nürnberg 1713. [1669.] ⟨Kat. I, Nr. 388–399.⟩
Wh I 198

Grünwald, Jörg (17. Jh.)
IV: Wh III 146

Günther, Johann Christian (1695–1723)
IV: Wh II 14

von der Hagen, Friedrich Heinrich (1780–1856)
Siehe: Sammlung Deutscher Volkslieder.

Haiden, Johann Christoph (?–1616)

Gantz neue lustige Täntz vnd Liedlein [. . .]. Nürnberg 1601.
TV: Wh III 77

Postiglion der Lieb [. . .]. Nürnberg 1614.
Wh III 42

Hakenberger, Andreas (um 1574–1627)

Bassvs Newe Deutsche Gesänge [. . .]. Danzig 1610.
Wh II 412

Halbsuter, Hans (nachgewiesen 1434–54)

IV: Wh I 349

Harsdörffer, Georg Philipp (1607–58)

Nathan und Jothan: Das ist / Geistliche und Weltliche Lehrgedich-
te [. . .]. Nürnberg 1659. ⟨Kat. II, Nr. 2736.⟩
IV: Wh III 60

von Hastfer, Helmina

Siehe: Miscellen.

Haym, Johannes (Ende des 16. Jh.s)

IV: Wh I 151

von Hazzi, Joseph (1768–1845)

Statistische Aufschlüsse über das Herzogthum Baiern [. . .]. Bd. 1.
Nürnberg 1801. ⟨Arnim B 722.⟩
IV: Wh I 301

Heinse, Wilhelm (1746–1803)

IV: Wh II 358

Herder, Johann Gottfried (1744–1803)

Volkslieder. Tl. 1. Leipzig 1778. ⟨Koch, S. 102, Nr. 29.⟩
Wh I 192, 202, 231, 255, 274, 281, 282, 395
TV: Wh I 70, 296, II 17

Volkslieder. Nebst untermischten andern Stücken. Tl. 2. Leipzig
1779.
>   Wh I 261 B
>   TV: Wh III 33
>   IV: Wh I 174

Herman, Nikolaus (um 1480–1561)
>   IV: Wh II 325

Hinze, August Heimbert (1765–1832)
>   IV: Wh I 220

Hoeckh, Theobald (1573 – nach 1618)
>   IV: Wh III 41

Hölty, Ludwig Heinrich Christoph (1748–76)
>   Gedichte. Hamburg 1783.   ⟨Kat. II, Nr. 2747.⟩
>   TV: Wh II 191a

Horn, Georg
>   Neues vollständigeres Gesang-Buch [. . .]. Frankfurt a. M. 1732.
>   Wh III 85

Horstig, Karl Gottlieb (1763–1808)
>   IV: Wh II 204a

Hortleder, Friderich (1579–1640)
>   Der Römischen Keyser – Vnd Königlichen Maiestete [. . .] Hand-
>   lungen vnd Außschreiben [. . .]. 2. Aufl. Gotha 1645. [1618.]
>   Wh I 97 (Trommelspruch)
>   TV: Wh I 97 (Kriegslied)

Iselin, Johann Rudolf (1705–79)
>   Siehe: Tschudi, Aegidius.

Isenhofer
>   IV: Wh I 360

Jean Paul (d. i. Johann Paul Friedrich Richter; 1763–1825)

    Flegeljahre. Eine Biographie. Bd. 4. Tübingen 1805.
      TV: KL 86b

Kirchen Gesäng

    Catholische Kirchen Gesäng / auff die Fürnembste Fest des gantzen
    Jahrs [. . .]. Köln 1625.   ⟨Kat. II, Nr. 747.⟩
      Wh I 193, 208, 263

Kirchen- und Hausmusik

    Siehe: Baumann, George.

Kirchhof, Hans Wilhelm (um 1525 – um 1603)

    Wendunmuth [. . .]. 1562.   ⟨Kat. II, Nr. 2751.⟩
      TV: Wh II 447

Klieber, Jacob (nachgewiesen um 1530)

      IV: Wh II 4a

Klopstock, Friedrich Gottlieb (1724–1803)

    Die deutsche Gelehrtenrepublik. Hamburg 1774.
      IV: Wh II 32

Knaust, Henrich (? – nach 1577)

    Gassenhawer / Reuter vnd Bergliedlin [. . .]. Frankfurt a. M. 1571.
      Wh I 139, II 7, 115a, III 46

Knorr von Rosenroth, Christian (1636–89)

      IV: Wh III 177, 180

Koch, Erduin Julius (1764–1834)

      IV: Wh I 58, II 151

von Königshoven, Jacob (1346–1420)

    Siehe: Schilter, Johann.

Kornmann, Heinrich (nachgewiesen 1607–14)

Mons Veneris, Fraw Veneris Berg [...]. Frankfurt a. M. 1614. ⟨Kat. II, Nr. 2960.⟩
Wh II 254
IV: Wh I 86

Körte, Wilhelm (1776–1846)

IV: Wh III 105

Kosegarten, Ludwig Theobul (1758–1818)

Legenden. Berlin 1804. ⟨Arnim B 1273.⟩
IV: Wh II 325

Krieger, Adam (1634–66)

Neue Arien [...]. Dresden 1676.
Wh II 418

Kuen, Johannes (1606–75)

Marianvm Epithalamivm [...]. 5. Aufl. München 1659. [1635.]
Wh III 188, 189

Lange, Christian (1669–1756)

IV: Wh III 208

di Lasso, Orlando (d. i. Roland Lassus; 1520–94)

Der Dritte Theil Schöner / Newer / Teutscher Lieder [...]. München 1576. ⟨Heid. Hs. 2110, 45.⟩
Wh I 343
TV: (3 Lieder) Wh I 327, 363

Laurentii, Laurentius (1660–1722)

IV: Wh III 29

Lavater, Johann Kaspar (1741–1801)

IV: Wh II 403

Leon, Gottlieb (1757–1832)

   IV: Wh II 336, 339

Literatur-Zeitung

   Jenaische Allgemeine Literatur-Zeitung. 1804
      TV: Wh I 300

Lustgärtlein

   [Poetisches Lustgärtlein. 1645.] [Nicht identifizierbar.]
      Wh II 421

Lust-Rose

   Siehe: Fl.Bl. Yd 7914

Luther, Martin (1483–1546)

   [Gesangbuch.] Zittau 1710.
      Wh I 20, 227
      TV: Wh I 112

de Maistre, Xavier (1763–1852)

   IV: Wh II 381

Mann, Friedrich Theodor

   Siehe: Taschen-Buch.

Megerle, Ulrich

   Siehe: Abraham a Sancta Clara.

Meißner, August Gottlieb (1753–1807)

   Siehe: Apollo
   Siehe: Quartal-Schrift.

de Memel, Johann Peter

   Neu außgebutzter / Kurtzweiliger Zeitvertreiber [. . .]. [o. O.]
   1700. ⟨Kat. II, Nr. 2850.⟩
      Wh II 347, 434

Metzger, Ambrosius (1573–1632)

Venusblümlein Anderer Theil [. . .]. Nürnberg 1612.
Wh II 27, III 63
TV: Wh III 3

Meusel, Johann Georg (1743–1820)

Historisch-Litterarisch-Bibliographisches Magazin. St. 7–8.
Chemnitz 1794.
Wh III 183

Miscellen

Französische Miscellen. Hrsg. von Helmina von Hastfer, spätere
von Chézy. Bd. 3. Tübingen 1803.
Wh I 17

Morgenblatt für gebildete Stände. 1807.

Wh II 10
IV: Wh II 31

Morhof, Daniel Georg (1639–91)

Unterricht Von der Teutschen Sprache und Poesie [. . .]. 3. Aufl.
Lübeck/Leipzig 1718. [1682.] ⟨Koch, S. 172, Nr. 53; Arnim B
864.⟩
Wh I 245

Moscherosch, Hans Michael (1601–69)

Wunderliche und warhafftige Gesichte Philanders von Sittewald
[. . .]. Tl. 1. Straßburg 1650. [1640.] ⟨Kat. I, Nr. 282.⟩
Wh II 363
Gesichte Philanders von Sittewald [. . .]. Tl. 2. Straßburg 1665.
[1643.]
Wh I 254, II 189
TV: Wh I 112, 205

Möser, Justus (1720–94)

IV: Wh I 232a, 321, KL 79a

von Moser, Friedrich Karl (1723–98)

Patriotisches Archiv für Deutschland. Bd. 9. Mannheim/Leipzig 1788. 〈Kassel, H. Germ. gen. 28; Koch, S. 93, Nr. 42.〉
Wh II 263

Mozart, Wolfgang Amadeus (1756–91)

IV: Wh III 65, KL 68b

Muheim, Hieronymus

IV: Wh II 129

Musenalmanach für das Jahr 1776 [. . .]. Hrsg. von Johann Heinrich Voß. Lauenburg.

TV: Wh III 137a

Musen Almanach für 1783. Hrsg. von Johann Heinrich Voß und Leopold Friedrich Günther von Goeckingk. Hamburg 1783.

TV: Wh I 384

Musenalmanach, Wienerischer

Wienerischer Musenalmanach auf das Jahr 1782.
Wh III 25

Museum

Deutsches Museum. Hrsg. von Heinrich Christian Boie.
1778. Bd. 2.
Wh I 276, KL 38
IV: Wh II 119
1780. Bd. 2.
Wh I 39
1781. Bd. 1.
Wh I 174

Mylius, Martin

IV: Wh II 140, 447

Nachtigal, Johann Karl Christoph
Siehe: Otmar.

Nehrlich, Carl (1773–1849)
Schilly. Bd. 1. Jena 1798.
KL 71b

Neidhart
IV: Wh I 103

Neiner, Johannes (um 1680 – um 1748)
IV: Wh I 29

Nicolai, Friedrich (1733–1811)
Eyn feyner kleyner Almanach [...]. Jg. 1. Berlin/Stettin
1777. ⟨Koch, S. 102, Nr. 2 h.⟩
Wh I 63, 74, 163, 182, 207, 253, 292, 294, 309, 339, 362
TV: (2 Lieder) Wh I 363
Eyn feyner kleyner Almanach [...]. Jg. 2. Berlin/Stettin 1778.
Wh I 37, 210, 212, 232a, 304, 311, 321, KL 79a
EV: Wh I 24
IV: Wh II 406, III 65

Nicolai, Philipp (1556–1608)
IV: Wh I 101

Odontius, Matthaeus
Musicalisch Rosengärtlein / NEuer Teutscher / lustiger / weltlicher
Liedlein [...]. Nürnberg 1612.
Wh III 28, 109
Eine weitere Abschrift von Nr. 16 kennzeichnete Arnim »Musika-
lisch Rosengartlein n. XVI« (»Ein Blümlein zart [...]«; BN E 12)

Opitz, Martin (1597–1639)
Opera Geist- und Weltlicher Gedichte [...]. Breslau 1690.
⟨Kat. I, Nr. 320.⟩
Wh I 57, 121, 291a, 299
IV: Wh III 90

Otmar (d. i. Nachtigal, Johann Karl Christoph; 1753–1819)

Volcks-Sagen. Bremen 1800. 〈Arnim B 1291.〉
Wh I 92, 235a

Otth, Johann (?–1546)

Hundert vnd fünfftzehen guter newer Liedlein [...]. Nürnberg 1544.
Wh III 44, 71a, 111, 129b

Overbeck, Christian Adolf (1755–1821)

IV: Wh I 329

Paricius, Johann Carl (gest. 1760)

Allerneueste und bewährte Nachricht Von der des Heil. Röm. Reichs Freyen Stadt Regensburg [...]. Regensburg 1753.
Wh I 36

Pfeffel, Gottlieb Konrad (1736–1809)

IV: Wh I 384

Praetorius, Benjamin (nachgewiesen 1659)

IV: Wh III 231

Praetorius, Johann (1630–80)

Saturnalia: das ist / Eine Compagnie Weihnachts-Fratzen [...]. Leipzig 1663. 〈Kat. II, Nr. 3289; Arnim B 2366.〉
KL 61b

Blockes-Berges Verrichtung [...]. Frankfurt a. M. 1668. 〈Kat. II, Nr. 3290; Arnim B 2366.〉
Wh I 86

Storchs und Schwalben Winter-Qvartier [...]. Frankfurt a. M. / Leipzig 1676. 〈Kat. II, Nr. 3288.〉
Wh I 115

Procopius von Templin (1607–80)

Conjugale [...]. Passau 1663. 〈Kat. II, Nr. 513.〉
Wh III 148

Mariale Concionatorium [...]. Bd. 1. 2. Aufl. Salzburg 1667.
[1665.] ⟨Kat. II, Nr. 846.⟩
    Wh I 366, 375, 406, II 162, 167a, 172, 174, III 194

Dominicale Aestivale [...]. Salzburg 1667.
    (2 Lieder) Wh III 9, 195 (Vorspruch, »Nun lob mein Seel[...]«)
    TV: (2 Lieder) Wh III 195 (»Einstmals war ich [...]«)

Dominicale Paschale et Pentecostale [...]. Salzburg 1667.
    Wh II 332

Puschmann, Adam (1532–1600)

    IV: Wh III 233

Quartal-Schrift

Für Aeltere Litteratur und Neuere Lectüre. Quartal-Schrift. Hrsg.
von Karl Christian Canzler und August Gottlieb Meißner.
Leipzig.
1783. St. 2. ⟨Koch, S. 88f., Nr. 27; S. 101, Nr. 2b; Arnim B
1910.⟩
    Wh I 242
1784. Ersten Quartals 1. Heft.
    Wh II 167b

Ranisch, M. Salomon (1719–66)

Historischkritische Lebensbeschreibung Hanns Sachsens [...]. Al-
tenburg 1765. ⟨Koch, S. 91, Nr. 36; Kat. I, Nr. 590; Arnim B
422.⟩
    Wh III 233

Rath-Büchlein

Neu vermehrtes Rath-Büchlein / Mit allerhand Welt- und geistlichen Frage, samt deren Beantwortungen [...]. (Rocken-Büch-
lein.) ⟨Kat. II, Nr. 2803.⟩
    KL 12

Räumschüssel, Veit

    IV: Wh III 65

Regnart, Jakob (um 1540–99)

Tricinia. Kurtzweilige teutsche Lieder [. . .]. Nürnberg 1584.
[1576.] 〈Koch, S. 99, Nr. 1b.〉
TV: Wh III 3

Der ander Theil / Schöner kurtzweiliger Teutscher Lieder [. . .].
Nürnberg 1580. [1577.]
(5 Lieder) TV: Wh III 3

Reichard, Elias Caspar (1714–91)

Vermischte Beyträge zur Beförderung einer nähern Einsicht in das
gesamte Geisterreich [. . .]. Helmstedt 1780. 〈Kat. II, Nr. 3307.〉
Wh I 161b, 162a

Reichardt, Johann Friedrich (1752–1814)

Musikalisches Kunstmagazin. Bd. 1. St. 1.–4. Berlin 1782.
Wh I 218

Berlinische Musikalische Zeitung. Jg. 2. 1806. 〈Arnim B 2585.〉
Wh II 204a

Reißner, Adam (um 1500 – nach 1571)

IV: Wh II 145, 343

Reitz, Johann Heinrich (1655–1720)

Historie der Wiedergebohrnen [. . .]. Tl. 5. [o. O.] 1742.
Wh I 291b

Reutter, Leonhart

IV: Wh I 270

Ringwaldt, Bartholomäus (1532–99)

Die lauter Warheit [. . .]. [o. O. 1589.] [1586.]
Wh I 306a

Rosengärtlein, Musicalisch

Siehe: Odontius, Matthaeus.

Rosenplüt, Hans (um 1400 – etwa 1470)

    IV: Wh II 62

Rosthius, Nicolaus (um 1542–1622)

    XXX. Newer lieblicher Galliardt [. . .]. Tl. 1. [o. O.] 1593.
    ⟨Koch, S. 100, Nr. 1e.⟩
      Wh II 443, III 140, 147
      IV: Wh I 298
    Der Ander Theil Newer Lieblicher Galliardt [. . .]. [o. O.] 1593.
      Wh III 32, 116a

Rottmanner, Karl von (1783–1822)

    IV: Wh III 120

Rüefbüechel

    [Ein Christliches Catholisches Rüefbüechel. 1601.] [Z. Zt. ver-
    schollen.]
      Wh I 151

Sachs, Hans (1494–1576)

      Wh I 261 A
      IV: Wh II 5 (entstanden 1537), 65 (entstanden 1539), 445 (ent-
    standen 1545)

Sammler, Tyroler

    Der Sammler für Geschichte und Statistik von Tirol. Bd. 1. Inns-
    bruck 1807.
      IV: Wh 128b

Sammlung Deutscher Volkslieder, mit einem Anhange Flammländi-
scher und Französischer, nebst Melodien. Hrsg. von Johann Gustav Gottlieb Büsching und Friedrich Heinrich von der Hagen.
Berlin 1807. ⟨Kassel, Poet. Germ. 63.⟩
    Wh II 406, III 29, 105, 106, 112b, 132b, KL 70b, 74a
    TV: Wh III 65

Sartorius, Paul (1569–1609)

Neue Teutsche Liedlein [. . .]. Nürnberg 1601.
Wh II 440

Schärtlin, Sebastian (1496–1577)

Lebensbeschreibung des berühmten Ritters Sebastian Schärtlins von Burtenbach [. . .]. Frankfurt a. M. / Leipzig 1777. ⟨Kat. I, Nr. 537; Arnim B 424, mit Anstreichungen; Kassel, Vitae poet. 176.⟩
Wh II 116

Schein, Johann-Hermann (1586–1630)

Dritter Theil Musica boscareccia. Wald-Liederlein [. . .]. Straßburg 1628.
IV: Wh II 50b

Schiller, Friedrich (1759–1805)

IV: Wh II 353

Schilling, Diebold (um 1445–85)

Beschreibung Der Burgundischen Kriegen [. . .]. Bern 1743. ⟨Kat. I, Nr. 37; Arnim B 620, mit Anstreichungen und hs. Notizen Arnims; Kassel, Hist. Helv. 8.⟩
Wh II 137
IV: Wh I 58, 349

Schilter, Johann (1632–1705)

Die Alteste Teutsche so wol Allgemeine Als insonderheit Elsassische und Straßburgische Chronicke / Von Jacob von Königshoven [. . .]. Straßburg 1698. ⟨Arnim B 369; Kassel, Hist. Gall. 90.⟩
Wh III 193

Schlegel, August Wilhelm (1767–1845)

IV: Wh I 142, II 347

Schlegel, Friedrich (1772–1829)

IV: Wh III 30

Schleych, Martin

    IV: Wh II 237

Schmeltzel, Wolfgang (um 1500 – nach 1560)

    Guter / seltzamer / vnd künstreicher teutscher Gesang / sonderlich
    ettliche Künstliche Quodlibet [. . .]. [o. O.] 1544.
    Wh II 448
    TV: Wh II 50a

Schmidt, Thomas (1624–1705) und Philippus (dessen Sohn)

    Historica et Memorabilia D. i. Merckwürdige Sachen und Ge-
    schichte / So sich über das Lutherische Gesang-Buch Und dessen
    meisten Lieder und Versicul begeben und zugetragen [. . .]. Alten-
    burg 1707.
    Wh II 341

Schmolck, Benjamin (1672–1737)

    IV: Wh I 134

von Schnüffis, Laurentius (d. i. Johann Martin; 1633–1702)

    IV: Wh II 179

Schöber, David Gottfried (1696–1778)

    Beytrag zur Lieder-Historie [. . .]. Leipzig 1759.
    KL 103

Schubart, Christian Friedrich Daniel (1739–91)

    Gedichte. Frankfurt a. M. 1802.
    Wh I 315, II 381

Schupp, Johann Balthasar (1610–61)

    Sämtliche Lehrreiche Schrifften [. . .]. Frankfurt a. M. 1701.
    [1663.] ⟨Kat. I, Nr. 286; Koch, S. 132, Nr. 48.⟩
    Wh I 101

Schütze, Johann Friedrich (1758–1810)

Holsteinisches Idiotikon, ein Beitrag zur Volkssittengeschichte [...]. 4 Tle. ⟨Kat. I, Nr. 614–615.⟩
Tl. 1. Hamburg 1800.
  KL 68a, 68c, 73c, 74b, 76c, 79b, 82a
  TV: KL 62, 64b, 66, 72c
Tl. 2. Hamburg 1801.
  KL 77a
Tl. 3. Hamburg 1802.
  KL 20, 26b, 63, 102b
Tl. 4. Hamburg 1806.
  KL 59, 64b

von Seckendorf, Leo (1775–1809)

Musenalmanach für das Jahr 1808. Regensburg. ⟨Kat. II, Nr. 2651; vgl. hs. Aufstellung FDH 10172.⟩
  Wh II 274, 282, 289, 327, 414

Senckenberg, Heinrich Christian (1704–68)

Selecta Juris et historiarum [...]. Bd. 5. Frankfurt a. M. 1739.
  IV: Wh II 119

Seybold, David Christoph (1747–1804)

Siehe: »Kinderlieder«-Stichtitel und KL 38.

Spangenberg, Cyriacus (1528–1604)

Mansfeldische Chronica. Tl. 1. [o. O.] 1572.
  Wh II 107
Ander Teil des Adelsspiegels [...]. Schmalkalden 1594. ⟨Arnim B 704a–b.⟩
  Wh II 343, 344a

Spangenberg, Wolfhart (Pseud.: Lycosthenes Psellionoros Andropediacus; um 1570 – nach 1636)

Anmütiger Weißheit Lust Garten [...]. Straßburg 1621.
⟨Kat. II, Nr. 2784.⟩
  Wh II 140, 447

Spazier, Karl (1761–1805)

Wanderungen durch die Schweiz. Gotha 1790.
Wh III 134b

von Spee, Friedrich (1591–1635)

Trutz Nachtigal / Oder Geistlichs-Poetisch Lustwäldlein [...].
Köln 1660. [1649.]
Wh I 157, 166, 172, 283, »Kinderlieder«-Titelgedicht A, KL 13

Steinacker, G. W.

IV: Wh I 309

Taschen-Buch

Musicalisches Taschen-Buch auf das Jahr 1805. Hrsg. von Friedrich Theodor Mann. Jg. 2. Penig.
Wh I 40

Tauler, Johannes (um 1300–61)

Nachfolgung des Armen Lebens Christi [...]. Frankfurt a. M.
1621.
Wh II 4b

Tentzel, Wilhelm Ernst (1659–1707)

Curieuse Bibliothec [...]. Des andern Repositorii 9. u. 10tes Fach.
Frankfurt a. M. / Leipzig 1705.   ⟨Arnim B 970.⟩
TV: Wh I 296

Thym, Georgius (um 1520–61)

Des Edlen Gestrengen, Weitberümbten, vnnd Streitbaren Heldes
Thedel Vnuerferden von Walmoden, tapfferer, menlicher vn Ritterlicher Thaten [...]. Wolfenbüttel 1563. [1558.] ⟨Koch,
Nr. 108.⟩
Wh II 302

Tibianus, Johann Georg (d. i. Schinbayn)

Kurtze Historische / warhaffte vnd gründliche Narration oder beschreibung / Von dem Anfang / Vrsprung / Herkommen / Frucht

vnd Nutzbarkeiten deß Wallfahrtens [...]. Konstanz 1598.
⟨Kat. II, Nr. 283b.⟩
Wh II 319

Tieck, Ludwig (1773–1853)
IV: Wh I 418

Tileman Elhen von Wolfshagen
Siehe: Chronik, Limburger.

Titius, Caspar (1570–1648)
IV: Wh II 341

Tschudi, Aegidius (1505–72)
Chronicon Helveticum [...]. Hrsg. von Rudolf Iselin. Tl. 1. Basel
1734. ⟨Arnim B 622a–b.⟩
Wh I 349
Chronicon Helveticum [...]. Tl. 2. Basel 1736.
Wh I 360

Venusgärtlein. Hamburg 1656.
IV: Wh I 265

Viethen, Anton
Beschreibung und Geschichte des Landes Dithmarschen [...].
Hamburg 1733.
Wh II 163, 248, 249
TV: Wh II 410

Vogel, Jakob (1584 – nach 1630)
IV: Wh I 245

Voigt, Valentin (1487 – um 1558)
IV: Wh III 144

Voigtländer, Gabriel (1596–1643)
IV: Wh III 91, 95

Voß, Johann Heinrich (1751–1826)

> TV: Wh I 300
> Siehe: Musen Almanach für 1783.

Vulpius, Christian August (1762–1827)

> IV: Wh II 366

Wagenseil, Johann Christof (1633–1705)

> Belehrung Der Jüdisch-Teutschen Red- und Schreibart. Königs-
> berg 1699.   〈Kat. I, Nr. 563, II, Nr. 2628; Arnim B 2349; Kassel
> Jud. 47.〉
> KL 44

von Waldenfels, Christoph Philipp

> Selectae Antiquitatis Libri XII. [...] Nürnberg 1677.   〈Kassel,
> Antiqu. 55.〉
> IV: Wh II 232

von Wangenheim, Karl (1773–1850)

> Wh II 10

Watzdorff, Peter

> IV: Wh II 111

Weber, Veit (15. Jh.)

> IV: Wh I 58

Weckherlin, Georg Rodolf (1584–1653)

> Gaistliche vnd Weltliche Gedichte. Amsterdam 1648.
> Wh II 96
> IV: Wh I 254

Weise, Christian (1642–1708)

> Die Drey Klügsten Leute in der gantzen Welt [...]. Leipzig 1684.
> [1675.] 〈Kat. I, Nr. 240; Arnim B 975; Kassel, Fab. Rom. 443. a.〉
> Wh I 251

Wickram, Georg (um 1500 – um 1562)

Das Rollwagenbüchlin [. . .]. [o. O.] 1555.
Wh I Zueignung an Goethe

Widmann, Erasmus (1572–1634)
IV: Wh II 414

Wieland, Christoph Martin (1733–1813)
IV: Wh III 56

Witweyler, Ulrich (1535–1600)

Warhafftige vnd gründliche Histori / vom Leben vnnd Sterben deß
H. Einsidels vnd Martyrers S. Meinradts [. . .]. Freiburg [Schweiz]
1587. ⟨Kat. II, Nr. 1119.⟩
IV: Wh III 170

Wochenschrift

Badische Wochenschrift zur Belehrung und Unterhaltung für alle
Stände. Hrsg. von Aloys Schreiber. Heidelberg.
Jg. 1806.
Wh II 65
Jg. 1807. ⟨Arnim B 1995.⟩
Wh II 262

Wüstholtz, Johann

Der Lutherisch Lobwasser [. . .]. Rothenburg o. d. T. 1617.
⟨Kat. II, Nr. 746.⟩
Wh II 4a, KL 69a
IV: KL 35

Zaupser, Andreas (1746–95)

Versuch eines baierischen und oberpfälzischen Idiotikons [. . .].
München 1789.
IV: Wh III 127a, 127b

Zeitvertreiber, Kurtzweiliger

Siehe: de Memel, Johann Peter.

Zeitvertreiber, Musicalischer

> Musicalischer Zeitvertreiber [...]. Hrsg. von Paul Kauffmann. Nürnberg 1609.
>> Wh III 48a, 71c, (2 Lieder) 98
>> TV: Wh II 427

von Zesen, Philipp (1619–89)

> Frühlings Lust, oder Lob- und Liebes-Lieder. Hamburg 1642. ⟨Arnim B 985.⟩
>> Wh II 3, 32

Zincgref, Julius Wilhelm (1591–1635)

> Emblemata. Frankfurt a. M. 1624. [1619.]
>> Wh II Stichtitel.
> Teutscher Nation Klug-außgesprochene Weißheit / Das ist [...] von Griechen Apophthegmata genannt [...]. Amsterdam 1653. [1628.] ⟨Kat. I, Nr. 249.⟩
>> IV: Wh II 344a

2. Fliegende Blätter, aus denen übernommen wurde

Die erste Herkunftsangabe im Wh überhaupt lautet »Altes fliegendes Blatt aus Kölln« (Wh I 15). Insgesamt begegnet die Bezeichnung »Fliegendes Blat« (oder »Blatt«) in 84 Herkunftsangaben des Wh (34 in Wh I, 42 in Wh II, 8 in Wh III). Genauere Hinweise auf Entstehungszeit oder Druckort treten innerhalb dieser Zahlen deutlich zurück, während auf Kontaminationen mehrerer Blätter viermal verwiesen ist (Wh II 154, 158, 216, 386). Verglichen mit andern Angaben sind diese Herkunftsvermerke sowohl was ihre Art wie was ihre Zahl betrifft relativ genau; denn es dürften in der Tat (von einigen Flüchtigkeiten oder Mystifikationen abgesehen; vgl. z. B. Erl. zu Wh II 405) in etwa 100 Fällen (d. h. etwa 15 Prozent aller Wh-Lieder) Fl. Bl. als Haupt- oder Teilvorlage herangezogen worden sein. Nachprüfbarkeit der jeweiligen Vorlagen, die den Herausgebern weitgehend unerwünscht sein mußte, wurde (und wird) durch die Angabe »Fliegendes Blatt« nicht gerade erleichtert; so ist diese Art des Herkunftsvermerks (neben dem noch vieldeutigeren »Mündlich«) die häufigste im Wh –

dadurch zugleich zum Begriff geworden und begegnet in dieser Form auch in Grimms DS (vgl. z. B. Nr. 127 und 500).

Nachdem schon 1773 Herder in seiner Aufsatzsammlung *Von Deutscher Art und Kunst* mit dem Untertitel *Einige fliegende Blätter* offenbar auf dieses literarische Phänomen angespielt hatte, nennt Röther 1795 in der Vorrede zu seiner ungedruckt gebliebenen Volksliedersammlung (die er später Brentano schenkte) als seine Hauptquelle »die fliegenden Blätter, gewöhnlich mit dem Titel ›Schöne weltliche Lieder‹ und der Unterschrift ›gedruckt in diesem Jahr‹, die nirgends so häufig als in Schwaben und Franken gedruckt und auf Jahrmärkten, Kirchweihen u. s. w. verkauft werden« (Alemannia 10, 1882, S. 143). Als »Fliegendes Blatt« bezeichnen Arnim und Brentano auch frühe Einzeldrucke des 15.–17. Jh.s, vor allem aber jene von Röther charakterisierten Sammlungen von meist 2–8 Liedern auf einem oder mehreren zusammengelegten Doppelbogen im Quartformat, schlechten Papiers und flüchtigen Drucks, die hauptsächlich seit der Mitte des 18. Jh.s, um 1800 kulminierend, in Mengen verschleudert wurden und nicht selten die wirtschaftliche Basis ganzer Verlage darstellten. Da sie ausschließlich auf Massenabsatz berechnet waren, paßten sie sich dem sogenannten volkstümlichen Geschmack in jeder Hinsicht an: Es finden sich nur populäre geistliche und weltliche Lieder, nicht selten durch Eingriffe des Redakteurs gekürzt, umgestellt, vereinfacht und durch eine Unmenge von Mißverständnissen und Druckfehlern eines flüchtigen Setzers entstellt. Auch weil die staatlichen Zensurbehörden dieser beliebten Volkslektüre mehr und mehr Aufmerksamkeit widmeten, erschienen die meisten ohne Druckort und -jahr, nur selten mit Angabe des Verlags. Die Verlage Solbrig in Leipzig, Littfas und Zürngibl in Berlin sind am häufigsten im Impressum der Blätter genannt und lassen sich darüber hinaus anhand gewisser Numerierungssysteme und typischer Blattverzierungen oft als Hersteller ermitteln.

Arnim entwickelte im Brief an Brentano vom 9. Juli 1802 im Blick auf die Popularität dieser Blätter zunächst die Idee, in solcher Form große Dichtungen weiteren Kreisen zugänglich zu machen: »Ich sehe schon manche fünf schöne neue Lieder, gedruckt in diesem Jahre aus unsrer Drukerey kommen.« Das Wh ging indes den umgekehrten Weg; Arnim scheint bereits auf seiner Schweizer Reise (1802) solche Drucke erworben und gesammelt zu haben (vgl. Erl. zu Wh I 79); Brentanos bibliographisches Interesse dürfte allerdings der Hauptanteil des entsprechenden Materials zu verdanken sein. An den Antiquar Mozler schreibt er z. B. am 7. Juni 1805: »Noch mahls muß ich

ihnen auseinander setzen auf waß ich eigenlich sammle [. . .] Romanzen, von welchen viele noch in den fliegenden Blättern auf Jahrmärkten herum getrieben werden.«

Die Suche nach den Fl. Bl., die als Vorlagen herangezogen wurden, ist
besonders schwierig, da sich im gesamten erhaltenen Wh-Material
insgesamt nur fünf Fl. Bl. finden, von denen drei (im BN) zweifellos
erst nach 1810 gedruckt wurden; die wenigen Blätter in der Arnim-
Bibliothek stehen sämtlich nicht im Zusammenhang mit der Wh-
Redaktion (die Vorlage zu Wh I 371 ist hier lediglich als Duplikat
enthalten). Daraus erhellt zweierlei: Einmal haben Arnim und Bettina
auch nach Veröffentlichung der Wh noch weiterhin Fl. Bl. gesammelt, so daß selbst nachweislich aus Arnims Nachlaß stammende
Blätter nicht unbedingt als mögliche Vorlagen angesehen werden
können (BC und Bode vermeiden diesen Fehler nicht immer); zum
andern ist demnach die Masse der fürs Wh gesammelten Blätter nicht
mit den Hs. erhalten geblieben, sondern offenbar verschenkt und
verkauft worden. Brentanos Katalog (II, Nr. 2762; vgl. auch
Nr. 3622) weist eine entsprechende Position aus: »26 Heftchen, in
jedem einige Volkslieder, zumeist ›gedruckt in diesem Jahre‹. Es
scheinen dieselben sämmtlich im Anfange dieses Jahrh. gedruckt zu
sein« (wahrscheinlich ist auch ein hs. Vermerk Varnhagens in Kat. I,
S. 31, auf Einzeldrucke zu deuten: »Noch übrige unverzeichnete
Stücke aus Futteral«). – Wer sie 1853 erworben hat, ist ungewiß;
vielleicht wurden sie auf der Versteigerung gar nicht abgesetzt und
wanderten in ein Antiquariat (s. u.). Eine zweite Spur gibt Uhlands
Brief an Laßberg vom 28. 11. 1828: »Herr Meusebach in Berlin soll
die bedeutendste Sammlung derselben [Fl. Bl.] besitzen.« Meuse-
bachs Bibliothek ging bekanntlich auf Initiative Bettinas als Geschenk
Friedrich Wilhelms IV. an die StB Berlin; auf diesem Weg kam nachweislich zumindest den Band Yd 7909 nach Berlin. Der Band Yd 7910
trägt auf dem Rücken von der Hand Jacob Grimms die Aufschrift
»Deutsche Lieder«. Auf dem Vorsatzblatt steht:« KHG von Meusebach. Geschenk aus der Gütergemeinschaft der Brüder Jacob und
Wilhelm Grimm zu Göttingen, als sie in den schönen lieberreichen
Tagen vom 13. April 1833 Mittags bis zum 24. April Morgens ihr Gast
war.« – Diese Spuren dürften letzlich auf Blätter aus Brentanos
Besitz zurückführen (zumal aus Yd 7909 drei Lieder ins Wh aufgenommen wurden), da die Blätter aus Arnims Besitz anscheinend bis
Ende des 19. Jh.s im Wiepersdorfer Nachlaß verblieben (vgl. dazu
etwa Bettinas Brief an den Herausgeber der NA, Rudolf Baier, vom
22. 9. 1845: »Ich habe hier in der Bibliothek noch eine Sammlung

fliegender gedruckter Volkslieder, die Arnim zum lezten Band Wunderhorn gesammelt hat, leider sind sie bei dem Brand auseinander gefallen«; K. Gassen, Bettina von Arnim und Rudolf Baier, Greifswald 1937, S. 48). Die Frage nach der Herkunft der übrigen zahlreichen und umfänglichen Sammelbände Fl. Bl. der Berliner Bibliotheken kann nur sukzessive und heute noch keinesfalls befriedigend beantwortet werden. Bode, der grundsätzlich nur mit Erks Abschriften aus dem Wh-Material arbeitete, hat die Berliner Fl. Bl. nur ausnahmsweise zu Vergleichen herangezogen, da er die Originale wohl noch in dem ihm unzugänglichen Wiepersdorfer Nachlaß vermutete. Dem war indes nicht mehr so, wie die hs. Eintragungen Arnims auf Fl.Bl. Yd 7922,38.3 und viele hs. Notizen Erks (hauptsächlich in den Bänden Yd 7919–25) erweisen. Da gerade in Arnims Notierungen ein Buchstabe ganz, ein anderer halb abgeschnitten ist (so auch bei zahlreichen Eintragungen Erks; z. B. Yd 7876. 1.3, wo Erks Hinweis auf NA I 178 durch Beschneidung zu Wh I 17 verstümmelt ist), müssen die Blätter erst später in Sammelbände gebunden worden sein. Der Accessionskatalog der Deutschen StB Berlin weist unter dem 11. Juni 1881 aus: »400 Liederdrucke aus der 2. Hälfte des 18. und dem Anfange des 19. Jahrhunderts. 4 gebundene Bände und 1 Convolut einzelner Drucke« (als Verkäufer wird der Antiquar Albert Cohn, Berlin, genannt). Da die Bände Yd 7919, 7920 und 7922 auf dem Einbandrücken die Zahlen I, II bzw. IV tragen, ist der seit 1928 verschollene Band Yd 7921 mit Sicherheit Band III gewesen. Diese vier Bände wurden also vom Antiquar Cohn (1827–1905; Mitarbeiter des Shakespeare-Jb.s) neben mehreren ungebundenen Einzelblättern erworben. Das gibt die Gewähr, daß Cohn Konvolute aus dem Wh-Material erworben hat, die dank ihres bis heute unveränderten Bucheinbandes durch kein Blatt anderer Herkunft ergänzt wurden; ähnliches läßt sich auch für die erst in der StB zusammengebundenen Konvolute Yd 7923–25 annehmen. Da der Accessionskatalog 400 Blätter nennt, die umfänglichsten Konvolute aber selten mehr als 100 Stücke zählen, ergibt ein Vergleich der Stückzahlen der genannten Bände, daß die von Cohn verkauften Blätter wie folgt erhalten sind:

Yd 7919 (Band 1)	104 Stücke
Yd 7920 (Band 2)	51 Stücke
Yd 7922 (Band 4)	45 Stücke
Yd 7923	24 Stücke
Yd 7924	33 Stücke
Yd 7925	47 Stücke
	304 Stücke

Auf den verschollenen Band Yd 7921 (Band III), der nach Ausweis von Wh I 50 (s. dort) mit Sicherheit aus Wh-Material zusammengestellt war, entfielen demnach 96 Stücke – eine besonders schmerzliche und nur notdürftig auszufüllende Lücke, auf die zweifellos einige Desiderata unter den Vorlagen zurückgehen (die Stücke, mit denen Kopp arbeitete, Crailsh., S. 96, bieten nur eine Parallele, und zwar zu Wh I 64: Yd 7921.19.1). Daß die 304 Stücke aus dem Wh-Material stammen, erweisen nicht zuletzt zahlreiche Abschriften dieser Blätter im Erk-Nachlaß, die den Vermerk »Von Arnim's Sammlung« tragen (vgl. z. B. E 26,465; 28,889, u. v. a.). Ob sie von den Erben Arnims an Cohn verkauft wurden oder von Erk selbst (gest. 1883), ist ungeklärt.

Über den Antiquar Breslauer gelangte der Band Yd 5154 (50 Stücke) in die Deutsche StB Berlin, so daß diese Stücke wohl nicht zum Wiepersdorfer Nachlaß gehörten und vielleicht Brentanos Eigentum waren.

Somit ist für fast die Hälfte der nachgewiesenen Fl.-Bl.-Vorlagen der Druck ermittelt, den Arnim oder Brentano in Händen hatten. Das gilt darüber hinaus für die im British Museum London befindlichen Blätter aus dem Nachlaß Gräters, die Arnim Anfang 1806 zur Verfügung standen (vgl. Arnims Brief an Brentano vom 26. 1. 1806). Bei den übrigen ermittelten Quellen dieser Art ist solche Möglichkeit zwar nicht auszuschließen, aber (vor allen bei den nicht in Berlin befindlichen Blättern) auch nicht sehr wahrscheinlich. Indes dürfte es sich in den meisten Fällen um die gleichen Drucke handeln, so daß der wahrscheinliche Verlust der Originalmaterialien hier kaum ins Gewicht fällt.

Literatur: A. Kopp, Deutsches Volks- und Studentenlied in vorklassischer Zeit. – Im Anschluß an die bisher ungedruckte von-Crailsheimsche Liederhs., Berlin 1899; A. Tille, Verzeichnis von 1802 konfiszierten Volksliedern, in: Mitt. des Vereins f. Sächs. Volkskunde 3, 1903–05, S. 133–136; G. Witkowski, Verzeichnis der im Verlage der verwitweten Solbrigin in Leipzig herausgekommenen Volkslieder, welche anbefohlenermassen zur Censur gelangt sind. Anno 1802, in: Mitt. des Vereins f. Sächs. Volkskunde 4, 1906–08, S. 299–309; Bode, S. 89–91; E. Seemann, Newe Zeitung und Volkslied, in: JbVldf 3, 1932, S. 87–119; H. Schewe, Die Ballade »Es spielt ein Ritter mit einer Magd«, Diss. Berlin 1917, S. 18 [u. ö.]; Schewe, 1932, S. 122 f.; Schewe, 1956, S. 55; H. Rölleke, ›Kriegslieder‹ – Achim von Arnims Imitation eines Fl.Bl.s im Jahre 1806, in: JbVldf 16, 1971, S. 73–80.

Die folgende Aufstellung ist nach Standorten und Signaturen geordnet. Überlieferte Erscheinungsjahre sind in Klammern beigefügt.

UB Heidelberg

Heid. Hs. 2110,49 (1553)   Wh I 270
Heid. Hs. 2110,56 (1758)   Wh I 134 (Spuren von Arnims Hand)

Deutsche StB Berlin (Ost)

Yd 5154
Der Band enthält zwischen 1790 und 1794 gedruckte Lieder; Register und Ergänzung des Bl.s 46 von unbekannter Hand.

5154.7.3	Wh II 24
23.3	TV: Wh II 191a
29.2	TV: Wh II 158
42.1	Wh II 366
43.5	TV: Wh II 383

Yd 7801
7801.9   Wh III 52

Yd 7856
7856.14.2   EV: Wh I 15

Yd 7876
7876.1.4 (1758)   TV: Wh I 188

Yd 7896
Der Band enthält zwischen 1789 und 1814 gedruckte Lieder.

7896.4.2	Wh III 36
9.2	Wh I 149
	TV: Wh II 48

Yd 7902
7902.III.16.2   Wh II 371

Yd 7903
Der Band enthält Drucke der Zürngiblschen Druckerei in Berlin.
7903.48.5   Wh III 79

Yd 7904

7904.I.42.3	TV: Wh I 188
I.42.4	TV: Wh I 43
I.42.5	TV: Wh I 112
III.116.4	TV: Wh I 145

Yd 7905
   7905.32 (1790)   Wh III 20

Yd 7909
Beschreibung: Kopp, Crailsh., S. 17 [u. ö.] (wahrscheinlich in Nürnberg oder Altdorf gedruckt).
   7909.3.1   Wh II 127
      13.5   TV: Wh II 154
      35.1   Wh II 47

Yd 7911
Alter Einband mit der Aufschrift: »Gedrückte Arien. JW. v. F. 1.8.0.7.«
   7911.37.3   Wh II 58

Yd 7912
119 Drucke des Verlags Solbrig in Leipzig; Numerierung A–Z, Aa–ZZ, Aaa–Ppp.
   7912.40.6   TV: Wh I 61
      93.2   Wh III 167

Yd 7914
Einige Drucke von Christian Everaets, Köln; wohl sämtlich um 1800.
   7914.5.13 (ein Sammelheft *Ganz neue Lust-Rose*, 1801: zugleich in Arnims Bibliothek NFG/ZB B 1280)
                        Wh I 371

Yd 7919
Rückenschild: »Fliegende Blätter 1780–18—«.
   7919.4.6   Wh III 27
      4.7   Wh I 325
     10.2   TV: Wh II 17
     12.3   Wh I 137
     27.1   TV: Wh I 384
     30.6   TV: Wh III 38
     32.1   Wh II 129
     40.3   TV: Wh II 216
     54.4   TV: Wh I 145
     59.1   Wh II 14
     72.5   Wh III 17
     75.1   Wh I 220
     76.2   Wh III 13
     76.4   Wh I 308
     80.1   Wh I 159

90.1	Wh I 372
(91.7)	TV: Wh III 83
92	Wh III 135
100.2	TV: Wh III 141
101.2	TV: Wh I 315
104.2	TV: Wh II 25
104.3	TV: Wh II 216

Yd 7920

Vgl. Kopp, Crailsh., S. 16 [u. ö.]; zwischen 1782 und 1806 gedruckte Lieder, viele aus Köln.

7920.1.1	TV: Wh I 289
5.3	Wh I 93a
7.3	Wh I 189
16.3	TV: Wh I 289
16.4	Wh I 329
19.2 (1802)	Wh I 117
34.3	Wh I 341
36.4	Wh II 61
47.1	Wh I 373

[Yd 7921]

Vgl. Kopp, Crailsh., S. 17 [u. ö.].

[7921.27.1]	Wh I 50

Yd 7922

Meist Ende des 18. Jh.s gedruckte Lieder.

7922.5.3	Wh I 306b
5.4	Wh I 34
13.6	TV: Wh I 61
20.3	Wh I 214
22.3	Wh I 78
31.5	Wh I 203
38.3	Wh I 79 (Notizen von Arnims Hand)
40.1	Wh I 142
41.2	TV: Wh I 178
43.1	Wh I 322

Yd 7924

Meist zwischen 1802 und 1806 gedruckte Lieder.

7924.14.1	TV: Wh II 154

Yd 7926

7926.28.1	Wh I 64

Yd 8968	Wh II 243
Ye 36.1	Wh II 212
Ye 1650.2 (1646)	Wh III 138
Ye 6686.5 (1632)	Wh II 93
Ye 9790.5	Wh I 241

StdtB Frankfurt a. M.

L 522	TV: Wh II 103
	Wh II 111
	Wh II 336
	Wh II 339

StdtB Hamburg

A–56	Wh I 237

The British Museum London

Über den Berliner Antiquar Cohn gelangten Teile des Bücherschatzes Wendelin von Maltzahns 1885 an das Britische Museum; von Maltzahns Bestände lassen sich z. T. auf von der Hagens Nachlaß zurückführen, der seinerseits Teile aus Gräters Flugschriftensammlung enthielt (vgl. Erl. zu Wh II 175).

11517.de.11	Wh II 62
11517.ee.54 (1631)	Wh II 95
11522.df.17.2	Wh II 229b
11522.df.109	Wh II 175

StB München

P.o. germ. 1685	EV: Wh I 356

Bürger Bibliothek Schaffhausen

E. C. 28.26.3	Wh II 386

UB Tübingen

DK XI 1088	Wh II 237

Bibliotheca Vaticana

Pal. VI 54	Wh III 154

StdtB Wien

   E 80390   Wh II 350

StdtB Winterthur

   C 620.50   Wh III 113

UB Zürich

   Gal. XVIII   Wh II 369
   Gal. XVIII   TV: Wh III 38

StB Berlin, Preußischer Kulturbesitz

   Ms. A 244 (Nachlaß Erks): Abschriften aus dem Wh-Material.
   E 28,795   (1763)   Wh I 140
   E 26,402   Wh I 358
   E 29,134   Wh I 396

Württembergische Landesbibliothek Stuttgart

   Cod. misc. 4° 30 (Nachlaß Gräters): Abschriften Fl.Bl., die Arnim
   benutzte.
   Kasten II, Nr. 27   TV: Wh II 103

BC

   Abdruck aus dem Wh-Material.
   BC II, S. 614   Wh II 22

NA

   Abdruck aus dem Wh-Material.
   NA I, S. 374   Wh I 374

Ersatzvorlagen
   G. Forster: Der dritte teil / schöner / lieblicher / Teutscher Liedlein [. . .]. 3. Aufl. Nürnberg 1563. Nr. 19.
                       Wh III 19
   H. Harmjanz: Die deutschen Feuersegen. Helsinki 1932. S. 3.
                       Wh I 21
   O. Schade: Vom deutschen Handwerksleben in Brauch, Spruch und Lied. In: WeimJb 4,2 (1857) S. 340 f.
                       Wh II 390

F. Sieber: Deutsch-westslawische Beziehungen in Frühlingsbräuchen. Berlin 1968. S. 132 f. und 218.

Wh I 161a

StB München. Cod. germ. 7340/II. Nr. 94. S. 73 f. (sog. Stubenberger Hs.)

Wh II 373

R. Wissell: Des alten Handwerks Recht und Gewohnheit. Bd. 2. Berlin 1929. S. 233–235.

Wh II 70

3. Ältere handschriftliche Codices, aus denen übernommen wurde

Codices des 15.–17. Jh.s und Sammelhs. des 18. Jh.s lagen in verhältnismäßig großer Zahl bei der Wh-Redaktion vor. Die Fülle meist anonymer Meisterlieder und volkstümlicher Gedichte der Barockzeit würde eine eigene Edition manchen Bandes rechtfertigen, da aus ihnen insgesamt nur etwa 40 Lieder ins Wh aufgenommen wurden (entsprechend wertet Brentano im Brief an die Brüder Grimm vom 9. 6. 1808 einmal einen dieser Ms.bände ab: »lauter schoffele Lieder von 1700«; Steig IV, S. 20). Nicht nur aus den überhaupt herangezogenen alten Hs. wurden unverhältnismäßig wenig Lieder übernommen: Darüber hinaus blieben ganze Codices unberücksichtigt. Dafür können hier nur einige Beispiele angeführt werden:
Heid. Hs. 2112, Liedersammlung des Nikolaus Barnsdorf von 1639; 122 Bl. mit Liedern des frühen 17. Jh.s in zeitgenössischem Schweinslederneinband mit der Widmung: »Subscriptus macht sich ein Vergnügen daraus dem Herrn Clemens Brentano, Gelehrten in Cassel dieses alte Liederbuch zu übersenden, weil vielleicht einiges zu der herauszugebenden Sammlung passt. Der Medizinalrath von Halem. Aurich in Ostfriessland d. 14. Jun. 1808.« – Kam diese Sendung für die Wh-Redaktion wahrscheinlich zu spät, so lag doch z. B. ein zweiter Meistersingerband aus Arnims Besitz zweifellos seit 1805 vor (StB Berlin, Preußischer Kulturbesitz, Ms. germ. 2° 22; s. u. zu Ms. germ. 2° 23); auch der Codex Ms. germ. 4° 875 war wohl seinerzeit schon in Brentanos Besitz, da er von Jacob Grimms Hand den Vermerk trägt: »Von Clemens Brentano im Juny 1815 geschenkt erhalten.«
Da sich nicht zuletzt an der Entdeckung und dem Erwerb der ältesten dieser Handschriften die Idee zur Sammlung und Herausgabe ›Alter deutscher Lieder‹ entzündete (s. Erl. zu Wh I 103), bleibt es zunächst

verwunderlich, daß die Gruppe dieser Überlieferungsträger insgesamt nur mit etwa 5 Prozent aller Wh-Lieder am schwächsten überhaupt vertreten ist. Die verhältnismäßig geringfügige Verwendung dieses Materials hat zum ersten äußerliche Gründe: Die Hs. sind z. T. nicht nur schwer lesbar, sondern auch sprachlich so veraltet, daß ihrem Verständnis durch die Wh-Herausgeber und vor allem die Leser des Wh beträchtliche Schwierigkeiten entgegenstanden; zum andern kamen viele Lieder ihrer Länge, aber auch ihres oft wenig originellen Inhalts und vor allem ihres ausgeprägt meistersängerischen oder barock-schäferhaften Stils wegen nicht in Betracht.

Bis auf die Übernahmen aus dem durch Goethe vermittelten Meistersingerbuch Voigts (Wh III 144) und aus Stromers Memorialbuch (Wh II 209 und III 146) dürften die schwierigen Bearbeitungen dieser Lieder wohl sämtlich auf Brentano zurückgehen, der entsprechend einmal Arnim gegenüber generell auf sein Verdienst hinweist, Gedichte »aus dem Meisterton in den Liederton« umgesetzt zu haben (Februar 1808).

Die Überlieferungslage ist trotz der unspezifischen Herkunftsangaben verhältnismäßig gut. Wenn auch im direkten Wh-Material von den benutzten Sammlungen lediglich die des späten 17. und des 18. Jh.s (nicht aber die meist kalligraphischen älteren Codices) verblieben, so ist doch dank der Arnimschen und Meusebachschen Schenkungen an die Berliner Bibliothek das wichtigste Material erhalten geblieben.

Bedauerlich ist die momentane Unauffindbarkeit des Stromerschen Codex, der bis heute im Privatbesitz blieb, und des Kolerschen *Rüefbüechls*, das aus Brentanos Nachlaß in Privatbesitz überging; doch schaffen hier offenbar recht genaue Abdrucke Ersatz. Ähnlich steht es mit den gänzlich verschollenen Hs. des 18. Jh.s, die für Wh II 8 und III 137b herangezogen wurden. Über Herkunft und Verbleib der Vorlagen zu Wh I 75, 354, II 214 und 353 ist hingegen nie etwas bekanntgeworden; hier mußte in zeitgenössischen Parallelüberlieferungen Ersatz gesucht werden. Schließlich ist zu KL 44 die Übernahme aus der auch sonst herangezogenen Sammelhs. BN Sa 22 so gut wie sicher; die direkte Vorlage ist indes anläßlich der Redaktion der NA abhanden gekommen.

UB Heidelberg

Heid. Hs. 2110,25
Sammelhs. um 1700.

(2 Lieder) KL 28

Heid. Hs. 2110,30
Hs. Liederheft, wohl noch aus dem 17. Jh.
Wh II 441

Heid. Hs. 2110,37
Liederhs. des 18. Jh.s.
Wh III 7

Heid. Hs. 2113
Hs. Liederheft. Auf dem Deckblatt: *Lieder-Büchlein von Johannes Mayer zusammen getragen und zum Zeit-Vertreib aufgesetzt im Jahr 1768.* Auf S. 70 einige später eingefügte Daten: »1803«, »21. 3. 1805«.

Wh III 80
TV: Wh I 382
TV: Wh II 399

Heid. Hs. 2115
Hs. Liederheft. Auf der Innenseite des vorderen Deckels steht in der Hs. Wielands: »Wieland. 1808.« Nach Ausweis der Schrift und der Entstehungsdaten einiger Lieder ist die Zusammenstellung in der 2. Hälfte des 17. Jh.s anzusetzen.

Wh III 78
Wh III 87
Wh III 90
Wh III 95

Stadtarchiv Stralsund

BN Sa 5
Hs. Liederheft, wohl vom Anfang des 17. Jh.s.
Wh I 165

BN Sa 22
Fragmentarisch erhaltenes Heft in Quartformat mit Abschriften aus einer Liedersammlung des 17. Jh.s. Da ein Lied Ereignisse des Jahres 1633 behandelt, ist die Entstehung der Originalsammlung wohl noch vor 1650 anzusetzen.

Wh II 74
Wh II 82

          Wh II 90
          KL 3
          KL 47 (Hs. Vorlage verschollen.)

StB Berlin, Preußischer Kulturbesitz

Ms. germ. 2° 23
Papierhs., 261 Blatt; enthält in der Hauptsache Lieder Nürnbergischer Meistersänger, von denen einige zwischen 1529 und 1540 datiert sind.

          TV: Wh II 5
          Wh II 223
          Wh II 269
          Wh II 445

Ms. germ. 8° 230
Vgl. die Erl. zu Wh II 360.

          Wh II 360

Ms. germ. 2° 481
Papierhs., 282 Blatt: *Cronica Der Freyherrn zue Hohenstauffen*, 1582.

          Wh II 145

Ms. germ. 4° 659
Papierhs des frühen 16. Jh.s

          Wh I 277

Ms. germ. 4° 719
Zwischen 1470 und 1473 entstandene Papierhs.

          Wh I 223
          Wh I 386
          TV: Wh I 378

Ms. germ. 4° 764
Bildete ursprünglich mit Ms. germ. 4° 719 eine Einheit.

          Wh I 103

UB Jena

Ms. El. f. 100
Papierhs. von 1558.

          Wh III 144

Stromer-Archiv, Altdorf B 24

Stromers Memorialbuch von 1581. Seit 1962 verschollen. Abdruck in:

BC II, S. 27	Wh II 209
BC II, S. 18	Wh III 146

Ersatzvorlagen

Alemannia 9 (1881) S. 48	Wh I 151
E 42,300	Wh II 8
BC II, S. 208	Wh III 137b
W. Deutsch / G. Hofer: Die Volksmusiksammlung der Gesellschaft der Musikfreunde in Wien. Tl. 1. Bd. 1. S. 116.	
	Wh II 353
StB München. Cod. germ. 5290, H, S. 69	
	Wh II 214
Alemannia 2 (1875) S. 127	TV: Wh I 75
BC I, S. 521	TV: Wh I 75

4. Einsender handschriftlicher Vorlagen und Helfer, deren Abschriften als Vorlage dienten; Vermittler von *Wunderhorn*-Liedern und -Material

Hs. Aufzeichnungen nach mündlicher Überlieferung hat man lange für das Ideal der Wh-Herausgeber gehalten – im Grunde bestimmt diese Vorstellung noch heute die Lesererwartung. Das ist in mancher Hinsicht unrichtig. Einmal machen die erhaltenen Aufzeichnungen Arnims und Brentanos aus mündlicher Tradition nur einen Bruchteil aller Materialien aus (von Arnims Hand findet sich bezeichnenderweise nicht ein Ms. dieser Art), zum andern wurde erst durch Arnims Aufruf am Ende von Wh I und Brentanos planmäßige Werbung um Einsendungen durch Zirkularbriefe eine nennenswerte Anzahl solcher Beiträge gewonnen. Es bleibt jedenfalls festzuhalten, daß trotzdem die Anzahl der direkt aus Büchern oder Zs. übernommenen Lieder die Übernahmen nach hs. Einsendungen weit übersteigt.
Beim ersten Band war die Beteiligung Dritter noch besonders gering. Nur Bettina und Albert Ludwig Grimm steuerten mehreres bei; Einzelbeiträge von Danquard, Nehrlich und Caroline Rudolphi fallen dagegen kaum ins Gewicht. Einsendungen unbekannter Hand (u. H. I–IV) bzw. durch Brentano oder Arnim veranlaßte Abschriften (etwa

durch Brentanos Gattin Sophie oder durch Arnims Diener Frohreich) wurden insgesamt in nur sieben Fällen herangezogen. Diesem geringfügigen Anteil hs. Beiträge entspricht wohl die geringe Zahl von Einsendungen überhaupt, die seinerzeit vorlag. Erst nach der Veröffentlichung von Wh I zeigten sich Erfolge, so daß Brentano schon im Juli 1807 an Arnim ohne Übertreibung schreiben konnte: »ich habe Lieder in die Tausende«. In der Tat haben sich im Wh-Material auf mehr als 4000 Seiten an die 5000 hs. Liedaufzeichnungen erhalten (von den Sammelhs. des 15.–18. Jh.s abgesehen; die Zahl der Hs., die erst nach Vollendung des Wh noch hinzugekommen sind, wird wohl durch den Umfang der seither zerstreuten und verlorenen Materialien mehr als ausgeglichen). Arnim bestätigte später diese Tatsache; in seiner Rezension von Henriette Schubarts Übersetzung der *Schottischen Lieder* Walter Scotts (in: A. v. A., *Unbekannte Aufsätze und Gedichte*, hrsg. von L. Geiger, Berlin 1892, S. 80) schreibt er: »die mühsamste Arbeit bestand, bei den letzten beiden Bänden, in dem Absondern unter der Masse des Uebersandten«. Von den schätzungsweise 150 verschiedenen Hs., die im erhaltenen Wh-Material begegnen, wurden etwa 50 für das Wh herangezogen. Insgesamt sind durch Nennung im Wh selbst oder in der zugehörigen Korrespondenz die erhaltenen Hs. von 24 Beiträgern identifizierbar; fünf weitere, deren Aufzeichnungen selbst verschollen sind, können indirekt nachgewiesen werden (Creuzer, Hinze, Jäck, Merck-Heft, Schlosser). Dagegen lassen sich nur sehr wenige der unberücksichtigten Hs. einem bestimmten Einsender zuordnen. Die nicht identifizierten, fürs Wh benutzten Hs. verteilen sich auf 16 verschiedene Konvolute. Gerade hier bleibt besonders zu berücksichtigen, welche Hs. Originalbeiträge (vgl. etwa u. H. III, IX, XV) und welche bloße Abschriften (vgl. etwa u. H. II, VII) von (meist verschollenen) Originalbeiträgen sind. Zur letzteren Gruppe gehören aus den identifizierten Schreibern jedenfalls Sophie Mereau und Frohreich, z. T. aber auch Bettina (deren Originalbeiträge andrerseits z. T. nochmals in Abschriften durch u. H. VII vorliegen).

Insgesamt sind ins Wh etwa 230 Lieder namentlich bekannter, 60 Lieder nicht namentlich bekannter Einsender aufgenommen worden. Die extreme Disproportion dieser Zahlen gegenüber der Gesamtsumme der bis heute erhaltenen hs. Liedaufzeichnungen für das Wh (etwa 5000) spiegelt sich noch 1811 in Brentanos resignierender Äußerung, er habe bei all seiner Bemühung gerade um hs. Beiträge »kaum zehn Einsender gehabt, und unter diesen etwa vier bis fünf brauchbare« (Januar 1811 an die Brüder Grimm); damit ist die Relation zwischen eingesandten und für das Wh verwendbarem Material zwar übertreibend, aber grundsätzlich treffend angedeutet. Die folgende Aufstellung zeigt deutlich, wie besonders die Aufzeichnungen Bettinas (21), der Brüder Grimm (28), der Auguste von Pattberg (24), A. L. Grimms (12) und vor allem Nehrlichs (93) bevorzugt wurden: Ihre Beiträge machen nicht weniger als 80 Prozent aller Aufnahmen namentlich bekannter Mitarbeiter aus.

Am 15. März 1808 hatte Brentano schon eigens Arnim gebeten, besonders die Einsendungen Nehrlichs und der Frau von Pattberg zusammenzuhalten: »ich will allen Vorrath, dann zusammenbinden laßen, waß mir eine wichtige Sammlung werden kann«. Dieses besonders charakteristische Phänomen bedarf noch näherer Untersuchung: Gerade die Einsendung der auch dichterisch tätigen Mitarbeiter, die ihre Beiträge zweifellos überarbeiteten, hier und da sogar selbst dichteten, wurden von Brentano eindeutig bevorzugt. Dem entspricht, daß die Einsendungen der Frau von Pattberg und Nehrlichs nur selten gravierend umgestaltet wurden, während sich z. B. die um Texttreue bemühten Aufzeichnungen Jacob Grimms mancherlei Überarbeitungen gefallen lassen mußten. Ähnliche Tendenzen lassen sich bei Arnim feststellen. Es ging also beiden Herausgebern keinesfalls um die unverfälschte Wiedergabe ›echter‹ Volkslieder, d. h. getreu nach mündlicher Überlieferung aufgezeichneter Lieder, sondern vielmehr um eine Sammlung volkstümlicher Lieder in einem einheitlichen Ton, dem zwar schwer spezifizierbaren, aber unverkennbaren Wh-Ton. Aufzeichnungen, die diesen Ton bereits ›haben‹, wurden bevorzugt; die übrigen wurden auf diesen Ton umgestimmt.

Namen der Vermittler von Büchern, Zs., Fl. Bl., hs. Liedersammlungen oder Einzelniederschriften lassen sich aus dem Wh selbst, aus Eintragungen in den Hs. und aus der Korrespondenz ermitteln; ein wichtiges Korrektiv ist die Dankadresse (vgl. HKA 9,3, S. 407).

So unterschiedlich wie die Form der vermittelten Beiträge ist auch der Grad der Beteiligung der Vermittler; so erleichterte z. B. Goethe lediglich die Einsicht in einen alten Codex, während jeweils ein hs. Codex etwa von Wieland geschenkt, von der Frau von Pattberg nur ausgeliehen (ihr indes nie zurückgegeben) wurde. Eschenburg, Gräter, von der Hagen u. a. wiesen auf gedruckte Volkslieder hin; wertvolle eigene oder fremde Aufzeichnungen vermittelten z. B. Koelle, Mozler, Veesenmeyer oder von Wessenberg.

Bang, Johann Heinrich Christian (1774–1851)

>   IV: Wh III 3 (Nr. 8)

Bertuch, Carl (1777–1815)

>   Heid. Hs. 2110,36
>   >   Wh II 417
>   >   TV: Wh III 124

Bettina; s. Brentano, Bettina

Blumenbach, Johann Friedrich (1752–1840)

>   IV: Wh II 142

Breitenstein, Franziska (Fränz); Brentanos Magd

>   Heid. Hs. 2110,36
>   >   KL 60a
>   >   TV: Wh III 68

Brentano, Bettina (1785–1859)

>   Stadtarchiv Stralsund, Au 488
>   >   Wh II 52a, 100
>   >   TV: Wh I 72, III 34
>   Heid. Hs. 2110,9
>   >   Wh I 317 (+ Arnim), II 11b, 20 (+ Brentano), 21, 201, 204b (+ Arnim), III 12, 21a, 73, KL 99c (+ Brentano; Abschrift nach Nehrlich)
>   >   TV: Wh I 300, II 25, (2 Lieder) 31, III 83, 125 (+ Brentano/ Arnim), 127a (+ Brentano/Arnim; Abschrift nach Nehrlich)
>   >   IV: KL 18
>   VN K 289 Nr. 5
>   >   Wh II 344b (+ Brentano)

Brentano, Sophie (geb. Schubart, gesch. Mereau; 1770–1806)

>   Heid. Hs. 2110,2
>   >   Wh I 283
>   >   IV: Wh I 235b

Creuzer, Georg Friedrich (1771–1858)

    KL 56b (vermutlich)

Danquard, Albert Ludwig

  VN K 289 Nr. 5
  Wh I 257, KL 36

Danquard, Karl Friedrich

  BN Sa 10
    Wh II 28, III 108
  TV: Wh III 84
  BC II, S. 214 (Abdruck aus der verschollenen hs. Wh-Vorlage)
    Wh III 21b
  BC II, S. 196 (Abdruck aus der verschollenen hs. Wh-Vorlage)
    Wh III 23a

Docen, Bernhard Joseph (1782–1828)

  Heid. Hs. 2110,36
    TV: Wh III 34 (+ Arnim)

Dorow, Wilhelm (1790–1846)

    IV: Wh II 4b

Eschenburg, Johann Joachim (1743–1820)

    IV: Wh III 48b

Fries, Jakob Friedrich (1773–1843)

  (Zeichnet Schrift zum Stichtitel von Wh II)

Frohreich; Arnims Diener.

  Heid. Hs. 2110,1
    Wh II 27 (+ Arnim), 142 (+ Arnim)
  Heid. Hs. 2110,2
    Wh I 375 (+ Arnim), II 50b (+ Arnim), 196 (+ Arnim)
    IV: Wh I 396 (+ Arnim)
  Heid. Hs. 2110,36
    Wh II 154, III 112a (+ Arnim), KL 35 (+ Arnim)

BN E 12
 IV: Wh II 302
 IV: Wh III 28 (+ Arnim)

Goethe, Johann Wolfgang (1749–1832)

 IV: Wh III 144

Gräter, Friedrich David (1768–1830)

 IV: Wh II 13, 54, 95, 103, 175, 196, 229b, KL 30

Grimm, Albert Ludwig (1786–1872)

 Heid. Hs. 2110,11
  Wh II 221
 VN K 289 Nr. 5
  Wh I 83, 90 (+ Arnim), (2 Lieder) 114a, (2 Lieder) 120, 211, 213
  (+ Arnim), 252 (+ Arnim), 259, 319
  TV: Wh I 32b (+ Arnim), 190
  IV: Wh I 43, 146, 382, II 17, 25, 154

Grimm, Jacob (1785–1863)

 Heid. Hs. 2110,19
  Wh II 52b, 383, III 112a, 118b (+ Brentano), KL 33
  TV: Wh II 31, III 65
 UB Marburg, Hs. 807
  Wh II 444, KL 83b
 StB Berlin, Preußischer Kulturbesitz, Grimm-Schrank:
  KL 77c, 87b, 93b, 96c

Grimm, Ludwig Emil (1790–1863)

 Siehe: Erl. zum Stichtitel Wh III und zum Titelkupfer I zu KL.

Grimm, Wilhelm (1786–1859)

 Heid. Hs. 2110,19
  Wh III 46, 74, KL 60b, 72b, 83a
  TV: KL 81c, 87a
 Heid. Hs. 2110,33
  Wh II 11a, KL 27b

Grimm, Brüder [u. a.]

StB Berlin, Preußischer Kulturbesitz, Ms. germ. 4° 709:
Wh II 34 (W. Grimm), 119 (unbekannte Hand), 180 (W. Grimm), 393 (W. Grimm), 435 (W. Grimm), Wh III 99 (W. Grimm), 113 (W. Grimm)

Heinze, Christian Traugott (1765–1813)

UB Bonn S 504
Wh II 210, 232, 325, 405
IV: Wh I 70, 292

Hermannj, Amelie

Heid. Hs. 2110,36
TV: KL 72c

Hinze, August Heimbert (1765–1832)

IV: Wh II 258, 260, 261

Hohnbaum, Carl

IV: Wh II 10

Höpfner, Ernst Georg (1780–1845)

Heid. Hs. 2110,36
Wh II 240b

Jaeck, Marcus Fidelis (1768–1845)

IV: Wh II 285, 294, 298 (vgl. Wh II 271)

Joseph, J. A.

IV: Wh II 17

Kaufmann, J. Heinrich (1772–1844)

Heid. Hs. 2110,1
KL 40, 90b
BN Sa 15
Wh II 374, KL 56c, 90a

VN K 289 Nr. 5
  Wh III 62
  IV: Wh II 17, 25

Kerner, Justinus (1786–1862)

Heid. Hs. 2110,37
  TV: Wh III 124
  IV: Wh II 161, 250

von Koelle, Christoph Friedrich Karl (1781–1848)

  IV: Wh II 22, 149, 161, 250

Kohler, Johann Kaspar (1778–1844)

  IV: Wh I 102, 373, III 24, 141

Leon, Gottlieb von (1757–1832)

  IV: Wh III 25

Mannel, Friederike (1783–1833)

BN Sa 17
  Wh III 16
BC II, S. 25 (Abdruck der verschollenen hs. Wh-Vorlage)
  TV: Wh II 399
  IV: Wh II 235

Mannel, Geschwister

Heid. Hs. 2110,36
  Wh III 110a
  TV: Wh III 81
BN Sa 19
  Wh II 200

Merck, Wilhelm Christian Jakob (1782–1820)

  IV: Wh II 204b, III 48b, 68

Mereau, Sophie; s. Brentano, Sophie

Mozler, Joseph Matthias (1761–1817)

    IV: Wh II 40

Nehrlich, Carl (1773–1849)

  Heid. Hs. 2110,38

    Wh II 29, 173, 179, 202, 370, III 102, 122a, 122c, 123b, 128a, 128b, 129a, 130, 131, KL 57c, 58c, 67, 68b, 69b, 71a, 72a, 73a, 73b, 74c, 75a, 76a, 80b, 81b, 88b, 89a, 91b, 91c, 92a, 92b, 92c, 93a, 93c, 95a, 96a, 96b, 99a, 99b, 99c

    TV: Wh II 410, III 24, 84, (4 Lieder) 119, 121, (4 Lieder) 124, 125, (2 Lieder) 127a, 127c, KL 58a, 80c, 81c, 101c

  VN K 289 Nr. 5

    Wh II 46, 60, 194, 208, 215b, 218, 272 (+ Arnim), 372, III 15, 18a, 60, 122b, 182, KL 101b

    TV: Wh I 32b, II 37, 294, III 40, 121, (3 Lieder) 125, (2 Lieder) 126, 127c

    IV: Wh II 17, KL 88a, 95b

  Abdrucke und Abschriften verschollener Ms.:

  BC II, S. 210 f.

    Wh III 31

  Alemannia 15 (1887) S. 100

    Wh III 123a

  BC II, S. 186

    Wh III 132a

  E 4,228

    KL 52

  Alemannia 10 (1882) S. 150

    KL 58b (Eingangsvers)

  Alemannia 11 (1883) S. 71

    KL 70a

  BC II, S. 321

    KL 79c

  BC II, S. 327

    KL 80a

  BC II, S. 122

    TV: (3 Lieder) Wh III 24

  Alemannia 10 (1882) S. 148

    TV: Wh III 124

  BC II, S. 122

    TV: (3 Lieder) Wh III 141

E 3,569
  TV: KL 66
Alemannia 10 (1882) S. 149
  TV: KL 80c
BC II, S. 333
  TV: KL 102a

Oken, Lorenz (1779–1851)

  IV: Wh II 302

von Pattberg, Auguste (1769–1850)

  Heid. Hs. 2110,33
    Wh II 19 (+ Brentano), 199, 215a, 229a, 403, III 23b, 116b, (2
    Lieder) KL 26a, 93d
    TV: Wh II 386, III 34
  BN Sa 6
    Wh III 107
    TV: Wh III 33
  VN K 289 Nr. 5
    Wh II 15, 56, 222, 376, 407, (2 Lieder) III 10, 61
    TV: Wh II 158, 206, 235, 410
    IV: Wh II 17, 187, 399, III 70

Röther, Johann Wilhelm (1766–1817)

  BN Sa 9
    KL 95 d
  BN Sa 14
    TV: KL 102a
  BC II, S. 6–8 (Abdruck der verschollenen hs. Wh-Vorlage)
    Wh II 375, 378
    IV: Wh I 292, II 154

Rudolphi, Caroline (1750–1811)

  Heid. Hs. 2110,36
    Wh I 235b (+ Arnim)
  VN K 289 Nr. 5
    Wh I 258 (+ Arnim)

von Savigny, Friedrich Carl (1779–1861)
>   IV: Wh III 3 (Nr. 8), 188, 189

Schlosser, Friedrich (»Fritz«) Johann Heinrich (1780–1851)
>   IV: Wh I 32b, 34, 50, II 235, 252, 335, III 57, 75, 85, 143

Schreiber, Aloys (1763–1841)
>   Heid. Hs. 2110,36
>   Wh II 203, KL 94

Spangenberg, Georg August (1738–1806)
>   BN Sa 13
>   Wh II 420
>   IV: Wh II 17

von Stromer, Freiherr Christoph Friedrich (1757–1828)
>   IV: Wh II 209, III 146

Uhland, Ludwig (1787–1862)
>   Wh II 250
>   IV: Wh II 274, 289

Varnhagen von Ense, Karl August (1785–1858)
>   BN Sa 21
>   Wh III 127b
>   TV: Wh III 127a

Veesenmeyer, Georg (1760–1833)
>   IV: Wh II 237, III 154

Voß, Johann Heinrich (1751–1826)
>   IV: Wh II 145

von Wessenberg, Ignaz Heinrich Karl (1774–1860)
>   IV: Wh II 285, 294, 298

Wieland, Christoph Martin (1733–1813)

    IV: Wh III 56

Die Herkunft einiger der im folgenden aufgeführten nicht identifizierbaren Hs. war schon Arnim und Brentano selbst nicht bekannt.

Unbekannte Hand I

  Heid. Hs. 2110,36
    TV: Wh I 70
  VN K 289 Nr. 5
    Wh II 271

Unbekannte Hand II
Offenbar Abschreiber(in) im Auftrag Arnims.

  Heid. Hs. 2110,2
    Wh I 93b (+ Arnim), 178 (+ Arnim)
    IV: Wh II 119 (+ Arnim)

Unbekannte Hand III
Mischhs. zweier Schreiber

  Heid. Hs. 2110,36
    Wh II 207
    TV: Wh I 313
    TV: Wh II 17

Unbekannte Hand IV

  BN E 34
    TV: Wh I 382

Unbekannte Hand V

  Heid. Hs. 2110,35
    Wh II 12, 396

Unbekannte Hand VI

  BN E 25
    TV: KL 102a

Unbekannte Hand VII

Vermutlich Abschreiberin im Auftrag Brentanos, der die in Klammern beigefügten Siglen »Schl⟨osser⟩« oder »bett⟨ina⟩« schrieb; auch die Herkunft der übrigen Abschriften läßt sich fast ausnahmslos ermitteln.

Heid. Hs. 2110,11
  IV: Wh II 34 (Schl)
Heid. Hs. 2110,32
  Wh II 21 (bett), 149 (Fl.Bl.), 161 (Kerner), 336 (Fl.Bl.)
  IV: Wh III 12 (bett), 21a (bett), 57 (Schl), 68 (Merck-Heft), 73 (bett), 137a (Uhland), 160 (Fl.Bl.), KL 18 (bett)
BN Sa 8
  IV: Wh I 252 (Kerner)
VN K 289 Nr. 5
  Wh II 252 (Schl), III 48b (Merck-Heft), 143 (Schl)
  TV: Wh II 235 (Schl), 250 (Kerner), 250 (Uhland)
  IV: Wh I 32b (Schl), 50 (Schl), II 339

Unbekannte Hand VIII

Heid. Hs. 2110,32
  Wh II 112

Unbekannte Hand IX

Heid. Hs. 2110,32
  Wh II 191b
Heid. Hs. 2110,36
  TV: (2 Lieder) Wh III 34, 40
VN K 289 Nr. 5
  Wh II 193
  TV: Wh II 206

Unbekannte Hand X

IV: Wh II 197

Unbekannte Hand XI

Heid. Hs. 2110,36
  Wh III 56

Unbekannte Hand XII

Anscheinend Abschreiber(in) im Auftrag Brentanos.

Heid. Hs. 2110,11
TV: Wh III 119 (+ Brentano/Arnim), 126 (+ Brentano/Arnim), 127a (+ Brentano/Arnim)

Unbekannte Hand XIII

BN Sa 18 (auch von Brentano beschrieben)
KL 23a, 64a, 88a, 101c
TV: KL 98

Unbekannte Hand XIV

Heid. Hs. 2110,36
KL 57b, 84

Unbekannte Hand XV (Frau Hose?)

Heid. Hs. 2110,36
KL 89b
TV: KL 87a

Indirekt überlieferte Aufzeichnungen von unbekannter Hand

VN K 289 Nr. 5
Wh II 219, 271, 398, III 118a
TV: Wh II 37, 50a
BC I, S. 156
TV: Wh I 190
E 6,203
TV: Wh III 137a

5. Handschriften Arnims und Brentanos, die im *Wunderhorn* Verwendung fanden

Druckvorlagen

Bei den erhaltenen Druckvorlagen Arnims oder Brentanos handelt es sich um überarbeitete Einzelms. verschiedener Einsender (seltener um Fl.Bl.) oder Reinschriften von Arnims oder Brentanos

Hand. Die einzelnen Blätter der Druckvorlage wurden von Arnim und Brentano mit einem »W« plus beigefügter Zahl gekennzeichnet.

Für folgende Wh-Lieder blieben solche Ms. erhalten:

Wh I 93b (W 70), 134 (W 219), 178 (W 127), 236 (W 139), 312 (W 230), 322 (W 231, 232), 375 (W 266), II 25 (W 4), 27 (W 6), 112 (W 66), 119 (W 276, 277, 278a), 142 (W 76), III 10 (W 6), 120 (W 2), 121a–b (W 5), 124 (W 4), 126 (W 8), 127a (W 9), 229 (W 33), 231 (W 34), KL 33 (W 25), 35 (W 26), 99c (W 135), 102a (W 146)

Mischhs. Arnims und Brentanos

Heid. Hs. 2110,1
　Wh I 90, II 336
Heid. Hs. 2110,9
　Wh III 125
Heid. Hs. 2110,11
　Wh III 119, 123a, 123b, 125, 126, 127a, KL 102a
BN E 7
　Wh I 100
BC II, S. 178 (Abdruck der verschollenen Hs.)
　Wh I 328

Hs. und Notizen Arnims

Heid. Hs. 2110,1
　Wh I 40, 84, 178, 234, 322, II 24, 25, 46, 112, 339, III 10, 34,
　112a, 120, 229, 231, KL 71b, 89b
Heid. Hs. 2110,36
　Wh I 325
FDH G 494
　Wh III 233
NFG Weimar Nr. 229
　Wh I 182
VN K 289 Nr. 5
　Wh I 44, 146
BC II, S. 105 (Abdruck der verschollenen Hs.)
　Wh I 327
In Briefen
　Wh I 20, 227, II 4b, 13, III 71b
　TV: Wh I 112, II 37

In Drucken
   Wh I 48, 79, 134, 205

Hs. und Notizen Brentanos

   Heid. Hs. 2110,2
      Wh I 166
   Heid. Hs. 2110,11
      Wh I 72, 321, II 34, 37, 154, 237, 269, 383, 435, III 75, 112b, KL
      rechtes Titelgedicht, 95b, 102a
   Heid. Hs. 2110,36
      Wh I 72
   BN E 20
      KL 29
   BN Sa 18
      KL 54, 77d, 97, 98
   VN K 289 Nr. 5
      Wh II 204b, 221, 392, KL 23b, 41, 70c, 81a, 85a
   StB Berlin, Preußischer Kulturbesitz, Ms. A 224:
      Wh III 113
   BC II, S. 734 (Abdruck der verschollenen Hs.)
      KL 62
   In Briefen
      TV: Wh III 24, 141

Nachwort

Der märkische Adlige Achim von Arnim (1781–1831) und der Frankfurter Kaufmannssohn Clemens Brentano (1778 bis 1842) hatten sich anläßlich einer Huldigung der Göttinger Studenten für Goethe am 6. Juni 1801 kennengelernt. Aus der Bekanntschaft wurde alsbald eine vor allem von Brentano forcierte innige Freundschaft, die sich auch in zahlreichen literarischen Plänen manifestierte. Ein Jahr nach dem Beginn dieser Freundschaft trafen sie sich in Frankfurt, dem Ausgangspunkt ihrer genialisch-romantischen Rheinreise, die in den Begegnungen mit singenden Schiffsleuten und Winzern den noch undeutlich fixierten Plan eines volkstümlichen Liederbuchs entstehen ließ und zugleich den Beginn der (literarischen) Rhein-Romantik schlechthin bedeutet. Ähnliche Themen sind gewiß bereits während des gemeinsamen Göttinger Studiums diskutiert worden, denn schon in den frühesten Werken der beiden Dichter begegnen Spuren ihrer tatkräftigen Volksliedbegeisterung: Die Lieder Wh I 19, KL 75b und Wh I 301 finden sich in Brentanos *Godwi* (1800–01) und in Arnims *Ariels Offenbarungen* (1804). Es war wohl der mit beiden befreundete schriftstellernde Student August Stephan Winkelmann (1780–1806), der sie dazu anregte – so lassen es zumindest einige kryptische Hinweise im späteren Briefwechsel zwischen Arnim und Brentano vermuten. Winkelmann war es auch, der ausgerechnet in einem Aufsatz über Goethe 1803 formulierte: »Das einfache Volkslied ist Anfang der Poesie und Vollendung der Kunst.« Es wundert daher nicht, daß schon vor der Rheinreise in einem Brief Arnims die Rede von eingesandten Versen ist, die er in Zusammenarbeit mit Brentano nach und nach veröffentlichen wolle.

In diesem ersten Wetterleuchten des nachmals neben Grimms Märchen bedeutendsten und bekanntesten romantischen Sammelunternehmens läßt sich noch wenig Klarheit ausmachen. Die beiden Freunde hatten weder eine dezidierte Vorstellung von Volksliteratur, das heißt in weiterem Sinn von den überhaupt zu sammelnden und vielleicht publikationswürdigen poetischen Sujets, noch von der Art ihrer Überarbeitung und Präsentation. Die Suche nach entsprechenden schriftlichen und mündlichen Traditionen gestaltete sich demnach zunächst etwas wahllos und dem Zufall folgend. Die verlegerischen Möglichkeiten, ein Zeitplan für gezieltes Sammeln, Sichten und Redigieren waren ebenso wenig geklärt wie die entscheidende Frage, ob die erwogene Folge von Veröffentlichungen volksläufiger Texte (prosaische Volksliteratur, vornehmlich Märchen, Sagen, und gattungstheoretische Abhandlungen erschienen 1808 in Arnims *Zeitung für Einsiedler*) eher einem wissenschaftlichen oder einem belletristischen Zweck dienen sollte.

Trotz Herders Vorgang ziemlich genau fünfundzwanzig Jahre zuvor (*Volkslieder*, 1778–79) stand man im Grunde den gleichen Problemen und Antinomien gegenüber wie seinerzeit dieser große Anreger und Wegbereiter einer literarischen Volkskunde im weitesten Sinn. Die kritischen Stimmen der Spätaufklärer, der Mehrzahl der Kunstrichter wie auch der Pädagogen waren durch die neuen Themen und Tendenzen des Sturm und Drang und eben auch der Herder-Schule noch längst nicht zum Schweigen gebracht worden. Die Volkslieder wurden nach wie vor als Pöbellieder denunziert, ihre simple Ethik als unzeitgemäß, die Spuren von Aberglauben als antiaufklärerisch und somit schlechthin verderblich diskreditiert; vor allem aber die schlichte sprachliche Form galt als Zumutung fürs gebildete Lesepublikum. Hinzu traten Streitigkeiten um konfessionelle Prägungen oder Vereinnahmungen des alten Liedguts, Abgrenzungsprobleme zeitlicher und räumlicher Art: Ab welcher alten Epoche und bis zu welcher Grenze zur Modernität waren solche Textsammlungen sinnvoll? Welche Dialekte oder welche deutschsprachigen Regionen sollten berücksichtigt werden?

Angesichts solcher gravierenden Unsicherheiten ist ohne

weiteres einsichtig, was schon an dieser Stelle zu betonen ist:
Die romantischen ›Herzbrüder‹ waren und wurden sich
durchaus nicht in allen Punkten einig. Während sich Brentano zum Beispiel zunächst auf den oberdeutschen Sprachraum begrenzen und älteren Texten den Vorzug geben
wollte, plädierte Arnim vehement und erfolgreich für eine
Berücksichtigung aller deutschen Sprachgebiete (vgl. Bd. 1,
S. 384 f.) und für Aufnahme selbst neuester Dichtungen im
Volkston. Zu derartigen Unstimmigkeiten, die sich natürlich
größtenteils erst während der praktischen Arbeit entfalten
sollten, kommen andere unterschiedliche Vorlieben und Vorstellungen. So propagierte Brentano die Aufnahme von Dichtungen der katholischen Lyriker Friedrich von Spee und Procopius von Templin, wogegen der Protestant Arnim seine
Begeisterung für Luthers Lieder setzte; Brentano wollte nur
vorsichtig restaurierte Um- und Neudichtungen im Stil der
jeweils angesprochenen Epoche gestattet wissen, während
Arnim gerade in der Vermischung der Stile einen Vorzug der
Überarbeitungen sah. Arnims Resümee in einem Brief vom
29. September 1808 an Goethe, »über manches haben wir
ärger gestritten als die Babylonischen Bauleute«, ist eher als
Euphemismus zu werten. Und noch in Nachhutgefechten
gegen die zeitgenössische *Wunderhorn*-Kritik trennten sich
beider Wege eklatant: Jeder formulierte und veröffentlichte
auf eigene Hand Antikritiken, in denen Brentano sogar eine
quellenkritische Untersuchung ankündigte, alldieweil Arnim
bis zuletzt auf dem Eigenrecht der für ihn nichts als poetischen Sammlung bestand.
Gewiß sind die hier angedeuteten Spannungen so wenig ein
Sonderfall wie die Tatsache des intentional nicht unterscheidbaren Zusammenwirkens zweier romantischer Dichter. Ähnliches läßt sich bei fast allen literarischen Gemeinschaftsunternehmungen dieser Epoche beobachten, ob man etwa nur
an die Anfänge der Tieck und Wackenroder, der Brüder
August Wilhelm und Friedrich Schlegel, an die Märchensammlung der Brüder Grimm oder an die Kinder-Märchen

von Contessa, Fouqué und Hoffmann denken will. Indes sind die geniale Planlosigkeit und die Profilierung der höchsteigenen Vorstellungen nirgends so groß wie bei Vorbereitung, Durchführung und Rechtfertigung des *Wunderhorns*. Daß dennoch mit dieser Sammlung ein großartiges, richtungweisendes und zeitüberdauerndes Kunstwerk einmaligen und eigenartigen Ranges entstand, dessen innere Brüche und Verwerfungen in einer Art spannungsvoller Harmonie aufgehoben zu sein scheinen, das macht das Arnim/Brentanosche Unternehmen in jeder Hinsicht ähnlich denkwürdig wie die Herderschen Anfänge eine Generation zuvor. Herder jedenfalls hatte ein Fundament gelegt, das sich weithin als tragfähig erweisen sollte. Seine theoretischen Abhandlungen zur Volksliteratur – vorab zum Volkslied – sowie mehr noch das Vorliegen seiner imponierenden und mit unvergleichlichem Gespür für Wert und Wirkung erstellten Liedersammlung gestatteten viele Anknüpfungspunkte. Sie reichen von einer – wenn auch modifizierten – Übernahme der Herderschen Gattungsvorstellung über die Realisierung einiger seiner Hinweise auf ältere Liedersammlungen, über die Bearbeitungs- und Modernisierungstendenzen bis hin zur Form der meist nur lakonischen Quellenverzeichnung. Einige Voraussetzungen waren indes bei den *Wunderhorn*-Arbeiten von Anfang an anders: Man verfügte inzwischen über eine Fülle deutschsprachiger Texte (vgl. z. B. u. S. 561) und konnte deshalb in dieser Hinsicht auf die – teils aus Überzeugung gesuchte, teils aber auch wegen des Mangels an geeigneten deutschen Texten gebotene – Internationalität der Herderschen Anthologie verzichten. Hinzu kam ein, wenn auch zunächst nur in den dezidiert romantischen Kreisen, verändertes geistiges Klima, das sich gerade zur Zeit der Napoleonischen Kriege für eine Besinnung auf und eine gewisse Begeisterung für die einheimische Volksliteratur als günstig erwies. Das heißt, Arnim und Brentano gewannen leicht eine große Zahl volksliedbegeisterter Mitarbeiter (wobei den Brüdern Jacob und Wilhelm Grimm seit der Konzeption der

Fortsetzungsbände eine entscheidende Rolle zufiel), während Herder mit seiner entsprechenden Werbung meist auf Mißtrauen, Unverständnis oder Ablehnung (etwa durch Lessing) gestoßen war.

Es gilt also für die früheste Phase der *Wunderhorn*-Vorbereitungen festzuhalten, daß Arnim und Brentano keine terra incognita betreten mußten, sondern das Terrain durch Herders Pioniertat wie durch Ideen der Jenaer Romantik vorbereitet fanden; daß ihnen nicht nur in der Sammlung Herders, sondern auch in dem als Gegenwurf gedachten *Almanach* von Nicolai (1777–78), besonders aber in dem wertvollen Liederbüchlein Anselm Elwerts (1784) und in den mannigfachen Publikationen zum Volkslied in Gräters Zeitschrift *Bragur* (1792–1802) wichtige Materialien von Beginn an zur Verfügung standen, denen sie – oft den Anregungen Herders wie auch Gräters, Kochs oder Docens in deren germanistischen Arbeiten folgend – relativ leicht zahlreiche ältere Sammlungen wie etwa die von Forster (1539–56), Orlando di Lasso (1576), Demantius (1601) oder Viethen (1733) an die Seite stellen konnten. Andererseits waren – wie bereits erwähnt – die Vorstellungen von Planung, Art und Ziel der *Wunderhorn*-Sammlung alles andere als einheitlich oder auch nur einigermaßen klar definiert. Das hat seine Ursache auch in der Tatsache, daß sich die Idee zu diesem Buch aus recht verschiedenen Quellen speist.

Zunächst hatten Arnim und Brentano den Plan gefaßt, eigene, volkstümlich gemeinte lyrische Produktionen unter dem Titel *Liederbrüder* sukzessive zu veröffentlichen, um damit dem Volksgeschmack im romantischen Sinn aufzuhelfen, so den Herderschen Begriff »Volkslied« gleichsam als ›Lieder fürs Volk‹ interpretierend. Das beachtliche Maß selbstherrlicher Eingriffe in überlieferte Texte sowie das Einschieben ganzer Strophen als Ipsefacten bei der Ausführung des *Wunderhorn* haben hier ihren Ursprung und in den Augen Arnims und Brentanos ihre Berechtigung. Wenig später trug sich Brentano, angeregt durch Ludwig Tiecks *Minne-*

lieder aus dem schwäbischen Zeitalter (1803), mit dem
Gedanken, in enger Verbindung mit dem arrivierten älteren
Dichter modernisierte Fassungen altdeutscher Lyrik zu
erstellen und zu edieren. Darauf verweisen der Untertitel des
Wunderhorn – »Alte deutsche Lieder« – und die zahlreichen
Spuren, die diese Brentanosche Vorliebe in Form vieler Texte
aus der Zeit vor 1600 im *Wunderhorn* hinterlassen haben (es
sei hier nur auf Übernahmen aus der *Limburger Chronik* von
1400 und aus einer Pseudo-Neidhardt-Handschrift des
15. Jahrhunderts – vgl. Wh I 32a und 103 – hingewiesen).
Zum direkten Anlaß wurde schließlich die Auseinandersetzung mit dem *Mildheimischen Liederbuch*, das der so
betriebsame wie erfolgreiche Volksaufklärer Rudolph Zacha-
rias Becker 1799 herausgebracht hatte. Die Wendung gegen
diese unromantische, auf Belehrung und etwas philiströse
Moral zielende Sammlung durchzieht die Selbstzeugnisse
Arnims und Brentanos zum *Wunderhorn* vom Beginn der
konkreten Planung bis zum Nachwort des ersten Bandes
(S. 390, 33–36) und bedeutete zugleich die dezidierte Hin-
wendung zum romantisch aufgefaßten Volkslied. Das Ein-
bringen der zahllosen anonymen Fliegenden Blätter mit ihren
oft alles andere als aufklärerisch-pädagogischen Texten sowie
die kategorische Ausgrenzung der Dichtungen der Aufklärung bei der Auswahl älterer und neuerer Kunstlyrik sind auf
diesem Hintergrund zu sehen.
Am 15. Februar 1805 schrieb Brentano an Arnim eine Art
Programm der geplanten Arbeit, in dem man die angedeuteten Tendenzen unschwer ausmachen kann:

> Ich habe Dir und Reichardt einen Vorschlag zu machen,
> bei dem Ihr mich nur nicht ausschließen müßt, nämlich ein
> wohlfeiles Volksliederbuch zu unternehmen, welches das
> platte oft unendlich gemeine Mildheimische Liederbuch
> unnötig mache, wenn wir zum Anfang nur hundert Lieder,
> die den gewöhnlichen Bedingungen des jetzigen Volkslie-
> des entsprechen, beisammen haben, mehrere sehr vernünf-
> tige Prediger der Pfalz haben mich schon darum gebeten,

man könnte es abteilen in einen Band für Süddeutschland und einen für Norddeutschland, weil beide sich in ihren Gesängen notwendig trennen, es muß sehr zwischen den romantischen und alltäglichen schweben, es muß Geistliche, Handwerks-, Tagewerks-, Tageszeits-, Jahrzeits- und Scherzlieder ohne Zote enthalten, die Klage über das Mildheimische ist allgemein. Es muß so eingerichtet sein, daß kein Alter davon ausgeschlossen ist, es könnten die bessern Volkslieder drinne befestigt und neue hinzugedichtet werden.

Die geplante Einbeziehung des Komponisten und Kapellmeisters Johann Friedrich Reichardt, die dann doch nicht zustande kam, weist darauf hin, daß man sich ursprünglich auch um die Melodien der zu sammelnden Lieder kümmern wollte. Dieser Aspekt blieb dann jedoch genauso unbeachtet wie in Herders Sammlung, was nicht zuletzt zum verlegerischen Mißerfolg und zur schwachen Rezeption in den sogenannten singenden Volksschichten führte.

Auch Brentanos Vorstellungen von einem »wohlfeilen« Buch ließen sich nicht verwirklichen: Der Preis des *Wunderhorns* war schließlich so hoch (insgesamt 11 Gulden und 30 Kreuzer), daß selbst interessierte Landpfarrer sich die Anschaffung nicht zu leisten vermochten. Auch in dieser Hinsicht konnte die Liedersammlung eine ihrer Intentionen – nämlich ein ›Volksbuch‹ zu werden – nicht einlösen.

Schließlich setzte sich Arnims Idee eines Beitrags zur nationalen Einigung, den nach seiner Ansicht ein alle Sprach- und Regionalgrenzen ignorierendes Liederbuch zu leisten imstande wäre, gegen Brentanos von der Sache her berechtigten Vorschlag einer Zweiteilung der Sammlung durch. In eins damit waren auch Brentanos Pläne, dem *Wunderhorn* nach dem Vorgang der Herderschen Edition wenigstens einen Tropfen kosmopolitischen Salböls zu geben, an Arnims betont nationaler Akzentuierung (der auch fast alle Fremdwörter in den Liedvorlagen zum Opfer fielen!) gescheitert. Immerhin aber plädierte Brentano erfolgreich für die Aufnahme des letztlich aus dem Französischen stammenden Eingangsgedichts (Wh I 13) und der lateinischen Schlußverse (KL 103) sowie einiger Schweizerlieder, während seine Übersetzung einer holländischen Sammlung von Arnim abgelehnt wurde und Brentanos Bemühungen um Wilhelm Grimms Übersetzung dänischer wie Jacob Grimms Bearbeitung serbischer Volkslieder dem *Wunderhorn* nicht mehr zugute kamen.

Was das *Mildheimische Liederbuch* betrifft, so konnte das *Wunderhorn* diesem nicht die erhoffte Konkurrenz machen: Die Beckersche Sammlung erschien bis 1837 noch in neun weiteren Auflagen!

Drei Monate nach Brentanos Vorschlag war Arnim für einige Zeit zu seinem Freund nach Heidelberg übergesiedelt. Dank beider Vorarbeiten konnte dort die eigentliche Redaktion des ersten *Wunderhorn*-Bandes in der unglaublich kurzen Zeit von nur sechs Wochen abgeschlossen werden. Die Atmosphäre der Neckarstadt wie der Jahreszeit und die inspirierende Begeisterung gemeinsamen Schaffens haben die Arbeiten spürbar beflügelt und auch geprägt. Auswahl, Zusammenstellung und Bearbeitung gerade der Lieder des ersten Bandes geben von dieser unverwüstlich gutgelaunten Stimmung allenthalben Zeugnis, und beide Dichter haben die Zeit der ersten *Wunderhorn*-Arbeit wie die ihrer Rheinreise drei Jahre zuvor, während der sich die früheste Idee zu diesem Gemeinschaftswerk entzündet hatte, stets als die glücklichste ihres Lebens bezeichnet. So heißt es einmal bei Brentano: »Ich habe seit unserer Rheinreise keine frohe Empfindung mehr gehabt«, während Arnim sich noch 1818 beseligt an sein »damaliges mit alten Bildern beschlagenes Stehpult auf Brentanos Zimmer in Heidelberg« erinnert, von wo der trunkne Blick »auf einen reichen Schatz gesammelter alter Bücher und Handschriften und in die Ferne auf die abgestuften Weinberge jenseits des Neckars« fiel.

Als der erste Band im September 1805 (mit der Jahreszahl 1806) erschienen war, drängte Brentano sofort zur Fortsetzung und erinnerte Arnim schon im Dezember, »wie herrlich schnell es mit unsern Liedern ging«. Im Oktober 1807 heißt es in Brentanos Brief aus Kassel:

Es ist äußerst notwendig, daß Du mit mir zusammen, und zwar hierher kömmst, um den ewig aufgeschobenen zweiten Teil des Wunderhorns zu rangieren; ich hoffe, daß Du Deinen Liederkasten bei Dir hast, ich habe einen ganzen Karren voll. Wir können es hier außerordentlich gut und besser noch als damals in Heidelberg. Denn ich habe hier zwei sehr liebe, liebe altteutsche vertraute Freunde, Grimm genannt, welche ich früher für die alte Poesie interessiert hatte, und die ich nun [. . .] so reich an Notizen, Erfahrungen und den vielseitigsten Ansichten der ganzen romantischen Poesie wiedergefunden habe, daß ich [. . .] über den Schatz den sie besitzen, erschrocken bin. [. . .] Sie selbst werden uns alles, was sie besitzen, noch mitteilen, und das ist viel!

Einen Monat später konnte Arnim aus Kassel dem Verleger Zimmer in Heidelberg berichten:

hab ich doch das Volksliedwesen fortdauernd lieb behalten [. . .] habe ruhig fortgesammelt, so auch Clemens; er hat Ihnen geschrieben, wie wir schon im zweiten Teile chaotisch sitzen, und er wird reich, ohne die Ausstattung eigner Arbeit so viel wie der vorige zu bedürfen [. . .]. In der Arbeit, wo sich eine außerordentliche Zahl schöner Kinderlieder fanden, entwickelten wir den Plan, sie zusammen als Anhang zum Wunderhorn abdrucken zu lassen, so daß die ernsthaften Leser nichts damit zu tun hätten und Sie den Vorteil des einzelnen Verkaufs. [. . .] Vorreden und Nachreden möchte ich nicht gerne.

Dieser Verzicht ging zweifellos auch auf Brentanos Kritik an der Nachrede zum ersten Band zurück; gleichzeitig akzeptierte Arnim dessen Vorschlag, eine Sammlung von Kinderliedern beizugeben, die Brentano denn auch ganz allein redigierte. Die Einschränkung der »Ausstattung« durch eigene Arbeiten spiegelt ebenfalls eher Brentanos Ideale wider, über die sich Arnim später – 1811 an die Brüder Grimm – kritisch, jedenfalls deutlich geäußert hat:

> daß die beiden letzten Bände ungeachtet der Menge trefflicher Beiträge, im Allgemeinen [. . .] die Freude nicht erwecken könnte, was der erste hervorbrachte [. . .] ich hatte gegen meine Überzeugung Altertümlichkeiten und bloße literarische Merkwürdigkeiten einschleichen lassen, weil Clemens als Mitherausgeber eben das Recht wie ich in der Auswahl hatte.

Der Anteil beider am Zustandekommen des *Wunderhorns* ist also insgesamt und hinsichtlich der einzelnen Bände unterschiedlicher Art, hält sich aber im ganzen gesehen etwa die Waage. Brentano hat für die Grundlegung mehr getan; schon 1807 hatte er rückblickend an den Verleger geschrieben, das meiste sei so gut wie ganz »aus meinem bereits längst gesammelten Vorrat« hervorgegangen. Das ist insofern zutreffend, als Arnim auf den weiten Reisen nach Heidelberg bzw. Kassel natürlich kaum solche Mengen Bücher beibringen konnte, wie sie schließlich bei der Redaktion zur Verfügung standen. Sein Materialbeitrag beschränkt sich auf zuvor genommene Abschriften aus älteren und zeitgenössischen Liedersammlungen sowie einigen Fliegenden Blättern, die er auf seiner früheren Bildungsreise gesammelt hatte. Auch die persönlichen Beiträger, die Lieder aus mündlicher Tradition (teils nach eigener Erinnerung, teils nach dem Diktat anderer Gewährspersonen) oder aus schriftlichen Quellen beibrachten – sei es als eigenhändige Niederschriften, sei es ausnahmsweise in Form mündlichen Vortrags –, kamen fast sämtlich aus Brentanos Bekanntenkreis. Da sich Arnim später immer besonders viel auf die Redaktion des ersten *Wunderhorn*-Bandes zugute hielt und diesen öfter gegenüber den folgenden Bänden herausstellte, dürfte ihm die Hauptarbeit bei der endgültigen Redigierung zumindest des ersten Teils zuzuschreiben sein; vor allem die Drucklegung, die im Juli 1805 in Frankfurt bzw. im Februar 1808 in Heidelberg begann, hat jeweils Arnim an Ort und Stelle allein überwacht, nicht ohne

noch in diesen letzten Stadien der Arbeit eine Menge Eigen-
mächtigkeiten einzubringen (bei der 1819 erschienenen Neu-
auflage des ersten Bandes verzichtete er schließlich ganz auf
Brentanos Mitarbeit). Die Unterteilung der Fortsetzung in
die Bände zwei und drei führte Arnim z. B. ebenso ohne
Vorwissen Brentanos durch wie die Erstellung einiger unzu-
länglicher Register. Zuvor schon hatte sich Brentano wenig
angenehm überrascht gezeigt, im ersten *Wunderhorn*-Band
den einigermaßen deplazierten dithyrambischen Aufsatz seines Freundes zu finden oder auch die seinerzeit populären
zeitgenössischen Lieder, Overbecks *Blühe liebes Veilchen*
(Wh I 329) und Pfeffels *Gott grüß' euch Alter* (Wh I 384),
gegen die er eine wahre Idiosynkrasie hatte. Indirekt, aber
noch deutlicher übte Brentano Kritik an Arnims Bearbeitungstendenzen, indem er jeweils in den folgenden *Wunderhorn*-Bänden die unveränderte Aufnahme zweier Lieder
durchsetzte, die ihm in Arnims gar zu freier Redaktion in
Wh I gründlich mißfallen hatten; es handelt sich um die Ballade von den Königskindern (Wh I 236 und Wh II 252) sowie
um das Falkenlied (Wh I 63 und Wh III 25). Im Februar 1808
sagte er es dann dem Freund brieflich direkt:

Es ist aber in jedem Kunstalter eine überschwängliche Zeit,
ein Blütenalter der Empfindung, und in diesem steht mein
Geliebter Bruder mitten drinne, ein ganzer Bienenhimmel,
und so herrlich gelingt ihm auch alle Herstellung solcher
naturberauschter Poesie; will er aber ein steinernes Ritter-
bild, ein altes Schloß, einen Grabstein aus eiserner armer
einfältiger Zeit, der zusammengestürzt, wieder aufrichten,
so wäre er im Stand, ein Fenster quer auf mit einem Tulpen-
beete zuzumauern oder dem Ritter einen Nachtviolenstock
hinters Ohr zu stecken als Schreibfeder, da ich nicht einmal
grünes, nein dürres Epheu dazu zu nehmen wage, und
wenn er angorische Ziegen über den Kirchhof treibt oder
Seidenhäschen, wäre mir eine Eidechse, höchstens ein Iltis
oder Huhn lieber [. . .] kurzum, Du dichtest, und wenn
Du in Zug kömmst, kannst Du nicht glauben, wie angst

und bang mir wurde, denn in einem poetischen Fieber
[...] nahmst Du hintereinander alle Saecula vor und gabst
ihnen oft wider Willen und ohne Not von Deiner Hippo-
krene.

Selten nur haben sich die Freunde gemeinsam an der Bearbeitung eines einzelnen Liedes versucht – jedenfalls sind im
handschriftlichen *Wunderhorn*-Nachlaß nur ein halbes Dutzend solcher Mischhandschriften erhalten, und es dürften
schwerlich je wesentlich mehr existiert haben. Das heißt,
beide arbeiteten zwar zeitweise in demselben Zimmer, aber
dennoch meist getrennt, was auch sehr verständlich ist, wenn
man den gänzlich unterschiedlichen Charakter der Kunstlyrik Arnims und Brentanos in Anschlag bringt. Ein Beispiel
sei angeführt. Unter dem Titel *Der Bettelvogt* (Wh I 100)
hatte Brentano einen nicht gerade zimperlichen Volksliedtext
in Form einer Reinschrift nach seiner Version festgehalten:
Der arme Lump schimpft auf den Bettelvogt, der ihn in
Arrest legt; als der Bettelvogt gestorben ist, sendet er ihm
noch einen deftigen Fluch nach. Dieser Text war Arnim zu
derb, zu sprunghaft, zu unmotiviert. Er korrigierte daher
Veränderungen in die Handschrift seines Freundes und dichtete eine Schlußstrophe hinzu. Im einzelnen wurde aus »Ich
dreh mich gleich herum, weis ihm den bloßen Arsch / Ei, du
verfluchter Bettelvogt, leck du mich brav im Arsch« bei Arnim »Ich dreh mich gleich herum und seh nach seiner Frau /
Ei, du verfluchter Bettelvogt, was hast für schöne Frau« und
aus »Man sollte ihn begraben ins Scheißhaus hinein / Wo alle
verfluchte Bettelvögt begraben sollen sein«: »Lebendig ihn
begraben bei Wasser und bei Brot / Wie mich der alte Bettelvogt begraben ohne Not«. Aus Brentanos drastischem »hat
man ihn begraben ins Scheißhaus hinein« machte Arnim
zunächst zögernd »hat man ihn gehangen ins Klosette hinein«
und dann erst »Da haben sie 'n gehangen in Galgen fest hinein«. Dann fügte er noch eine Schlußstrophe an, in der die
ganze Katastrophe auf Eifersucht des Bettelvogts zurückge-
führt ist, dessen Frau der arme Lump heiratet. Während

Brentano in diesem und in manchem andern Fall also die
Derbheiten des Volkslieds ungeniert bewahren und womög-
lich noch steigern möchte und sich, der von Herder definier-
ten Struktur der Volksballade entsprechend, nicht um durch-
gängige Motivierung kümmert, sondern die ›Sprünge und
Würfe‹ des Gedichts hinnimmt, bemüht sich Arnim zum
einen um Milderung im Ausdruck, zum andern um Motivierung (hier: Eifersucht) und hängt endlich noch ein fröhliches
Happy-End an, um das Lied inhaltlich zu runden und abzu-
schließen.

Brentano verfuhr bei der Einbringung seiner Änderungen
oder Ipsefacten ungleich subtiler, so daß Arnim in der Regel
nichts davon bemerkte. So hatte Brentano dem Freund ein
eigenhändiges Manuskript der Ballade von der wiedergefun-
denen Königstochter Anfang 1808 nach Heidelberg nachge-
sandt, und zwar mit der traulich anmutenden Herkunftsangabe »In der Spinnstube eines hessischen Dorfs aufgeschrieben« (Wh II 277). Arnim teilte ihm daraufhin mit: »Das
Badewännchen hast Du anders als Seckendorf und besser im
Ganzen aber verstümmelt im Anfange, ich werde sie beide
abdrucken lassen, es sind sehr merkwürdige Varianten« (vgl.
Wh II 274). Als Brentano später den Brüdern Grimm etwas
hämisch den wahren Sachverhalt mitteilte, nämlich daß es
sich bei der Fassung Wh II 277 um seine eigene Dichtung nach
volksläufigen Motiven handle, der Arnim gutgläubig aufge-
sessen sei, war dieser verärgert und suchte sich – nicht eben
geschickt – den Brüdern Grimm gegenüber zu rechtfertigen:
»daß es wieder eine von Clemens' vielen Unwahrheiten ist,
wenn er Euch eingebildet hat, ich hätte den Staar und das
Badewännlein für ganz alt gehalten [...] daß er das Ganze
[...] selbst gemacht, konnte ich ihm doch wirklich ohne
Beleidigung nicht auf den Kopf zu sagen.«

Ähnliches gilt für einige Lieder, in denen Brentano Zwei-
oder Eindeutigkeiten, wie sie das Volkslied bekanntlich liebt,
etwas kaschierte, so daß weder Arnim noch die Mehrheit der
Wunderhorn-Leser hier einen Verstoß gegen das eigene Prin-

zip, nur Lieder »ohne Zoten« zu bieten, entdecken konnten.
Die Vorlage zu KL 23a (ein Manuskript unbekannter Hand)
lautet wie folgt:

> Ich ging einmal nach Amsterdam
> Auf der Löfelstraße
> Man fragte mich ob ich Löfeln kann
> Ich sagte nein, und meint doch ja,
> Ich setzt mich nieder und Löfel da
> Um 1500 Gulden bares Geld
> Dafür kuf ich mir ein Pferd [. . .].

Das ist zweifellos Relikt eines Cantus, wie man sie den Tip-
pelmaiden im 16. Jahrhundert in den Mund legte, denn »löffeln« bedeutet ›huren‹. Was Brentano also wohlwissend an
Anspielungen für Kenner in diesem Lied beließ und verdeut-
lichte (wie das von ihm hinzugedichtete Motiv vom geritte-
nen und zerspringenden Pferdebauch beweist), wenn er
scheinbar kindlich anstelle des Geldverdienens durch »Löffeln« aufs Faulenzen anspielt, ist klar.
Aus dem eindeutigen Schnaderhüpfel »Zu Bett, zu Bett, wer
ein Liebchen hätt« machte er das harmlose Kinderlied »Zu
Bett, zu Bett, die ein Kindle hätt«, verrät sich dann allerdings
bewußt durch den Anschluß »Die keinen [!] hätt, muß auch
zu Bett« (KL 68a). Auch die Vorlage zum Rollenlied des
›Wackern Maidleins‹ war in diesem Sinn eindeutig gemeint.
Hier hat Brentano nur den beziehungsreichen Gedanken-
strich am Ende durch ein Rufzeichen verharmlost und mittels
der neuen Überschrift *Hast du auch was gelernt?* (KL 79a) die
Lesererwartung irritiert:

> Wack'r Meken ben yck
> Roade Strumpe dreg yck
> Kan strycken, kan näyhen
> Kan'n Haspel goet dreyhen
> Kan nock wol wat meer –

Die durchaus obszön gemeinte und gestaltete Vorlage zum
Lied *Die Schlittenfahrt* (Wh III 52) hat Brentano durch Weglassen und Umformulierungen einiger Verse ›wunderhorn-

fähig‹ gemacht – hier lag ihm wohl ebenfalls mehr an der geistvollen Anspielungs- und Verschleierungstechnik als an dem weder volksliedhaften noch sonst irgendwie poetisch wertvollen Text.

Auch hinsichtlich anderer Themen zeigen sich unter der Oberfläche charakteristische Divergenzen. Brentano, dem alles Militärische zuwider war, änderte in Wh I 43 den pathetischen Soldatenvers »Wenns Blut uns in die Augen läuft, / Da gehn wir in den Tod« zu »Wenns Blut uns in die Augen läuft, / Sind wir sternhagelvoll«, was Arnim bezeichnenderweise in einem späteren Einzelnachdruck zu »Da werden wir mal toll« milderte.

Diese Ausführungen zu den unterschiedlichen Auswahl- und Bearbeitungstendenzen Arnims und Brentanos mögen hier genügen. Dabei darf natürlich andererseits nicht das hohe Maß an menschlicher und künstlerischer Harmonie vergessen werden, was solche Spannungen aushalten ließ, eine trotz allem einmalige Zusammenarbeit überhaupt ermöglichte und die Realisierung eines schließlich doch weithin einheitlichen romantischen Volksliedtons bewirkte.

Dieser spezifische ›*Wunderhorn*-Ton‹ Arnims und Brentanos – schwer zu definieren, aber fast in jedem Lied spürbar – war das eigentlich Neue und Wirkmächtige der Sammlung, die hinsichtlich Originalität von Herder, hinsichtlich Texttreue von den Volksliedanthologien Büsching / von der Hagens (1807) oder gar Ludwig Uhlands (1844–45), von keiner aber an eigenwilliger Schönheit übertroffen wird. In diesem Sinn ist es sehr bezeichnend, daß etwa der bedeutende Volksliedsammler Anselm Elwert ausgerechnet das von Arnim so gründlich umgedichtete Lied Wh I 236 als Höhepunkt der Sammlung rühmte, daß Goethe Brentanos Lied im Volkston Wh I 418 die Krone gab, Heine gerade die von Brentano behutsam, aber sehr charakteristisch umgestalteten Passagen des *Straßburg*-Liedes (Wh I 145) als unnachahmlichen Naturlaut des deutschen Volksliedes pries, Gottfried Keller den von beiden Herausgebern umgestalteten *Bettel-*

vogt (Wh I 100) zu seinem Lieblingslied schlechthin erklärte
und Thomas Mann sich für die wiederum im wesentlichen
von Brentano formulierte Ballade von der *Schlangenköchin*
(Wh I 19) begeisterte.

Der Versuch, einem sehr heterogenen Material volksläufiger
Lieder vieler Epochen, Schichten und Tendenzen einen spe-
zifischen Volksliedton abzugewinnen – teils in der ehrlichen
Absicht, durch Kontamination und Restauration verderbter
Texte einem hypothetischen Ideal näherzukommen, teils
aber auch, um bisher weithin verachtete Schätze des poetischen Volksvermögens durch romantische Überfirnissung
überhaupt erst wieder rezipierbar zu machen –, ist die epo-
chale Leistung Arnims und Brentanos, die damit zugleich den
Sammlungen der Brüder Grimm und vieler anderer den Weg
wiesen. Es läßt sich in der künstlerischen wie der allgemeinen
Rezeption ganz eindeutig nachweisen, daß immer solche
Wunderhorn-Lieder populär wurden, die mehr oder weniger
überarbeitet sind – ein Effekt, den die anspruchslosen
zugrunde liegenden Texte in ihrer ›reinen‹ Gestalt nie erreicht
hätten. Kein Geringerer als Goethe hat dieses seinerzeit im
Umgang mit sogenannter Volksliteratur allenthalben prakti-
zierte Verfahren ausdrücklich gebilligt und gelobt:

> das hie und da seltsam Restaurierte, aus fremdartigen Tei-
> len Verbundene, ja das Untergeschobene, ist mit Dank
> anzunehmen. Wer weiß nicht, was ein Lied auszustehen
> hat, wenn es durch den Mund des Volkes, und nicht etwa
> nur des ungebildeten durchgeht! Warum soll der, der es in
> letzter Instanz aufzeichnet, mit anderen zusammenstellt,
> nicht auch ein gewisses Recht daran haben?

Goethes Rezension des ersten *Wunderhorn*-Bandes, die
unmittelbar nach dessen Erscheinen verfaßt wurde, war die
höchste Genugtuung für Arnim und Brentano, die darum auf
die »Zueignung« des ersten Teils einen markant plazierten
Dank am Ende der Sammlung folgen ließen, der Goethe stell-
vertretend für alle Förderer (im Manuskript waren noch 32
Namen aufgezählt) nennt. Tatsächlich hat Goethe, der sich

bei seiner treffenden Besprechung der eigenen Volksliedbegeisterung während seiner Straßburger Zeit um 1771 erinnerte, die eigentliche Leistung der Herausgeber wie auch die
in gattungsspezifischer und in epochaler Hinsicht vorgegebene Situation sehr richtig beurteilt – ganz im Gegensatz zu
einer Reihe von Fehl- und Vorurteilen, mit denen das *Wunderhorn* in der Folge fast durchweg bedacht wurde. Johann
Heinrich Voß mißfielen christliche wie voraufklärerische
Tendenzen der Sammlung; seine scharf polemische Rezension schadete dem Ansehen und dem Absatz des Werks am
meisten. Die einflußreichen älteren Romantiker (Tieck und
die Brüder Schlegel) zeigten sich aus verschiedenen Gründen
mißgünstig (die jüngeren, wie zum Beispiel Uhland, Kerner,
Eichendorff, waren hingegen begeistert, aber ihre Stimmen
hatten noch wenig Gewicht). Vor allem fehlten sodann der
Germanistik wie auch der Volkskunde noch lange zukömmli-
che Maßstäbe für die Eigenart und die besondere Leistung des
Wunderhorns: Es wurde entweder als zu unpoetisch abquali-
fiziert oder pauschal der Fälschung der ›reinen‹ Volksüberlie-
ferung und des Betrugs am Lesepublikum geziehen. Diese
Urteile sind nicht nur durch gewisse einseitige Blickrichtun-
gen, sondern auch in der Tatsache begründet, daß die Lieder
des *Wunderhorns* im ganzen tatsächlich wenig gelesen und
erst recht deren Grundlagen kaum zureichend zur Kenntnis
genommen worden sind. Vielmehr wurden einzelne Texte –
und meist immer wieder dieselben – herausgegriffen, um das
Wunderhorn entweder als frühe Volksliedersammlung oder
als romantischen Almanach zu charakterisieren und zu kriti-
sieren. Dabei kam so gut wie nie der eigentliche Charakter des
Werks in den Blick, unter dessen 723 Liedern sich kaum ein
von den Herausgebern gänzlich unverändert belassener Text
findet, indes ebensowenig einer, der völlig auf freier Erfindung Arnims oder Brentanos basierte.
Es handelt sich um den umfassenden Versuch, als ursprünglich und volkstümlich erachtetes Liedgut fast aller Epochen
wieder rezeptionsfähig zu machen. Dabei ist etwa auf den,

wenn auch bescheidenen, Anteil mittelalterlicher Lieder, auf
die bedeutsame Präsentation von Texten des Hans Sachs oder
Fischarts wie vor allem auf die in diesem Rahmen zwar über-
raschende, aber desto wirksamere Einbringung barocker
Lyrik hinzuweisen: Spee, Moscherosch, Dach, Kuen, Procopius von Templin, Schupp, Abele, Greflinger, Grimmelshausen, Praetorius, Knorr von Rosenroth, Morhof, Abraham a Sancta Clara, um nur einige aus der Fülle zu nennen –
wer kannte sie in der Zeit der Klassik und Romantik, wer
las ihre Gedichte oder wagte gar sie nachzudrucken? Hier
geben allein schon die Zahlen ein eindeutiges Bild von der
singulären Leistung des *Wunderhorns*: Aus Büchern, die
zwischen 1500 und 1750 erschienen waren, wurden mehr als
zweihundert Lieder aufgenommen. Stellt man dazu noch die
ungefähr einhundertfünfzig Übernahmen aus jüngeren Veröffentlichungen (vorwiegend Liedersammlungen) einerseits
sowie in etwa vierzig Fällen die Heranziehung älterer hand-
schriftlicher Codices (meist aus dem 17. Jahrhundert) andererseits, so wird deutlich, daß der Anteil dieser Art literari-
scher Quellen weit mehr als die Hälfte aller *Wunderhorn*-
Vorlagen ausmacht! Es ist falsch, angesichts dieser Zahlen die
Sammlung »alter deutscher Lieder« (so ist sie ja ausdrücklich
durch den Untertitel definiert) pauschal als Volksliedantho-
logie aufzufassen und gegebenenfalls abzuurteilen – schließlich begegnet der Begriff »Volkslied« an keiner Stelle der Titelei. Das *Wunderhorn* ist alles andere als nur ein poetischer
Spiegel dessen, was um 1800 im deutschen Volksgesang
lebendig gewesen sein mag. Schon gar nicht kann man Arnim
und Brentano als Liedersammler mit dezidiert volkskundli-
chem Interesse kennzeichnen. Nachweislich hat Arnim nicht
ein Lied nach mündlicher Tradition aufgezeichnet, zumal ihn
nach eigenem Bekenntnis allein schon die verschiedenen Dialekte konfus machten, und von Brentano finden sich im *Wunderhorn*-Material kaum mehr als ein Dutzend skizzenhafter
Niederschriften solcher Art. Was diese Quellenprovenienz
betrifft, so hielten sich die Herausgeber lieber an Schriftli-

ches: von Freunden, Sammlern oder Wissenschaftlern handschriftlich eingesandte Lieder und auf Fliegenden Blättern gedruckte Texte. Auf diesem Gebiet wurde, weit über Herders Ansatz hinaus, wertvollste Pionierarbeit geleistet, und manch bedeutendes Volkslied sowie vor allem viele der überhaupt erstmals in solcher Fülle versammelten Kinderlieder haben ihren absolut frühesten Beleg im *Wunderhorn*. Doch machen diese Quellen nicht einmal die Hälfte des versammelten Liedmaterials aus, und auch hier kam es Arnim und Brentano weniger auf Dokumentation oder gar Philologie an, sondern auf wirksame Präsentation. Sie wollten nach einem Ausspruch Brentanos zeigen, »was die Alten Schönes gesungen«, nicht aber unbedingt genau, wie und schon gar nicht wo und wann sie gesungen. Daß sich Arnim und Brentano gerade in den Texten anonymer oder mündlicher Provenienz die gravierendsten und meist auch effektivsten Eingriffe erlaubten, mildert zwar den Wert des *Wunderhorns* als Volksliedodokumentation, erhöht aber zweifellos seinen besonderen Reiz. Gerade auf diesem Gebiet war ja auch der Quellenkritik einigermaßen sicher der Weg verbaut: Mündliche Versionen sind letztendlich nicht philologisch nachprüfbar; Fliegende Blätter existierten in solcher Fülle von stets weniger oder mehr voneinander divergierenden Fassungen, daß auch hier eine Rückführung auf die jeweilige Quelle fast unmöglich schien (zumal seit dem *Wunderhorn* noch an die fünfzig Jahre vergingen, bis man andernorts den Wert dieser billigen Drucke erkannte und sie zu sammeln begann). So waren die Herkunftsangaben »Fliegendes Blatt« oder »Mündlich« auch ein herrliches Alibi für allerhand Mystifikationen und poetische Experimente, so daß man diese Angaben weithin mit »stark überarbeitet« synonym setzen muß. Daß dies die zeitgenössischen Philologen wie Docen, von der Hagen und ein wenig auch die Brüder Grimm, erst recht aber die Volksliedforscher des 20. Jahrhunderts verärgerte, ist leicht zu verstehen. Man benutzte das *Wunderhorn* in falschen Erwartungshaltungen und fühlte sich oft irritiert, ja zuweilen sogar düpiert.

»Altes Lied in meinem Besitz. C. B.« (Wh I 418) meint indes ›nach alter Art aus meinem poetischen Vermögen‹; »Mündlich am Neckar« (Wh I 382) rechtfertigt sich nur dadurch, daß diese gravierende Umarbeitung einer handschriftlichen Vorlage von 1768 in Heidelberg geschaffen wurde; auch »in der Spinnstube eines hessischen Dorfs aufgeschrieben« (Wh II 277) ist eine Mystifikation und bedeutet: Brentanos Neudichtung entstand in Hessen. Arnim und Brentano nahmen daraus resultierende Fehlurteile in Kauf, wenn sie solche nicht gar provozieren wollten.

Schopenhauer schreibt in *Die Welt als Wille und Vorstellung*: »So kann selbst der im ganzen nicht sehr eminente Mensch [...] ein schönes Lied zu Stande bringen [...]. Dies beweisen viele einzelne Lieder übrigens unbekannter Individuen in ›Des Knaben Wunderhorn‹.« Als Beispiel dafür stellt der Philosoph *O Bremen* (Wh I 289) heraus, wo jedoch »Mündlich« wieder nur besagt, daß Arnim diesen Text auf der Basis zweier Fliegender Blätter so völlig um- und neugedichtet hat, daß man ihn strenggenommen als romantisches Kunstlied bezeichnen müßte.

Läßt man solche – insgesamt jedoch besonders folgenreiche – Mißverständnisse außer acht, so ist zu konstatieren, daß etwas weniger als dreihundert Einzellieder auf eingesandtem oder direkt überlassenem Material basieren. Namentlich genannt sind im *Wunderhorn* allerdings nur ganz wenige Beiträger (vgl. z. B. die Zuweisung der Lieder Wh II 15 und 218 an Frau von Pattberg bzw. an Carl Nehrlich oder die Danksagung an Albert Ludwig Grimm, den Mitarbeiter der ersten Stunde, vor Wh I 83). Mit der sonst gewahrten Anonymität der Texte gerade dieser Provenienz tatsächlicher oder vermuteter mündlicher Liedtradition sollte – ähnlich dem wenig später von den Brüdern Grimm bei ihrer Märchenveröffentlichung praktizierten Verfahren – auch ein wenig der Eindruck unterstützt werden, als artikuliere sich hier der seinerzeit vielberufene Volksgeist. Die Forschung hat durch Untersuchung der etwa fünftausend handschriftlichen Liedaufzeichnungen im Arnim/Brentanoschen Nachlaß an die 230 *Wunderhorn*-Lieder etwa 70 bestimmten Einsendern und Vermittlern zuordnen können; 60 Lieder gehen auf mindestens 15 weitere, nicht identifizierbare Beiträger zurück. Die verhältnismäßig hohen Zahlen dürfen nicht übersehen lassen, daß der Hauptteil der aus diesem Material ins *Wunderhorn* gelangten Lieder auf nur wenige Persönlichkeiten zurückgeht, und zwar 93 auf Carl Nehrlich, mindestens 28 auf die Brüder Jacob und Wilhelm Grimm, 24 auf Auguste von Pattberg, 21 auf Bettina Brentano und 12 auf Albert Ludwig Grimm – das macht nicht weniger als 80 Prozent aller Aufnahmen namentlich bekannter Mitarbeiter aus!

Herkunft und Eigenart dieser Texte sind ähnlich divergent wie die zuvor angesprochenen Übernahmen aus fast allen Epochen deutscher Lyrik. Die Beiträge der Brüder Grimm zum Beispiel gründen meist auf getreuen Abschriften gedruckter Texte, in einigen Fällen aber auch auf Niederschriften nach mündlichem Vortrag (darunter die besonders kostbaren aus dem Repertoire ihrer Dienstmagd: Wh III 11a und KL 27b) oder persönlicher Erinnerung, während die Mehrzahl der von Pattbergschen und ein Teil der Nehrlichschen Einsendungen eigene dichterische Überarbeitungen volksläufiger Lieder sein dürften (so sind vor allem die Adaptionen Bürgerscher Balladen durch Auguste von Pattberg berühmt und berüchtigt: Wh II 19 und 222); Bettina Brentano und Albert Ludwig Grimm hingegen scheinen sich meist an ihre eigenen Volksliedkenntnisse oder an weitere Gewährsleute gehalten zu haben. Die Frage nach der Herkunft muß also bei jedem Lied eigens gestellt und meist über den Beiträger letzter Hand hinausgeführt werden, wenn sie zu sinnvollen Ergebnissen führen soll. Hier sei nur zum Gesamtbefund so viel angedeutet: Die überwiegende Zahl der Beiträger rekurriert sich aus schriftstellerisch (dichterisch oder wissenschaftlich) tätigen jungen Menschen, und das heißt auch, daß Arnim und Brentano in der Regel nicht die schlichten Niederschriften anspruchsloser Lieder, sondern solche Einsendungen bevorzugten, die in Auswahl und mehr oder weniger deutlicher Überarbeitung durch den Beiträger bereits von sich aus zu Art und Weise der *Wunderhorn*-Lieder stimmten. Der Hauptbeiträger Carl Nehrlich (der einzige übrigens, der nachweislich ein Honorar erhielt) war bereits als Romanschriftsteller und Lyriker bekannt; Albert Ludwig Grimm gab 1806 einen Musenalmanach heraus, in dem er selbst sowie die *Wunderhorn*-Mitarbeiter Danquard und Frau von Pattberg mit eigenen Werken vertreten waren – durch das *Wunderhorn* angeregt, trat er wenig später ähnlich seinen nicht mit ihm verwandten Namensvettern mit Märchen- und Sagensammlungen hervor. Hier wird zugleich etwas vom wechselseitigen Geben und Nehmen innerhalb der *Wunderhorn*-Sphäre deutlich. In diesem Licht gesehen, ist das *Wunderhorn* nicht nur Anreger ganzer Generationen von Volkslieder- und Volksliteratursammlern, sondern hat eben auch einzelnen Dichtern die Bahn gewiesen. Bettina Brentano, Justinus Kerner und Ludwig Uhland konnten hier (anonym) ihre ersten Veröffentlichungen plazieren und dankten der Sammlung Entscheidendes für ihre eigene schriftstellerische Entwicklung. Was ansonsten das *Wunderhorn* für die deutsche Liedkomposition und natürlich besonders für die deutsche Dichtung des 19. Jahrhunderts bedeutet, ist allgemein bekannt, wenn auch im einzelnen noch längst nicht zureichend erforscht. Hier wären fast unendlich viele Namen anzuführen; unter den Komponisten eine Reihe von Mendelssohn, Schumann, Brahms bis hin zu Mahler, Strauss und Pfitzner, unter den Dichtern von Chamisso, Eichendorff, Heine, Wilhelm Müller, Mörike, Rückert bis hin zu Holz und Hofmannsthal (dazustellen müßte man die zahlreichen Erwähnungen und Anspielungen in den Werken Büchners, Kellers, Storms, Fontanes, Raabes, Thomas Manns usw.), in der bildenden Kunst schließlich wären Pocci, Richter, Schwind oder Kokoschka zu nennen – sie alle ließen sich auf vielfache und sehr verschiedene Weise vom

Wunderhorn inspirieren, wurden damit auf mancherlei Weise
gleichsam zu seinen Multiplikatoren.

Beim nichtkünstlerischen Publikum kam die Sammlung als
Ganzes jedoch nicht an. Die Gründe dafür liegen einerseits
zweifellos im Fehlen von Liedmelodien und im zu hohen
Preis der drei Bände (noch bis 1900 bot der Verlag die Originalausgabe – schließlich zu Schleuderpreisen – an); andererseits wären aber weitere Ursachen dieses kommerziellen Miß-
erfolges erst noch zu analysieren, zum Beispiel ob die Fülle
der Lieder oder deren bewußt bunt gemischte Anordnung die
Leser verschreckten oder ob der die Künstler so sehr inspirierende *Wunderhorn*-Ton bei der übrigen Leserschaft nur in
Einzelfällen ›zündete‹. Letztlich ist natürlich auch zu bedenken, daß es unbillig wäre, den Erfolg von Anthologien nur
daran zu messen, ob all ihre Lieder gelesen oder gar bekannt
werden. Die Vorliebe wird sich fast immer auf einzelnes richten. Aber auch in dieser Hinsicht ist der Erfolg des *Wunderhorns* seltsame Wege gegangen: In vielen späteren Lieder-bü-
chern sind die Arnim/Brentanoschen Liedversionen mit der
Angabe »Volkslied« und ohne Hinweis auf das *Wunderhorn*
wiedergegeben und sozusagen an den beiden Romantikern
vorbei anonym populär geworden; umgekehrt finden sich in
manchen Anthologien bei Volksliedtexten Hinweise auf das
Wunderhorn, ohne daß die jeweilige Version diesem entnommen worden wäre. Solch freischaltender Umgang mit dem
Titel der Sammlung zeigt, daß er zum Begriff, fast zu einem
Mythos geworden war.

Dieser Titel ist in der Tat auch einer der wenigen innerhalb
der deutschen Literatur, die allein für sich wirkmächtig und
schnell zum geflügelten Wort wurden (vergleichbar vielleicht
den Prägungen *Dichtung und Wahrheit* oder *Menschheits-
dämmerung*). *Des Knaben Wunderhorn* wurde und wird der-
gestalt häufig als synonym für Volksliedhaftes gebraucht
sowie, abgelöst von seiner eigentlichen Bedeutung, zum entsprechende Assoziationen weckenden Begriff, so daß dem
Wunderhorn in dieser Hinsicht eine ungewöhnliche Reso-

nanz ohne eigentlichen Resonanzboden beschieden war – bis
hin zu obligatorischen, aber oft von nur geringen Sachkennt-
nissen getrübten Nennungen in Literaturgeschichten. Wie
zündend der Titel von Beginn an wirkte, zeigt sich daran, daß
Zeitgenossen Arnim ohne weitere Erläuterung den »Wunder-
hornmann« oder auch verspottend »Octavian Hornwunder«
nennen konnten und daß sich eine Flut von Titelimitationen
oder -übernahmen entwickelte: *Des Knaben Lustwald*
(1822); *Österreichisches Wunderhorn* (1834); *Des Knaben
Wunderhorn. Märchen und Lieder* von Lyser (1834); *Des
Mädchens Wunderhorn* (1849); *Der Jugend Wunderhorn*
(1850); *Neues Wunderhorn für die Jugend* (1853); *Des deutschen Knaben Wunderhorn* (1860); *Des deutschen Knaben
Tischgebet* (1871); *Des deutschen Knaben Handwerksbuch*
(1874); *Italiens Wunderhorn* (1878); *Der Wunderborn*
(1882); *Des sächsischen Knaben Wunderhorn* (1890); *Rhein-
lands Wunderhorn* (1900); *Deutschlands Wunderhorn* (1910);
Des deutschen Spießers Wunderhorn von Gustav Meyrink
(1913); *Neues Wunderhorn* (1925); *Der Deutschen neues
Wunderhorn* (1928); *Das wahre Wunderhorn*, Novelle von
Fritz Brügel (1934); 1943 betitelte sich eine kommunistische
Untergrundzeitung im Ruhrgebiet *Wunderhorn*; 1959 nannte
Franz Gass seine Satiren *Des deutschen Bürgers Plunderhorn*;
1970 erschienen zeitkritische Holzschnitte unter dem Titel
Des Knaben Wunderhorn (zu solchen Titeln wären noch
zahllose entsprechende Anspielungen zu stellen wie etwa *Des
Prinzen Wunderhorn* in Hesses Roman *Der Steppenwolf* von
1927).
Das geniale gemeinschaftliche Jugendwerk Arnims und Brentanos ist ein ungewöhnlich reich facettierendes Phänomen
von weitreichenden und höchst merkwürdigen Wirkungen;
ein Stück Literaturgeschichte, das auf ungewöhnliche Art
lebendig blieb und dessen Fama Anzeichen einer Mythenbil-
dung erkennen läßt. Es ist daher in jedem Belang der Betrach-
tung wert.
Die unverstellte Freude an der Mannigfaltigkeit der schier

endlosen Kette von *Wunderhorn*-Liedern in ihrem die ver-
schiedensten Themen und Stimmungen ansprechenden Charakter wird dabei erfreulicherweise immer im Vordergrund
stehen; daneben aber ist für den, der zu gegründeten Urteilen
kommen will, Beachtung der Textherkunft und -genese, der
Mischung aus Fremd- und Eigenanteilen, aus ›Natur‹ und
›Kunst‹, wie sie sich fast in jedem Lied dokumentiert, unab-
dingbar. Und genau diese Aspekte hat Goethe in seinem Lob
des *Wunderhorns* schon 1806 bündig herausgestellt: »Dergleichen Gedichte sind so wahre Poesie, als sie irgend nur sein
kann; sie haben einen unglaublichen Reiz« und »hier ist die
Kunst mit der Natur im Konflikt, und eben dieses Werden,
dieses wechselseitige Wirken, dieses Streben scheint ein Ziel
zu suchen, und es hat sein Ziel schon erreicht«.

Verzeichnis der Liedanfänge und Überschriften

Inhalt

Textsammlungen zur Kinderliteratur

IN RECLAMS UNIVERSAL-BIBLIOTHEK

Kinder- und Jugendliteratur der Aufklärung

Mit 25 Abbildungen
Hrsg. von Hans-Heino Ewers. 9992 [5]

Kinder- und Jugendliteratur der Romantik

Mit 25 Abbildungen
Hrsg. von Hans-Heino Ewers. 8026 [7]

Kinder- und Jugendliteratur
vom Biedermeier bis zum Realismus

Mit 22 Abbildungen
Hrsg. von Klaus-Ulrich Pech. 8087 [5]

Philipp Reclam jun. Stuttgart

Brüder Grimm
Kinder- und Hausmärchen

Ausgabe letzter Hand mit den Originalanmerkungen der Brüder Grimm. Mit einem Anhang sämtlicher, nicht in allen Auflagen veröffentlichter Märchen und Herkunftsnachweisen herausgegeben von Heinz Rölleke.

Bd. 1: Märchen. Nr. 1–86. UB 3191[5]
Bd. 2: Märchen. Nr. 87–200. Kinderlegenden Nr. 1–10.
     Anhang. Nr. 1–28. UB 3192[6]
Bd. 3: Originalanmerkungen, Herkunftsnachweise, Nachwort.
     UB 3193[7]

Auch als Jubiläumsausgabe in Kassette erhältlich.

Dazu *Ludwig Harig* in der ZEIT: »Die komplette Sammlung dieser Märchen (Kassette mit drei Bänden samt den Originalanmerkungen) ist als Jubiläumsausgabe bei Reclam erschienen; es ist, als trete man über einen dicken Zauberteppich von Paul Klee in die Märchenwelt ein, so duftig und gedämpft ist der Umschlag von Jürgen Reichert gestaltet, und wenn man wieder aus ihr heraustritt, dann sollte man es nicht tun, ohne auch das Nachwort des Herausgebers Heinz Rölleke gelesen zu haben: Er rollt den Teppich gleichsam wieder zusammen, und es bleibt nichts daruntergekehrt. Mich hat am meisten beeindruckt die Sorgfalt, mit welcher er beschreibt, wie sehr das Märchen seinen Zauber und seine Wirkung durch sich selbst, seine sprachliche Beschaffenheit, seine poetische Kraft entfaltet.«

Philipp Reclam jun. Stuttgart